21 NEW MEDIA 世纪新媒体专业系列教材

新媒体运营实务

第2版

New Media Operating Practices

张浩淼　乐金生　张宏宇 / 著

中国人民大学出版社
·北京·

图书在版编目（CIP）数据

新媒体运营实务 / 张浩森，乐金生，张宏宇著．--
2 版．北京 ：中国人民大学出版社，2024.6（2025.8 重印）
21 世纪新媒体专业系列教材
ISBN 978-7-300-32871-3

Ⅰ．①新…　Ⅱ．①张…②乐…③张…　Ⅲ．①传播媒介-运营管理-高等学校-教材　Ⅳ．①G206.2

中国国家版本馆 CIP 数据核字（2024）第 107084 号

21 世纪新媒体专业系列教材
新媒体运营实务（第 2 版）
张浩森　乐金生　张宏宇　著
Xinmeiti Yunying Shiwu

出版发行	中国人民大学出版社		
社　　址	北京中关村大街 31 号	邮政编码	100080
电　　话	010－62511242（总编室）		010－62511770（质管部）
	010－82501766（邮购部）		010－62514148（门市部）
	010－62515195（发行公司）		010－62515275（盗版举报）
网　　址	http://www.crup.com.cn		
经　　销	新华书店		
印　　刷	北京昌联印刷有限公司	版　　次	2021 年 8 月第 1 版
开　　本	787 mm×1092 mm　1/16		2024 年 6 月第 2 版
印　　张	20.5 插页 1	印　　次	2025 年 8 月第 3 次印刷
字　　数	430 000	定　　价	49.80 元

总序

周锡生

当今世界充满变革与创新。在阐释当今世界变革特征的时候，"新媒体"被时常提及，尽管人们对它的定义还有不少争议。

20 多年来，随着数字技术、信息技术的飞速发展，以互联网为代表的新媒体从诞生到逐步发展壮大，深刻改变了旧有的新闻信息传播方式，系统重塑了新的媒介生态和传播格局。旧媒体时代，新闻信息的传播速度还曾与交通工具竞跑；新媒体时代，昨日甚至数小时、数十分钟之前的新闻，都可能瞬息即逝，转眼间"轻舟已过万重山"。旧媒体时代，"受众"这个词体现了公众被动接受各类新闻信息的地位；新媒体时代，媒体人已经不再是专属的职业称号，自制互动、共享交流成为普遍行为。旧媒体时代，内容占据着绝对的核心地位，其他各个环节只是附属；新媒体时代，内容为王的观念在被继续强调的同时，网络、渠道、平台和终端的作用和价值日渐凸显，服务与市场的理念正在逐步深化。可以说，当今的新媒体已经跨越了媒介形态的界限，跨越了时空的拘囿，甚至也跨越了文化的隔阂。在这种态势下，建设新媒体、发展新媒体，成为传统媒体求生存、寻突破、谋发展的必由之路。

滚滚而来的新媒体浪潮绝不仅仅是改变了传媒业本身，更深刻渗入世界的政治、经济、文化、科技等各个领域。"世界是平的"引发人们无限遐想，平的世界创造了无限的空间。放眼全球，新媒体已经成为世界政治较量的重要因素，成为各国执政者了解社情民意的重要手段，成为社会公众参政议政的重要平台，网络动员、网络聚集、网络拷问在社交媒体上成为常态，新媒体的运用和掌控能力日益成为执政水平的重要衡量标准。与此同时，以互联网产业为核心，逐步形成了包括媒体业、电信业、IT 业等在内的比较完整的新媒体产业链，产业体系也日趋完善，有力地推动了文化创意产业的发展，成为国民经济的有机组成部分，且生机盎然，潜力巨大。新媒体的文化价值也在不断迸发当中，随着平板电脑、电子阅读器的迅速普及，数字阅读、数字出版势不可当，新媒体的文化传播和社会建设功能日益强大，跨界文化交流与合作的作用更加突出，极大地丰富和满足了人们的精神文化生活需求。从这个层面来说，建设新媒体、发展新媒体，已经不再单单是传媒业的职责，更需要从历史发展的宏观视野与现实的综合因素层面加以考量与谋划。

在全球加速向网络化社会、数字化生存转型的过程中，我国的新媒体建设也与世界同步，与时代同行。目前，我国的网民数量已经超过6亿，手机用户突破了12亿大关，均位居世界第一位，且还处于强劲增长当中。如此庞大用户规模的背后，是我国近年来新媒体征程中一个个开拓的脚印与卓然的成效。在当今中国，我们可以看到，新媒体的作用被普遍认可，新媒体的影响被广泛重视，新媒体的理念深入人心，传统媒体加快向新兴媒体战略转型，各类新媒体机构不断涌现且各具特色。从网络、手机、平板电脑到户外大屏、流动媒体，从主流新闻网站到各类商业网站和专业网站，新技术不断涌现，新功能不断被挖掘，新产品不断推出，呈现出万马奔腾、一日千里之势。

当然，新媒体在我国发展的时间还比较短，在采编、经营、技术、市场、管理、人才等方面还处于探索的阶段，实践过程中出现了诸多困惑与迷思，存在着各种矛盾与冲突，远未成熟。尽管如此，新媒体的蓬勃生机让我们对它的未来充满信心，而这蓬勃生机则是来自创新。创新是新媒体时代永恒的主题，谁能够加强创新，谁就能把握未来。新媒体本身就是创新的产物，创新是新媒体的生命力所在。为此，必须根据党和政府提出的新要求，适应时代的新特点，着力把握受众需求的新变化，着力把握技术突破的新契机，着力把握媒体发展的新态势，进一步创新思想观念、创新体制机制、创新内容生产、创新方式手段，加快新兴媒体建设，大力发展新兴业务，从而更好地贯彻落实中央战略部署，为加强国际传播能力建设、构建先进强大的现代传播体系做出贡献，为促进社会主义文化大繁荣、大发展发挥更加显著的作用。

新媒体是推动社会进步的重要力量，同时也要看到，新媒体是一柄双刃剑，随着新媒体地位和作用的日益增强，其所应承担的责任也越来越重要。从某些意义上讲，新媒体所应承担的社会责任甚至比传统媒体还要更重一些。多年来，我一直强调的一句话就是“网络无改稿”。如果说传统媒体的稿件签发后发现了错误，还有时间和可能予以纠正的话，新媒体的稿件一旦签发，几秒钟之内就可与全球不计其数的受众见面，根本没有时间和可能对稿件进行改正。因此，新媒体的把关责任十分重大，这既是对社会公众负责，也是对新媒体本身负责。在强调和开发新媒体的“媒体功能”的同时，有必要进一步强化其“媒体责任”。

新媒体领域日新月异的发展实践，以及在此过程中出现的矛盾与问题，要求理论研究总结规律、升华认识，并从理论层面加以阐释和指引。中国人民大学新闻学院有几位多年来潜心研究新媒体的专家学者，由他们领衔撰写的这套新媒体丛书，对新媒体的理论、技术、经营管理、业务流程、最新发展动态进行了全面深入的研究，反映了国内外新媒体研究的最新成果，对新媒体的管理者、研究者、学习者及业界从业人员都具有重要的参考价值。本套丛书的出版，相信会有助于推动我国新媒体的快速健康发展。

（作者曾任新华社副社长兼常务副总编辑、新华网董事长）

2012年7月

第2版前言

张浩淼　张宏宇

自21世纪进入第二个10年，“新媒体”就成了脍炙人口的社会热词，从微信公众号问世带来的“人人皆媒体”概念出现到内容创业大军不断扩充，再到动辄秒销过千万的直播带货成为市场宠儿，新媒体堪称搅动内容生产、传媒、互联网、销售等行业的转型加速器。

本书创作团队自2016年底投身新媒体行业，在经过一年市场的洗礼后发现了新媒体行业的两大痛点：一是企业新媒体运营低效的问题，即企业客户不清楚新媒体运营规律，这不仅使得诸多企业在新媒体领域踩了大坑，也给我们的核心业务——企业代运营服务造成了较大的阻碍；二是新媒体市场中缺乏能够满足企业运营需求的新媒体人才。

针对上述市场状况，我们尝试在两方面寻求突破：一是接手更多类型的企业新媒体运营，以明确不同行业在新媒体领域的需求；二是投身高校教学，以期培养出更多的新媒体运营人才。截至2024年，我们已经经手运营超过160家企业的新媒体矩阵，同时累计为超过1 000名教师和5 000名学生提供新媒体运营的知识服务。

这本《新媒体运营实务》就是在对企业进行新媒体认知普及，以及高校对新媒体人才培养和课程拥有实际需求的背景下着手创作的，整本教材的内容是根据高校师生及希望转行从事新媒体的初学者、企业新媒体从业者、企业主的实际需求安排的。

在讲解课程及代运营实操项目的过程中，我们发现大家普遍对策划和编创内容感到头疼，于是安排新媒体“原创内容策划方法”的章节内容，提供系统标准化创作新媒体原创内容的九步法，对流行的新媒体培训课程只说内容策划重要而不讲具体策划方法的现象有所纠正；针对普遍存在的问题即“运营一个新媒体矩阵，到底运营什么好，如何能持续运营”，我们安排了“新媒体号策划方法”的章节内容，用九个步骤明确了策划一个新媒体号需要思考的所有问题；还有人提出“对新媒体必须利用的社会热点不了解，记不住怎么办”，我们又设计了“标签记忆法”的章节内容，用标签化“5个W”及拓展标签的方法，培养新媒体从业者快速了解、认知、记忆、掌握、使用热点人、事、物的能力。

上述三个方法构成了《新媒体运营实务》的第三章“新媒体运营核心方法论”，这是有关新媒体运营最基础、最关键的部分。教材的第一章“初识新媒体”，通过新媒体诞生与流变的过程梳理，明确了新媒体的生命力并非来自大家心心念念的流量，而是源于仍在不断演进的用户移动化网络社交需求。而第二章“新媒体关键词家族”，用5个一级关键词、32个二级关键词名词解释的方式，描绘了新媒体运营中各角色互相作用的逻辑关系图谱。

《新媒体运营实务》的后九章，是我们在运营实践中不断总结出来的新媒体运营必须执行的九个事项。其中第四章至第八章“原创内容运营”“多平台联合运营”“问答运营”“活动运营”和“用户运营”的相关内容，是专业化运营新媒体矩阵的实操运营方法，其中涉及多个主流新媒体平台，以及可直接应用于教学和实践参考的完整实操项目案例；第九章至第十一章“商品运营”“渠道运营”和“店铺运营”的内容，是关于新媒体行业主要盈利方式——销售变现的实操运营方法，从内容变现到直播带货，从选品到分销渠道拓展，力求帮助本教材的读者掌握靠运营赚取新媒体行业第一桶金的方法；第十二章“数据运营”是本教材的“压台”，通过对百余个新媒体运营中产生的数据值和数据衡量指标的总结、梳理，让读者具备分析、评价新媒体矩阵运营状况的能力。

另外，初版的《新媒体运营实务》中插入了250余张图片，除新媒体运营实操项目及正在运营的新媒体号后台截图外，我们有60余张原创图表，它们全景展现了新媒体运营中的数十种逻辑关系。

在2021年8月本书初版发行后，我们收到了许多读者的反馈。其中不乏学生对知识点的疑惑，以及老师不知如何通过该教材完成新媒体教学安排，甚至有读者给我们指出了书中一些序号编排的错误。感激之余，我们也努力尝试为读者解决切实问题。例如以最新的案例解释书中提及的知识点，以及协同老师共同建设大学课程体系及人才培养方案。

时隔近三年，新媒体行业又出现了剧变：一是国内市场对新媒体的认知普遍增强，多数企业已明确了新媒体是寻求发展的必选道路；二是高等院校及高职院校愈发重视新媒体人才培养，老师们都在努力突破舒适圈，以期更好地完成教学任务、培养出真正为社会所用的毕业生；三是随着用户习惯和参与新媒体各方需求的不断演进，行业中各新媒体平台的地位在悄然发生变化；四是新媒体行业出现明显的下沉趋势，而支撑行业发展的用户格局也在发生改变……

于是，我们启动了《新媒体运营实务》的再版修订，旨在修正谬误、升级知识、更新案例，以期与新媒体行业的发展齐头并进。启动本次修订工作后，当我们再次以作者视角审视这本《新媒体运营实务》时，我们认为，虽然近三年来新媒体平台不断变化，新媒体账号不断大量涌现、爆发与倒下，但本书重点倡导及详解的“新媒体运营方法论”，依旧保有足够的行业价值、时效价值和实用价值。希望读者能够基于我们提供的方法，根据自身需求和差异化特点，总结出更适用的新媒体运营方法，迎接新媒体行业中不断出现的新挑战。

2024年2月

第1版前言

张浩淼

自21世纪进入第二个10年，“新媒体”就成了脍炙人口的社会热词，从微信公众号问世带来的“人人皆媒体”概念出现到内容创业大军不断扩容，再到动辄秒销过千万的直播带货成为市场宠儿，新媒体堪称搅动内容生产、传媒、互联网、销售等行业的转型加速器。

因工作安排，我于2010年开始在北青报业集团研究并实施传统报业内容的新媒体化，有幸成了较早站上这次时代“风口”的弄潮儿。十年来，虽并未创造出见诸各路新媒体人笔端的“奇迹神话”，但也通过观察、思考和实践，积累了关于新媒体行业的认知与方法。

2016年创业伊始，基于企业新媒体矩阵必将成为新媒体行业主力军的判断，我与合伙人带领团队坚决投身企业新媒体矩阵代运营业务，时至今日不敢说有何辉煌业绩，但经历一年多的疫情“洗礼”，团队依靠稳定的现金流，相对舒服地活了下来。

创业四年多来，我们经历更多的是在企业新媒体运营上遭遇的问题——企业新媒体运营唯流量论，并不重视黏合用户运营与复购用户群聚合；企业将新媒体单纯作为宣传推广渠道，并非集产品、市场、销售、服务于一体的公司业务有机组成部分；无论创作新媒体号原创内容还是参与直播带货，企业都不认为策划是不可或缺的首要环节；新媒体运营过程中，企业的本位意识较盛，发布基于企业立场的营销内容，并不考虑用户的接受意愿，以及业务可匹配的用户群体。

在代运营业务执行过程中，向企业客户阐述新媒体运营的客观规律和可达成目标成了我们日常工作的例行任务。从那时起，我就在思考一种更加快速的知识普及方法，缓解一对一为客户解答新媒体运营原理问题的低效状况。

另外，在新媒体运营上，比认知存在偏差更重要的问题，是企业缺乏了解新媒体运营客观规律、有方法、有一定实操经验的运营人才。为了缓解新媒体运营人才缺乏的状况，我将目光投向了本科与高职院校。

2017年9月黑龙江生态工程职业学院，是我在高校讲授新媒体运营实操方法课程的起点。时至今日，以课程或培训的方式，累计为超过1 000名教师和5 000名学生提供了有关新媒体运营的知识服务，并在莆田学院的文化与传播学院建设了新媒体运营人才实训基地。

然而，在新媒体运营培训教学的这条路上，获得更多的仍不是成绩，而是问题。作为“网生代”的当下大学生，被新媒体服务的习惯已经养成，然而鲜有学生站在运营者立场，思考一种可持续的新媒体运营方法，即使有学生正在从事新媒体创业项目，也多是做着简单的流量买卖生意；而老师方面，除缺少必要的项目实操案例、更加符合市场需求的新媒体人才培养方案外，更关键的是缺少一本涵盖从新媒体运营原理到体系化新媒体运营方法，再到项目实操案例的实用教材。

当多数参与培训的老师都在问我“你为什么不写本教材”时，我给老师和自己的回答：“好吧，那我写一本！”

这本《新媒体运营实务》就是在对企业进行新媒体认知普及，以及高校对新媒体人才培养和课程拥有实际需求的背景下着手写作的，而且整本教材的内容也是按照高校师生及希望转行从事新媒体的初学者、企业新媒体从业者、企业主的实际需求安排的。

在讲解课程及代运营实操项目过程中，我发现大家普遍对策划和写作内容感到头疼，就安排新媒体“原创内容策划方法”的章节内容，提供系统标准化创作新媒体原创内容的九步法，对流行的新媒体培训课程只说内容策划重要而不讲具体策划方法的现象有所纠正；针对普遍存在的问题即“运营一个新媒体矩阵，到底运营什么好，如何能持续运营”，我安排了“新媒体号策划方法”的章节内容，用九个步骤明确了策划一个新媒体号需要思考的所有问题；还有人提出“对新媒体必须利用的社会热点不了解、记不住，怎么办”，我又设计了“标签记忆法”的章节内容，用标签化“5个W”及拓展标签的方法，培养新媒体从业者快速了解、认知、记忆、掌握、使用热点人、事、物的能力。

上述三个方法构成了《新媒体运营实务》的第三章“新媒体运营核心方法论”，这是有关新媒体运营最基础、最关键的部分。教材的第一章“初识新媒体”，通过新媒体诞生与流变的过程梳理，明确了新媒体的生命力并非来自大家心心念念的流量，而是源于仍在不断演进的用户移动化网络社交需求。而第二章“新媒体关键词家族”，用5个一级关键词、32个二级关键词名词解释的方式，描绘了新媒体运营中各角色互相作用的逻辑关系图谱。

《新媒体运营实务》的后九章，是我们在运营实践中不断总结出来的新媒体运营必须执行的九个事项。其中第四章至第八章“原创内容运营”“多平台联合运营”“问答运营”“活动运营”和“用户运营”的相关内容，是专业化运营新媒体矩阵的实操运营方法，其中涉及多个主流新媒体平台以及可直接应用于教学和实践参考的完整实操项目案例；第九章至第十一章“商品运营”“渠道运营”和“店铺运营”的内容，是关于新媒体行业主要盈利方式——销售变现的实操运营方法，从内容变现到直播带货，从选品到分销渠道拓展，力求帮助本教材的读者掌握靠运营赚取新媒体行业第一桶金的方法；第十二章“数据运营”是本教材的“压台”，通过对百余个新媒体运营中产生的数据值和数据衡量指标的总结、梳理，让读者具备分析、评价新媒体矩阵运营状况的能力。

另外，《新媒体运营实务》中插入了 250 余张图片，除新媒体运营实操项目及正在运营的新媒体号后台截图外，我们有 60 余张图表为原创，它们全景展现新媒体运营中数十种逻辑关系。

希望我们的努力，可以实现我们在教材编写上的初心，同时也希望读到《新媒体运营实务》的人能带着如下四点认知翻阅后面的篇章。

第一，从目前手机和应用深入用户生活的情况看，新媒体关系已成为一种稳定的社会形态，唱衰新媒体行业的论调终将“落幕”。崭新的内容呈现方式正携带着更符合用户移动化网络社交需求的交互和服务方式，向我们走来。

第二，新媒体行业的流量红利确已消逝，不过也意味着更健康、理性的新媒体时代已经到来。只有采用专业运营方法、投入足够精力运营的新媒体矩阵，才能长久生存下去。

第三，新媒体运营必须经历关注用户“认知—活跃—黏合”的过程，“薅羊毛”“割韭菜”的挣快钱心态已不适合新媒体运营。

第四，观察与操作永远是学习的良师益友，学习新媒体运营方法必须以多观察优质新媒体矩阵和尝试开设属于自己的新媒体号为前提。

最后，将我在课程上经常唠叨的两句话送给大家，作为这篇前言的结尾：“新媒体没有创造什么，只是将很多事物带回了符合客观发展规律的本真。”“新媒体已成为多数社会角色必然的选择，我们与其等着被改变，不如主动学习与实践，借助新媒体创造新机遇。”

2021 年 2 月

新媒体运营问与答

新媒体产品

Q：新媒体产品的定义是什么？

A：新媒体是指一个庞大的生态环境，因此新媒体产品并非指单一特定的产品，而应区分不同维度后再定义。本书团队认为新媒体产品应分为六类：一是完整生态型产品，即新媒体号；二是基础型产品，即内容；三是IP型产品，即人格化运营形象（人设）；四是实体型产品，即商品与服务；五是技术型产品，即小程序；六是平台型产品，即平台活动。

内容运营与流量运营

Q：直播是否颠覆了新媒体内容？

A：直播对新媒体内容确实有较大影响，其改变了用户的阅读习惯。但从新媒体内容看，直播需要新媒体内容的辅助，即利用具有视频或图文等不同展现形式的新媒体内容，为直播引流。因此，直播内容难以单独存在，也未达到足以颠覆新媒体内容的程度。

Q：为什么有些新媒体号的运营者并未学过新媒体运营，却在新媒体领域获得了大流量？

A：该问题中的“获得了大流量”可分为两种情况，应具体问题具体分析。一种指一次性地爆火；另一种则为坚持长期内容运营，出现了新媒体号的数据异动。

前者的出现具有一定的运气成分，其原因在于新媒体用户对内容的敏感点是难以捕捉的，内容一次性地爆火，存在一定的运气。例如2023年4月28日，抖音账号名为“音乐老师花开富贵”发布的一条教唱儿歌视频“挖呀挖呀挖”，几天时间内火遍全网，但分析其内容，并无太多运营痕迹。

后者的出现则主要是运营团队或个人的天赋使然。许多新媒体号的运营人员，虽然没有学习过专业的运营知识，但他们具备高情商，且语言足够有亲和力，如其对待用户一直保持一贯的诚挚态度，那么自然就会有一批用户愿意每天看到这些账号的人设，长期积累后爆火也就在情理之中了。虽然新媒体运营有诸多技巧，但真诚永远是最强大的必杀技。

Q：新媒体运营中内容运营与流量运营的匹配关系是怎样的？

A：流量运营指在新媒体平台为账号投流，从而获得关注粉丝数、销售量的运营行为。对于新媒体号而言，内容运营可以单独存在，但流量运营不能单独存在，因为流量运营所获得的粉丝数和销售量，需要通过内容运营来维护，使用户更加黏合于新媒体号，产生复购。如单纯做流量运营，即便获得了较高销售量，也属于市场推广行为，与传统电商广告没有区别，且获得的关注粉丝也无法被激活，继而成为“僵尸粉”。

企业新媒体运营

Q：进入2024年，企业新媒体运营怎样操作更合理？

A：截至2024年，新媒体内容的展现形式并没有颠覆式的变化，依旧是图文、音频、视频、长图、H5等，只不过视频中的直播内容尤为出彩，几乎所有新媒体内容都围绕着直播展开。对于企业而言，新媒体运营应注重如下三点：

第一，以直播为主，多种新媒体内容展现形式并进。例如将直播内容做成切片，发布至多个平台，重点直播之前通过微信公众号发布图文内容预告。

第二，重点打造人设。本书一直强调人设对于企业新媒体矩阵的重要性，2023年董宇辉与东方甄选相关事件更加印证了人设的重要性，因此企业新媒体运营在建设矩阵前先要确定人设及塑造方向。

第三，强化商品品质。无论是企业新媒体矩阵还是个人网红直播带货，都需要在商品品质上下足功夫。截至2024年，直播已经成为用户接受度较高的购物方式，商品品质则是用户复购、黏合于企业新媒体矩阵的主要因素。同时鉴于市场监管部门对直播领域商品的监管，好的商品品质不仅是重要的运营手段，也是保证新媒体矩阵“存活”的底线。

Q：新媒体运营和品牌建设的关系？

A：截至2024年，许多企业运营新媒体的目的在于品牌建设。对企业而言，新媒体是达成品牌建设缓慢但有效的方法。新媒体出现前，企业为树立好的市场口碑，需做一些金额较大的市场投入行为，且获得的口碑会留存于市场，并未与企业接驳。与之相比，新媒体运营不仅成本较低，且能将运营过程中遇到的与企业品牌、商品或服务匹配的用户留存于自主矩阵中，能够帮助企业更好地实现品牌建设，且未来的可操作性更强。

Q：新媒体运营是小团队还是大团队的事？

A：小团队即新媒体运营所在部门如市场部门，或专门的新媒体运营部门；大团队则是商品或服务从策划、生产至销售所流经的整个企业所有部门。

本书坚持认定新媒体运营是大团队的事。原因如下：

其一，新媒体运营包括原创内容运营、活动运营、用户运营等九大运营事项。在执行这些运营事项时，新媒体运营部门必然要和其他部门共同商定运营过程中的诸多细节，例如和销售团队沟通市场反馈意见，和商品生产团队沟通新媒体改进方案等，即新媒体运营团队是企业团队的枢纽。

其二，新媒体运营是缓慢提升企业市场收益的运营行为。在企业新媒体运营过程中，需要企业传统的职能部门具备一定的新媒体意识，才能充分发挥新媒体运营团队的枢纽作用，达成更好的运营效果。

Q：本书主要针对企业新媒体矩阵的运营，个人新媒体矩阵的运营有何不同？

A：企业矩阵与个人矩阵最主要的区别在于账号归属权。因新媒体是一个社交场，用户通常更愿意黏合于人格化运营形象。

对企业矩阵而言，企业需要选择一个员工来承担人格化运营形象，如此虽然让用户更易于接近企业的新媒体矩阵，但也在企业与用户之间增加了一道屏障。企业新媒体矩阵的人格化运营形象需要先让用户黏合于自身，继而黏合于企业，如此线路更长。同时，企业也存在扮演人格化运营形象的员工离职而带来的掉粉风险。

对个人矩阵而言，人格化运营形象自然由个人承担，在人格化运营形象的塑造上会更容易，但也存在隐患。即个人没有企业为其背书，需要为自己说的话负责，一旦出现不当言论，造成人格化运营形象崩塌时，舆论危机处理的空间会比企业矩阵小很多。

目录

第一章　初识新媒体

【本章知识体系】

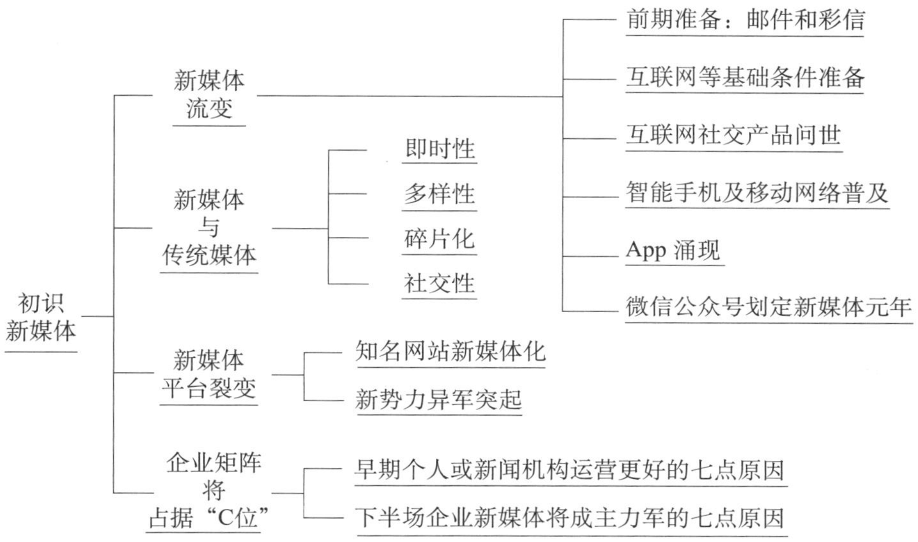

第一节　新媒体流变，始于但不止于媒体

媒体，通常指用户用来传递信息与获取信息的工具、渠道、载体、中介物。如今，新媒体的出现，将媒体的外延拓展，并实现功能进化，新媒体被赋予了全新的能力、目标及概念边界。

在我国新媒体闯入互联网用户的生活前，有两种突破传统媒体形态的内容媒介率先被用户广泛使用。

第一种是电子邮件。1986 年，中国科学院高能物理研究所科学家吴为民将我国第一封电子邮件发送至美国，中国互联网大门打开，由网络传输的内容媒介形态就此诞生[①]。

第二种是彩信（见图 1－1）。彩信的突破，在于用户可以用移动端（手机）接

① 吴为民．究竟是谁发出的中国第一封电子邮件［EB/OL］．（2006－02－20）［2024－02－19］. http：//www. cas. cn/xw/cmsm/200602/t20060220 _ 2695840. shtml.

图1-1　彩信样式

收多媒体形态（带排版样式的图文）的内容。虽然承载内容的篇幅和形态有限，但从日后用户“手机不离身”的情况看，彩信可作为用户养成以移动端获取内容的习惯的开端。

电子邮件和彩信问世后，媒体形态发展进入了新媒体诞生前的快速发酵期。这一时期共经历了三个发展阶段：（1）网络媒体承载内容从单一形态发展至多形态；（2）媒体由输出型采编制作向社交转型；（3）从线下社交到网络社交，再将网络社交移动化。在上述变化的基础上，移动互联社交应用问世。

一、基础条件准备：中国互联网

新媒体问世的基础是网络。1986年的那封电子邮件发出后，中国互联网开始萌芽。约在10年后，也就是1997年，中国的门户网站开始启航，如新浪、搜狐、网易等，而后便是马化腾的OICQ、马云的阿里巴巴、携程、盛大、百度……

当时，生机勃勃的中国互联网正想方设法地将各种信息通过网络传递给用户，文字、图片、视频等多媒体形态在网络上的展现模式已然成形，新媒体的发展等待的只是技术进步、社交需求出现的时机。

二、偶然中的必然时机：“非典”

“非典”时期，信息传递的渠道仍以纸媒、电视、广播为主，用户戴着口罩，看着报纸，或是在家里等着电视播报疫情资讯。即便是最新消息，用户收到时也存在滞后性。

“非典”一来，用户都“自闭”在家，但很多社会需求仍要满足，最迫切的当数教育，不能出门，孩子们如何上课？其实，答案在两年前就准备好了。

2001年，龙之门（中国最早的民办K12教育机构之一）与北京四中联合创办了北京四中网校（见图1-2）。据北京四中网校创始人黄向伟说：“创办的第一天，我的电话就被打爆了。”而他可能想象不到，让当时以北京四中网校为代表的在线教育彻底火爆起来的却在“非典”期间①。

2003年之前，网络还没全面走进千家万户。受“非典”影响，加之教育几乎是所有家庭的刚需，因此在家上课的需求让网络以及视频这种新媒体内容形态真正走进了家庭场景。

“非典”时期不仅加速了互联网进入中国用户家庭的步伐，而且激发了用户基于互联网的另外两种需求。

---

① 霍超．我的中关村往事［EB/OL］．（2017-08-19）［2024-04-01］．https：//www.chinaz.com/start/2017/0821/797736.shtml.

图 1-2　2001 年北京四中网校上线发布会

第一，网上获取信息的需求。大部分家庭可以上网后，用户发现网站上的信息比传统媒体更新、更快，内容更加丰富，因此用户的信息获取渠道开始向互联网转移。新浪、搜狐等门户网站用户数自 2003 年起呈爆发式增长，便是有力证明。

第二，网上社交的需求。“非典”让大部分用户“困”在家里，当时除了打电话，用户的社交需求几乎无法满足。需求是产品、技术进步的主要动力之一，当时的用户开始思考为什么网络不能解决“非典”造成的社交困局。这个问题的出现埋下了社交与互联网结合的种子。

三、互联网社交产品问世：QQ

1998 年发布了第一个版本的 QQ，它当时还叫作 OICQ。真正流行起来的年份恰恰是 2003 年（见图 1-3）。

2003 年至 2006 年，在中小学生中流行着一种叫“帮忙挂 QQ”的操作。不少中小学生中午不吃饭，直奔网吧，挂上几个同学的 QQ，下午上学时直接回学校，足见那个时代 QQ 在中小学生中的风靡程度。

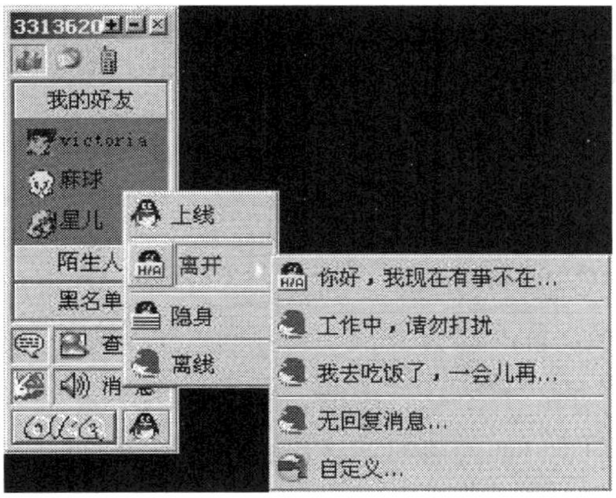

图 1-3　QQ 的早期版本样式

QQ于2002年正式推出“QQ2000”版本，意味着其正式由OICQ更名为QQ，2003年9月注册用户数快速突破2亿，2004年4月注册用户数突破3亿。“非典”过后，QQ这颗互联网社交新星进入了发展快车道。

QQ的火爆，除得益于“非典”触发的用户需求外，基于用户社交需求的产品功能开发也是促成其高速发展的重要因素。在供多人同时在线“玩耍”的QQ游戏引发用户高度关注后，2005年QQ空间的推出更是令用户着迷。用户可以在QQ空间中发布文字和图片表达心情，还可以和好友基于QQ空间互动。QQ空间已构建出新媒体社交圈的雏形。

当QQ运营团队发现“互联网+社交”大有可为后，便开始想尽办法吸引用户的互联网社交兴趣，于是2006年QQ又发布了“视频秀”功能。视频秀用视频的方式将用户线下的状态直接“搬”进了互联网，让虚拟与现实靠得更近。这种利用媒体形态推进社交的方式堪称“互联网+社交”发展中的点睛之笔。

从2006年QQ的用户使用界面看，“影音交谈”“传文件”“短信”“游戏”等功能的按钮图标并列出现在了用户操作窗口上方（见图1-4）。这说明从那时起，QQ就已尝试将媒体的众多表达形式应用于用户社交中，文字、图片和音视频一个都没落下。

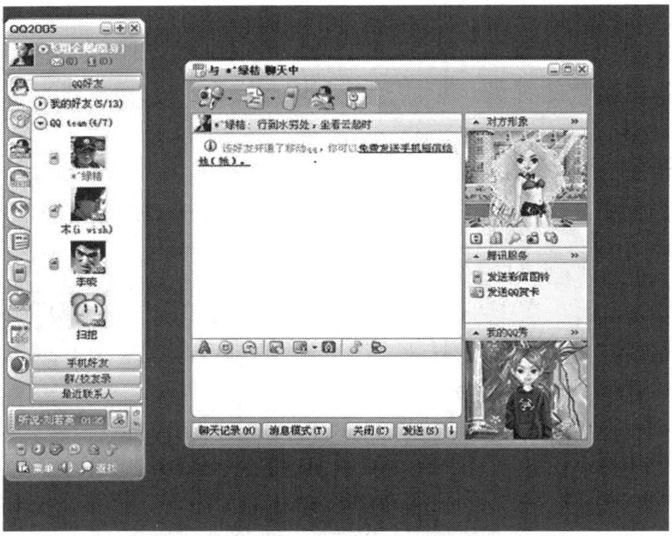

图1-4　2006年QQ的用户使用界面

四、移动网络社交硬件准备：智能手机普及

当坐在家里用电脑与朋友“嗨聊”实现后，用户的社交需求再次拓展——能不能在任意时间、任意场景，不被电脑束缚，想跟朋友聊就能马上聊起来，甚至可以随时随地收邮件、看新闻、看视频呢？这也就是网络社交的移动化需求。

基于上述用户需求，智能手机应“需”而生，它为网络社交的移动化做好了硬件准备。其实早在2000年智能手机就已问世，不过当时的它只是技术突破产物的代表罢了。直到 2007 年 1 月 iOS（苹果智能终端操作系统）发布、2008 年 10 月第一部使用 Android（安卓）系统的智能手机问世，才意味着智能手机时代的到来，而中国市场智能手机的商用普及是在 2010 年前后（见图 1－5）。

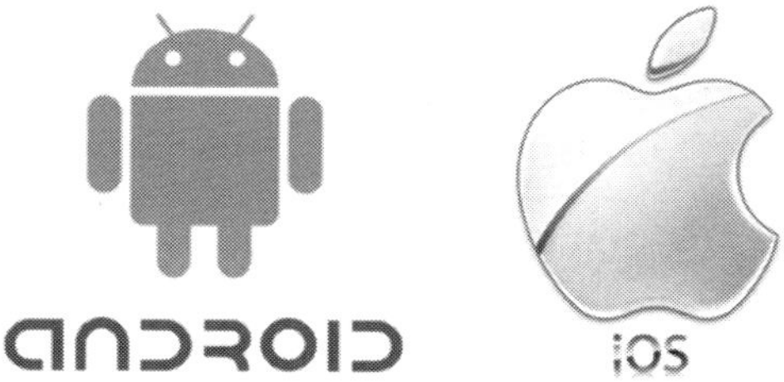

图 1－5　智能手机两大主流操作系统的问世昭示着智能手机时代到来

五、移动网络社交软件准备：3G、4G 网络

配套智能手机普及，国内非固定场所接入网络的环境也获得了飞速发展，这为网络社交移动化提供了软件准备。

2009 年，工信部将 3G 商用牌照发放给三大通信运营商，这标志着中国进入 3G 元年[①]。移动端接入网络提速，让用户在智能手机端获取信息变得更快，使之在移动端获取多形态内容（图文、音频、视频等）满足移动网络社交需求成为可能。

当时，瓜分 PC 端流量的门户网站和视频网站，已将目光锁定于 3G 环境下的智能终端提供应用（客户端 App）以及为用户提供移动端内容的行业“风口”，于是纷纷转向网站“移动化”，即手机客户端战略。

优酷网 2009 年就发布了 3G 战略，2010 年便上线了优酷客户端，同年爱奇艺客户端发布，2011 年腾讯视频客户端上线，就连视频网站的后来者哔哩哔哩（bilibili，网友常称为“B 站”）也于 2012 年登陆了各大应用市场。

其间，主打新闻资讯的门户网站也不甘落后：2009 年 8 月新浪网的移动端代表性 App——新浪微博上线，2011 年网易新闻客户端问世，2012 年搜狐新闻客户端发布。毕竟谁都想赶上移动互联这趟顺风车，以便在全新的用户聚合媒介中，吸引流量、抢占市场、创造专门满足用户移动社交需求的商业模式。

2013 年，4G 网络在国内正式商用[②]，在为移动端互联网进一步提速的同时，还降低了使用流量的费用。4G 的到来，不仅让用户使用手机斗图、浏览各种 App 不再心疼流量费用，而且逐渐养成了用手机看视频、直播的习惯。用户需求的出现和习惯的养成总是促成行业发展或突破的动力，从 2012 年快手由 GIF 制作工具转为短视频社交 App 开始，抖音、微视等视频、短视频、微视频类社交应用如雨后春笋般登陆了各大应用市场。

---

① 焦立坤．工信部发出三张 3G 牌照 中国终于迎来 3G 时代［EB/OL］．(2009－01－08)［2024－02－19］. https：//www. chinanews. com/it/txxw/news/2009/01－08/1519200. shtml.

② 龚雯，高少华．工信部正式向三大运营商发放 4G 牌照［EB/OL］．(2014－03－08)［2024－03－21］. http：//yuqing. people. com. cn/n/2014/0308/c210117－24573790. html.

2018 年至 2019 年，几乎所有互联网人、新媒体人都在奔向视频、直播“风口”。不过，本书认为，视频、直播也仅是在 4G 移动互联网中由渐趋成熟的用户习惯与市场环境催生的集合了技术革命、即时性、碎片化、用户观感等特点标签的短暂爆发。随着 5G 的到来，用户接入移动互联网的速度将指数级提升，网络社交的需求也将进一步扩展，取代视频、直播的功能更为多元、更有创造力、交互性更强的全新互联网、新媒体爆款产品必将出现。

六、以 App 为业务媒介的创业公司涌现

用户网络社交移动化的需求在移动互联终端的实现，需要依托于移动互联应用，即用户手机里的 App。换言之，想于移动互联时代在垂直行业或用户习惯养成的细分领域获得用户，就必须将业务形态、功能、交互融汇于 App 产品中。

于是，2008 年至 2012 年，中国涌现了大批创业公司，专注于承载全新移动互联商业模式及用户体验的 App 产品开发，以至于在互联网行业中“技术为王”成了普遍共识。果然，在 2011 年，中国就成了世界上 App 数量增长最快的国家（见图 1－6）。

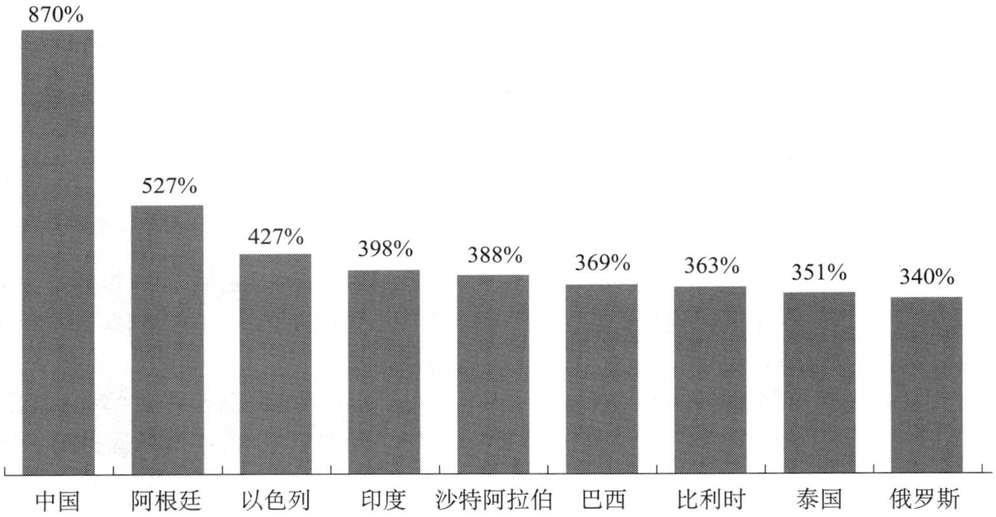

图 1－6　2011 年不同国家 App 数量增速对比图

创业公司的选择没有问题。从用户使用习惯看，2011 年中国用户花在 App 上的时间已超过网页。然而，不是所有站在“风口”、开发了 App 的创业公司都有生存下去的能力。2010 年至 2020 年，创业公司的“阵亡”数并不比新注册数低。每年伊始，互联网和新媒体行业总会出现“盘点上一年倒闭的创业公司”之类的爆款内容。每家创业公司成立时都有成为独角兽公司的雄心，而实际情况是真正能活过 5 年的创业公司属于少数派①。

---

① 独角兽公司指公募或私募市场上的估值达到 10 亿美元以上的企业。史燕君．纸糊独角兽的“名利场”[EB/OL]．(2015－10－08)[2024－02－19]．http://world.haiwainet.cn/n/2015/1008/c345796－29228747.html.

不过，众多创业公司的“阵亡”并非毫无意义，它们前赴后继地试错，似乎是在用户社交形态搭建、与用户社交相关的功能拓展、用户体验优化、App使用流程优化等方面，为一款日后能够成为中国用户移动网络社交刚需选择的App，积累必要的经验和教训。

七、新媒体元年：2013年，微信公众号

那款几乎成为中国用户在网络社交移动化上刚需选择的App，就是微信。

2011年1月21日，微信1.0版本上线。当时的微信只有三个功能：发送消息、发送图片、设置头像。与同期众多创业公司开发的App相比，微信没有任何优势可言，甚至曾有人说，这样的App，“连一个大三软件工程系的学生都能做出来”。

然而，微信这款起点并不高的社交类App，在日后迭代中实现了一次又一次“涅槃”。1.1版本更新多人会话（群组）、通讯录分组等功能；1.2版本更新表情包、修改好友备注、黑名单等功能；2.0版本更新语音对讲、邮箱提醒等功能。这三个迭代版本，证明了微信早期的产品开发专注于竞品功能的差异化，通过最大限度满足用户的移动网络社交需求，锁定用户的行为习惯，而且事实证明微信做到了。

2.1版本调整好友验证的用户体验，增强添加好友、搜索好友的便利性；2.3版本更新附近的人功能，并且实现与QQ关联（QQ离线时微信可接收QQ消息）；3.0版本更新摇一摇、拍摄视频随时发、保存群到通讯录等功能；3.1版本增加英文界面，并更新微信记事本等功能；3.5版本更新扫描二维码添加好友功能；3.6版本更新消息群发功能。从这六个迭代版本可以看出，微信在这一阶段正逐步优化用户体验，并发布了一系列如附近的人、摇一摇等创造性社交功能。这证明微信在完成了上一阶段满足用户移动网络社交需求的基础上，开始尝试引领用户的社交方式，而这是提升用户黏性，直至锁定用户的关键一步。

2012年3月，微信4.0版本问世，更新朋友圈、我的相册、分享第三方平台内容、发送地理位置等功能。朋友圈，堪称创造用户移动网络社交新方式的重磅功能，它将当时仍存在于PC端的QQ空间移动化，而且将长内容精简化。用户通过朋友圈可以随时随地分享心情和喜欢的内容，分享后还能享受好友评论和点赞的乐趣（见图1-7），更关键的是，与QQ空间相比，朋友圈更加“私密”，因为它真的只属于你和你的好友。

图1-7 微信朋友圈的好友评论与点赞功能

在朋友圈上线，用户玩得乐此不疲时，很多人开始猜测，微信推出的下一个移动网络社交创造性方式到底会是什么。

与朋友圈上线几乎时隔一年，2013年4月微信

4.5版本更新了公众号功能（见图1-8）。微信的第二个移动网络社交创造性重磅功能问世，同时也意味着“人人皆媒体”的时代到来。

微信公众号的上线至少为新媒体的诞生做了两件重要的事：

第一，微信公众号成功地给微信加入了一对多传播的属性。分享第三方平台内容功能解决了传播方式问题，朋友圈功能解决了传播空间问题，而公众号功能解决了传播什么的问题，至此传播所需的功能在微信内全部实现。

第二，无论是社交需求驱动还是业务发展驱动，凡是有人群聚集的地方，就必然会出现“结交新朋友、构筑新人脉”的需求。微信公众号为微信中有传播或结交新朋友需求的用户，提供了突破自己好友圈的手段（有需求的用户在公众号上发布内容，经好友转发至好友的朋友圈，完成好友圈突破），而掌握这种“破圈”机会，或者说与好友的好友达成第一次社交的方式，从聊天、打电话、发邮件、发语音变成了传递公众号内容。

正是从微信公众号发布开始，互联网人的普遍共识由“技术为王”向“内容为王”逐渐转变，而以原创内容为核心运营事项的新媒体行业悄然而生。因此我们认为，微信公众号上线的2013年，可以称之为“新媒体元年”。

图1-8 微信公众号的早期产品形态

【运营提示】什么才是新媒体诞生及流变的动因？

通常情况下，对新媒体诞生和流变历程的探讨，往往始于内容输出形式多样化发展过程的梳理。而本书所采用的新媒体诞生和流变历程的研究方法，却是从中国互联网及移动互联网发展以及用户需求不断拓展的角度开始的。总结变更研究起始点的原因共有三点：

第一，传统媒体在内容输出形式上

的多样化发展确实构成了新媒体在内容呈现上的特征，但并不是促成新媒体诞生的决定因素。如果没有在新媒体诞生和流变过程中其他核心要件的决定作用，内容输出形式的多样化仅能让传统媒体在多媒体发展路径上不断深入，而报社、电视台等传统媒体机构在网络平台上发布版权内容，也仅是在全媒体框架内，为用户提供阅读、收看内容的更多入口而已。

第二，用户需求的扩展或变更，才是技术、产品、媒体形态，甚至行业发展的原动力。真正奠定新媒体诞生基础的核心要件，是用户从线下社交到网络社交，再到网络社交移动化的需求演变，以及在满足用户社交需求过程中配套完成的移动网络覆盖、移动端设备普及和移动互联应用——App 问世。因此，研究新媒体的诞生与流变，应是一个梳理用户基于网络的社交需求拓展的过程。

第三，由于新媒体以服务用户的社交需求为出发点，因此新媒体内容的作用相较传统媒体则出现了变化。传统媒体内容的作用是满足用户获取信息资讯的需求，而新媒体内容的作用则变更为用户社交所采用的方式手段。新媒体中，无论是个人还是机构运营者，均是通过内容来表达对陌生用户的社交需求的，而陌生用户也会用不阅读，阅读未完成，阅读完成并关注、点赞或评论、转发，来表达自己对个人或机构运营者的社交意愿。

另外，以服务用户的社交需求为出发点，内容的制作与输出仅仅是新媒体为满足用户社交需求而提供的众多功能服务之一。随着新媒体的发展及行业化，诸如通知服务、预订服务、消费服务等被不断接入新媒体，以至于很多用户感慨，将时间倒推至 2015 年，根本想象不到新媒体会介入生活如此之深。

那么，已逐渐演变为生活功能型应用的新媒体，到底还是不是媒体呢？更合适的答案应该是，新媒体始于媒体，但不止于媒体。新媒体如传统媒体一样，具备传播力和曝光价值，但因为新媒体新增了服务特性，所以它不再单纯强调传播，而更注重服务的转化与达成。

第二节　新媒体与传统媒体融合契机已现

第一节从新媒体的发展流变入手，初步探讨了新媒体与传统媒体的差异。本节将聚焦用户能直接感知的内容，继续探讨新媒体与传统媒体的差别。

一、即时性

即时性是新媒体的绝对优势，在网络不断提速的今天，这一优势正在被无限放大。

在用户通过报纸获取信息的时代，早报出现在报摊的时间一般是早上 5 点，晚报则在下午2点。这种以出版发行时间为卡尺的信息更新节奏，直接导致了用户获取信息的滞后。如果恰好在晚报出版发行时间发生重大新闻事件的话，用户获知事件的时间，可能要推迟十几个小时。

在传统媒体向新媒体转型的那段时间，凸显两者即时性差异的典型事件是发生在2009年2月9日的“央视新址大火”重大新闻。这条消息原本应该是第二天所有早报的头版头条，但央视新址配楼起火后十几分钟，大火的图片和视频已经在网络平台（搜狐博客）上传得沸沸扬扬（见图1-9）。十几分钟与十几个小时的时间差距，印证了传统媒体与新媒体的即时性差距。

图1-9 网络平台上疯传的火灾实拍图

二、多样性

传统媒体为用户传递图文的是报纸，传递音频的是广播，传递视频的是电视。而在新媒体中创作内容，内容生产者就不用囿于形式了，一篇内容链接可以同时承载图文、音频、视频等多种内容形态，如果是允许加载非平台链接的新媒体平台，还可以在内容中加入具备强社交性的H5页面。

因此，新媒体出现后，内容生产者不会再抱怨内容形态太单一的问题，而要考虑的是内容与输出形式的匹配。

三、碎片化

在传统媒体时代，好内容是不怕长的，像《南方周末》的深度报道、《中国青年报》的冰点周刊、《新京报》的调查新闻和“北京地理”，都是以三四千字以上的优质长图文内容著称，而且它们都有将精选内容结集出版的习惯（见图1-10）。

然而进入移动互联时代后，由于生活、工作节奏明显加快，导致用户的时间被无限拆分。用户这种阅读内容的新情况，对新媒体内容提出了新要求：保证小而精，尽量碎片化。于是，“千字文”成了适于新媒体时代图文内容的篇幅形式。而适应快节奏的用户真正需要且想看的“千字文”，是有事件、有观点、有明确吸睛点、言之有物、能快速看完的优质图文内容。

新媒体内容碎片化的特点不只表现在图文内容上，2018 年开始成为爆款内容形态的视频也正在演绎碎片化的发展趋势。从最初的长视频到 5 分钟以内的短视频，再到抖音引领的 15 秒微视频风潮，好像“碎”并无止境，没有最碎，只有更碎。

不过，内容逐渐变短的趋势并未降低新媒体运营者创作内容的要求，反而在更短的篇幅和时间限定下，新媒体人制作出能吸引流量、引发用户评论，最终让用户点击“关注”的内容难度越来越高了，因为想表达清楚核心观点，或抛出一个能被围观的“梗”[1]，篇幅和时间越短就越困难。

图 1－10 《新京报》为其品牌栏目“北京地理”出版的系列丛书

四、社交性

传统媒体时代，用户如果想直接联系报纸上撰写某篇文章的记者（排除熟人介绍），则要经历好几个步骤，流程之长以至于真的联系到了，用户可能都忘了要说什么。即便用户清晰、明确地向记者表达了意见和建议，记者在下次写稿时也不一定会采纳。这种情况反映出传统媒体的内容与用户属于“输出型”关系，即用户意见几乎影响不了传统媒体内容的制作方向、方法和价值观。

而新媒体就不同了，几乎所有平台都有评论、点赞功能，甚至为了给用户发声提供更佳位置，视频平台还具备弹幕的互动方式。可以说，做新媒体很难听不到用户声音。另外，新媒体人也不能过于固执己见，视用户声音为无物，只有在自己做新媒体所坚持的价值观与用户声音之间找到最佳平衡点，才能获得越来越多的关注。因此，相较“输出型”的传统媒体，新媒体的内容与用户属于“双向输入与输出”的关系。

除了上述四点明显差异外，新媒体与传统媒体之间还有两处较隐性的区别。

第一，在收益方式上，传统媒体长期以来均以发行和广告收入为主要收入来源，而新媒体依托服务功能多元化的特点，收益方式主要包括广告收入、流量收入、用户打赏、平台奖励金和销售分成等。

第二，在从业者准入上，传统媒体的编辑、记者都是经过“新闻采编资格”培训与考试才上岗的。而从事新媒体的门槛很低，直接导致了新媒体从业者的情况良莠不齐，这从新媒体中谣言和标题党高频出现便可见一斑。

一直以来，社会上就存在很多唱衰传统媒体的声音，“夕阳行业”论调尤盛。其实，无论新媒体有多新、有多符合市场发展的需要、有多被用户喜欢，有两点一直以来都未曾改变：其一，基于“正规军”的创作团队，传统媒体依靠信源可靠、新

---

① 梗，即“笑点”，为“哏”字的误读，也可以理解成段子。

闻真实、操作流程严谨构建起来的社会公信力并未消失。其二，用户追求有思想、有深度、有价值的内容的动力未曾减弱。当真正的优质内容出现在用户面前时，所有因新媒体而出现的用户阅读习惯都会表现得不那么显著。

综上所述，新媒体与传统媒体之间是否存在迭代关系，还不好下定论，现阶段其实是双方互相学习、借鉴，甚至渗透的良机。

新媒体应向传统媒体学习，逐渐掌握创作优质内容的方法，“铁肩担道义”的责任感，以期逐渐积累社会公信力。

而传统媒体应适时“放下身段”，学着从用户需求出发，在创作立场、内容方式、互动设计等方面做出改变，从而让内容与新媒体完美接驳，逐渐将自己打造成利用新媒体渠道传播的、享有优质内容标签的“高级内容编辑部”。在这一点上，《新京报》再次于传统媒体行列中扮演了创新者角色，以“政事儿”“我们视频”“动新闻”等为代表的新媒体系列产品已构成广受新媒体用户青睐的新媒体内容矩阵（见图1－11）。

图1－11　《新京报》新媒体内容矩阵部分产品

第三节　众多新媒体平台裂变历程

从2013年微信公众号上线开始，各互联网或新媒体平台公司都以“社交”和“内容输出”的融合作为产品、业态发展的方向指引，以期在逐年激增的移动互联网用户流量中抢得一席之地。

一、早期知名网站的新媒体化

截至2024年初，早期知名网站的新媒体产品或业态，仍活跃在新媒体行业中的包括：

微博，源于新浪网；
网易号，源于网易网；
搜狐号，源于搜狐网；
百家号，源于百度和百度贴吧；
豆瓣，源于豆瓣网；
一点资讯（2019 年被凤凰网出售）、大风号，隶属于凤凰网；
腾讯内容开放平台、微视，源于腾讯 QQ；
京东内容开放平台，源于京东电商；
淘宝达人、淘宝直播、大鱼号（由阿里巴巴投资，从 UC 浏览器转型而来），源于阿里淘宝系。

将流行的知名网站新媒体化产品名单，与早期知名网站进行对照比较，可得出三个结论：第一，无论哪种类型的早期知名网站，都在积极尝试新媒体化，就连京东、淘宝这样的电商平台也不例外；第二，从转型结果看，有成功的就有失败的，2013 年，曾红极一时的大学生社交网站——人人网，便在新媒体化尝试中销声匿迹了，直至 2019 年底才又宣布重新上线；第三，从流行的知名网站新媒体化产品数量看，转型成功者占据了主流新媒体平台的半壁江山（见图 1－12）。

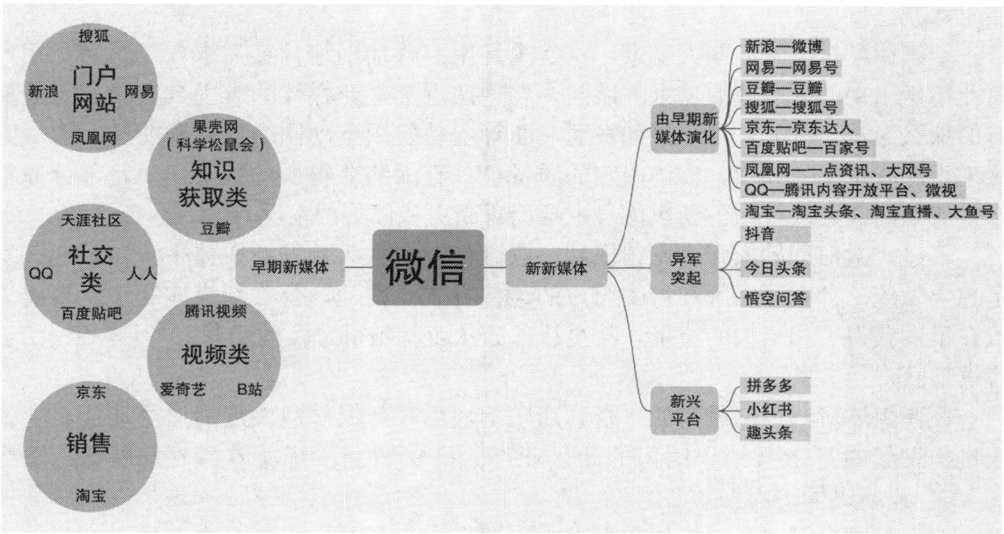

图 1－12 新媒体平台发展流变图

二、新势力异军突起

在新媒体行业十余年的快速发展过程中，还孕育了一批以典型新媒体创业公司为代表的行业新势力，其中包括知识服务领域的知乎、垂直行业领域的 36 氪和钛媒体，以及社交领域的钉钉。不过，在新势力中，最耀眼的那颗星当数北京字节跳动科技有限公司（简称“字节跳动”）[①]。

① 2022 年 5 月 6 日，北京字节跳动科技有限公司更名为北京抖音信息服务有限公司（简称“抖音”）。

字节跳动是今日头条、抖音、西瓜视频等系列新媒体平台的创办母体。它的异军突起至少说明了两个问题：

第一，在新媒体行业成为爆款，不仅能像满足用户网络社交移动化需求的微信一样成为用户社交的刚需产品，还能用内容挖掘用户兴趣点的方式黏住大批用户，使平台和产品成为爆款。

第二，无论是兴趣推荐内容的技术算法，还是信息瀑布流的视频观看方式，都是从产品设计和开发层面引领新媒体用户的使用习惯。这两种产品设计方式恰恰切中了用户的需求点，同时还引领了多数新媒体平台发展的产品设计方向。

新媒体行业不仅对有独特性、创新性的新媒体平台青睐有加，还对新形态表现出了特有的偏爱，比如直播。从2019年开始，“直播带货”是新媒体行业当仁不让的热词，淘宝、微博、抖音、B站、知乎、今日头条、百度等都已经或宣布计划涉足直播，新媒体的新“风口”就此成形。

第四节　企业矩阵将占据新媒体“C位”

新媒体行业出现后，唱衰新媒体的声音就从没断绝过，唱衰者们指摘新媒体的核心点就是流量。

新媒体黏合流量的两大要素，一是满足用户移动网络社交需求，二是满足用户由此衍生出来的内容获取需求。诚然，在这两点上，新媒体的表现其实没有行业期待的那么稳定。首先，用户诸如发朋友圈等主动使用移动网络社交功能的意愿一直表现得起起伏伏。其次，整体内容的质量也一直无法获得质的提升，而且部分原本自带流量的知名人士做的新媒体号也会出现断更或停更的情况。

不过，微信创始人张小龙曾提到，以微信订阅号为首的新媒体平台，早期其实是想要做成一种企业品牌和订阅用户的连接方式。因此，公共新媒体和个人新媒体虽在早期获得了相当大的流量，甚至让部分从业者赚得“盆满钵满”，但并不一定会持续地获得长久关注。

在新媒体对流量从最初的兴奋到回归理性后，新媒体应发展为由企业或企业代表机构发起的基于营销和销售的新兴业态。换句话说，新媒体行业发展的“下半场”，企业新媒体将占据“C位”。

那么问题来了，自新媒体问世以来，拥有大流量的一直都是个人或新闻机构新媒体，企业能将新媒体号运营好的案例少之又少，这又是为什么呢?

一、个人或新闻机构运营更好的七点原因

1. 垂直行业达人更容易吸引流量

新媒体开启了“人人皆媒体”的时代，想在社交渠道发声的用户都能在新媒体开办账号输出内容，这就给在垂直行业里拥有丰富知识和经验的达人们提供了天然的吸引流量的机会。达人首次或更早地在新媒体号中发布所属行业内鲜为人知的技术、经验、案例、潜规则，通过戳中用户知识盲区的方式，让用户趋之

若鹜。

2. 好内容，在哪儿都受追捧

早期新媒体人，多由传统媒体的文字、内容从业者转型而来，他们拥有更好的内容创作能力。无论在报纸上还是手机上看内容，首先要保证的就是内容的可读性。传统媒体从业者写的内容更扎实、更优质、更耐读。

3. 信息可靠，新闻机构新媒体更易被认可

传统新闻机构自带社会公信力，以至于它们创办的新媒体号更容易被认同和信任。同时，传统新闻机构拥有采访权，更容易获得业内的第一手信息。另外，传统新闻机构长久以来坚持的客观公正立场，让用户更容易认同其视角和观点。

4. 入手新媒体代价小、体量轻

在新媒体发展趋势并不明朗的情况下，个人尝试新媒体运营的方式体量最轻，只将新媒体当成副业，即使失败了，也不需承担很大代价。而新闻机构本身就有自主内容创作团队，初期只将新媒体作为传统内容的出口之一，而后随着尝试不断深入再增加团队投入，也足以降低风险。

另外，在全社会都对新媒体原理和运营方法理解不成熟的情况下，由传统新闻机构孕育而来的新媒体人或机构，虽然可能不懂新媒体，但在过去的职业生涯中掌握新闻学、传播学、广告学、用户心理学等知识，以至于更容易适应新媒体这种以传播为主的新兴业态。

5. 广告肆虐，用户已有抵触心理

在广告发布途径与行为已无所不用其极的传播环境下，市场和用户均失去了对商业机构发布内容的兴趣，认为企业发什么都是广告，因而企业新媒体深受其害。

6. 消费者主动，更愿消费内容

在纯粹的买方市场里，消费者已天然自居为“上帝”。他们对商品和商业信息的渴求度下降，而更偏爱个人发布的信息或观点。

7. 无信任，难成交

在长期积累的营商环境中，供需两方的不信任关系造成了商业机构的权威度下降，以至于消费者产生不信任感，这也就是国家近十几年来一直在倡导并建立征信体系的原因。

二、企业新媒体将成主力军的七点原因

1. 相对个人新媒体，企业新媒体更加稳定

传统新闻机构外的个人新媒体因人员构成、管理、团队成本等问题，很容易造成团队、制作者的不稳定，会影响内容质量和更新节奏，以及创新与发展的可能性。但企业可组成稳定的新媒体运营部门持续发力，更易获得良好运营效果。

2. 用户需要企业的优质商品

除生活相关的用户传统必需品外，消费（包含生活必需品消费、娱乐消费、精神消费等）已然成为用户新的必需品。

当消费成为用户必需，获得必要的消费资讯、消费商品、优惠信息，就是其引发的必然需求，而对于拥有优质商品的商家来说，发布没有经过渠道整合、处理、变更的第一手商品和优惠信息以黏合用户，使之成为复购人群或忠实用户，将成为未来商业机构运营自主用户的重要方式之一。

3. 市场渠道成本上升，新媒体成推广“不二法门”

在市场渠道成本不断提高，商品、商业服务所需的成本不断上升的情况下，企业可用于传统广告投放或宣传渠道的市场费用必然大幅降低。于是，寻找一条新兴的、低成本的、完全自主可控的宣传渠道和用户运营方式，是市场运作中不可或缺的一环，而这一环是新媒体最擅长去做的。

4. 用户市场庞大，等待企业鉴别

在新媒体发展进程中，传播的形式被彻底改变了。

过去，一报纸一群人、一节目一群人、一电台一群人，在企业选择宣传媒介前，用户已被筛选过一遍了。但新媒体号面对的是亿万网民，这意味着有超过千万的用户群体正在等着企业机构去鉴别，看哪些才是自己需要的用户人群。

对企业而言，在销售与吸粉双管齐下的过程中，这两者是相互促进的。商品投放得越好，市场做得越好，就意味着用户人群的匹配质量越高，粉丝质量也会更高；同时，企业通过新媒体不断鉴别、黏合用户，其商品销售也一定会更好。

5. 促销售，新零售销售流程更短

企业运营新媒体的根本目的在于提升销售额，而新媒体可以帮助企业直接在新零售环节中获得销售额，这是企业必然选择新媒体的原因之一。而且新媒体会让企业的销售流程变得更短，从其新媒体团队上架商品到推送场景化导购内容，再到用户下单、物流快递发货，直到最终用户收货的过程，比过去企业进销存的零售流程大幅缩短。

6. 精进合作，不同领域新媒体可相互助力

展望未来，商品或服务属于非竞品关系的企业新媒体，将更容易形成新媒体优质商品联盟。

在联盟中企业共享收益，通过为用户提供优质商品矩阵或服务组合互相促进销售，也让用户能在更短时间内，更方便地找到需要的、买得起的、符合自己调性的商品组合。

7. 新媒体发展，管理层更加重视

经过新媒体十余年的发展，众多企业从管理决策层的抗拒新媒体、不需要新媒体、试着做一做新媒体到运营新媒体矩阵，各行业的新媒体意识正在普遍提升。同时，在企业管理决策者的日常继续教育和培训的日程中，也加入了新媒体运营知识

获取的环节。

也就是说，老板们越看别人的新媒体，就越想做自己的新媒体。于是，企业带着钱、带着人、带着优质商品、带着资源，“杀入”新媒体领域的局面即将到来。

【本章总结】

1. 本章通过对新媒体诞生与流变历程的梳理与研究，明确了本书所贯彻的新媒体运营立论点：一、满足用户需求是思考所用新媒体运营方法的出发点；二、内容的地位出现变化，但并未降低，它是所有新媒体运营方法的最主要载体；三、服务与内容同等重要，新媒体运营是通过服务项的不断增加与延伸，促成用户提出需求并实现需求拓展的。

2. 新媒体的流量红利确已消逝，“内容—粉丝—黏合—转化”的路线才是未来新媒体发展的长久趋势。在实现这一趋势的漫长过程中，新媒体需要多项“基础设施”的支撑即好的内容团队、丰富的运营经验、优秀的商品、定向的投入等，而这些都可以被企业掌握在手中。因此，在新媒体发展“下半场”，企业自主运营的新媒体矩阵将占据“C位”。

【课后习题】

1. 了解与研究新媒体诞生和发展流变的切入点和方法是什么?

2. 用户如果想借助新媒体来实现自己的好友圈突破，应采用的第一种社交方式是什么?

第二章　新媒体关键词家族

【本章知识体系】

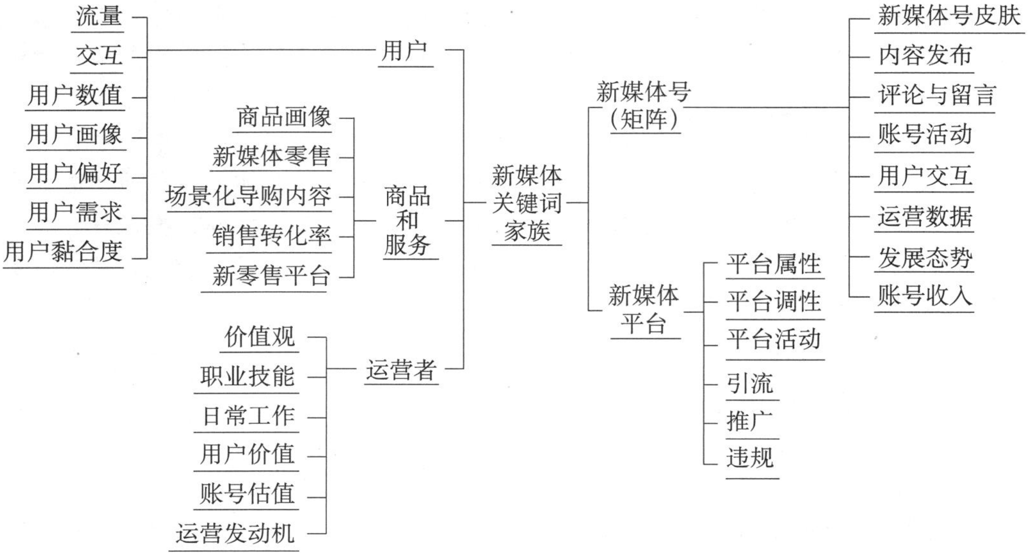

新媒体源起于用户移动网络社交需求的出现，因此新媒体的构成与运行基础便是用户移动网络社交需求的行为表现——交互。随着用户不断做出交互行为，产生了组成新媒体世界的各种元素，其中用户、商品和服务、新媒体号（矩阵）、新媒体平台和运营者可视为构成新媒体世界的第一级元素，也就是一级关键词。

而随着这五种基本元素的相互作用、有机联动，它们在新媒体世界中逐渐编织出了一张交互关系网。这个网络结构既包含了各种社交形态，也包含了内容、价值观、创意策划等人为增值点，使得整个新媒体世界网络在不断繁衍并增值。

在新媒体世界组成网络结构后，这张网中会出现越来越多的节点，这些节点便是新媒体世界的二级元素，也就是二级关键词。这些二级关键词从一级关键词衍生而来，不断发散，而且必然会越来越深入地与其他一级关键词衍生出的二级关键词产生关联，这就是新媒体世界网络结构的构成逻辑。

而作为新媒体运营者，在掌握新媒体运营方法前，应理解这些关键词的概念、作用及关系发展脉络，如此才能更全面地洞悉新媒体世界，从而更好驾驭它。

第一节 新媒体世界中的基础角色

本节将对新媒体世界中的一级关键词——用户、商品和服务、新媒体号（矩阵）、新媒体平台、运营者逐一进行介绍。

一、用户，新媒体世界的“上帝”

在新媒体世界中，用户是流量，没有流量的新媒体被广泛认知为没有价值；用户是观众，没有观众的表演是没有意义的；用户是朋友，没有朋友的运营成不了大事；用户是消费者，没有消费者就不能达成转化。平台在找匹配的用户，运营者在找喜欢自己的用户，商品在找需要自己的用户。因而，所有人都在研究用户……

二、商品和服务，担任创收“主角”

商品和服务，是新媒体世界与实体世界强关联中的两极（新媒体世界与实体世界的强关联共有四极：信息、社交、商品、服务），也是新媒体世界中其他所有角色在反复寻找的。但由于商品和服务最初是“零添加”的“原始”状态，所以需要运营者赋予它们更多的新媒体环境下传播与转化的能力。

随着新媒体的不断发展，更多原本在线下拓展业务的商品和服务逐渐向线上寻找接触用户、达成销售、快速扩大销量的机会。在流量、信息流等广告形式的转化效果逐渐弱化的大背景下，会有越来越多的新媒体运营者发现，依靠达成商品和服务的销售转化而获得的收益，较平台奖励收入、广告收入而言更加稳定。

除新媒体运营者会依靠销售商品和服务以稳定收入外，在新媒体发展的“下半场”，会有更多生产商品、提供服务的企业进入新媒体，专门成立新媒体部门，来运营属于企业自己的新媒体号（矩阵）。此时，新媒体对企业来说不再是推广和销售渠道，而是自主运营的线上平台。这个平台最终黏合住用户的关键因素，便是企业生产的商品及提供的服务优质、过硬，符合用户的实际需求。

三、新媒体号，新媒体世界的“细胞”

新媒体号是新媒体的基本载体，也是新媒体运营者与用户、平台连接的中介。

新媒体号是新媒体中的“小世界”，用户和平台通过它“看”运营者，运营者通过它拓展“小宇宙”。新媒体世界就是由无数个开办在新媒体平台上的新媒体号构成的，新媒体号扮演着用户数据、知识产权、销售收入等新媒体元素的载体角色。

四、新媒体平台，新媒体世界的“地基”

新媒体平台是新媒体行业发展的基础，运营者需要它的支持，商品、服务和新媒体号需要它承载，用户需要它满足需求……新媒体平台与新媒体号属于相互依存关系，新媒体平台为新媒体号提供了空间与流量，而新媒体号的优质运营也为新媒体平台吸引更多陌生流量，并黏合住更多忠实用户。

五、运营者，新媒体世界的“店小二”

运营者是在新媒体世界中最勤劳的角色，商品和服务、用户、平台，包括运营者自身都对之有所要求（无论运营者是运营个人的新媒体还是运营企业的新媒体，都不愿意数据一直处于谷底），然而运营者要相信，只要功夫深，终有“逆袭”日。

【运营提示】五种角色的相互作用关系

上述新媒体世界的一级关键词可被视为新媒体的五种基础角色，其中新媒体号与运营者承担连接纽带的作用（见图 2-1）。这两者之间，运营者为新媒体号提供内容、活动和人设①，这三点构成了运营者希望新媒体号展现给用户的调性和价值观。而新媒体号为运营者提供内容、活动的用户交互数据，以及用户对人设的评价，从而让运营者可以对新媒体号的现状和发展方向做出评估与预判。

新媒体号的纽带作用主要体现在与平台和用户的关系上。新媒体号创建于新媒体平台之上，平台为新媒体号提供技术功能、基础流量和运营补贴政策，而新媒体号反馈给平台内容、更忠实于平台的粉丝，也就是用户黏合度；在新媒体号与用户之间，新媒体号将运营者策划的内容和活动发布给用户即曝光，并为用户提供稀缺性福利，而用户给新媒体号反馈阅读、订阅、黏合度等交互数据和状态。

在面向平台和用户时，运营者的价值主要通过新媒体号展现，而运营者的纽带作用主要体现在引入优质商品和服务上。在运营者与商品和服务之间，商品和服务为运营者承诺质量，并提供货源、价格和福利，而运营者反馈给商品和服务的是新媒体化的改进建议，以及难得的复购人群。

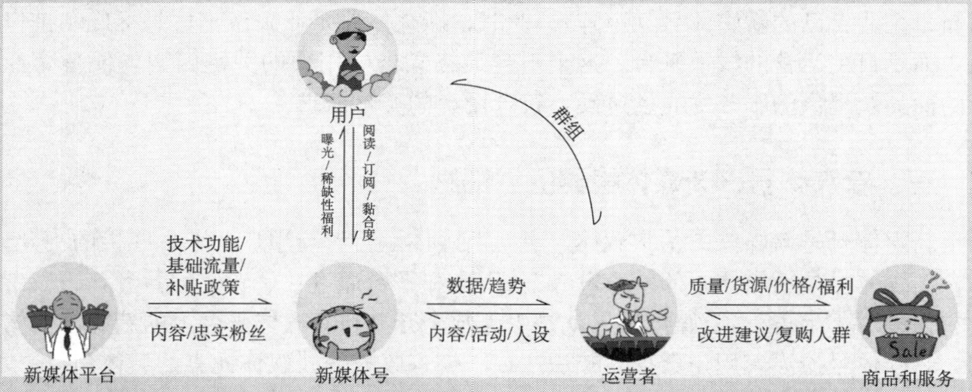

图 2-1 新媒体世界中的基础角色（一级关键词）相互作用关系图

① 人设，即人物设定，指在新媒体平台上提前设定并演绎出一个相对完整的人物，如高颜值形象、“学霸”、“女神”等，是一种刻意呈现出来的形象，并不一定是真实的，本质上是一种营销行为。魏薇．人民时评：理性看待“明星人设”［EB/OL］.（2019-12-06）［2024-03-01］. http：//theory. people. com. cn/n1/2019/1206/c40531-31492999. html.

第二节　基于用户的二级关键词

在用户这一新媒体角色中，可综合新媒体运营和用户交互中的实际情况，定义7个关键词：流量、交互、用户数值、用户画像、用户需求、用户黏合度、用户偏好。

一、流量，趋同性用户集合

有用户的地方就有流量，用户就是流量构成的最小元素。但用户是个体，流量则不是，它是由一群具有趋同性特征的用户聚合而成的用户集合。

没有经过区分的聚合流量叫作广义流量。表面上广义流量虽没有统一特征，但也具备一定趋同性。比如微信有超过13亿用户，虽然属于广义流量，但均有社交需求，这就是广义流量的趋同性。

新媒体发展过程中，新媒体世界的所有角色都在寻找自己的流量，通过运营使其所掌握流量的趋同性更显著，进而也期待着流量具有多种趋同性。趋同性越显著，意味着流量的可塑性越强，存在更多的可转化和想象空间。

二、交互，新媒体运营价值的基本体现

交互，即用户对其他用户、运营者、新媒体号、新媒体平台施展的行为。常见的用户新媒体交互方式有阅读、点赞、分享、评论、账号内留言、参加活动、群组内留言、购买商品等。

对用户而言，他们的交互意愿是随着与运营者、新媒体号、新媒体平台不断接触而逐渐增长的，从阅读一篇内容到最终购买商品虽是一个漫长过程，但有了第一次交互，就产生了实现这个过程的可能性。

用户在新媒体领域里实施的所有交互行为，均是新媒体号、新媒体平台，甚至是运营者运营价值的基本体现。没有用户主动交互的新媒体不具备活力，更不具备传播、推广、销售变现的可能性，因而没有价值可言。

三、用户数值，新媒体运营的“晴雨表”

用户数值，是指用户在新媒体领域因交互而产生的数据。数据把控对新媒体运营非常重要，所以运营者必须知道各项用户数值对新媒体号的意义。用户数值项之间产生的相互作用及指标意义，本书将在第十二章“新媒体数据运营实操方法”中详细讲解。

四、用户画像，定位群体用户的三级信息

用户画像，是用标签法（TAG）尽可能精准地对用户情况进行的描述。在新媒

体领域，主要讨论的是用户群像。对于运营者和新媒体平台而言，所需要的是一批拥有显著用户画像的用户。

新媒体用户画像被分为三级：

第一级是用户的基础信息。传统销售行业的用户列表，记录的就是用户的第一级基础信息，即性别、年龄、身份证号、手机号、家庭住址等。

第二级是用户的客观信息。客观信息可从一定程度上反映用户的生活状态，比如工作收入、家庭可支配收入、消费的客单价（用户消费单个订单的平均金额）接受范围、学历层次、家庭成员情况、家庭成员关系、职业背景等。

第三级是用户的行为信息。即用户的阅读偏好、行为偏好、消费偏好、社交偏好等。

通过以上三级信息，就可以描绘出用户画像。从基础信息到客观信息，再到行为信息，对于用户的了解、分析是步步深入的。但用户群不是一成不变的，永远处于变动状态，所以对新媒体用户画像的探索永无止境。

【运营提示】描绘用户画像的工作路线图

对用户画像的探索是新媒体运营者永恒的工作，其工作路线图如下：根据新媒体号定位分析，初步定位用户画像标签组→用户聚合→描述；分析用户画像→用户进一步聚合→进一步描述；分析用户画像→增加或修正用户画像标签组→对用户进行画像层面分类，进一步明确重点用户（有变现或传播价值的用户）群体。

五、用户偏好，发掘用户兴趣点

欲理解用户偏好，需先了解“偏好”的含义。每个社会中都有若干法则，用来维持大方向的统一，而偏好则是统一下的不统一。但偏好有强示范效应，也就是说，一定数量的用户可以因偏好形成可明确偏好标签的群体①。另外，偏好不同于习惯，有较强的不稳定性，用户心情、所处环境的变化等，使得偏好存在突发性和随意性。

新媒体世界中，一般将用户偏好分成四类，即上文所述的阅读偏好、行为偏好、消费偏好和社交偏好。

1. 阅读偏好，阅读习惯与阅读兴趣

用户阅读偏好，可分解为用户的阅读习惯和阅读兴趣两个层面。

用户的阅读习惯，是用户在阅读上表现出的惯常行为。如用户每天阅读内容的习惯时间点，每天花费在阅读上的时间长度，是否有收藏、转发内容的习惯等，都属于用户阅读习惯的范畴。

用户的阅读习惯是组成用户画像的重要指标之一，新媒体运营者需根据对用户

① 萧浩辉．决策科学辞典［M］．北京：人民出版社，1995．

群的阅读习惯分析定制运营计划。如新媒体号的粉丝大部分习惯于9点看内容，那么运营者就将内容发布时间定在8点30分，以便用户准备阅读时直接获取。

用户的阅读兴趣相对好理解，即用户偏好了解的人、事物或领域，以及其表现出的获取阅读内容的倾向或目标。通常情况下，用户的阅读兴趣受行为偏好影响。

2. 行为偏好，短时间内的行为爱好

用户行为偏好，可理解为“容易变化的用户行为习惯”。偏好一旦形成，会让用户在某段时间内按一定规律做与偏好相关的事，如果时间被不断延长，偏好就有可能成为习惯。而偏好与习惯的不同点在于，用户的行为偏好更多由环境因素决定，行为习惯的养成则更加依赖个人意志。

3. 消费偏好，与用户调性相关

消费偏好指用户在一段时间内更愿意消费的商品、商品类型，以及选择的消费渠道，它在一定程度上取决于行为偏好。

以抖音为例，某用户已有看抖音的行为偏好，并逐渐对抖音视频中推荐的商品感兴趣，从而养成了在抖音上购物的行为习惯，这就是由用户行为偏好引发的消费偏好。

不过，消费偏好不仅由行为偏好决定，也跟用户调性相关。试想一位每天以品茶、喝威士忌为乐的人，让其产生在拼多多上购物的消费偏好就很难。

4. 社交偏好，持续性强，或发生剧变

用户社交偏好可分为广义和狭义两种。狭义社交偏好，是指用户对社会中不同性格的角色表现的交往意愿；而广义社交偏好，则是指用户更愿意在社会中担当的角色和更认可的在社会中生存的自我准则。

社交偏好相对用户行为、消费偏好而言持久性更强，但会随着用户年龄、所处环境和自我认知的改变而发生变化，这种变化甚至可能是颠覆性的。

另外，用户社交偏好还催生了一种新媒体运营方式——为新媒体号塑造人设。对用户而言，新媒体号的人设就是一种社交角色，人设与用户社交偏好越匹配，用户与人设社交的意愿就越强，越能提升用户对新媒体号的黏合度。

六、用户需求，避免掉进“假想需求”的坑

用户需求和用户画像紧密相连，通过对用户画像的描绘能推测出用户需求。

运营者对用户需求的分析通常是推测，而不是判断，因为判断很容易让运营者掉入“假想需求”的坑。所谓“假想需求”，就是在运营者头脑中用户应该有的需求，这种需求是运营者主观意识判断的结果，其与用户的真实需求可能相去甚远。

根据用户画像推测用户需求，只是运营者在明确用户需求时的第一步，第二步便是将推测结果纳入内容策划中，并将内容推送给用户，通过用户的真实反馈来确定推测的需求是否存在、是否迫切。只有经过如此反复尝试和纠错，运营者才能逐渐摸清用户需求的脉络。

七、用户黏合度，让用户忠诚于新媒体号

用户黏合度，也称用户黏性、用户忠诚度，指用户对某事物的喜爱、信任程度。

在新媒体世界，用户黏合的终点是运营者、新媒体号、新媒体平台。用户黏合的出发点一般是用户需求，即用户因为需求找到新媒体号，然后因为认同、喜爱，并逐渐信任新媒体号的内容、活动、商品、服务，最终实现黏合于新媒体号。

当然，也有用户既不认识运营者，又对新媒体号没需求，但仍变为黏合用户的情况。这类情况的出现，主要依靠挖掘用户潜在需求。运营者首先要策划并完成既有明确需求导向又足够有吸引力的内容，其后通过市场、运营手段尽可能使内容获得更多陌生用户阅读量。当陌生用户发现内容导引的需求，确实是自己并未发现的切实需求时，就会因需求进入新媒体号，开启认同、喜爱、信任并最终黏合的过程。

用户黏合度往往是判断新媒体号、新媒体平台价值的重要指标之一，用户黏合度越高，拥有高黏合度用户的数量越多，就证明新媒体号和新媒体平台越有价值。

【运营提示】运营精准化流量才会赋予流量价值

通过对“用户”衍生出的新媒体二级关键词梳理（见图2－2），运营者应明确：一个新媒体号的价值基础来源于流量，但空有未被细分的流量是无法产生价值的，只有将流量通过用户画像分析的方式不断精准化，使其具备产生价值的可能，同时在细分流量基础上，通过运营使流量中越来越多的用户黏合于新媒体号，才具备了让新媒体号实现价值的全部条件。

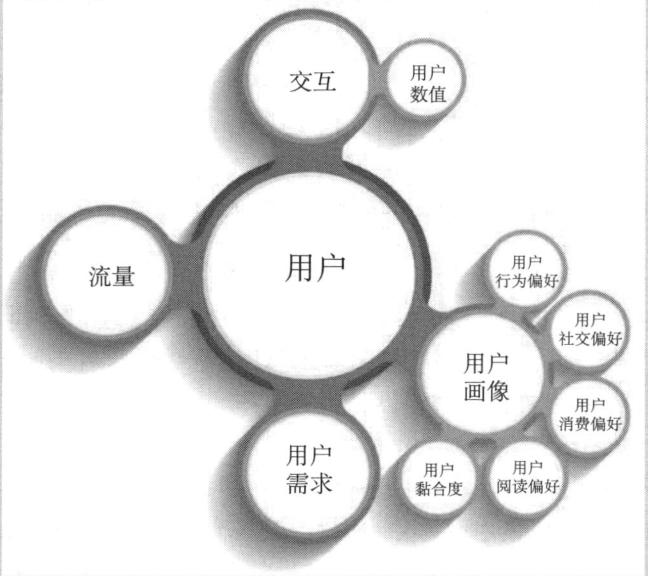

图2－2　用户关键词关系图

第三节　基于商品和服务的二级关键词

用户需要好的商品和服务满足生活需求，新媒体号和新媒体平台在内容创作逐渐乏力、同质化渐趋严重的情况下，也需要好的商品和服务吸引用户眼球。运营者需要研究商品和服务，将优质的商品、服务融入内容，提供给新媒体号、新媒体平台和用户，以满足上述各方需求。

商品和服务是除内容外新媒体世界中的另一种重要介质，可以很好地实现“沟通”作用。

一、商品画像，细化后明确对应人群

同用户画像一样，新媒体商品也有画像，而且需采用逐层细化的方法进行分析。不过针对商品画像的细化，是对其对应人群的不断明确。

（一）商品基础信息

1. 商品价格

商品最基本的信息就是价格。

在传统销售行业中，商品价格分很多种，主要包含成本价、供货价、市场价、分销价、促销价。传统销售价格都能对应复制到线上新媒体销售价格中，但它们的明显区别如下：传统销售的商品大多为批量生产，有时商品需要“订货”，总价格较高；而新媒体销售的商品大多为零售，单价较低，体量轻。

2. 商品功能

商品的另一基本信息是功能。用户在购买商品前，都会先考虑买来可以用它做什么的问题。

传统销售的商品，功能相对单一，就是为了解决用户的某种需求生产的。但新媒体销售的商品往往被赋予更多功能，比如许多新媒体号推出的台历，不仅能看日期，还能阅读每日一句的励志话语，甚至可以当记事簿。

相对传统销售的商品，新媒体销售的商品的多功能性给予了用户更多购买理由，更易形成消费冲动。

3. 商品卖点

卖点指商品相对其他商品更加突出、更有个性的特点。在传统销售中，许多商品的卖点就是相较同类商品更优秀的功能，或是在当时的市场环境下只有该商品的功能能满足用户的某种特定需求。

而在新媒体销售环境中，已几乎没有在功能上绝对“新鲜”的商品，于是新媒体商品的卖点与商品功能逐渐剥离，变成了促使用户形成消费冲动的吸睛点。

截至 2024 年，能够在新媒体零售中有一定销量的商品均具备如下三个卖点：

（1）黑科技。

黑科技[①]，原意指非人类自力研发，凌驾于人类现有科技之上的知识，引申为以人类现有的世界观无法理解的猎奇物。

“黑科技”成为网络新名词后，其含义扩展为指一切“不明觉厉”的新硬件、新软件、新技术、新工艺、新材料、新功能等。换句话说，新媒体销售的商品好用、易用的价值退居其次，能在传承、功能、材料、包装、工艺、技术等方面让用户产生“不明觉厉”的黑科技感成了卖点之一。

比如，在厕所用卷纸上印刷英文单词，以满足用户上厕所时背单词的需求（见图2-3）。无论这一功能是否真的有用，只要有用户产生“手纸都能印单词，不明觉厉啊”的感觉，就会让这款商品实现新媒体零售。

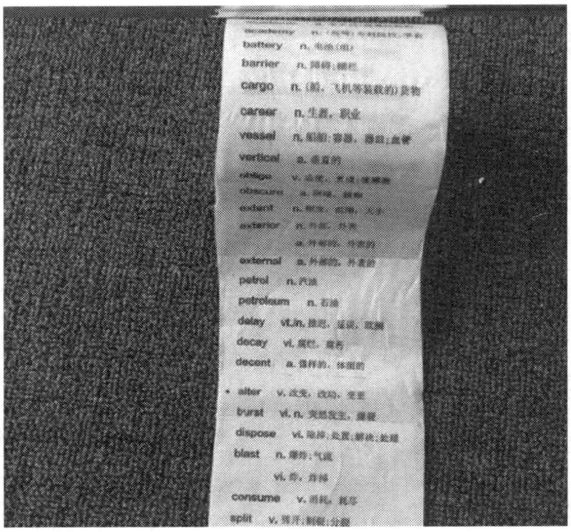

图2-3　印有英文单词的厕所用卷纸

（2）高颜值。

在这个“看脸”的时代，用户会将商品的卖相列为购物决策的重要指标之一，而且其在购物决策中的分量仍有与日俱增的趋势。因此，在快节奏的新媒体领域，想让商品在一瞬间抓住用户眼球，需在商品的高颜值外表上做足功课。

（3）话题感。

在新媒体时代，用户消费后，因炫耀而获得满足感的需求正在逐渐放大，所以新媒体运营者在甄选销售商品时，要将那些能招来羡慕、嫉妒的目光，并被不停询问的商品推送给用户。换句话说，这类商品的共性特点就是具备足够的话题感，可以让购买商品的用户带着炫耀的快感跟小伙伴聊个不停。

商品的话题感，一种来自前文所述的黑科技和高颜值，只要商品具备这两个卖点，就注定不会缺话题感。而另一种来自商品与其他事物的关联性，比如亚马逊官

---

① “黑科技”的概念出自日本轻小说家贺东招二的漫画作品《全金属狂潮》。

方在2019年3月曾发布过一款Kindle电纸书的营销海报，海报主题赫然写着“盖Kindle，面更香”（见图2-4）。这句slogan[①]不仅贴合Kindle的用户画像和使用场景——大学生用户用电纸书盖泡面，大小、轻重、厚薄刚好合适，而且还为一款长销商品附加了话题感特征。

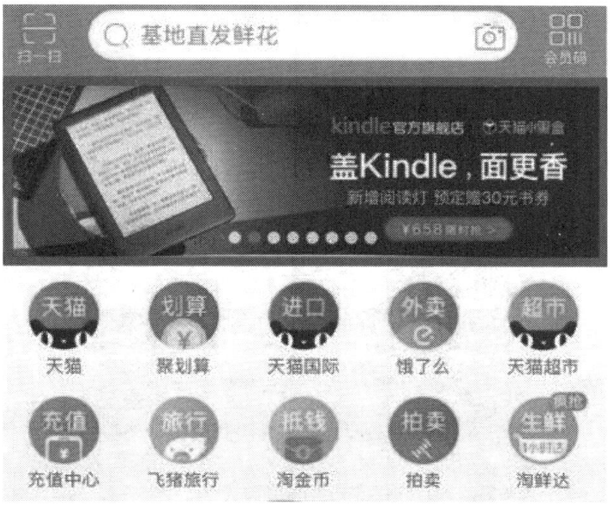

图2-4 亚马逊发布的Kindle官方海报

从截至2024年的新媒体爆款看，任何一款商品想成为爆款，上述三个卖点相当重要，它们相辅相成，迎合了目前新媒体环境中线上人群的消费需求。

（二）商品调性，实现与用户调性的匹配

商品调性，是基于其营销表现给市场留下的印象和评价。商品调性一般由商品功能、价格、卖点等商品的客观信息和特征综合决定。

在新媒体零售中明确商品调性的目的在于，让营销商品能与呈现它的新媒体平台、新媒体号调性，以及选择它的用户调性形成匹配关系。比如，微信公众号“一条”的用户调性可描述为“对生活方式和生活美学均有较高要求”，因而其原创内容推送的商品多数就不是快消领域的生活必需品，而即便是生活必需品，也必须在价值、审美和创新功能上有突出特点（见图2-5）。

二、新媒体零售，从“人找货”到“货找人”

商品和服务的第一需求是销售，新媒体销售区别于传统线下销售和电商，是以用户需求或用户潜在需求为出发点，用内容触动用户购买欲，继而形成基于订单转化的销售方式。新媒体销售多以零售为主即新媒体零售，而且并不是在新媒体号中加载线上商城链接就可以被称为新媒体零售模式的。

---

① Slogan，即标语，口号。现也泛指宣传语、广告语。

图2-5 “一条”推出的煮饭用锅

（一）新媒体零售特点，让“路人”产生强需求

在传统销售中，线下实体店的商品摆在货架或陈列柜里，电商的商品呈现在平台列表里。当用户要买某件商品时，会去实体店选购，或者登上电商平台搜索目标商品。这就是典型的“人找货”销售模式。

而新媒体零售则不同。运营者基于新媒体号的用户画像，可明确与用户需求匹配商品的客单价范围、功能属性、卖点及调性等商品画像信息，依据商品画像信息在新媒体零售厂家、渠道中寻找匹配商品，然后将商品与用户通感①、使用场景等激发用户购买欲的元素融入营销内容，推送给用户。

用户点开营销内容后，通常会出现三种不同情况：

第一种，虽然用户画像与商品画像匹配，但用户目前没有购买此商品的需求，所以销售转化未达成。

第二种，用户刚好有购买此商品的需求，而且用户发现新媒体号推荐商品的价格、功能和调性都适合自己，销售转化就此达成。

第三种，虽然用户看到营销内容前并没有购买此商品的需求，但因营销内容的设计策划能激发用户通感，还能通过商品使用场景等激发用户购买欲，所以用户对商品的潜在需求被唤醒，于是达成了销售转化。

---

① 通感原本是修辞格的一种，指用描写一类感觉的语句来描写另一类感觉，沟通两类感觉，造成表达上的新奇感和生动性。在新媒体运营中，用户通感则指代在部分用户群体中产生的共鸣性感觉。

无论新媒体零售获得的是上述哪种结果，传统销售“人找货”的模式都被变更成了用户足不出户就可获得商品推荐的新媒体零售“货找人”的模式。这种“货找人”的新媒体零售方式也被称为“新零售”。

新零售的显著特点，当然就是创造性地实现了“货找人”这种新型销售模式，其中最闪亮的部分当数以营销内容为手段，在阅读一篇内容花费的时间内让用户完成从对商品无明显需求到消费的转变，这就是行业中经常说的“把路人变刚需”。

此外，新零售还表现出其他三个特点：

1. 一篇新零售营销内容以推荐一款商品为主

因为新零售的营销内容原则上全部取代了线下销售的导购功能，所以营销内容中需为推荐商品设计专属的用户通感和使用场景，才能让用户产生对商品的需求，并激发消费冲动。

然而，单篇营销内容的篇幅有限，这种靠内容刺激消费的新零售方式，需让用户的关注点只集中在一款商品的选择上，才能有效激发购买欲。因此，一篇新零售营销内容通常只推荐一款商品。

2. 新零售是一种基于信任的销售模式

新零售通过营销内容实现商品销售转化的方式，应以用户与销售商品的新媒体号产生信任关系为前提。

与传统销售中消费者更容易在信得过的商店或网店消费相似，新媒体号运营者需要通过持续运营，逐渐在价值观引领、知识干货有效性、话题稀缺性、营销商品质量口碑建设等某一方面与用户建立信任甚至引领关系，才能让新零售销售转化率表现得更优异。所以，新媒体行业中才有“新零售首先卖的不是货，而是建立与用户间的信任”的说法。

3. 新零售营销内容也需广泛触达陌生用户

虽然新零售是一种基于用户信任新媒体号的销售模式，但运营者也不要忽略新媒体的运营精髓，即不断通过运营手段黏合住已关注新媒体号的用户，同时吸引陌生用户关注。

新零售源于用户信任，主要针对已关注用户而言。运营者应将新零售营销内容通过多平台联合运营的方式，尽可能地推送给更多陌生用户，因为一款恰好符合用户消费需求，或者确实优质或新鲜、富有创意的商品，也可能成为用户关注新媒体号的理由。

（二）新媒体零售优势，用户与商家都方便

基于对新零售特点的分析，从参与新零售的各角色入手，便不难发现新零售展现出的优势。

第一，“货找人”让用户消费更加方便。从“人找货”到“货找人”的改变，使新零售拥有了将匹配用户画像的商品直接推送到用户手机上的优势，让用户足不出户便可购买到心仪的所需商品，符合用户越来越“宅”的生活趋势。

第二，降低新媒体号销售商品获益的门槛。因为“货找人”的方式，必须以将营销内容推送给用户为前提，所以拥有用户流量的、非商品生产商的新媒体号在新零售中一般充当销售渠道作用（即把营销内容推送给用户的媒介渠道）。

新零售的渠道销售，一般由渠道负责完成订单转化，并将订单发送给商品生产商，由商品生产商负责商品的生产、仓储和物流。因此，从事新零售的渠道不需承担传统销售或电商的前期进货、仓储和物流成本，这大幅降低了新媒体号做销售的门槛。

第三，为商品生产商提供更多低成本销售渠道。2023年抖音发布《抖音电商商家经营环境报告》称：抖音电商已成为超700个头部品牌最大的生意阵地，超18万个成长中的新商家在抖音电商年收入突破百万。这一数据就能证明，从事新零售的新媒体号为商品生产商提供了更丰富的销售渠道资源。

不仅如此，由于新媒体号可明确用户画像，这就为商品生产商在销售渠道甄选上提供了更多判断依据。而且，只有头部大号才会收取类似于传统销售中“上架费”的流量费用，一般新媒体号则采用按实际销量分成的方式从商品生产商处获得收益。这种方式既提高了商品生产商的推广效率，又降低了其渠道成本。

第四，为商品提供更多成为网红爆款的机会。商品生产商为了商品大卖，会寻找更多销售渠道，而在新零售中，当新媒体号发现了极具销量潜力的商品，也会联合其他账号一起售卖。这种新零售渠道合力销售一款商品的行为，更容易促成网红爆款商品的诞生。

三、场景化导购内容，促使用户购物的主要手段

在本节中多次提到的新媒体零售主要“导购”方式——营销内容，便是场景化导购内容，它是新媒体一级关键词“商品和服务”的重点延伸概念之一，因其承担着激发用户购买欲、担当实现“货找人”新零售方式媒介角色的重任。

多数新媒体用户都习惯称这种以销售为目的的内容为“销售软文”，而本书之所以将其命名为“场景化导购内容”，是因为要将这类营销内容的显著特点融入名称，以增加辨识度。

顾名思义，“导购”一词主要突出营销内容的作用，即将传统销售的导购全流程融入一篇新媒体内容；而“场景化”则突出了为达到有效营销作用而使用的手段。

场景化，即将商品和服务的使用场景描述给用户，让用户可以在头脑中描绘出自己使用商品或享受服务的画面，进而让用户形成虚拟的使用感受，如果感受到位，则下单、购买行为就会出现。其中，多数用户看到内容时形成的普遍相似的使用感受，就是用户通感。总结起来，场景化导购内容，是通过用户使用场景的展现，尽可能使更多用户产生通感，再辅以商品或服务的卖点介绍，从而促成用户消费，至此场景化导购内容的“导购”作用实现。

由此可见，相较传统促销中常用的“销售软文”，新零售场景化导购内容的制作更为复杂，需要经过确定商品和服务卖点、激发用户通感，以及寻找选题、匹配热

点、搭建使用场景、完成内容大纲等策划过程才能完成（场景化导购内容将于本书第九章“新零售商品运营实操方法”中详细讲解）。

四、销售转化率，内容阅读量为关键数值

新零售所考察的销售转化率，与传统销售的区别主要有以下两点：一是不以实体店客流量、网店浏览量、营销行为的曝光量为被除数，而代之以场景化导购内容的阅读量（播放量）；二是销售转化率的考察被分解成了两个指标项，一个是场景化导购内容的阅读转化率，另一个是场景化导购内容的实际销售转化率。

阅读转化率，是用户通过场景化导购内容中展现的二维码、购物车链接或微信图文内容底部“阅读原文”按钮，将页面跳转至商品详情页的次数，也就是因当篇场景化导购内容引发的商品详情曝光量除以场景化导购内容的阅读量（播放量）所得的比率。

表面上，阅读转化率是对场景化导购内容所带来的商品曝光效果的考察，更深层的则是考察内容所搭建的使用场景、呈现的商品卖点是否有效引发了用户对商品的兴趣，能够引导用户进入商品详情页做更深入的了解。一般影响阅读转化率的因素有三个：一是场景化导购内容的使用场景搭建质量，二是商品卖点对用户的吸睛程度，三是商品价格是否诱人。

而销售转化率，则是用户通过场景化导购内容完成下单、消费的数量除以场景化导购内容的阅读量（播放量）所得的比率。

表面上，销售转化率是对场景化导购内容所带来的商品销售效果的考察。更深层的考察目的则是，场景化导购内容的整体呈现是否引发了用户通感，从而直接激发用户购买欲，形成消费冲动。它是前文所述“把路人变刚需”的最终考核指标。

由于新零售阅读转化的形成过程属于销售转化形成过程的一部分，因此影响销售转化率的因素中，除包含影响阅读转化率的三个因素外，还增加了商品详情页的设计质量。

五、新零售平台，弥补营销内容的不足

新零售平台，是承载新零售所销商品的平台，目前主流新零售平台包括微店、微盟和有赞商城。这三家新零售平台的商品详情页，可以在微信公众号承载的场景化导购内容链接中直接打开，无须通过手机浏览器跳转，与微信公众号的联结紧密度更高，能更好地实现新零售“阅读收看场景化导购内容→引发兴趣→产生通感→出现消费冲动→进入新零售平台商品详情页→完成购买”的完整流程。

新零售平台之所以会成为新零售流程的有机组成部分，其原因有以下三点：

第一，新零售平台弥补了新媒体号无法直接在内容链接中呈现商品详情页的功能不足，用户在阅读完场景化导购内容后可以直接满足因阅读产生的消费需求。

第二，凡销售就必将涉及交易环节，在电商发展趋于稳定的环境下用户当然希望在新零售中也能享受到所付货款先由销售平台托管，待收货后再支付给卖家，以及7天无理由退货等交易保障，而这些明显是新媒体号完成不了的，这就给了新零售平台大显身手的机会。

第三，以有赞商城为例。在新零售中，众多拥有流量的新媒体号所面临的难题不是不能卖东西，而是找不到卖什么。而有赞商城恰好为这些新媒体号提供了一个找货的界面（有赞商城共有两个主页，一个是自主商城主页，一个是新媒体号运营者找货使用的分销商主页）。

有赞商城除了为新媒体号运营者提供货源外，还完善了分销商品的规则、机制与流程。新媒体号在分销商品时，几乎是一键操作即可，而剩余的销售分成结算、通知发货等销售流程基本都由平台的分销功能完成。有赞商城的这一分销举措，值得所有从事新零售的新媒体运营者思考和借鉴。

第四节　基于新媒体号的二级关键词

新媒体号是新媒体的基本载体，也是新媒体运营者与用户、平台连接的中介。运营者每天都围绕它展开工作，通过它将内容、商品和服务、价值观等展现给用户。本节将围绕新媒体号的功能，讲解八个由新媒体号延展出的二级关键词。

一、新媒体号皮肤，运营的“脸面”

互联网世界中的“皮肤”，早期见于QQ空间，后来兴盛于网络游戏。在网游中，相同角色能拥有不同皮肤，玩家努力让角色拥有更多漂亮皮肤，就更能引起其他玩家关注。在新媒体中，皮肤有着一样的作用，它实质上是新媒体号在初次触碰陌生用户时展现的内容。

新媒体号的皮肤包括新媒体号头像、新媒体号名称、新媒体号简介，在微信公众号平台中设置的自动回复也可归入皮肤范畴，因为它们是经搜索关注的用户第一时间看到的新媒体号内容。

在新媒体快节奏的环境中，很多新媒体号都成了用户的“过眼云烟”，而一套精心设计过的皮肤就是用户关注新媒体号的第一个理由。

二、内容发布，五种内容表现形式

内容发布是新媒体号最重要的功能，其同时满足用户的阅读需求和运营者触达用户的需求。

截至2024年，新媒体主要有五种内容表现形式，包括图文、长图、视频、音频和 H5[①]。除 H5 外，其他内容表现形式均可通过新媒体号直接发布。

1. 发布内容次数

微信订阅号每日发布内容限制为一次，每次可发布内容九条（人民网等早期开办的账号可每日发布多次），删除后当日不可重新发布；微信服务号每月可发布四次内容；今日头条等推荐机制的信息资讯类新媒体平台每日可发布多次内容，具体次数与平台规则、账号等级权限相关（有关内容发布次数的新媒体知识将在第五章“新媒体多平台联合运营实操方法”中详细讲解）。

2. 发布内容时间

各新媒体平台均有用户习惯阅读的高峰时段，每个新媒体号也有适合的发布时间。内容发布时间需综合平台、账号、关注用户的实际情况，根据运营者的经验确定，而且发布内容的时间也不应是一成不变的，需根据运营数据反馈进行调整（有关发布内容时间的新媒体运营经验将在第四章“新媒体原创内容运营实操方法”中详细讲解）。

3. 内容发布审核

新媒体平台都有各自的内容审核规则和方式，其共同点是均采用敏感词甄别与排查的方式达到审核效果，只不过各平台使用的敏感词库略有不同。

新媒体号的内容一旦触发敏感词，将根据内容中敏感词频、内容与敏感词关联度、使用敏感词的性质、新媒体号触发敏感词频次等情况，被平台采取包括但不限于限制推荐、不允许发布、删除内容及素材、封号等方式进行处理。

三、评论表现活跃度，留言彰显黏合性

评论和留言这两种用户主动交互行为长期被混淆，其实在新媒体中这两者存在一定区别。评论指用户收看内容后，在内容下方评论区留下的文字或表情。留言指用户在微信公众号聊天页面发送文字或语音消息，或使用其他新媒体平台的“私聊”功能，与新媒体运营者相对私密的沟通。

用户只能在内容发布后发表评论。评论一旦被微信公众号运营者精选，就可以被所有收看该内容的用户看到，而其他新媒体平台甚至不需要运营者精选，用户评论均可被其他用户看到（运营者一般可以删除用户评论）。而留言，除非通过截图方式公布，否则只有留言用户和新媒体号运营者可见。

评论是检验新媒体内容质量的重要指标之一。作为评价指标，不能仅看单篇内容引发的评论量，更要关注评论质量。评论质量的考量指标主要包括字数多少，是否有与内容相关的明确观点，表达语句是否合理、逻辑清晰，另外评论被其他用户点赞也是质量高的另一力证。评论的质量越高，越能证明被跟评的内容真正激发了用户感受和表达欲（见图 2－6）。

---

① H5，即 HTML5，是 HyperText Markup Language 5 的英文缩写，HTML5 技术结合了 HTML4.01 的相关标准并革新，符合现代网络发展要求，在 2008 年正式发布。罗彪，张宏涛．基于 HTML5 的移动互联网应用发展趋势［J］．信息与电脑（理论版），2008（10）：128－131.

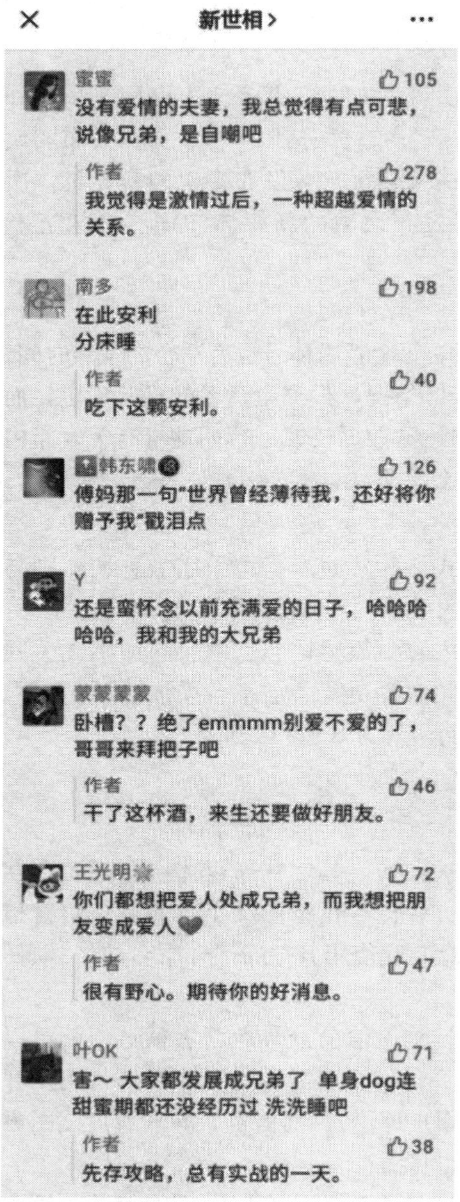

图2-6 微信公众号《新世相》的单篇内容评论区，简单浏览都能感受其用户的高活跃度

新媒体运营者在管理用户评论时，不应以观点声音一致向好作为优秀评论的衡量标准。评论区应存在观点“冲突”，无论是用户与内容的观点碰撞还是用户与用户的观点碰撞，均可作为判断新媒体号用户活跃度的重要标准。因此，单纯看评论只能看出新媒体号的活跃度，而不能体现用户对于新媒体号的黏合度。

类似于“私信”的用户主动留言，通常意味着用户与新媒体号开始产生强关联。也许是一篇内容、一次活动激发了用户的需求、社交欲或表达欲。当然，也有可能是用户一直喜欢该新媒体号的内容，终于抑制不住了解作者的冲动了。

新媒体号获得留言的门槛比评论高，对于有一定用户基础的账号，运营者可以不逐条回复所有评论，但需要仔细阅读所有留言，因为留言用户可能都是与新媒体号形成强黏合的用户。而且，当运营者发现有价值的留言后，还应点击“留言收藏”（因微信公众号只保留用户文字留言5天，多媒体内容3天，所以推出了这项供长期保存留言的功能）将用户留言保留下来。

四、账号活动，刺激转发，快速拉新

组织活动是新媒体号的主要职能之一，新媒体号运营者一般通过活动刺激用户转发原创内容或活动内容，以达到快速拉新、提升活跃度的目的。新媒体号的活动主要集中在微信公众号或微博组织举办。

新媒体号在微博组织活动的形式较为单一，以发放福利、抽奖类活动为主（用户通过转发、点赞、评论、@好友等方式参与抽奖）。而基于可开发性较强的特点，微信公众号组织活动的形式更加多样。常用活动形式包括以下几类：

（1）抽奖活动。以留言抽奖、转发抽奖为主，但由于微信公众号不像微博有成熟的抽奖机制和功能，所以运营者需借助其他工具实施抽奖流程，有时还需手动统计获奖数据。

（2）线上报名参与线下活动。例如在微信公众号内回复“报名”后获得活动专属标识，凭借标识至线下取票参与活动。

（3）用户交互类活动。可通过 H5 制作交互小程序，将 H5 链接加载于微信公众号或内容链接中，用户点击即可参与活动。

五、用户交互，从量变到质变的层层递进

在新媒体中，用户交互可分为三种，人号交互、人人交互、人机交互。

人号交互，即阅读内容、点赞、跟评内容、留言、转发等。

人人交互，指用户在内容评论区的相互评论。

人机交互，即用户在新媒体平台的行为被平台数据库储存，平台通过算法自动判断出用户偏好，继而向用户做出反馈，类似“猜你喜欢”等平台向用户推荐内容和商品的方式，都是反馈的典型表现。

对新媒体号而言，人号交互最为关键，因为它是运营者与用户沟通的起点，也是人人交互和人机交互形成的基本条件。而人号交互在新媒体号的实现又分为四个层次，且四个层次逐级递进。

第一层人号交互——阅读内容。用户第一次收看新媒体号内容时，通常不会对新媒体号留下很深印象。当用户第二次、第三次阅读到同一新媒体号内容时（可能是从朋友圈看到，也可能由朋友推荐收看），人号交互逐渐形成。虽然用户不一定马上关注，但至少这个新媒体号的名字留在了用户头脑里。

第二层人号交互——点赞、跟评内容和留言。在用户通过第一层人号交互（直至用户关注了新媒体号）后，点赞、评论和留言的出现证明用户已认可新媒体号发布的内容，进而表现出与新媒体号展开第二层人号交互的意愿。此时，新媒体号已被用户熟知，如用户已在微信公众号留言，则可被称为新媒体号的活跃用户。

第三层人号交互——将新媒体号内容转发至朋友圈，或分享到用户群。虽然对画像不同的用户群而言，转发内容的门槛存在差别，但通常情况下，除非内容有较强转发性，否则非铁粉用户不会转发。换言之，当用户实施了第三层人号交互行为时，其已具备新媒体号铁粉特征。

第四层人号交互——接受新媒体号价值观、达成销售转化。新媒体号一般对铁粉均有较强影响力，因此在实现第三层人号交互，形成一定规模的铁粉群体后，新媒体号的第四层人号交互就此展开。一方面是新媒体号通过内容宣扬的价值观逐渐被铁粉接受并传播；另一方面是新媒体号可以销售与用户画像匹配的商品，基于铁粉对新媒体号的信任，销售转化更易达成。

当一个用户将新媒体号内容转发至朋友圈，或分享到用户群时，就为人号交互的复制提供了更多可能性。当转发用户的朋友圈好友第一次点开转发内容时，便开启了这位好友与新媒体号的新一轮第一层交互。所以说，人号交互的四个层次是一个可被复制的完整“链条”，层层展开的交互行为就是“链条”上的连接点，而交互

的实质就是促使用户在交互过程中“由路人变铁粉”。

六、运营数据，运营状况的评判指标

为运营者提供运营数据反馈，是新媒体号的另一个主要职能。新媒体号数据一部分可以在内容链接中直观看到，而另一部分需在平台的运营后台查看（见图2-7）。数据反映了新媒体号运营的状况和质量，它对运营者、用户和新媒体平台都有着重要意义。

对运营者而言，需要通过数据反馈的新媒体号运营状况，坚决执行或适时调整运营策略和方向，以确保新媒体号向积极健康的目标快速发展。

对用户而言，更愿意关注那些内容链接拥有高阅读量、高点赞量、高评论量、高投票量的新媒体号，因为数据高至少证明：其一，看的用户多，内容质量已经通过了多数用户检验；其二，活跃的用户多，不仅可以看到运营者推送的内容，而且能在评论区发现吸睛点。

对新媒体平台而言，在平台上耕耘内容的整体新媒体号综合数据，是新媒体平台经营状况的直接评判指标。新媒体号的综合数据越高，越能证明该新媒体平台含金量高。另外，新媒体平台也会给予数据特优的新媒体号一定的流量或奖励扶持（本书将于第十二章“新媒体数据运营实操方法”讲解新媒体数据相关内容）。

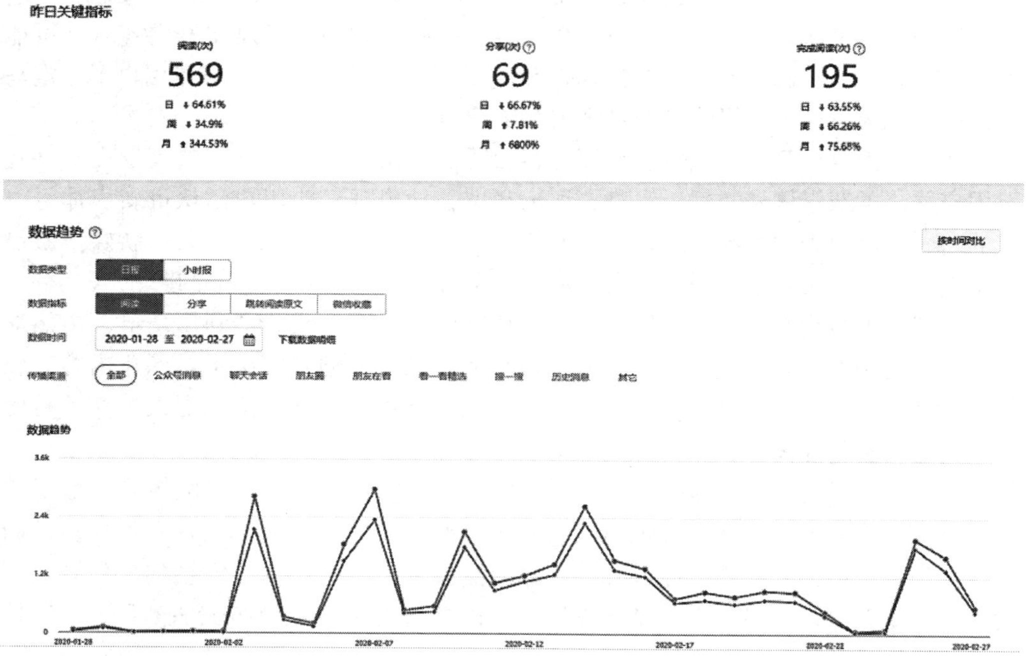

图2-7 微信公众号后台数据页面

七、发展态势，深谙四种发展趋势

新媒体号在运营过程中，最重要的数据指标是活跃粉丝量，因为新媒体号的价值体现在有价值流量上，而有价值流量就是由活跃、高黏度粉丝构成的。所以，新媒体号的粉丝增减趋势，一定程度上体现了账号的发展态势。我们以微信公众号为例，讲解新媒体号常见的四种粉丝增减趋势及其成因。

（一）正常增长：缓慢增长→平台期→缓慢增长→平台期

这种间或出现平台期的缓慢增长曲线（见图 2－8），是通常情况下新媒体号的正常粉丝增长趋势。因为微信公众号的粉丝增长是通过一层层突破熟人社交圈实现的，缓慢增长的过程即“破圈”，平台期则是稳固于一个圈层，与已关注用户形成黏合及信任关系。如此往复向上，新媒体号粉丝量会逐渐到达峰值。新媒体号粉丝量不可能无限增长的原因在于，每个垂直行业受众均有限，粉丝增长会有“天花板”。

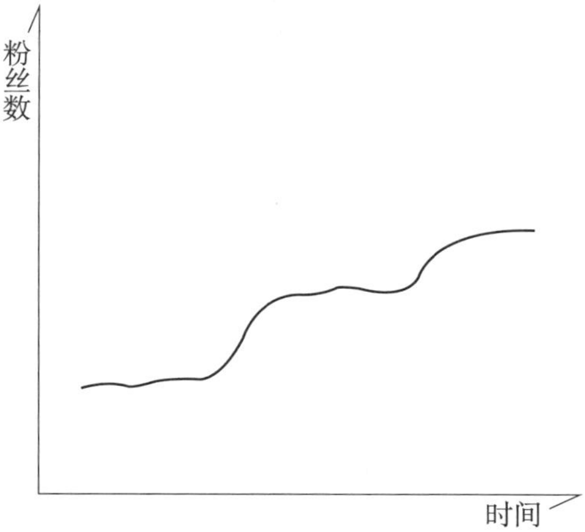

图 2－8　正常增长示意图

（二）骤然增长：粉丝数飙升

微信公众号粉丝量出现飙升（见图 2－9），一般有如下几种情况：

第一，微信公众号刚问世时，对第一批入驻公众号的作者，微信曾给予流量扶持，引发粉丝数突然增长。

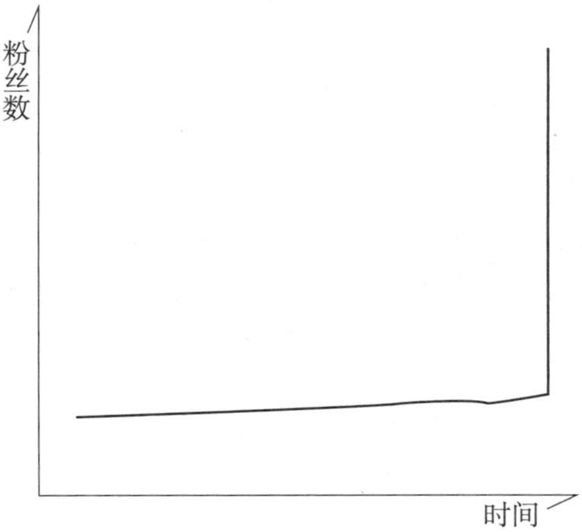

图 2－9　骤然增长示意图

第二，出现了与公共热点相关的爆款内容，相较之前的内容阅读量增长了百倍甚至千倍，从而引发粉丝量暴涨。

第三，微信公众号迁移。微信公众号的账号迁移功能可以将一个账号与另一个账号合并，迁移成功后微信公众号后台会显示粉丝量突然增加。

第四，刷粉丝。通常只重数量，刷来的粉丝多为假粉或僵尸粉。

（三）缓慢下降：主要由环境变化或热点过时引发

缓慢掉粉也是常见的粉丝增减趋势之一（见图2－10），主要是环境变化或热点过时引发的粉丝流失。比如秋冬季节，会有大量用户出现感冒发烧症状，医疗机构账号的关注量会明显提升，但在疾病高发期过后，便会有一批用户陆续取关，即会发生粉丝量缓慢下降的情况。另外，新媒体号运营者在运营过程中，如果不能阶段性地给粉丝提供具备创新性的“小惊喜”，就会使用户对新媒体号产生疲倦感，也可能造成部分“厌旧”的用户取消关注。

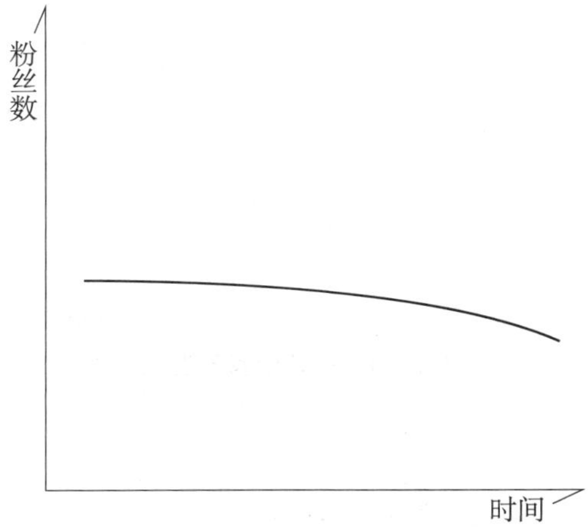

图2－10　缓慢下降示意图

（四）骤然下降：运营方向调整、人员变动是诱发主因

新媒体号出现粉丝量骤然下降的情况（见图2－11），首先要考察的是运营方向和策略是否发生了颠覆式调整，新媒体号的每一次转型都易造成粉丝大量流失。

其次要考察的是运营，内容的质量和水平的下滑尤其会造成粉丝大量流失。对新媒体团队而言，能够造成运营质量断崖式下降的主要原因是人员变动。

最后要考察的是新媒体号性质，类似专注于提供高考冲刺方法和经验的账号，本身就具备强周期性特点。每年高考结束后，此类账号会在6月下旬至8月初出现粉丝量骤然下降的情况，而到了9月粉丝数才能出现企稳回升的趋势。

八、账号收入，销售分成将成主要收入途径

虽然不少人都会为某种爱好默默付出一生，从不计较收入或回报，但对新媒体而言，一方面将运营新媒体作为爱好的人属于极少数，另一方面随着企业开办新媒

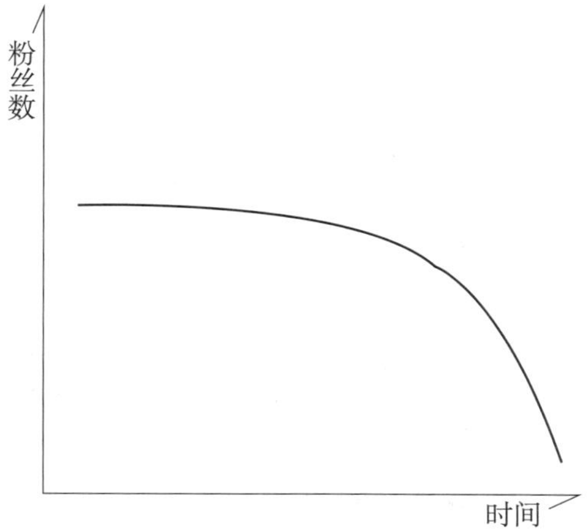

图 2-11　骤然下降示意图

体号的情况越来越多，无论是新媒体号的拥有者还是运营者，都寄希望于运营新媒体能产生收益回报，而且期望值往往不低，因此了解运营新媒体号能获得的收入途径就显得尤为必要。

从新媒体号的实际运营状况看，目前新媒体号获得收入的主要途径有以下四种。

1. 流量变现收入

可以将流量变现理解为登载广告，不过新媒体的流量变现方式比传统广告丰富得多，主要方式包括曝光、引流、发布活动等。

不同新媒体号的流量变现收入可谓天差地别，流量变现收入蛋糕中的十之八九都收归坐拥数百万以上粉丝的头部大号（曾红极一时，现已被永久封号的咪蒙，单头条广告收入可达 60 万元人民币以上），而腰部以下的新媒体号能够获得的流量变现收入少得可怜。

另外，新媒体流量变现，按实际取得效果付费①的局面已基本形成。未来想通过流量变现获得高收入，仅有大规模粉丝是不够的，还要求粉丝有活跃度、黏合性、消费能力，以及与新媒体号调性高度匹配。

2. 新媒体平台奖励收入

新媒体平台与新媒体号之间是相互依存的关系，新媒体平台期望新媒体号篇篇发的都是精品内容，以帮助平台黏合用户。因此，新媒体平台会挑选高流量内容创作者、高质量内容创作者、垂直领域专家创作者，给予一定奖励。

3. 销售分成收入

在前文“新零售”部分，已明确新媒体号是可以通过销售商品和服务获得分成收入的，而且随着用户画像的不断精准化、粉丝的黏合度越来越高，新媒体号通过销售转化获得的收入定会越来越高。

然而，目前大部分发布优质内容的新媒体号并未启动销售分成收入计划，其中

① 按实际取得效果付费：CPA 按实际获得的用户行为支付广告费，CPS 按实际获得的销售额支付广告费。

原因包括以下方面：

第一，其已在流量变现和新媒体平台奖励上获得了满意的收入。

第二，部分优质内容新媒体号的运营者出身内容行业，并未接触过销售，不但从心理上抵触销售，而且实在摸不到销售门道。

第三，担心卖东西给用户会消费用户对新媒体号的忠诚度和黏合度。在这一点上必须明确，消费已成当下用户的刚需之一。新媒体号将与用户需求匹配的、高质量的、有优惠的商品和服务推荐给用户并赚取一定分成收入，这其实是对用户提供的一种满足其刚需的优质服务，不但不会降低用户黏合度，反而还会对其有所提升。

因此，当绝大多数新媒体号“觉醒”，都开始为用户消费提供方便、快捷、精准的消费服务时，销售分成收入必将成为新媒体号收入的最主要途径。况且随着企业入驻新媒体平台，开办自主新媒体号的情况激增，销售分成收入占新媒体号收入的比重还将持续上升。

4. 出售新媒体号收入

新媒体号交易的出现有两种成因：第一，部分大号希望通过购买小号，采用粉丝导流归集操作，快速实现大号粉丝量的进一步增长；第二，在微信公众号暂时关闭评论功能后，希望拥有评论功能的新进号主通过购买2018年3月之前注册的微信公众号可以拥有评论功能。

但对于新媒体号的出售者而言，除了再也不想触碰新媒体，或者早已申请了不知多少个账号，干脆把卖号作为生意外，卖号都无异于一种饮鸩止渴的收入方式。

以上是截至2024年已存在的新媒体号收入途径的介绍，新媒体仍然是一个新兴行业，远没到稳定阶段，因此也必将催生更多收入途径。

第五节　基于新媒体平台的二级关键词

新媒体平台在新媒体世界中充当载体，其关键词几乎都与其他关键词有较强关联度。新媒体平台中，需运营者清晰了解的关键词共有六个，包括平台属性、平台调性、平台活动、引流、推广和违规。

一、平台属性，三类平台内容作用有差异

平台属性决定新媒体号在平台上施展的内容运营手法。

常见的新媒体平台一般分为三类：一是微信公众号平台，属于社交类新媒体；二是信息资讯类新媒体平台，以为用户推荐感兴趣内容为主；三是微博平台，虽属于信息资讯类平台，但具有更强社交性，应算作信息资讯类新媒体平台中的“异类”。

对微信公众号而言，基于其强社交性，新媒体号的粉丝数突破主要依赖于用户转发，因而在内容层面，除保证原创、高质量外，需要添加引导转发、关注等文案；信息资讯类新媒体平台，以平台推荐机制为新媒体号寻求粉丝数突破，因此新媒体号的内容必须充实、耐读、质量高，以博得平台的更多推荐量；而微博平台，主要

以内容引发用户交互，从而带动新媒体号的粉丝数实现突破，因此发布的内容多是热搜消息、快评、超级话题跟帖等短平快内容。

运营者发布在不同类型新媒体平台的内容可以大体相同，但须根据平台属性不同对内容进行小幅调整。而针对不同类型新媒体平台的内容调整方式，本书将在第五章“新媒体多平台联合运营实操方法”中具体讲解。

二、平台调性，取决于流量属性及平台“出身”

用户调性、商品调性在本章已做讲解，平台调性的定义与前两者相近，即平台适合承载的内容类别和方向，需与平台流量的属性相匹配。平台调性，一定程度上由其用户调性决定，但也离不开平台“出身”的基因影响（新媒体平台调性的具体讲解，将在本书第五章“新媒体多平台联合运营实操方法”中展开）。

三、平台活动，为运营者提供运营支持

平台活动，指信息资讯类新媒体平台或微博，对运营者提供的活动支持，不同时间段，根据不同时事热点，新媒体平台会组织不同的活动或话题，鼓励运营者参与，并给予脱颖而出的运营者扶持奖励。

常见的新媒体平台活动有以下三种：

第一，平台推出的现金奖励高质量内容活动。诸如今日头条、西瓜视频等平台会不定时推出主题活动（见图 2－12）。这种真金白银的奖励方式，深受运营者喜爱。

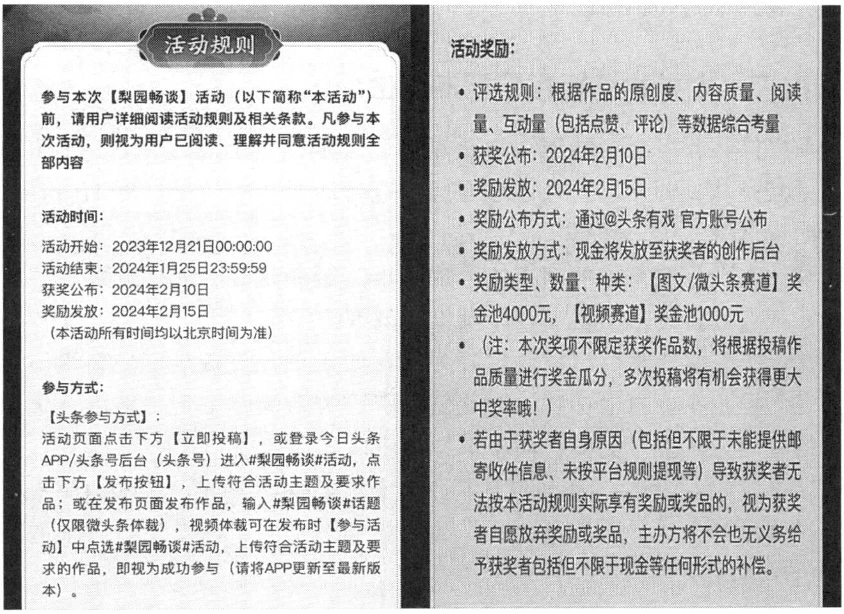

活动规则

参与本次【梨园畅谈】活动（以下简称“本活动”）前，请用户详细阅读活动规则及相关条款。凡参与本次活动，则视为用户已阅读、理解并同意活动规则全部内容

活动时间：

活动开始：2023年12月21日00:00:00
活动结束：2024年1月25日23:59:59
获奖公布：2024年2月10日
奖励发放：2024年2月15日
（本活动所有时间均以北京时间为准）

参与方式：

【头条参与方式】：
活动页面点击下方【立即投稿】，或登录今日头条APP/头条号后台（头条号）进入#梨园畅谈#活动，点击下方【发布按钮】，上传符合活动主题及要求作品；或在发布页面发布作品，输入#梨园畅谈#话题（仅限微头条体裁），视频体裁可在发布时【参与活动】中点选#梨园畅谈#活动，上传符合活动主题及要求的作品，即视为成功参与（请将APP更新至最新版本）。

活动奖励：

- 评选规则：根据作品的原创度、内容质量、阅读量、互动量（包括点赞、评论）等数据综合考量
- 获奖公布：2024年2月10日
- 奖励发放：2024年2月15日
- 奖励公布方式：通过@头条有戏 官方账号公布
- 奖励发放方式：现金将发放至获奖者的创作后台
- 奖励类型、数量、种类：【图文/微头条赛道】奖金池4000元，【视频赛道】奖金池1000元
- （注：本次奖项不限定获奖作品数，将根据投稿作品质量进行奖金瓜分，多次投稿将有机会获得更大中奖率哦！）
- 若由于获奖者自身原因（包括但不限于未能提供邮寄收件信息、未按平台规则提现等）导致获奖者无法按本活动规则实际享有奖励或奖品的，视为获奖者自愿放弃奖励或奖品，主办方将不会也无义务给予获奖者包括但不限于现金等任何形式的补偿。

图 2－12　西瓜视频 2023 年推出的“梨园畅谈”活动的部分说明页

第二，娱乐圈每有大事发生时，搜狐娱乐就会鼓励新媒体运营者以这些事件为话题创作原创内容，搜狐新媒体平台会给予其中优质的内容超高推荐量。平台的话题推荐是平台活动常见的第二种形式。

第三，微博平台每月都会固定组织粉丝互通、奖品互通的平台活动，微博会主动邀请多家博主参与。这种平台组织、投入资源，参与的新媒体号也投入一定资源的活动，是常见的第三种平台活动形式。

四、引流，向微信公众号引流遭抵制

引流，是新媒体平台相互沟通的重要环节，其作用是将不同平台的流量聚集到一起，形成粉丝聚合。在新媒体运营中，引流分为两种，一种是新媒体号引流，另一种是新媒体平台引流。

微信公众号的强社交属性使之成为最适合作为新媒体号粉丝聚集地的新媒体平台，因而新媒体号常将在其他新媒体平台吸引到的用户引流至微信公众号。

新媒体号的引流，对新媒体平台来说并不是好事。每个平台都有自己的流量池，谁愿意将流量拱手让于其他平台呢？因此，各平台都会有针对引流的抵制方式，比如不允许内容中出现二维码、“微信”字样等，但新媒体运营者还是会通过粉丝私信、制作图片等方式坚持向微信公众号引流。

新媒体平台引流，指平台用手段将其他平台的流量导入自己平台，最常见的手段就是引入大V。比如，抖音要从微信引流爱看视频的用户，就可以邀请微信中的流量大V入驻抖音，如此便会带来大批大V的忠实粉丝。另外，平台间的市场交易行为，也会导致平台间引流。

五、推广，为触达活跃且匹配的陌生用户

不少新媒体运营者想当然地认为新媒体运营是件不花钱的事，实则不然。对新媒体号，尤其是从0开始的新媒体号而言，适时地通过平台推广增加内容触达用户量，才是明智之举。

各新媒体平台为有需求的新媒体号提供推广服务是其收入来源之一，因此新媒体平台通常都有完善的推广机制，以及推广范围的限制。

信息资讯类新媒体平台以优质内容为重，如果平台收费推广的新媒体号内容质量欠佳，就无异于平台自砸招牌，因此信息资讯类新媒体平台一般以在优质内容中穿插商品信息的方式推广商品，而不选择推广内容。

微博以推广收益为重，因此推出了种类丰富的推广方式，包括商品推广、内容推广、新媒体号推广等，而且微博推广的价格相对透明，还能为有需求的新媒体运营者量身定制匹配用户。

微信公众号推广分为四种：

第一，穿插在内容中间，针对不同用户画像推广商品。

第二，位于内容底部的广点通推广，以营销文案加新媒体号 Logo 的形式，为有需求的微信公众号提供增粉服务（见图 2－13）。

第三，微信朋友圈推广，可按照推广内容调性、所选城市精准投放到用户朋友圈，朋友圈推广按 CPM（千人成本，即平均每 1 000 个用户点击收看推广内容的价格）方式结算。

第四，2019 年下半年，微信推出测试版“发现公众号”功能（见图 2－14），平台根据智能算法获取用户阅读数据、用户好友数据、账号内容质量等指标，基于公众号与用户的匹配度，将公众号推送至用户订阅号消息列表中。

图 2－13　留言上方的部分是微信公众号广点通通用形式

图 2－14　“发现公众号”功能推送

【运营提示】执行新媒体平台推广须遵守十六字原则

新媒体号在新媒体平台推广，费用从几十元至几万元、几十万元不等，在选择推广时机、推广方式上，建议新媒体号运营者谨遵十六字原则“审时度势，量入为出，缓释操作，精算效果”，即有一定黏合粉丝基础后再推广，应以新媒体号已产生的收入和价值倒推可投入推广预算，切勿一次就将预算用尽而应选择分段操作，在推广执行时段内应以 10 分钟为单位精确记录并核算推广达成的效果。

六、违规，四类内容易触碰违规红线

各新媒体平台均有明确的违规处罚条款，用以约束数量庞大的新媒体号和新媒体运营者。通常情况下，违规处罚包含删除文章、删除素材库内容、停用账号相应功能、扣除信誉分、按周期封停账号、永久封停账号等，如违规特别严重的，还有可能承担法律责任。

各新媒体平台的违规处罚条款虽不尽相同，但对四类内容均持明确的“必罚”态度，因此新媒体运营者在运营过程中，须坚决做到不触碰这四类违规红线。

第一，时政类内容。新媒体号如无资质或授权，不得发布时政类内容。

第二，健康类内容。由于健康医疗属于特种行业，各平台把控都非常严格。以今日头条为例，没有医院证明或医师从业资格证登记的新媒体号，不允许发布任何健康类内容，如强行发布，就可能会遭到平台处罚。

第三，特殊敏感词。新媒体平台使用的敏感词库不是一成不变的，某些事件发生后，平台会在敏感词库中加入与之相关的新敏感词。

第四，“毒鸡汤”类内容。可理解为有煽动性、违背社会公序良俗的内容。

建议新媒体号运营者在平台注册账号时认真阅读平台守则中有关违约规定的内容，并将勿踩违规红线牢记心中。

第六节　基于新媒体运营者的二级关键词

运营者是新媒体的操盘手，可能掌握着单个新媒体号（矩阵），也可能掌握着多个新媒体号（矩阵）。运营者是一个虚拟角色，可能是一个人，也可能是一个团队。新媒体运营者关键词部分，主要围绕价值观、职业技能、日常工作、用户价值、账号估值及角色定位六个二级关键词展开。

一、价值观，积极正向的价值观是保障

价值观，是人认定事物、辨别是非的基本取向。新媒体号或新媒体运营者，只有价值观正确，才能长久将新媒体号运营下去。诸如二更食堂、咪蒙等新媒体号，无论坐拥多少流量，皆因扭曲的价值观，最终落得个永久封停的下场。那么，新媒体运营者应怎样培养积极正向的价值观呢？

第一，广涉信息源。广涉信息源的含义有两种：一种是从不同渠道获取更多最新的资讯消息，这是新媒体人的立身之本，一定要养成的习惯。另一种则是发现了值得关注的热点事件时，要从不同渠道求证信息的真实性、可靠性。因新媒体号运营者很难接触到一手信源，所以更要多方求证。比如，某一大事，《人民日报》、央视新闻、新华社等官方媒体都在报道，那么就可以基本确信其真实、可靠。

第二，当新媒体运营者对某信息有了联想和判断后，要去求证判断是否正确。

任何事件发生后，新媒体运营者都会有判断和联想，但未必准确，运营者应当寻找能触碰到的、离源头最近的消息，去求证判断是否正确。当运营者确定自己的判断正确时，才可以考虑发布。

第三，针对负面事件报道要慎重。新媒体运营者没有采访权限，更没有专业的记者团队执行深度或核心报道。在这样的前提下，新媒体人发现负面事件后，首先就要慎重考量，千万不可在各种信源处东拼西凑而编出发布的内容。新媒体人在发现负面事件时的正确处理方式，是爆料给新闻机构，由它们负责专业跟进，而新媒体人可与对方协商，在保留内容的同时也拥有一定的发布权利。

第四，针对负面事件报道，要做信息的删减。负面事件，难免有相对恶劣的情形或细节。对新媒体人而言，隐去那些恶劣情形和细节也是职责之一，比如残忍的犯罪手段，血腥、暴力的图片等。

二、职业技能，基础能力要求广泛

新媒体的准入门槛不高，但对想入行的人而言，首先要具备一定的基础能力，包括学习能力、理解能力、逻辑思维能力、沟通能力、自控力、情商，而后再学习专业技能。

新媒体领域的专业技能要求也不算高，硬技能包含图文内容排版（运用秀米及各新媒体平台的后台工具）能力、视频剪辑（运用 Premiere 等）能力、图片处理（运用 PS 等）能力，再有就是新媒体的策划和运营能力。

新媒体领域的硬技能需要主动学习、熟能生巧，而策划、运营方面的能力则需要通过以往的工作经验积淀，或是已具备的基础能力辅助提升。

三、日常工作，九大运营事项包含在内

新媒体运营工作既系统，又琐碎，可分为九大运营事项，包含原创内容运营、多平台联合运营、问答运营、活动运营、用户运营、商品运营、渠道运营、店铺运营、数据运营，所有运营事项均会在后续章节展开讲解。

以原创内容运营为主要工作的运营者，要每日寻找选题、策划原创内容，并完成多平台发布内容的工作。

以活动运营为主要工作的运营者，要每日构思活动策划、对接活动落地执行、处理活动现场突发情况。

以用户运营为主要工作的运营者，要每日负责在群组内活跃气氛，即与群成员展开垂直话题、生活话题的沟通交流，负责群组的拉新、管理（比起原创内容，任何时候都可能出现的群组用户才是最折磨人的）。

以商品运营为主要工作的运营者，要每日浏览上百件商品。

以渠道运营为主要工作的运营者，要每日和不同的渠道对接人沟通，协调场景化导购内容由谁完成，并在商品的销售价格、分销利润上讨价还价。

…………

由此可见，新媒体运营者的大部分工作都具备强延展性，只要想做，就永远做不完。

四、用户价值，做到“心中有数”

前文已多次提及，用户价值源于交互，由于其表现为一种现象且不同行业的评估方法不同，因而难以体现为具体数值。对新媒体运营者而言，用户价值要做到“心里有数”，当别人问及用户价值时，不能只单纯回复“活跃粉丝数”。

“用户价值”中的用户，指用户群像，即运营者手中某一新媒体号的整体用户价值，其可用三个关键点进行评估：第一，用户画像，包括年龄、性别、地区、使用哪些品牌的手机等用户客观信息描述；第二，用户活性，单篇内容的粉丝阅读量、转发量、点赞量、评论情况；第三，粉丝购买力，发布不违背账号调性的场景化导购内容，考量阅读转化率与销售转化率。这三者共同决定了用户价值。

五、账号估值，由用户价值判断

新媒体号估值则更加复杂，且没有固定公式。但综合评定指标一定是由用户价值的三个关键点共同判断的，其中粉丝购买力的权重占比最高，用户活性其次，用户画像最低。

在新媒体号交易时，如果新媒体号运营者或新媒体号购买者都没有相关数据为新媒体号估值，那么建议以新媒体号一个自然年全部收入的三至五倍为新媒体号进行估值定价。

六、运营者角色定位，新媒体世界保持动态的“发动机”

新媒体运营者是新媒体世界中至关重要的角色，其角色定位如图 2－15 所示：

新媒体运营者的创作行为产生内容，运营操作行为产生交互，策划组织行为产生活动，分析总结行为产生数据报告。而内容、交互、活动、数据，又对新媒体世界的其他角色——用户、商品和服务、新媒体号、新媒体平台产生反馈。没有新媒体运营者，新媒体世界将是一潭死水，所有元素都存在，但处于静态，当运营者实施动作时，新媒体世界便能瞬间转动起来。

【本章总结】

1. 新媒体世界最重要的角色仍然是“人”。商品和服务是因用户的需求而出现的，新媒体号由运营者创建，新媒体平台为商品和服务、新媒体号、用户、运营者而设立。用户、运营者是推动新媒体世界发展的重要角色。

2. 运营者是操盘手，更是新媒体世界的核心角色，其最重要的价值在于运营。一个新媒体号的存在天然具备价值，但经过运营后才能提升价值。在新媒体中，“无为而治”是不存在的，只有拥有方法、方向明确地运营，才更能体现运营者的实力，提升新媒体号的价值。

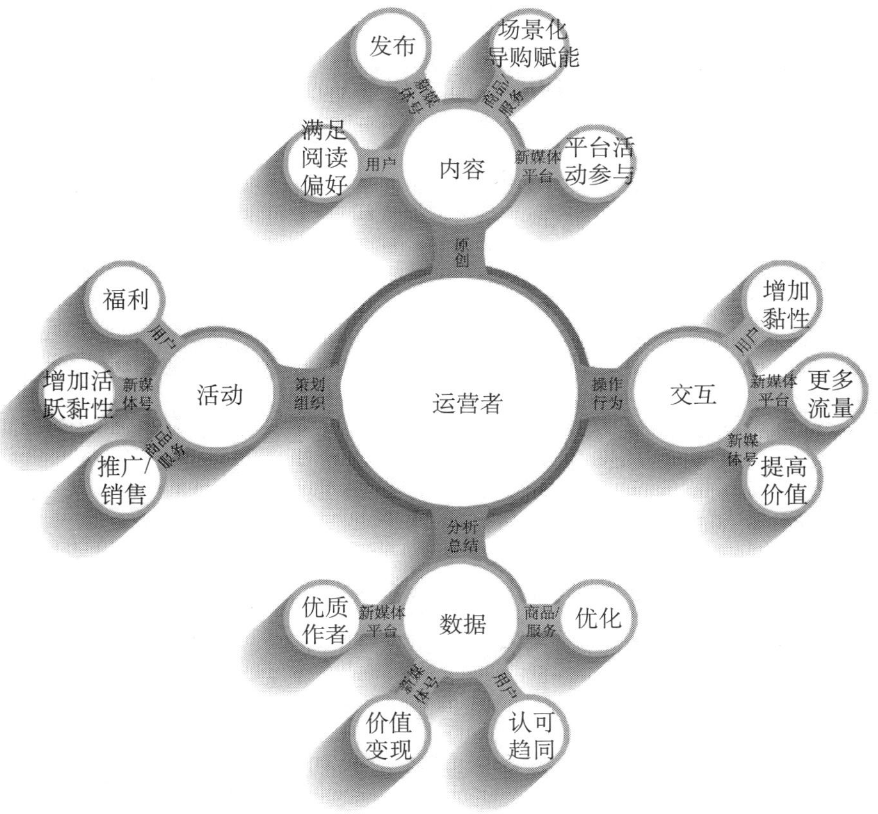

图 2-15　新媒体运营者的角色定位

【课后习题】

1. 新媒体世界中，哪个角色是被其他角色共同追捧的，哪个角色的行为最主动?

2. 新媒体所描绘的用户画像一般包含几级标签，你认为最重要的标签级别是哪个，其又由哪些类型的标签组成?

第三章　新媒体运营核心方法论

【本章知识体系】

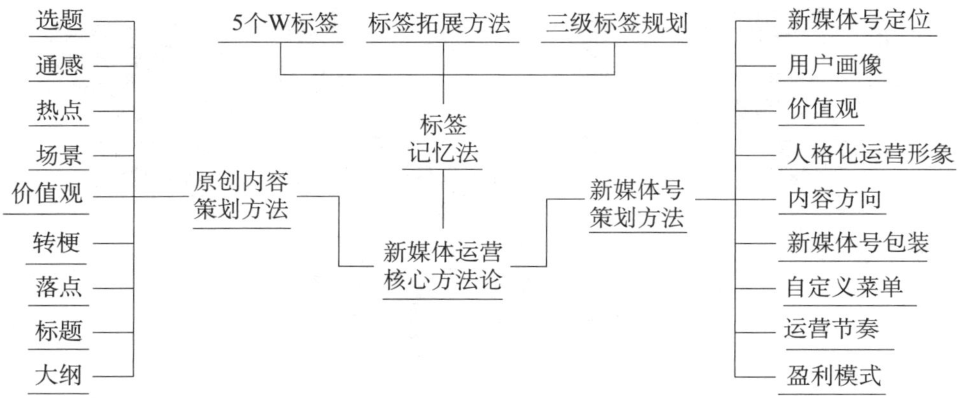

新媒体运营核心方法论，是本书内容的重中之重，与新媒体相关的运营事项均围绕核心方法论展开，它可以帮助新人快速入门新媒体运营，帮助初学者快速掌握新媒体运营的方法和技巧。新媒体运营核心方法论包含以下三种核心方法：其一，标签记忆法；其二，新媒体号策划方法；其三，原创内容策划方法。

1. 标签记忆法：快速了解、记忆、掌握人事物的捷径

面对海量信息流，以及信息之间的勾连和转梗①，新媒体运营者脑中应该有热点事件和主运营内容的交叉脉络图。对于新发生的热点事件，要快速了解、记忆、掌握，最终达到为己所用的目的，并能与主运营内容关联。标签记忆法就是让运营者快速了解、记忆、掌握一个人、一件事、一种物的标准方法。

2. 新媒体号策划方法：运营未动，策划先行

策划对新媒体运营者有着重要作用，无论新媒体号是发布内容还是组织活动，首先都要明确策划的目标和方向，策划过程要尽量做到不漏项，时刻把握最初拟定的策略，如有调整，则要快速在策划方案内做标记或修改。

另外，策划时还要明确哪个部分是亮点，哪个部分是最核心、最关键的环节，哪个部分容易出问题，如此才能让每篇原创内容、每次活动都足够精彩，新媒体号运营也就不会偏离健康轨道。

① 转梗，即内容桥段的变换。

3. 原创内容策划方法：新媒体运营者必须掌握的基础技能

原创内容，是承载所有新媒体运营手段的最主要方式。如果原创内容不够精彩，就失去了吸引用户最基本的手段。从截至2024年的新媒体原创内容状况分析，可以吸引用户的内容方向包含三类：搞笑类内容、娱乐八卦类内容，以及戳中用户知识盲区类内容。

原创内容策划在“核心方法论”中出现，因其是新媒体运营中最基础的运营方法，无论哪方面的运营，都要求会写内容、会思考内容、会创造内容思路。每个初进新媒体运营团队的成员，都要从最基础的原创内容策划开始学习、接受训练，直至走上新媒体运营之路。

第一节　标签记忆法

本节包含标签记忆法的定义、规划标签的方法、标签的两维扩展性、标签记忆法的使用方法、标签记忆法实践案例五个部分。

一、标签记忆法的定义

标签记忆法，能帮助新媒体运营者快速了解、记忆并掌握一个人、一件事、一种物，具体方法是将看上去庞杂、冗长、信息量很大的内容，快速归纳总结，并将归纳总结的内容关键词化、标签化。标签记忆法考验的是运营者在认识、掌握一个人、一件事、一种物时，快速将其碎片化、关键词化的能力。

为帮助新媒体运营者理解标签记忆法，以大家熟悉的勾股定理举例：

勾股定理，是一个基本的几何定理，指直角三角形的两条直角边的平方和等于斜边的平方。中国古代称直角三角形为勾股形，并且直角边中较短者为勾，另一长直角边为股，斜边为弦，所以称这个定理为勾股定理，也有人称商高定理。勾股定理现约有500种证明方法，是数学定理中证明方法最多的定理之一。勾股定理是人类早期发现并证明的重要数学定理之一，用代数思想解决几何问题的最重要的工具之一，也是数形结合的纽带之一。在平面上的一个直角三角形中，两条直角边长的平方加起来等于斜边长的平方。如果设直角三角形的两条直角边长度分别是a和b，斜边长度是c，那么可以用数学语言表达：$a^2+b^2=c^2$。[①]

面对上述勾股定理的描述文字，新媒体运营者要快速记住它，首先需明确记忆的两个层次，第一层为记住数学公式，第二层为记住全部内容。

如以第一层为目标，那么用标签记忆法将其关键词化的结果如下：a、b为直角边，c为斜边，$a^2+b^2=c^2$。如以第二层为目标，那么要在第一层关键词的基础上添加：短直角边为勾，长直角边为股，斜边为弦，500种世界之最，周朝商高“勾三股四弦五”。

---

① 黄家礼. 几何明珠［M］. 3版. 北京：国家行政学院出版社，2014.

按照标签记忆法记忆，无论是勾股定理本身还是勾股定理的重要背景，就全被快速记在脑中了。

二、规划标签的方法“5个W”

新闻报道都会将事件拆分为5个W，事件的碎片化标签也是按5个W展开的，即when（时间）、where（地点）、who（人物）、what（发生了什么）、why（为什么）。

以“8·12”天津滨海新区爆炸事故举例：

时间——2015年8月12日；

地点——中国天津滨海新区；

人物——居民、消防人员；

发生了什么——危险品仓库爆炸，导致165人遇难、798人受伤；

为什么——监管不力导致起火，灭火过程中危险品爆炸。

按顺序看上述标签，便可快速了解“8·12”天津滨海新区爆炸事故的大致轮廓。通过5个W的梳理，我们可以快速、清晰地了解一件事。在新媒体中，所有的人和物也同样可以按照5个W进行梳理。但对于人和物，5个W的标签化方法略有不同。

对一个人来说，本身就是who；when和where是人当前的时间和地点；why是这个人为什么是现在这样的状态，也可以更确切地将why定义为这个人的用户画像、当前口碑、大家对他的评价等；what是这个人的未来会如何发展。

对一种物来说，本身就是who；when代表它的生产日期和保质期；where代表它的产地，这其实就初步构建了商品画像；why代表物因何而生，如果物为商品，why就指向用户需求和厂商情况，如果物为自然物体，why则指向其自然成因；what代表商品的使用情况及口碑。

三、标签的两维扩展性

新媒体运营者如果想以某事、某人或某物构建思路中的网络，则仅凭对人、事、物的标签化分析是不够的。再复杂的内容也仅仅是一个点，但标签具备两维扩展性，将点拉伸即可成线，多条线交错即成网络。

标签的两维扩展性，一是从事物本身出发，以其时间和地点的发展维度进行延伸。比如2020年初的新冠疫情初期引爆点在1月初的武汉，运营者就可以初步联想到同属湖北的宜昌、荆州等地可能会在1月中旬受到影响，这便是从事物本身进行的思考，将点拉伸成线。

二是与其他相似事物比较后产生的关联。比如，中国上一次如此大规模的疫情是“非典”，两者对比就能判断事件的严重性、病毒的传染力等。此外，还可以从时间上对比，新冠疫情暴发的时间与春运这一热点事件的时间点较近，说明病毒有可能因春运造成交叉感染，在全国快速蔓延，而当时事态的发展也正是如此。上述对类似事件的类比，以及对敏感时间、环境的拓展思考，便是将多条线交错形成网络的过程。

通过标签的两维扩展性，人、事、物可以被迅速丰满，不再是干瘪、孤立的个体。在自身的扩展、与其他事物关联后，可在运营中利用的丰富素材就展现在了新媒体运营者眼前。

四、标签记忆法的使用方法

对人事物使用标签记忆法，首先要了解不同层级标签的概念和用途。这里对上述标签的两维扩展性对应做补充说明：

由图 3-1 可以清晰看出，一级标签可以帮助新媒体运营者快速了解人、事、物；二级标签可以帮助运营者快速理解、掌握人、事、物；三级标签，有了相关对比就有了无限联想与创造话题的可能性，而话题便能成为运营者的选题。用人、事、物的标签与“娱乐八卦”“戳中用户知识盲区”“搞笑”三个当下最具流量的内容方向贴合，便是标签记忆法在新媒体运营中发挥作用的具体表现。

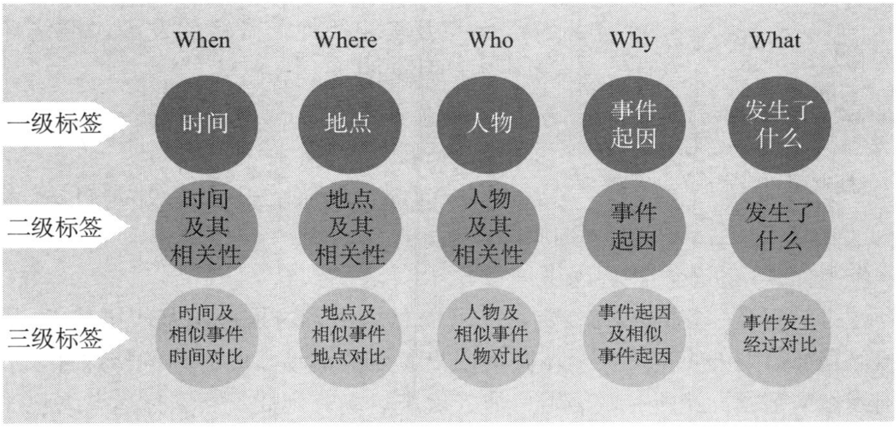

图 3-1　5 个 W 的三级标签图示

五、标签记忆法实践案例

本部分以实践案例分层解释说明的方式，进一步帮助新媒体运营者更好地理解、掌握标签记忆法。

2019 年 9 月 24 日，微信朋友圈突然出现了大规模刷屏“要国旗”的事件（见图 3-2）。

“朋友圈”要国旗，其实是微信官方组织的，首发于腾讯新闻的“迎国庆，换新颜”线上活动[①]。新媒体运营者如欲了解并利用这个热点事件，首先要提取它的一级标签。

① 腾讯新闻．迎国庆 换新颜@真正的官方教程来了［EB/OL］．（2019-09-24）［2024-03-01］．https://new.qq.com/omn/EHH20190/EHH2019092400485700.html.

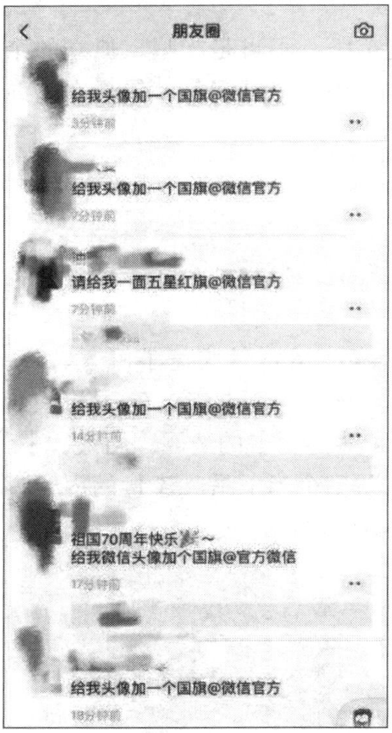

图 3-2　朋友圈“要国旗”刷屏事件

时间：2019 年 9 月 24 日上线，9 月 25 日结束。

地点：截至 2020 年 6 月，线上活动参与的可能用户数超 9 亿的活动地点，几乎仅有微信，因微信的强社交性对用户来说具有强需求性（根据腾讯 2020 年第二季度财报显示，截至 2020 年 6 月底，微信和 WeChat 的合并月活跃账户数达到 9.63 亿）。

人物：微信过亿用户[①]。

事件起因：微信组织了一次为微信头像配国旗的活动。

发生了什么：朋友圈刷屏@微信官方。

再来看它的二级标签：

时间及其相关性：2019 年 10 月 1 日，新中国成立 70 周年，将举行盛大的阅兵式和庆祝活动。

地点及其相关性：微信朋友圈，网络环境下每个人的社交圈。

人物及其相关性：微信用户超 9 亿，几乎覆盖了所有网民。

事件起因：微信组织了一次为微信头像配国旗的活动。

发生了什么：朋友圈刷屏@微信官方。

经过对前两级标签的对比分析，已可以总结出，这是一次基于国庆 70 周年活动，微信官方策划的，力图让全体微信用户参与的活动，因时间的特殊性，以为头像加国旗作为手段，让所有微信用户加入欢庆热潮。到此，新媒体运营者已了解事件始末，但想形成选题，还需要第三级标签的拓展思考。

在新媒体运营者拓展思考三级标签前，先要找出与“要国旗”刷屏事件相类似的事件，比如 2017 年圣诞节微信朋友圈加“圣诞帽”事件，马化腾生日转发内容“送 QQ 等级”事件。

时间及相似事件时间对比：2017 年圣诞节，微信也曾推出过朋友圈送“圣诞帽”的活动，刷屏的方式与这次国旗活动如出一辙，但当时用户必须自己将圣诞帽 PS 到头像图片中。

地点及相似事件地点对比：截至 2020 年 6 月，用户覆盖面超过 9 亿的活动，几乎仅能在微信朋友圈出现，因微信的强社交性对用户来说具有唯一需求性。

人物及相似事件人物对比：对用户来说，并不一定能在第一时间得知此活动，

---

① 驱动中国．“迎国庆换新颜”超 1.4 亿人参与 服务器一度崩溃［EB/OL］．（2019-09-24）［2024-02-21］．https：//www.sohu.com/a/343088809_118778.

但相较曾经的“圣诞帽活动”“马化腾生日转发送 QQ 等级活动”，此次活动与国庆、国旗相关，更具有广泛性，几乎适合所有微信用户参与，所以此次活动的参与用户数应超越以往。

事件起因及相似事件起因：“国旗活动”，与“圣诞帽活动”的起因类似，均源于特殊节日的时间节点。而“马化腾生日”，则是腾讯用户实施的“恶搞”活动，其实转发后并不会增加 QQ 等级。

经过上述事件的对比分析，下一步就该形成新媒体运营者可操作的原创内容选题了。从实际教学情况看，此处往往是标签记忆法的学习难点，学生的普遍问题如下：标签的分析、对比过程都理解了，可有了一堆标签后，该如何形成选题呢？

其实，三级标签的 5 个 W 已经为新媒体运营者形成了很多选题，只要顺着事件类比去思考就能找到。

可用选题一：2017 年圣诞帽活动其实仅是一个噱头，微信带头开展的活动却只能用户手动 PS 图片修改头像；2019 年国旗活动，可以通过点击链接自动变换头像图片，这在一定程度上体现了自动 PS 图片技术的进步。以此为选题，新媒体运营者便可创作一篇“2017 年至 2019 年微信产品或技术更新”的内容。

可用选题二：根据几次参与活动人群画像的对比，可以看出“老一辈”正在逐渐追赶潮流，曾经连用手机都费劲的爸妈已会发朋友圈，并成为“带国旗头像”的弄潮儿，因此可用“那些年，父母的互联网化”为原创方向，创作热点内容。

可用选题三：“要国旗”刷屏事件中全民的爱国热情高涨。新媒体运营者可以此为契机，创作以“悉数 70 周年祖国发展的伟大成就”为原创方向、以爱国情怀为落点的热点内容。

可用选题四：本书作者的云知新媒体运营团队也抓住“要国旗”刷屏事件的热点性，创作了以“刷屏活动分析对比，指出‘要国旗’刷屏事件在运营中的优点与不足”为原创方向、以“新媒体线上活动的运营方法讲解与讨论”为落点的热点内容。这个内容一经发布，便在今日头条上获得了 100 万+的阅读量，还获得了今日头条平台核发的“热门认证”证书（见图 3-3）。

图 3-3　今日头条对高流量内容核发的“热门认证”证书

第二节　新媒体号策划方法

本节包含新媒体号策划方法定义、新媒体号策划分项、新媒体号策划逻辑、新媒体号策划案例实战分析四个部分。

一、新媒体号策划方法定义

新媒体号策划方法，是在启动新媒体号运营前，对计划运营的新媒体号所进行的研究、分析、思考，并总结运营策略和方向的策划方法。

新媒体号策划是运营团队的“战略”。无论新老运营者，只要进入新媒体号的运营团队，研读了策划的内容就知道如何开展工作。

新媒体号策划也是运营过程中内容、活动等执行的纲领。内容和活动多种多样，但只要紧紧围绕新媒体号策划展开，运营方向就不会跑偏。

新媒体号策划还是运营者的备忘录。运营过程中迷茫了，看一眼备忘录便可以接续记忆断点。运营过程中出现了新增项或需要调整策划的地方，可以标注修改，为以后的运营工作做提点。

新媒体号策划，包含九个思考并需拟定的事项：新媒体号定位、用户画像、价值观、人格化运营形象、内容方向、新媒体号包装、自定义菜单、运营节奏和盈利模式。

以这九个细项展开的新媒体号策划，是新媒体运营路上的准绳，保证了新媒体号可以在既定方向上一直走下去，这便是新媒体号策划的意义。

二、新媒体号策划分项

（一）新媒体号定位：知己知彼

新媒体号定位作为策划的第一步，是一个“知己知彼”的过程。

新媒体号定位的“知己”有四层含义：第一层，确定做什么；第二层，了解所在行业现状；第三层，确定新媒体号在哪些新媒体平台上运营；第四层，明确新媒体号与行业内其他账号的差异及自身突出的优势。而想明确第四层的“知己”，就要先进行竞品调研，也就是“知彼”。至此，新媒体号定位的五个层次（四个知己，一个知彼）就清晰地展现出来了。

第一，确定做什么。

新媒体号按内容输出形态可分为两种：一种是内容输出型账号，目标是将有趣、有知识、有独立思考或价值观的干货内容输出给用户；另一种是以商品和服务为核心的销售型账号，目标是将有价值的好商品、能满足用户刚需的好服务销售给用户。

在着手新媒体运营前，运营者首先要明确所做新媒体号的类型，这是策划阶段最基础、最关键的工作。若运营者想入行新媒体，但却在账号类型上摇摆不定，运营事项就无从展开。

第二，明确新媒体号所处环境。

所谓环境，其实是指行业现状。比如运营者要做电影类新媒体号，就要有一定的阅片量（至少是准备做的类型电影的阅片量）、了解国内外电影的相关知识、电影行业的发展状况、电影行业的新媒体号都在做什么、目前大多数用户对影视类新媒体号的需求点是什么。了解这些内容后，运营者就能更明白自己应该做些什么。

第三，确定核心运营平台。

运营者需根据准备做的新媒体号以及该号所处的行业环境选择运营平台，首先要思考的包括以下内容：以什么平台为核心做账号，兼顾哪些平台，不同平台对账号的意义是什么，能为账号的价值、流量、用户黏性的快速提升提供哪些帮助。

第四，调研该行业大号情况。

2022年今日头条生机大会举办，发布了今日头条各领域职业认证创作者数量已达15.7万的数据。据今日头条发布的《2022今日头条营销价值洞察报告》，今日头条已形成了丰富的内容生态，囊括文章、视频、微头条、直播等多种内容形式，涵盖科技、数码、健康、美食、游戏、娱乐、文化等超过100个垂直内容领域，每周超200万创作者、媒体发文，每天发150万条内容，每天内容阅读/播放量超50亿次。可以说，无论做哪个领域的新媒体号，一定可以找出同行业大号。

在新媒体号开始运营前，一定要研究同行业大号。如果要做资讯类内容，“占豪”“冯站长之家”等就是需重点研究的对象；做搞笑视频内容，“papi酱”“画家常小亮”等就是需重点研究的对象。调研竞品新媒体号的意义在于让运营者清楚自身的优势和劣势。

同时，运营者在做竞品调研时要避免一个误区：无论新媒体号做得多么成功，都会有不足，然而运营者切忌只看竞品账号的缺点而不看优点。对有一定流量的大号而言，它的运营团队做不到的事情，新号的运营者更做不到。如果新号运营者将大号没有操作过的事项作为自己的特点重点运营，结果可能就是失败。因此，与其纠结大号的不足之处，不如发现它们运营的优点，能学一分，就会受益一分。

第五，了解自身稀缺性，列出关键词。

要从同行业众多新媒体号中脱颖而出，必须找到与竞品号的差异特点，创造自身的稀缺性。

比如：同样做电影，能拿到比别人早一天的点映票就是优势；同样做中小学教育，教师资源比其他平台优秀就是优势。优势可以少，但一定要有，并且要列出关键词，因为新媒体号的优势就是运营者的武器，用来抗衡行业内的其他账号，“俘获”用户。

在新媒体号定位的过程中，无论是“知己”还是“知彼”，其目标都是让运营团队了解自己，即更好地“知己”。这种了解要有更加宽阔的视野，目光应涵盖新媒体号、行业环境、运营平台、竞品情况，以及自身优势等。

（二）用户画像：确认一下眼神

用户画像是从用户匹配角度出发，更深层次的“知彼”，与新媒体号定位对应。对用户画像的研究，即是在运营者了解自身后，定义匹配的用户。

成为新媒体号粉丝的用户，一定是与新媒体号高度匹配的。而用户与新媒体号的匹配主要在于标签。本书第二章“新媒体关键词家族”的第二节“基于用户的二级关键词”中，曾提到用户画像信息分为三级：基础信息、客观信息、行为信息。因而，新媒体运营者也要从这三级信息入手，首先定义新媒体号标签，然后尝试定义新媒体号对应的用户画像。

【运营提示】策划阶段重点分析前两级信息标签

新媒体号策划阶段，运营还未开展，对用户画像的探讨更多是建立在用户画像三级信息中第一级基础信息和第二级客观信息上的，即新媒体号所匹配用户的年龄、家庭成员状况、家庭可支配收入状况、客单价接受范围等。

在策划阶段不要轻易尝试固化用户画像的第三级行为信息标签，因为这些行为信息是在新媒体号运营过程中，根据用户的反馈逐渐总结获得的，如果初期进行了简单定义，就会导致假想需求的出现。

以“大学校园生活”主题新媒体号为例，展示策划阶段用户画像的思考分析过程：

“大学校园生活”新媒体号，策划阶段应规划的用户画像标签包括大学、大学生、校园、课余生活、交往、青春、放肆、憧憬等。含有以上标签的用户，可能就是新媒体号需要的用户。所以，用户人群的几大特点能被清晰锁定：学生、青年人、交友、爱玩、有梦想。

具备这些特点的人群年龄，大致是16岁至28岁的学生（用户基础信息）。

年龄决定了用户学历，初高中至研究生（用户客观信息）。

由于人群的特殊性，学生鲜有财务独立的能力或可支配收入偏低，因而客单价接受范围不会太高，在0元至299元（用户客观信息）。

根据对16岁至28岁学生人群的分析，他们有的喜欢玩游戏，有的喜欢追星，有的喜欢看小说，但他们有一个共同特点——必须和同年龄段的人长时间待在一起，且大多数人有交朋友的需求（用户行为信息中的社交偏好）。

于是，用于策划的用户画像标签就有了初步规划结果：

用户画像一级及二级标签——年龄16岁至28岁；职业学生；学历初高中至研究生；客单价接受范围0元至299元。

用户画像三级标签——偏爱阅读青春文学，喜好课余活动如唱歌、运动、旅游，喜欢了解购买游戏相关、明星相关的商品，喜欢和同样是学生身份的人交往。

以上就是先由新媒体号定位获得新媒体号标签，再与用户标签进行对应，继而锁定新媒体号用户画像的过程。至此，对自身的“知己知彼”以及对用户的“知己知彼”都完成了。“确认过眼神”后，就要考虑新媒体号如何与用户连线了。

（三）价值观：你是不是我要的人

价值观对于新媒体号来说，就是核心思想。新媒体号与用户价值观的大方向趋同，两者才能紧密结合。

新媒体号价值观的类型一般分为三种：

一是朋友型，即以朋友的身份，与用户分享内容。

二是引领型，即新媒体号中的人设是某领域专家，以俯视用户的姿态输出内容。

三是用户至上型，即把用户需求放在第一位，以服务用户为核心价值观。

在此，比较推荐运营者选择“朋友型”的价值观类型，因其可扩展性强，更易与用户产生交互。

运营者定义了新媒体号的价值观类型后，还需要进行以下三方面考量。

1. 是否秉持了正确价值观

价值观是立号之本，不同类型的账号，价值观属性可能不同。

对于内容输出型账号，正确的价值观应当体现正能量，可以反映一定的负面声音，但落点一定是积极向上的；对于商品输出型账号，正确的价值观应当是提供质量有保证、售后有保障、价格尽量优惠的商品给用户；对于服务输出型账号，正确的价值观是给用户提供最好的服务，积极总结服务过程中的问题，及时改善。

2. 是否能向用户的价值观趋近

做自己当然很重要，但要吸引第一批黏性用户，也需主动向他们靠近。运营初期，当运营者发现用户的价值观与新媒体号的价值观存在偏差时，在原则上不违背正确价值观的前提下，可以考虑向用户价值观趋近。

比如，某教育类新媒体号的价值观是“学生应当好好学习”，而有许多家长认为，孩子未来能有好出路，衣食无忧就可以了。此时，新媒体号当然可以秉持“学生应好好学习，如有特长可根据实际情况发展”的价值观。如此，双方的价值观虽没有完全贴合，但运营者向用户靠近了一步。

3. 新媒体号是否能引导用户价值观

当新媒体号的价值观吸引了一大批黏性用户时，就可以尝试通过价值观的输出，使更多陌生用户的价值观向新媒体号趋近。

举两个非常典型的例子：

一个是以发布政经文章闻名的微信公众号“卢克文工作室”，它讲巴西、讲墨西哥、讲伊朗、讲乌克兰，都是以一国为主体，以小见大，通过鲜活人物、具体细节的描述完成宏大叙事。经常看该公众号的用户，往往会认同这种叙事模式，进而认同其所传递的价值观。

再有就是微信公众号“小声比比”，它在爆料马蜂窝数据造假后，一夜爆红、圈粉无数，以维护互联网“净土”的价值观出圈，它的强鼓动性内容使许多用户“路转粉”。

上述两个知名微信公众号都是靠自身价值观影响用户的，区别如下：“卢克文工作室”的价值观影响潜移默化，使用户的价值观不知不觉就与之趋同；“小声比比”对用户的价值观影响更加明显，但由于其中包含大量情绪性因素，其用户价值观可能并未完全被引导改变，如遇其他内容与用户价值观远远相悖，用户就会取消关注。

在此提醒运营者，如果选择了用户至上型价值观，则不具备引领用户价值观的可能性。

（四）人格化运营形象：具象价值观

若说价值观是思想，人格化运营形象就是思想的“肉身”，有思想、有躯壳，新媒体号就更加具象化了。

人格化运营形象是新媒体号的“人设”，在运营中作用广泛，手段包括秉持新媒体号（整个运营团队）的价值观、面向用户以第一人称视角发布内容、回复用户留言评论、运营用户群组及线上活动、为用户发福利等。

人格化运营形象，需要与新媒体号定位、用户画像以及价值观紧密联系。新媒体号定位决定了人格化运营形象的领域，人格化运营形象的年龄、语言特点、话语方式等则要与用户画像相匹配，价值观则决定人格化运营形象在用户脑海中的“立体”程度。

本书作者的运营团队曾接手运营雅昌集团的图书账号“雅昌艺术图书”，为其定义了“阿雅”的人格化运营形象，因其是与艺术相关的图书类账号，所以当时为阿雅设计了“90后”女孩、热爱艺术、热爱生活、活泼外向、在艺术圈有一定人脉的形象标签。

“雅昌艺术图书”的所有内容，都是由阿雅操作完成的；所有评论、留言都是阿雅回复的；所有活动福利，都是阿雅送出的。运营团队还建立了阿雅的个人微信号，扩展阿雅的用户朋友圈。运营雅昌集团的图书账号3个月后，阿雅的微信好友累积了100余人，还有用户私信阿雅要照片。这说明，阿雅的形象已在用户脑海中浮现，并且让用户产生了联想。

人格化运营形象是新媒体号必备的关键角色，是用户面向新媒体号接触的第一角色。运营者将其塑造得越立体，吸引并黏住用户的可能性就越大。

（五）内容方向：先广泛涉猎，再聚焦

上述四项新媒体号策划的执行内容，其实已经解决了如以谁的立场输出内容（人格化运营形象）、内容想输出给用户的思想和观点是什么（价值观）、内容方向是什么（新媒体号定位）、内容面向的用户是谁（用户画像）等问题，本部分将基于以上四个方面，对内容方向的拟定进行细节讲解。

在新媒体号运营初期，内容方向需要结合新媒体号定位及用户画像，尽可能地将涉猎范围扩大。比如新媒体号定位为科普号，面向12岁至30岁求知欲较强的人群。基于这两点，内容方向可大范围展开，大到宇宙大爆炸、地球环境、人类发展、物种进化，小到感冒发烧是怎么引起的、如何能在夏天不招蚊子。这些原创内容的方向虽然显得广而杂，但运营初期，谁都无法判断哪些内容会吸引大量关注，因此

需要运营团队在相对广的范围内大胆尝试。

当运营一段时间，确定某些内容方向会获得更多流量，或某些内容方向吸引的用户与新媒体号定位、价值观更加匹配后，就可以向着已验证有实际效果的方向聚焦，使原创内容更具靶向性。

以 K12 教育[①]新媒体号举例，教育类新媒体号应是服务输出型账号，面向的用户应是 K12 教育阶段的学生及家长。那么内容方向就应包括以下方面：各学科典型例题讲解；学生校园安全防护；知识内容科普；教育行业热点事件的深度解析；不同年龄阶段的考试复习指南；家庭关系讨论；家校互动引发的学校教育与家庭教育关系探讨；有关自身服务的详解。

截至内容方向拟定完成，新媒体号策划阶段已完成过半，策划的后半部分以为新媒体号策划加入细节为主，包括新媒体号包装、公众号自定义菜单、新媒体号运营节奏等。

（六）新媒体号包装：策划拟定“门面”

新媒体号包装，即为新媒体号设计皮肤，包含全平台新媒体号名称、头像、简介，微信公众号关注后自动回复、收到消息后自动回复等内容。

设计新媒体号包装时，要紧密结合新媒体号定位、用户画像、价值观、人格化运营形象、内容方向等项目。新媒体号包装是上述五点面向用户的最初展现，它在运营过程中起着重要作用。

1. 账号名称的拟定

账号名称，首先要表现新媒体号的价值观，以及用户关注账号的作用，所有创意必须围绕这两点展开。

其次，名称可以用流行句式、谚语、成语谐音等。比如，“胡渣少女”就是一个典型的新媒体式账号名称，恰当表达了其内容输出型（述评类）新媒体号的特性，并且带有一定的幽默元素。

最后，在拟定账号名称时需注意，要避免“无意义”的字眼出现，如“的”“地”“得”，以及形容词。

【运营提示】拟定新媒体号名称最好别“任性”

经常有运营者在拟定账号名称时遇到如下两个问题：

第一，账号名称中直接出现人名可不可以，如“××的小课堂”？

出现人名是可以的，不过最好是人格化运营形象的名字，这样可以从账号名称起就不断强化人格化运营形象在用户心中的印象。另外，建议大家在名称

① K12 教育，即“学前至 12 年级教育”的简称，普遍被用来指代基础教育。

的拟定上做到好听、好念、好记，不要使用特别生僻的字词。

第二，账号名称的拟定可不可以“任性”，比如用儿时印象最深或家乡方言里的一个词当账号名称？

新媒体的另一种称谓叫“自媒体”，既然突出“自我”“自主”属性，任性一些应该没问题。不过因为任性，使得账号名称偏小众，甚至记忆起来较困难，可能会让用户花更多时间记住账号名称（这一点不利于口碑传播），也可能会让本来收看内容后想关注账号的用户望而却步（因为不理解账号名称到底是什么意思）。

2. 账号头像的设计

账号头像的设计，重点在于具有视觉冲击力，让用户看到头像后可以产生一定联想。账号头像最好是近景图片，主视觉用色要与背景色有明显差别，可以用设计出的人格化运营形象作为头像。如以名人为核心的意见领袖型账号，则可以用具备一定人物特点的大头照做头像。

3. 账号简介的编写

账号简介，应突出账号的功能性及价值观，并且一定要简单明了，最好控制在100字以内。如果不是专业性特别强的新媒体号，建议简介中带有“与用户交朋友”的元素，如“与你一起”这类字眼，因为在用户面对陌生账号时，除非是自己的刚需，否则没有人愿意被新媒体号以居高临下的态度灌输内容，这也是建议运营者使用朋友型价值观的原因。

【运营提示】编写账号简介的标准方法

运营者如果绞尽脑汁也写不出好简介，不妨重新回到新媒体号策划，将新媒体号定位、用户画像、价值观和人格化运营形象这四部分内容标签化，然后选择其中的重点标签进行造句，最后稍加润色，一个标准的账号简介就完成了。

以微信公众号“郎郎尚口”为例。郎郎尚口是艺术家、作家张郎郎输出自己创作的文学作品、画作以及时事热评的新媒体号。

云知新媒体运营团队在接手该新媒体号后，编写账号简介时的思路如下：

新媒体号定位标签：思想输出、画作、文学作品。

用户画像：张郎郎的朋友圈，热爱艺术、文学的用户。

价值观：将艺术作品、文学作品、张郎郎的经验阅历以有趣、易懂的方式传递给用户。

人格化运营形象：张郎郎。

经过上述策划主要部分的关键词总结，账号的简介便可以编写成：“‘朗朗上口’者，诵读诗词文章时的声音响亮而顺口，‘郎郎尚口’取其谐音。这方园地是美术设计家、画家、作家、黑胶唱片和艺术品收藏家——张郎郎，带着大家把日子过成有养分的段子的地儿。”

4. 关注后自动回复

常见的关注后自动回复，开始部分一般是对用户的“吹捧”，如“谢谢这么好看的你关注我”，或“终于等到你”，以此与用户“寒暄”两句。后面则需要体现新媒体号的核心亮点、差异化内容，比如为用户提供商品、服务，或是直接赠送福利。

由于关注后自动回复可以随时修改，新媒体号的运营过程中，可根据内容、活动的需要，以一个关注后自动回复的标准版为基础，配合内容、活动适时修改。

5. 收到消息后自动回复

收到消息后自动回复，是当用户给微信公众号后台留言时，账号自动推送的回复消息。即便运营者不在，用户也可以收到即时的回复消息，以防因回复不及时让用户觉得被冷落、忽视。

因此，收到消息后自动回复的文案一般含有“稍等”的意思，告知用户晚点回复。根据账号所属领域，表达可以有所不同，比如美食类账号的自动回复可以是：“我出去买做晚饭要用的食材了，请稍等，晚点儿回复您!”

（七）自定义菜单：微信公众号的扩展功能展现

自定义菜单是微信公众号的特有功能，它会在用户进入公众号页面后第一时间展现在用户面前。自定义菜单应当包含账号的“历史消息”、新媒体号的核心商品和服务、近期活动、公司简介、官网链接、商城首页等内容。

在策划阶段，应当至少确定新媒体号的三个自定义菜单内容：“历史消息”（微信公众号历史消息页面）、“核心商品和服务”（对商品和服务的详细介绍）、“我们是谁”（公司简介、成员简介、发展历程）。随着运营的展开，新媒体号要展现更多内容给用户，就可以通过变更自定义菜单内容、结构来实现。

（八）运营节奏：培养用户的收看习惯

新媒体号的运营，重点在于让用户与新媒体号黏合得越来越紧密，其过程需要通过养成用户与新媒体号互动的习惯实现。因此，新媒体运营者要通过一定的运营节奏，帮助用户逐渐适应新媒体号。

运营节奏包含内容发布节奏和活动举办节奏。

内容发布节奏，即发布原创内容的频次。许多新媒体号保持每日一更的发布频次，这虽是运营者努力的表现，但也浪费了许多原创内容。从运营实测数据看，新媒体内容的阅读量是有衰减周期的，每篇原创内容发布后，第一天阅读量通常为最终阅读量的70%，第二天约为25%，第三天仍有5%左右的增长。因此，每隔一天发布原创内容是一种不错的内容发布节奏，既减轻了运营团队的压力，也让单篇内容的曝光效果实现最大化。

活动举办节奏，即举办活动的频次。在新媒体号运营初期，举办活动比较吃力，因为活动需要用户作为基础。当有一部分基础用户后，就可以按一定频次举办活动，可以采用两周一次线上活动，一个月一次线上线下交互活动的频次。如此执行两个月，就有用户在提前期待下次活动了。

运营节奏的控制，也是对新媒体号用户的掌握。运营节奏不是一成不变的，在新媒体号运营数据逐渐向好的过程中，一定会有用户提出“加更”需求，届时运营团队可根据自身情况及用户需求的强烈程度进行调整。

（九）盈利模式：靠新媒体养活自己的途径

到此，新媒体号的策划已基本完成，但运营者还需要解决一个最重要的问题，即运营团队的生存问题。那么新媒体号是如何盈利的呢?

本书第二章“新媒体关键词家族”的第四节“基于新媒体号的二级关键词”中，详细讲解了新媒体号的四种收入方式。不过，对于不同类型的账号，其盈利模式的选择大多也不相同。内容输出型账号，流量变现应当是第一盈利方式，而对于商品和服务输出型账号，销售分成肯定是第一盈利方式。

新媒体运营者在拟定策划时，其运营目的不一定是实现快速盈利，大多数新媒体号在运营初期都是赔上人力、时间成本而无收获的。盈利方式不单单是未来变现的手段，也是调整新媒体号运营方向的要素。

作为内容输出型账号，没有自主商品，需要通过“卖广告”来盈利。而“卖广告”的基础是拥有有价值的流量，这就需要运营团队在操作过程中重点引导用户的价值观，使其与账号价值观趋同，形成更高的用户黏合度，如此用户价值才会更高。

作为商品和服务输出型账号，需要潜移默化地告诉用户自己的商品和服务更好，内容应该多提点商品和服务，更加直接地让用户了解自己这方面的优势。

三、新媒体号策划逻辑

上述新媒体号的策划拟定过程，其实也是策划的设计思考过程，各项目之间存在紧密的逻辑关系，图 3-4 是对新媒体号策划思考逻辑顺序进行的梳理。

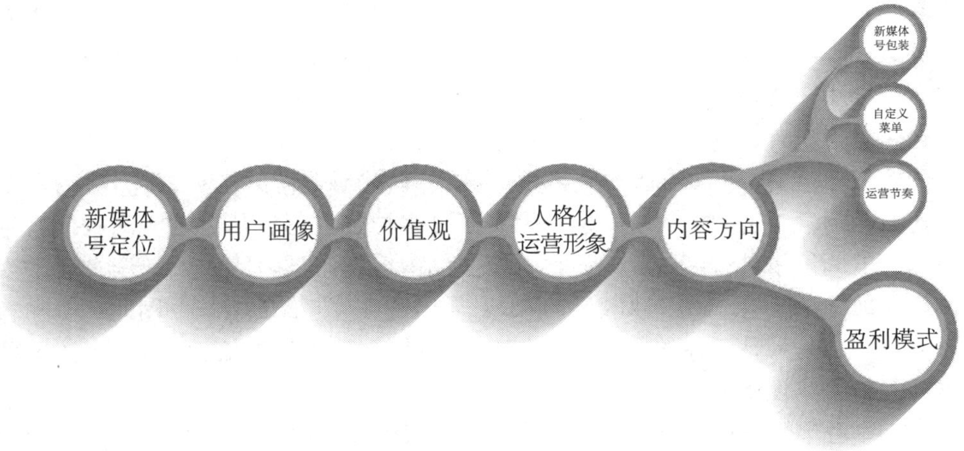

图 3-4　新媒体号策划逻辑

在新媒体号策划阶段，为什么要坚持这样的思考逻辑顺序呢？

运营者拟定策划新媒体号的第一步便要确定自己想做什么，经过市场行业的“知己知彼”分析后，运营者可以确认新媒体号定位，继而进行第二层“知己知彼”描述用户画像。用户画像描述完成后，运营者需要通过对价值观的思考，使新媒体号的思想与用户的思想匹配。之后，用人格化运营形象为思想加上“肉身”，并用人格化运营形象完成一系列运营操作。

原创内容和活动的运营是以新媒体平台为载体的，因此需要考虑账号在新媒体平台上的展现（账号包装）、自定义菜单功能，以及之后的运营节奏问题。

最后，运营者的目的大多是盈利。通过对新媒体号的内容、商品、服务、所面对用户的分析等，盈利模式也会更加清晰。

四、新媒体号策划案例实战分析

本部分以云知新媒体运营团队一名实习生的新媒体号策划为案例，对新媒体号策划的各部分进行实战评析讲解。

（一）策划案例展示

1. 做什么内容

新媒体号名称（暂定）：王婆卖“瓜”。

（1）自主调研。

最终目的：希望用户在看完我的推文后，能“哇哦——”一声，有心得收获，并对历史或文学重新燃起兴趣。

“我”提供的服务：用你听得懂的话和你喜欢的方式，讲历史课本上没有告诉你的故事、讲你不知道的名人的另一面。比如为什么李白可以不工作就游遍天下？为什么潘安要为自己的高颜值苦恼？焚书坑儒的真相是什么？……

推文内容：以故事为主，偏向趣事。

标签：“不正经”的历史、人物故事、话题感、好玩。

（2）竞品调研（满分 5 分）。

	王婆卖“瓜”	淘历史
标题有话题感	5	5
推文以故事为主	4	4
蹭热点	2	3
问答	1	3
文学知识普及	2	5
猎奇性	4	4
投票	3	1
推文表现形式多	3	2

2. 用户画像

年龄15岁至35岁，学历高中以上，喜好历史，阅读偏好短、爽、快。

3. 价值观

与用户做朋友，“吃瓜”共享、冷知识普及、不涉及时政和“三观”，就事论事。

4. 人格化运营形象

一个茶馆说书人，和往来的茶客闲聊唠叨些有的没的。

5. 内容方向及细节

推送频率：一天一至两篇推送。

配图：风格一致，自己画人设或者在原有的画像上再做创作。

推文：

（1）标题有话题感、吸引人。

（2）表达形式除文字外，可以有漫画形式、插画形式等。文章字数预设在800～1 600之间。

（3）除了故事以外，也可以策划一个栏目。比如：假如某古人在现代、某古人有朋友圈、某古人有微博，最有潜力做某项现代工作的历史人物等。比起说些用户可能看过的内容，不如自己创作新的内容。同时也便于以后添加软广告。

多平台运营：微信主阵营，头条号和大风号试水、引流。

线上互动活动：在文末开设一个投票栏目，列出两到三个文章标题，让用户自己决定明天想看什么内容，提高参与感与期待感。票数相差不大的话，少的会放在次头条一起发布；正常差距（六四或七三比）则检阅文章是否需要回炉再造，根据票数的多少排主次，周末推送；票数相差很多，就把票数低的那篇文章重新拆解，或换新的思路写，若票数还低则说明中心内容不卖座，可以撤掉，或者发在头条号和大风号上。

（二）实战分析之账号定位

运营者将账号标签定为“不正经”的历史、人物故事、话题感、好玩，可以看出该账号应属于“大历史”范畴，是对历史事件、人物的解读。

从新媒体号定位的四个层次分析：

第一，账号类型与行业背景。从2019年开始，国内用户的民族自尊心和自豪感渐趋增强，五千年的文化积淀和历史渐成社会主流话题，所以此类型账号有大社会背景做支撑，属于可操作范畴。

第二，新媒体平台的选择。做这份策划案的实习生选择了大风号和头条号试水。从平台属性看，头条号偏民生，流量高，知识型内容在大风号上也相对受追捧，对这两个平台的选择没有问题。

不过，对新媒体号而言，选择这两个平台还不够。首先，应增加微博平台。因为历史历来就是微博的流行话题之一。而且微博每年都会让过去的“老热搜”重新上榜，其中就可能包括“李白和杜甫的关系”等话题。其次，应加入百家号。对历史人物、历史故事而言，一旦用户有需求用百度搜索，百家号中带有该历史人物、历史故事标签的内容就会展现在用户面前，运营初期这是增加内容曝光的好手段。

以微信公众号为基础，有三个信息资讯类新媒体平台加微博作为辅助，策划案的新媒体号矩阵就相对完善了。

第三，关于竞品调研。做这份策划案的实习生对标“淘历史”进行了八个方面的对比，这种对比方法值得肯定。但实习生列出的对比项稍显杂乱，这是因为他并不明确应该与竞品账号对比哪些项目。

竞品调研不仅是找到一个大号，定几个属性对比打分即可，还要从新媒体号策划的各个层面与之对比，包括用户画像、价值观、内容方向、新媒体号包装、运营节奏和盈利模式等。

比如“淘历史”采用的就是引领型价值观，而“王婆卖‘瓜’”确立的则是朋友型价值观，这是鲜明的对比，但并不能分出优劣。与其列出项目进行打分，不如多找几个行业大号，列举它们的优点尝试借鉴，再思考自己即将涉足的内容领域哪些部分还属于蓝海（大号未涉及的领域或做不到的事）。

分析到这里，就能看出策划案中竞品调研的另一个问题：对比账号过少。

由于“王婆卖‘瓜’”要做的是历史类内容，所以运营者天然想到了与微信公众号“淘历史”进行对比，运营者的思路此时被限制住了。其实在该领域有更知名的大号，比如“六神磊磊”。

虽然“六神磊磊”的内容方向是金庸武侠小说，但其与运营者的“王婆卖‘瓜’”有很多相似之处，比如都属于述评类，都是“不太正经”的分析、解读。“六神磊磊”创造了一个属于自己的武侠世界，“王婆卖‘瓜’”也可以构建属于自己的历史观，并引导用户接受这种历史观。在新媒体号策划阶段，只有对比的新媒体号越多，运营的思路才会越开阔。

第四，关于自身优势及差异化。做这份策划案的实习生没有明确提出自身优势，但在差异化方面，确实做得不错。运营者重点突出了投票方式，以及投票对内容发布的决定性作用。各种新媒体领域的大号大多采取的是引领型价值观，且内容方向由运营团队确定，而“王婆卖‘瓜’”以运营者策划内容方向由用户偏好决定的发布内容形式，在初期可以帮助新媒体号吸引一批黏性用户。

（三）实战分析之用户画像

做这份策划案的实习生对用户画像的思考过于简单。用户画像标签应与账号标签对应，这一点没有问题，但在运营早期，想要尽快吸引用户，这份用户画像是远远不够的。

首先，关于年龄层次。今日头条许多账号的用户平均年龄超过 40 岁，历史类内容账号的用户年龄通常更大，所以运营者对自己新媒体号用户年龄层次的界定较窄。

其次，由于许多历史故事被翻拍成影视剧受到年轻人追捧，运营者应把爱好历史题材影视剧的用户群也加入用户画像。因影视剧往往会对史料进行加工，账号内容可以为这部分用户普及真实的历史知识，属于戳中用户知识盲区的内容。

最后，关于阅读偏好。运营者出于自身内容篇幅相对较短（800字至1 600字）的考虑来定义用户阅读偏好是没有意义且不正确的。所有人的阅读需求都基于内容的价值，只要内容有价值，无论长短都可以吸引读者。800字至1 600字之间的篇幅能满足多数新媒体用户的碎片化阅读需求，所以这种泛泛而论的内容字数限定对用户画像的分析描述没有参考价值。

（四）实战分析之账号价值观

做这份策划案所定义的账号价值观包括不涉时政，分享历史八卦、冷知识普及等，并且将用户当作朋友去分享内容。这个价值观的设定还有一点欠缺，即在对历史事件、人物的评判尽量保持客观的基础上，需带有运营者自己的情感认知，这一点才是新媒体号最核心的价值观所在。

（五）实战分析之人格化运营形象

做这份策划案的实习生定义的人格化运营形象比较巧妙。“茶馆说书人”并非一个有着确定的年龄、经验、阅历的角色，形象其实是非常模糊的，可以说每个人心中都有一个“茶馆说书人”。在账号还没开始运营时，这个角色已经在所有用户心中有了形象，不需要用户再去想象。并且用户会在心中对设定的模糊人格化运营形象努力求证，尽量清晰化，这更容易引起用户的兴趣。

（六）实战分析之账号内容方向

这份策划案对内容方向范围的设定相对较窄，其实这类账号还有较多设计空间。比如，“那些年‘坑’你的电视剧”，即揭示与历史不符的电视剧情节的历史真相的内容。再比如，历史事件横向对比的内容方向，通过史料研究，深入分析不同时代的变法、起义、战争等事件的异同，以彰显新媒体号运营者在历史知识方面的研究能力和专业程度。

（七）实战分析之账号盈利模式

策划案中没有清晰地提出盈利模式，但有“添加软广告”的字眼，这可以看出运营者在潜意识里想到了一种盈利方式——流量变现，但并未明确写出。其实，这种历史内容输出型账号的盈利方式有很多。比如，除了运营者提到的流量变现，还有为账号中常提及的著名历史人物开发文创商品销售、将账号内容总结精编并结集出版等。

（八）实战分析之总评

“王婆卖‘瓜’”是一份由新入行新媒体运营的实习生拟定的策划案，整体看来已大致描述出新媒体号策划所需内容，有亮点，但更多的是不足，尤其是对行业的研究、用户画像的描述、内容方向的设定，而这三点恰恰是大部分初入新媒体的运营者都会遇到的问题。

第三节　原创内容策划方法

本节内容包含原创内容策划方法综述、原创内容策划分项展开、原创内容策划案例实战分析三个部分。

一、原创内容策划方法综述

原创内容策划方法，可将一篇原创内容的思考、策划过程拆解为多个实操步骤，以便新媒体运营者在操作内容时思路清晰，确保原创内容的执行效果。

新媒体内容主要包含五种表现形式：图文、视频、音频、长图、H5。不同表现形式的原创内容策划方法的核心流程基本相同，但在每种内容表现形式的成形阶段又各自有不同的工作需要完成。

如图 3-5 所示，原创内容策划方法的核心流程包括“选题→通感→热点→场景→价值观→转梗→落点→标题→大纲”九个分项。在原创内容策划过程中，这九个分项工作应逐一展开。

图 3-5　原创内容策划流程图

原创内容策划是一种让原创内容生产更加系统的方法，按照标准内容策划方法产出的原创内容结构明确，逻辑清晰，易于用户阅读、理解，并便于运营者修改。原创内容策划方法既能保证运营者产出内容的质量，又能保证内容的数量，因此它是新媒体运营团队中每个运营者必须掌握的基础技能。

二、原创内容策划分项展开

原创内容策划的基础是有明确的价值观和选题，因为选题是内容创作的基础，没有选题就不知道写什么，内容也就不复存在了，而新媒体号的根基是账号的思想主张（价值观）。因而，原创内容策划的核心，是将价值观和选题面向用户输出，让用户在阅读后能清楚地知道运营者说的是什么，背后传递着怎样的思想。

（一）选题，原创内容的萌芽

选题，即内容表达的核心。

对于内容输出型账号，选题大多是一种思想，这种思想取决于新媒体号定位。比如心理情感类新媒体号，选题可以是“一个低收入的人如何才能过得快乐”，这就是一个基于心理、情感大话题下的选题。

对于商品和服务输出型账号，选题大多以自身商品的优势、特有标签展开。比如 K12 教育服务提供类新媒体号，其选题可以是“教师水平对学生成绩的影响”，以此突出教师资源优势。

选题是内容的萌芽，也是内容的基础。拟定选题后，原创内容才能逐步展开，没有想要表达的观点或推荐的商品和服务，就不会有内容。

1. 系统寻找选题的方法

寻找选题，要用到本章第一节讲解的“标签记忆法”。不同新媒体号的标签各有不同，运营者可将新媒体号的标签下探一级，下探后的标签便是选题方向。

以美食类新媒体号为例，其属于内容输出型账号，美食就是新媒体号的标签。将美食标签下探，能得到许多二级标签，如菜品、饮料、酒、健康、肥胖。这五个二级标签就是选题方向。有了选题方向后，运营者可利用如下三种方式寻找选题：

第一是聚焦，进一步细化选题标签。就“饮料”这一选题方向而言，可直接细化到某一款饮料，再对该饮料的特点进行拆解，如“××口味的饮料中××味道的来源”，对这种口味味觉感受的解析。细化到这种程度后，运营者会发现，一棵“选题树”已经有了许多枝干，可以随意选用。因为饮料本身就具有多种口味和味觉感受，可写的方面会很多。

第二是连线，将细化的选题标签进行连线，是系列选题的寻找方法。系列选题要先找到一个选题方向下的标签，而后从单个标签项下衍生出具体内容选题。

以菜品为例，菜品中包含湘菜，那么可以制定一个“××教你做湘菜”的选题方向。湘菜中有不同菜品，如农家小炒肉、剁椒鱼头，这些菜品都可以作为选题出现。此时“××教你做湘菜”就不是内容方向中的节点了，而是一条线。这条线上包含的点是各种湘菜怎么做，这些都是可以操作的选题。

第三是反哺，先寻找热点事件，再决定选题。常规情况下，热点事件是为选题服务的，有了选题后，运营者再去寻找匹配的热点事件。但如果热点事件非常火爆、流量巨大，那么运营者就需要对比热点事件，寻找自身是否有可以与之切合的选题。

比如2023年12月“五月天假唱”事件在网络上持续发酵，引发了社会的广泛关注。针对该热点，音乐类新媒体号可以从歌唱的专业角度出发制作分析内容，法律类新媒体号可以做有关假唱与欺诈关联性的科普内容，除此之外，所有具有自主商品的新媒体号，都可采用“五月天假唱，但我们货真价值”等类似标题做商品销售、推广内容，如此便是我们所说的“蹭热点”，与该热点相关内容的流量一定会有所上升。

总结起来，寻找选题的方式就是不断地拆解标签，拆解得越细，选题就越多，运营者的路会越走越宽。如果运营者不对选题方向进行深度思考、细化，内容就会越写越少，直至枯竭。

2. 验证选题的方法

在新媒体号策划的框架内，选题方向可以随运营者喜好广泛撒网，但如果用户不喜欢，那么再精彩的选题写出来都没有意义。因此，运营者需要在敲定选题前对选题做初步判断——这个选题到底“靠不靠谱”。判断选题的方式一般有如下两种：

第一，寻找行业内大号，看它们是否写过类似选题，效果如何。比如运营者运营的是影评类新媒体号，类型与微信订阅号“木鱼水心”相似，计划操作电影《午夜凶铃》的吐槽内容。此时，运营者就应去查看“木鱼水心”等影评大号，看它们是否曾发布过《午夜凶铃》的吐槽内容，效果如何。

在做选题效果调研时，运营者要重视选题在被调研账号内的横向比较，即计划选题在大号内与其他内容相比效果如何。如数据表现优异，运营者便可大胆操作选题；如数据表现不佳，那就要考虑放弃选题，因为大号尚且如此，运营者账号取得优异表现的概率会更小。

第二，向自己号内的用户征求意见。这种方式一般适用于运营了一段时间，有用户基础、用户认知度，且运营者想操作系列选题的账号。运营者应通过制作调查问卷的形式，对自己账号内的用户进行调研。如果用户出现了大面积不买账情况（几乎没人填写调查问卷，视同大部分用户不买账），就说明别人做得再好也不适合你，须立即终止规划系列选题。

（二）通感，隔空触动用户痛点

通感，原指一种修辞方法，其关注的是一个人在多种感觉之间的挪移、转换，正所谓“眼如耳，耳如鼻，鼻如口，口无不同，心凝形释，骨肉都融”（《列子·仲尼》）。而新媒体中的“用户通感”，指的是运营者通过一段文字描述可以让阅读的用户像亲身感受到内容带来的感觉，或亲身经历了内容描述的事件一样，产生与运营者一样的感受。

1. 用户通感的概念明晰

在“用户通感”的概念理解上，运营者要注意以下三个问题：

第一，用内容引发用户通感，不能只针对一个或一小部分用户，而应该根据账号的用户画像，探索能引发大部分用户通感的内容设计方式。比如，用指甲刮黑板或玻璃的触觉感受和声音会让很多人头皮发麻、心里不舒服，这明显就是一种多数人都能产生的通感。

第二，用户通感不是让用户感知到运营者的感受，而是要让用户与运营者有同样的感受。比如，“课间和同学站起来聊天，刚要坐下，后桌同学把椅子撤走了，一屁股坐在地上”，这种学生时代普遍出现的场景能让多数用户产生微痛且略带温暖的学生时代的回忆。

当然，内容运营者每天都在找用户通感，不一定每次设计的通感都是自己的真情实感，但也要尽可能让用户有同样的感受。

第三，用户通感的设计与描述要真实，尽量与用户靠近。用户通感来源于生活，但绝不能高于生活。比如，运营者描述“抿了一口白酒”的感受为“天旋地转”，或许运营者的感受真是如此，但对用户而言，大部分人会觉得“没那么夸张吧”，这就是一个失败的通感描述，因为用户认为运营者对感受的描述大于自身实际的感受。

通感想要做到真实、与用户靠得更近，运营者就须尽可能写自己亲身经历过的事情，因为有些事不经历就永远无法描述其感受。比如，运营者是一位男士，描述

“生孩子的疼痛”就永远不会到位，经历过生育的女性用户一眼就能看穿通感是假的。若运营者一定要用自身没有经历过的事来做通感，那么就去找亲身经历过的人，让他们描述，运营者来写，如此才能够贴近对应的用户人群。

【运营提示】用户通感与用户痛点的关系

伴随着社会中对新媒体运营话题的广泛探讨，“用户痛点”一词也逐渐成了社会流行词汇之一。用户痛点其实是用户通感的更高级形态，比用户通感所引发的用户感受程度更高、焦点更集中。如果一篇内容通过设计用户通感直接戳中用户痛点，那么无论运营者在内容中设计怎样的交互都不会太难达成，或者说都会有符合运营者心里预期的参与用户数。

2. 设计通感的方法

由于通感是面向用户的，因此在设计通感前，一定要对内容的用户画像进行精确定位。注意，这里提到的用户画像，并非新媒体号整体的用户画像，而是运营者根据内容选题定义的用户画像，即这篇内容写给哪些用户看，这是运营者主观思考的结果。

在本章第二节“新媒体号策划方法”中指出，运营初期，运营者需扩大内容涵盖的范围，以触达更多用户群体，触达的方式就可以是运营者先定义一个用户画像，并用对应的通感触动用户。如内容的数据反馈良好，就说明内容找到了用户痛点，设计的通感成功、选题成功，可以吸引与运营者定义的用户画像匹配的用户群体。

综上所述，设计通感的流程一般为确定选题→定义用户画像→设计通感→根据数据反馈做分析、总结。

3. 用户通感的高级使用方法

在掌握用户通感的高级使用方法前，运营者须先理解用户需求和用户通感的关系。用户需求是已经形成的用户对内容、商品、服务的需要，如选题能直接对应用户需求当然更好，用户通感的更高价值就体现出来了。但更多时候用户并不知道自己有哪些方面的需求，如果通感设计得好，则可以激发用户的需求。

比如，所有用户几乎都知道“螨虫”，但也许多数不知道“头皮起红疙瘩”“后背起红疙瘩”，包括部分“皮肤过敏”，是经常接触的衣物、被子有螨虫造成的。如果运营者将螨虫导致的身体不适描述给用户，并用图片展示出来，则用户一般会想把螨虫除掉，用户需求就很自然地被激发出来了。如果此时推荐除螨商品，用户的购买意向就会更加强烈。这就是通感的力量——将用户的潜在需求变成显性需求，进而形成强需求。

那么，如何触发用户通感呢？在新媒体领域，触发用户通感的方式有两种：热点和场景。

（三）热点，新媒体人的“女神”

热点，即可聚集大流量的人物、观点、事件、事物等。因大部分新媒体从业者很难获得突发事件的第一手信息，所以新媒体需要追热点，目的是让新媒体号自身的内容、商品、服务被热点下聚集的用户看到。

1. 使用热点的方法

热点，一般放在内容开头，其作用是服务选题。

在信息爆炸时代，若只将选题放到新媒体用户眼前，他们大多不会感兴趣，因为相似内容过多；但在内容开头加上用户感兴趣的热点，或用户在朋友圈里看到朋友们都在转这个热点，那么内容被仔细查看的可能性就会更高。热点对用户通感的触碰，在于刺激用户的获知欲、表达欲，新媒体用户往往喜欢对处在风口浪尖上的人、事、物进行了解或评论。

对运营者而言，追热点的最大痛处在于“炒冷饭”，即该热点已被众多传统媒体报道，也有多个新媒体号关注，此时运营者再去追逐同样的热点，很难提起用户的阅读兴趣。因此，运营者应明确不同热点的使用方法。

新媒体运营者可以追逐的热点，一般分为以下三种：

一是长效热点，即无论何时出现，都具有广泛社会认知和讨论热度的事件，如医疗、教育、养老、社保等民生话题（见图 3－6）。此类话题，在出现对应的新事件时，就可以作为热点使用。比如，全国各省市养老金上调就是社会广泛关注的热点事件。

二是可预测的时令、节日热点，即春节、情人节、七夕节、双十一、双十二等特殊日子（见图 3－7）。此类热点，运营者需提前做好特别策划，尽量设计与往年不同的“梗”。由于时令、节日热点可被预测，因而大多数新媒体运营者都会用其助力，运营者最好提前三天左右发布内容，以抢占用户眼球。

三是突然出现的社会事件，突然火起来的社会人物、事物或观点。

此类热点往往持续时间较短，一般不会超过五天。运营者必须在其发生后快速判断，判断的内容包括与自身有哪些关联、事件大概会持续多久、该热点聚集的流量规模、自己操作该热点下的内容需要多久。如聚合的流量大、与自身新媒体号有强关联，且内容完成后热度依然存在，那么就可以操作。

热点事件、人物出现得较为频繁，也因为这一点新媒体的浪潮会将其快速淘汰，用户几天就会将其忘记。相反，热点观点、事物的出现更少，因此其成为热点后，持续的时间会相对更长。

以热点事物为例，“皮皮虾”就曾在网络上红极一时（见图 3－8），网上到处都有“皮皮虾我们走”的表情包。相对热点事件、人物，因其特殊性，最终变为一个大家熟知的“梗”保留了下来。

再举一个热点观点的例子。作家冯唐曾于 2017 年 10 月发布了一篇名为《如何避免成为一个油腻的中年猥琐男》的内容，引起了轩然大波，一下让“中年油腻男”

这个说法成了热点，也让“拒绝中年油腻男”成了热点观点。直到今天，提到“中年油腻男”，依然会有一定热度（见图3-9），因其已在用户心里成了“梗”。

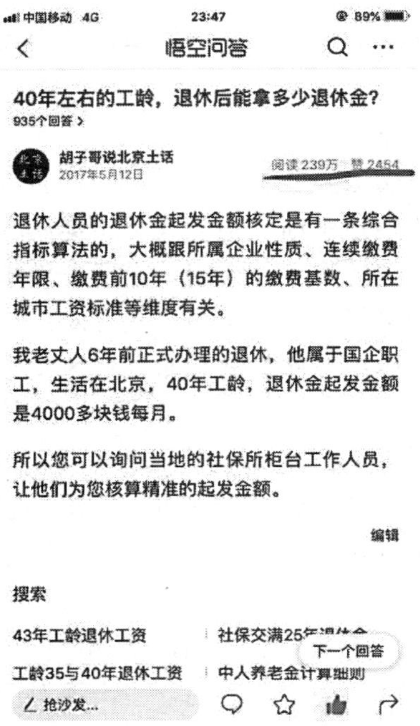

图3-6 诸如退休金等养老话题在悟空问答上动辄就可以获得上百万的阅读数据

图3-7 情人节本身是节日热点，运营者可以为其加入社会热点或当年新梗，使自己的内容脱颖而出

图3-8 火遍新媒体内容领域的“皮皮虾”表情包

2. 热点的选择

新媒体世界，每天都有大量的热点出现，运营者的主要工作之一就是为选题寻找合适的热点。所谓“合适”有三种含义：

第一，与选题标签相关的热点事件。比如，运营者操作的选题是"中美儿童教育差异"，而此时出现了"美国儿童服用药物，试图以此考一个好成绩"的事件，因为该事件与"美国儿童教育"相关，就可以作为热点事件使用。

此类热点事件选择的优势在于它与选题有绝对关联性，劣势在于事件的"热度"不一定高，需要花费篇幅详述事件。

第二，垂直行业的大事件。比如，运营者做情感类账号，选题为"家庭关系"，而此时出现了"知名仿妆博主宇芽被连施家暴"事件，这是家庭关系领域的悲剧事件，虽然是负面热点事件，但运营者可以表达以选题为基础的正能量（夫妻和睦、彼此尊重）和美好期许。

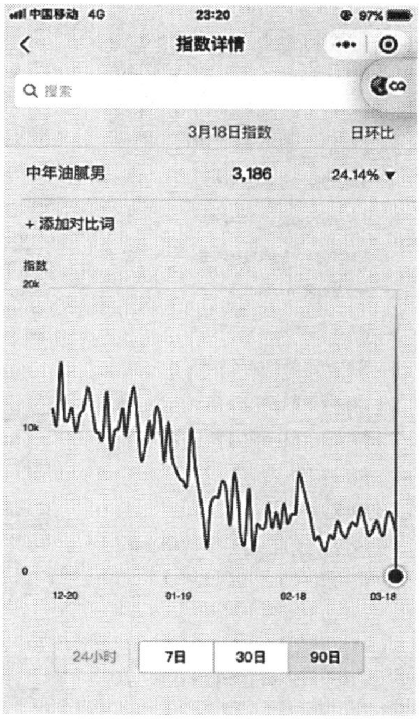

图 3－9　2019 年至 2020 年的跨年之际"中年油腻男"在微信指数中的表现仍然尚可

这种热点事件选择的优势在于关注垂直行业的用户群大多了解该热点事件，用户查看的优先级更高；劣势在于这类热点事件不常出现，且运营者策划的选题不一定与之对应，有时甚至需要根据热点事件重新拟定选题。

第三，有强社会影响力的人或事件。这种热点事件，无论运营者所做的领域是什么，都可以将其引入原创内容。比如，2023 年《消失的她》与《封神第一部：朝歌风云》联手创造超高票房，各领域的新媒体号均以这两部影片作为热点来创作原创内容。

这种热点事件选择的优势在于能吸引足够多的流量；劣势在于，由于吸引到的流量的用户画像并不精准匹配新媒体号，热点事件过后可能会面临用户大量取关的局面，由此很难鉴别哪些是新媒体号需要的用户。

3. 系统寻找热点的方法

由于目前新媒体消息的传播速度极快，运营者能通过各种方式获取热点，获取热点的常见平台有微博、百度，《新京报》、澎湃新闻、人民网等的新媒体平台，以及新媒体号、垂直领域 App 等。所以，运营者应多浏览上述平台，这是新媒体运营者广涉猎的基本要求。

新媒体运营者找热点，应有一定的规律、方法。在此给出一套完整的寻找热点方法：

第一步，浏览微博热搜，以及百度各种内容出口的热点内容推荐（见图 3－10）。

第二步，浏览已关注公众号，看是否有能为已所用的热点发生。

第三步，浏览今日头条推荐页，今日头条推荐页一般会推荐大热点或是以账号持有者兴趣爱好为基础的热点（见图 3－11）。

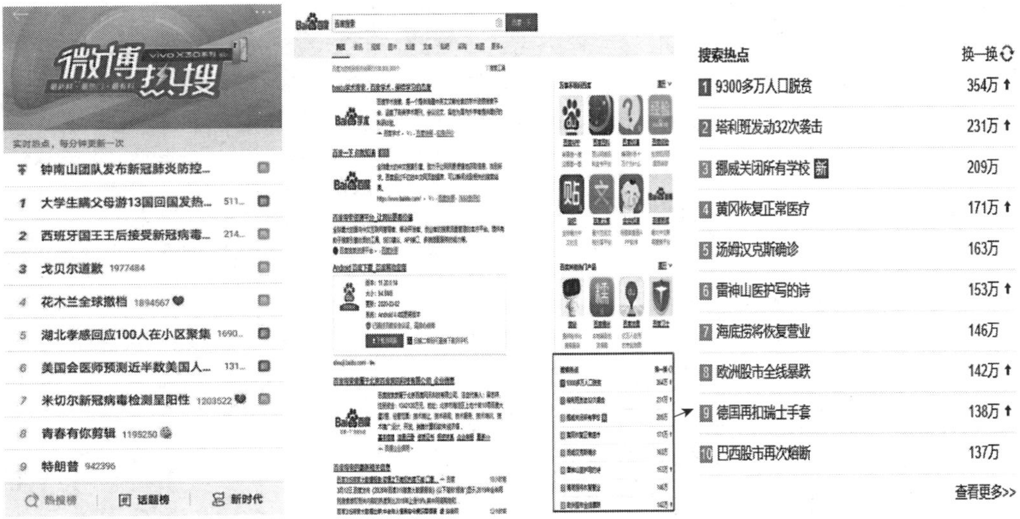

图 3-10　微博热搜与百度推荐热点页面

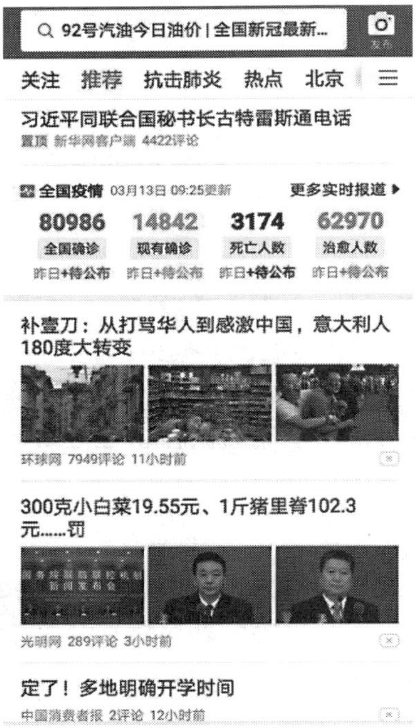

图 3-11　今日头条推荐页

第四步，如运营者确知自己的微信朋友圈人群类型丰富，或是新媒体人较多，又或是有垂直行业“大神”，也可以从朋友圈里“捕获”热点。

第五步，如新媒体号的领域相对垂直，则需看垂直行业 App 或新媒体号。如财经类账号，要看财新；创业故事类账号，要看 36 氪；影视娱乐类账号，要看 B 站。

做到如上五步，其实已经完成了“广涉猎”的工作，并且对不同热点进行了区分：微博、百度、今日头条、微信朋友圈、已关注微信公众号，寻找的是相对广义的大流量热点；垂直行业 App 及新媒体号，寻找的是专业领域热点。

但追热点始终不如创造热点来得更有效果，比如，微信公众号“小声比比”在报道了马蜂窝用水军做评论数据造假后，一下成了全体网民关注的热点。其原因在于，运营者将大众普遍熟知却没有详细了解的行业潜规则曝光在了公众面前，并且对其进行了有图、有真相、有爆料、有吐槽的详尽描述。此类内容，一是满足了用户的求知欲，二是符合大多数用户期待——整治互联网乱象，那么它就有成为爆款、成为热点的潜质。

（四）场景，让用户身临其境

构建原创内容的场景，目的与寻找热点类似，都是为了引发用户通感。

场景是运营者通过内容描述，在用户大脑中构建的可想象的情景。场景与热点的差异在于，热点对应的人群更加明确、广泛，而场景是否可以触动用户，取决的因素会更多。比如，用户的年龄、经验阅历、生活状况，甚至用户收看原创内容时的心情。热点是具有社会性、行业性的，而场景更具生活性，生活阅历丰富的运营者可以构建更多场景，生活阅历丰富的用户可以理解更多场景。

1. 场景的分类

场景分为两种，一种是生活场景，一种是数据场景。

生活场景相对较多，如出门在外手机没电了，会让用户切身感受到充电宝的重要性，同时还催生了共享充电宝行业。

数据场景则是通过对大数据进行剖析，从而得出结论。如微商给用户推荐副业，列举了“多少人有副业”“这些人的副业收入与主业收入对比”“副业所占时间”等，用户会因运营者给出的庞大、准确的数据，而了解目前做副业的情况，这也是一种场景。

2. 设计场景的方法

在了解了场景的基本概念后，新媒体号运营者就该学习系统设计内容场景的方法了。设计场景的思维方式一般分为三种：

第一，根据用户需求设计场景。

场景的目标是引发用户通感，由于用户通感在一定程度上取决于用户需求，所以思考场景的第一步是针对用户画像，思考其需求。

以科普号为例，运营者要写一篇针对年轻人的科普内容，无论是上学还是上班的年轻人，其普遍需求是睡懒觉，那么运营者就可以构建一个加班到 23 点之后的休息日，或高考结束后的第一天，睡懒觉没人叫自己起床的场景，用户的感受就是“爽”。反之，运营者也可以构建早上 7 点被父母叫起床的场景，大多年轻人的切身体验是“难受”。这种思考场景的逻辑，是由用户需求到用户通感再到场景。

第二，根据选题设计场景。

根据用户需求设计的场景，不一定和选题对应。上面所举的例子，由于其选题的宽泛性，可以使用该方法。但对大多数新媒体号而言，都是有既定选题的，就需要根据选题来设计场景。

根据选题设计场景，首先要确定选题特色。以家庭关系心理情感类账号举例，选题内容是“经常吵架的夫妻，问题应如何解决”，期望通过内容输出为用户解决夫妻矛盾。此时，运营者就要构建一个夫妻吵架的“名场面”，越典型越好，比如丈夫一下班就打游戏，不做饭不洗碗，妻子既要上班，回到家还要看孩子、做家务，俩人吵架了。这种思考场景的逻辑，是由选题到场景。

第三，根据热点设计场景。

热点与场景也可同时出现，共同引发用户通感。

此时，运营者一般已选好计划使用的热点，如 2020 年“微盟程序员删库跑路”事件。根据此热点事件，运营者可以帮助用户（用户画像是企业老板）构建一个“员工让老板心碎时刻”的场景，依靠该场景，当老板的辛酸可能就会涌上用户心头，用户通感也就达成了。这种思考场景的逻辑，是由热点事件到场景。

无论哪种创造场景的方式，其根源都是生活，这就提醒运营者应注意积累生活中的点点滴滴，一句平时与同学、同事的调侃都可能成为新媒体运营中触动用户通感的场景。

（五）价值观，新媒体号整体价值观的局部体现

新媒体号的整体价值观是一个新媒体号的灵魂，而新媒体内容的价值观是单篇内容想要表达的主张、思想、观点，是新媒体号整体价值观在局部的体现。

一篇内容的价值观，应从标题开始体现，并贯穿内容始终。运营者要注意，价值观虽是一种思想，但并非只有输出思想的内容才有价值观，输出商品、服务的内容同样要有价值观。

比如一篇介绍“京酱肉丝如何做更美味”的内容，其属于知识服务型内容输出，价值观就应是“让用户不去餐馆、不点外卖就能吃上既美味又带有自我标签和风格的京酱肉丝”。毕竟现在很多用户都认为，味蕾和胃是人生最不能“辜负”的对象，吃不再只是解决温饱问题，还能体现品味和人生追求。

1. 面向用户的价值观塑造逻辑

对单篇原创内容来说，标题、选题、通感、热点、场景等造就了用户收看内容、对内容感兴趣的基础，但想要产生黏合，也就是让用户成为新媒体号的粉丝，还要靠新媒体号的价值观输出，价值观越贴合用户，用户成为粉丝的可能性就越大。

就运营者而言，是先有账号的整体价值观，再从整体价值观下分化出细致标签作为局部价值观。但对用户而言，其接触新媒体号的过程如下：先收看单篇原创内容，了解单篇内容的价值观，阅读多篇后，才对账号的整体价值观有所了解。若新媒体号的整体价值观、单篇内容价值观与用户价值观均匹配，用户则容易成为粉丝。在价值观的思考、传达、接受上，运营者和用户站的角度不同。

这就能解释新媒体行业的一种现象：许多用户第一次收看某账号内容时不会关注，但如果多次收看该账号内容，关注的可能性就增大了，因为用户逐渐意识到这个新媒体号与自身价值观相近，是自己需要的账号。

2. 原创内容价值观塑造方法

内容价值观的塑造，与选题、通感、热点、场景、落点等内容策划要素息息相关，在此以微信公众号“武志红”的原创内容《离婚的代价，在你结婚时就已经决定了》举例说明。

参照《离婚的代价，在你结婚时就已经决定了》的部分内容截图（见图 3－12），下面详解原创内容中有关价值观塑造的不同要素：

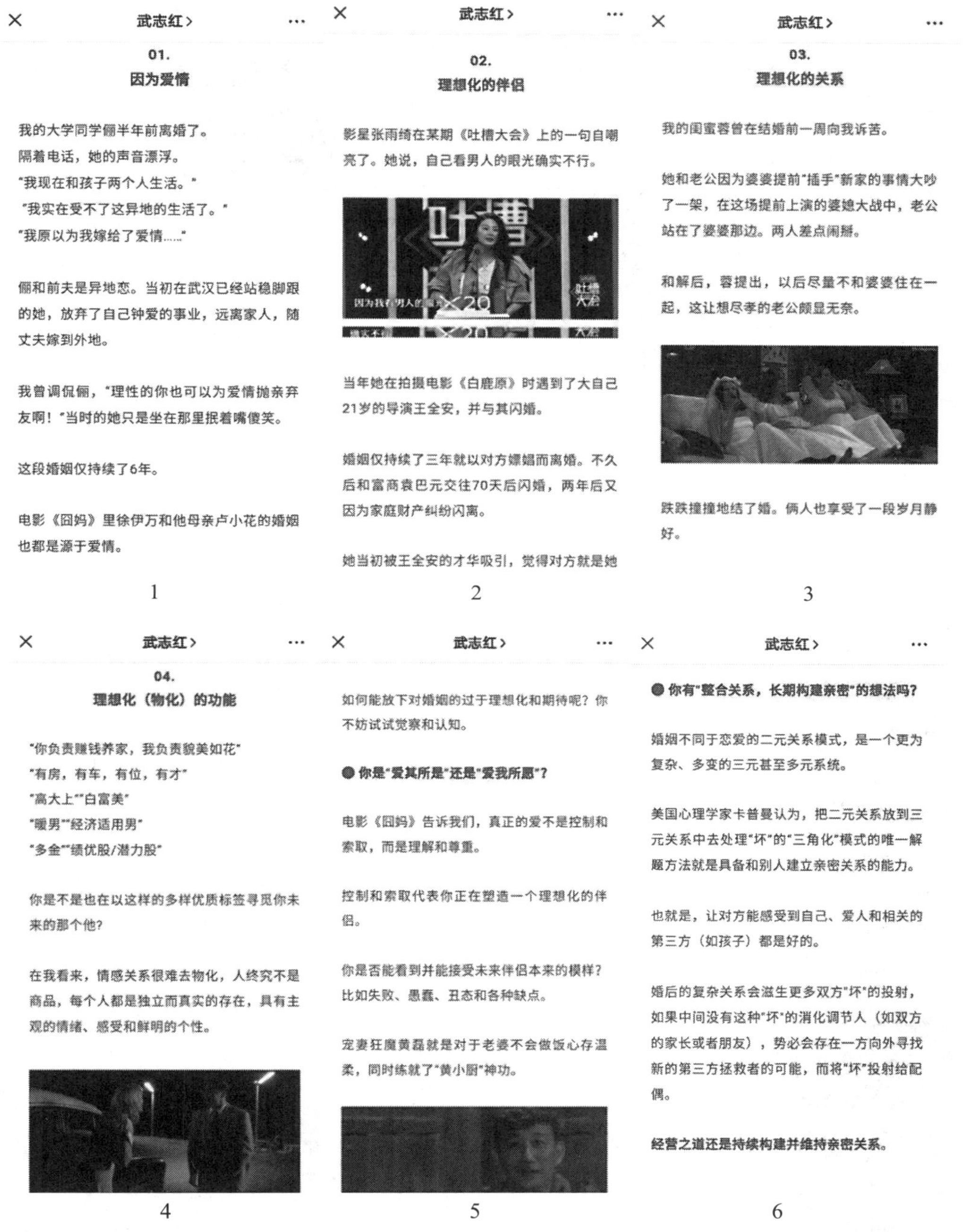

图 3-12　公众号文章《离婚的代价，在你结婚时就已经决定了》部分截图

选题：从标题看，这篇内容的选题非常明确，是“夫妻离婚”。

热点：从图 1 看，内容热点清晰，为电影《囧妈》。

场景：从图 1 看，内容场景描述细致，为运营者与同学的电话沟通场景。

通感：图 1 至图 4 的小标题是通感部分，因为“因爱情结婚”→“将伴侣理想

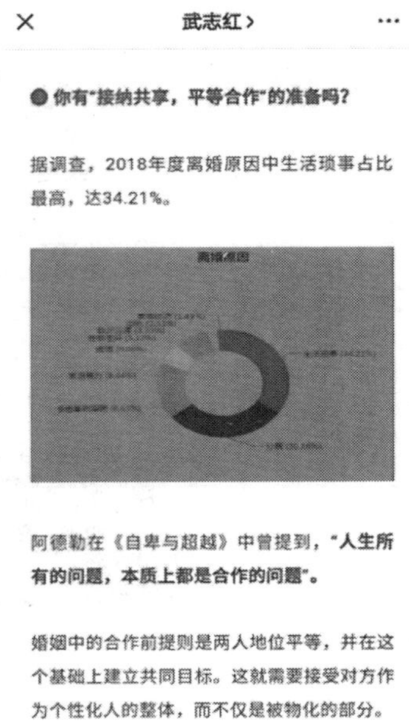

7

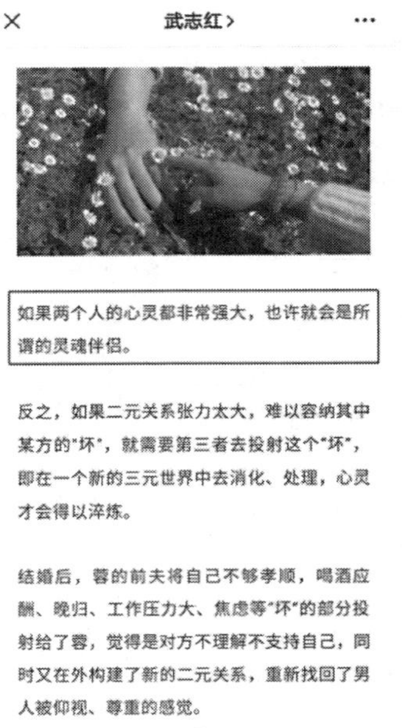

8

图 3－12　公众号文章《离婚的代价，在你结婚时就已经决定了》部分截图（续）

化”→“将关系理想化”→“将伴侣物化”或许会引发一些共鸣，此内容的通感有两个作用，一方面是让用户认同作者，另一方面是让用户了解自身现状（这些状态一般是用户画像人群存在但不自知的）。

落点：图 5、图 6、图 7，给出了落点——“爱其所是”“整合关系，长期构建亲密”“接纳共享，平等合作”。做到这三点，是可以让婚姻幸福，不以失败收场的。

到此，内容价值观其实已经明确：夫妻离婚的原因是他们因爱情结婚，却将伴侣理想化（物化）、将关系理想化，而想要维持婚姻，就要“爱其所是”“整合关系，长期构建亲密”“接纳共享，平等合作”。回到内容中，作者将此价值观提炼总结成图 8 中的一句话——“如果两个人的心灵都非常强大，也许就会是所谓的灵魂伴侣。”

【运营提示】价值观的简便拟定方法

经过上述分析，运营者会发现，内容价值观的塑造其实并不难，只需将选题、通感、落点等的标签连在一起造句，就是内容的基本价值观了。

并且，由于账号选题、通感、落点等内容都是在账号价值观下的细分标签，因而形成的局部价值观一般不会脱离账号整体价值观的范围。

（六）转梗，内容的灵性所在

“梗”原指笑点，是从相声中的“哏”谐音而来，经过新媒体环境中的发展，也被认定为“段子”。“老梗”“新梗”“烂梗”都是新媒体行业的流行词汇。

在梗的基础上，内容的转梗相对容易理解。转梗可直译为段子的转换，实际上就是内容中承上启下的部分。此外，内容中还可以穿插单独的梗，以激发用户的阅读兴趣。

无论是梗还是转梗，在内容中的使用都没有次数限制，但运营者应根据新媒体号调性、用户画像等因素，先期策划好梗的属性及大致数量，因过多的梗容易引起用户阅读疲劳，过复杂的梗会造成用户的阅读障碍。

转梗的最大意义，在于让内容整体连贯，或是在内容选题、落点本没有太大关联的情况下，通过梗来实现关联。

1. 转梗的类型

转梗的类型较多，并且新媒体运营者还在不断创造转梗的新类型。总结截至 2024 年的整体情况，新媒体内容通用的转梗包含以下几种：

第一，“硬转梗”型。

“硬转梗”的意思是前后文之间没有因果、递进、并列等逻辑关系，仅靠字音、字形、句式的相似，强行使前后文产生关联。广为人知的“谐音梗”便属于典型的“硬转梗”。

第二，“出其不意”型。

“出其不意”型转梗，其实是“硬转梗”的升级版，大多用于内容输出型账号的场景化导购内容中。其方式是通过前半部分追热点、设计通感，让用户沉浸于内容构建的氛围中，对内容有了“思想输出型”的初步认定，再从内容中的一个角度突然跳脱，达到出其不意的效果。

以图 3－13 举例，前半部分的内容会让读者陷入“儿子”的故弄玄虚，以及“老爸”的思想斗争中，突然运营者笔锋一转，将商品拿了出来，用户才恍然大悟。

这种转梗的方式相对“硬转梗”有所优化，因其通过内容可以让读者更加沉浸其中，效果会更好。截至 2024 年，诸多视频账号中植入广告都采用这种方式。

第三，“段子类比”型。

“段子类比”型转梗，即使用网络上已被大众熟知的段子进行转梗，其特点在于运营者将描述的热点事件、落点，与网络上已发生过的事做类比，如果类比巧妙，则会达到良好的转梗效果。

比如，运营者想为用户推荐理财产品，构建了几种用户“没钱”的通感。此时，转梗就可以用著名小品《不差钱》中的段子，“人生最最痛苦的事情是什么？人活着，钱没了”。之后，便可以对产品落点做详述。

这种转梗方式，要求段子的属性与内容落点相契合或有类比性，且转梗过程简单、效果好。

第四，“表情包”型。

“表情包”型转梗，即使用表情包作为内容前半部分与落点之间的衔接。表情包已成为新媒体世界中的重要元素之一，它更易戳中用户笑点，达到让用户会心一笑，

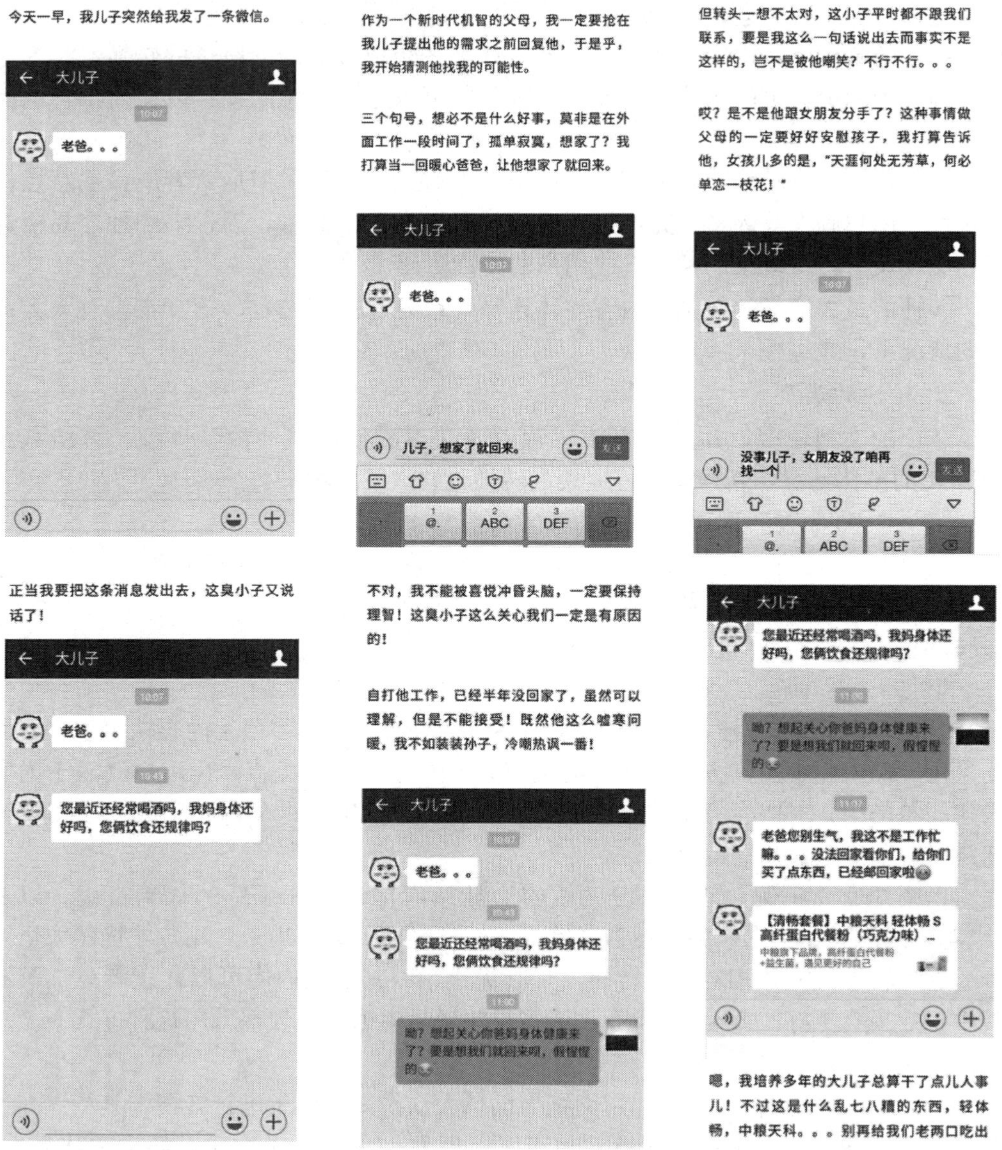

图3-13　微信公众号内容链接部分截屏

甚至捧腹大笑的效果。

以思想输出型内容举例，内容前半部分是热点事件，但热点事件明显传递了负面价值观或负能量。此时，运营者就可以通过一张表情包转梗，其后进行正能量输出。常用表情包如图3-14所示。

这种转梗方式，会让用户收看内容时更轻松、愉快，并且同样一个表示转折的表情包，可以用在不同类型、不同落点的内容转梗中。表情包表达的意思越清晰，转梗的效果越好。

图 3-14 “你清醒一点”表情包

2. 转梗的使用条件

制造转梗前，要先从三个角度思考。

第一，要从用户角度思考。

梗是写给用户看的，因此，运营者首先应从内容的选题、通感、落点、价值观等出发，思考内容的用户画像，设定用户画像后再设计转梗。

如用户画像是二次元①群体，那么转梗就尽量朝着二次元的方向思考，让尽可能多的二次元用户理解转梗；如用户画像是老年人，那么转梗就尽量朝着现实生活的方向思考，老人不了解太多新潮的东西，但是对生活中的段子“门儿清”。

第二，要从梗本身思考。

从梗本身思考，意思是运营者要对梗有透彻的认知。因为转梗一旦出现，就会有用户基于转梗与运营者进行更深层次的探讨，如运营者对梗本身不了解，就会陷入尴尬的局面。

第三，要从价值观正确的角度思考。

梗是一种娱乐大众的手段，但并非什么话题都可以作为梗。梗使用的基本前提是价值观正确，如梗中含有违背公序良俗、社会主义核心价值观的内容，就绝对不能用。提醒运营者，无论采取何种运营手法，都要建立在积极正确的社会道德标准之上。

3. 经典转梗案例

微信公众号“小声比比”的原创内容《深藏不露的有钱人都有哪些特征》（见图 3-15）。

---

① 二次元指二维平面的世界，主要指动画（animation）、漫画（comic）、游戏（game）、轻小说（novel）构成的平面世界，也被称为 ACG 世界。

1　　2　　3　　4

图 3 - 15　微信公众号“小声比比”内容链接部分截屏

这篇内容的选题是寻找“有钱人”，热点是某新媒体人因继承大量遗产，放弃手中工作而发的微博公告。其经典之处在于存在多层转梗。

第一层是由热点事件“继承遗产，突然成为有钱人，放弃工作”转梗到寻找有钱人，其方式是借用了微博下的一条评论：“好激动，我跟作者认识，请问是不是我也要发达了。”这条评论加上“近朱者赤、近墨者黑”，可推导出“近壕者富”。虽然用户都知道这一逻辑并不合理，但因“近壕者富”属于造梗，对于以幽默见长的微信公众号“小声比比”的用户而言，其“硬转梗”的方式，用户可以接受。

随后，从图3来看，运营者给出了几点“寻找周围富豪”的方法，用户一般会认为，这便是内容落点，但后续在图4中还有一层转梗，即“寻找富豪可以用经验判断，也可以用工具”，继而推出“天眼查”。

这篇内容以营销商品为目的，存在两层转梗。运营者需注意，第二层属于“出其不意”型转梗，可适用于所有新媒体号，而第一层转梗属于“硬转梗”型，如新媒体号的用户没有太强的接受新梗能力，使用效果不会太好。

到此，转梗部分的讲解全部完成，但转梗是新媒体人永恒的研究课题，不同时代、不同形式的转梗，是用户在新媒体世界获得的永恒的乐趣。

（七）落点，新媒体运营的“初心”

落点，是原创内容输出的目的，它可以是传递给用户一种思想，也可以是销售一款商品、提供一种服务。对新媒体号而言，落点是每篇内容必须拥有的，因此新媒体运营者应在新媒体号策划阶段就对内容方向的所有落点进行标签化，以方便制作原创内容时使用。

对于内容输出型账号，落点是一种理念、价值观，其与原创内容价值观的关系是“落点属于内容价值观的一部分”。本章“原创内容价值观塑造方法”中曾提到，一篇内容的价值观就是选题、通感、落点等标签连在一起造句。但落点必须独立于内容价值观存在，因为对用户而言，不一定想清晰地了解内容价值观是什么，但他们很关心内容落点，即运营者想表达什么。

商品和服务输出型账号，其落点应是商品和服务的特点（大多是优势、差异化、稀缺性），而商品和服务的特点一般不会特别宽泛，运营者完全可以提前利用标签记忆法总结、归纳好。如此，后续输出内容时，就可以根据落点寻找对应不同用户、不同热点、不同场景的选题。

由此可见，从数量上而言，选题、热点、场景、用户画像等的选择要比落点多许多，这也是内容落点的最大特点——稳定性强，以不变应万变。

（八）标题，内容精华的提取

原创内容策划执行到落点部分，其组成要素已准备完毕，此时新媒体运营者就可以草拟内容标题了。有些新媒体运营者会有这样的疑问：难道内容还没写，就可以起标题吗？答案是肯定的。

标题，是对内容的高度总结概括，是内容精华的提取，而选题、通感、热点、场景、价值观、转梗、落点等，每个都属于内容要点，标题可以在上述要素中选取组合、提炼而成。

所有新媒体运营者，都应知晓标题的重要性，因为它是原创内容的“脸面”，用户在看到内容链接时最先看到的就是标题。新媒体运营者对标题的要求近乎苛刻，也有不少运营者对标题选取存在一定误区，这里将对标题的拟定要素和误区进行详解。

1. 新媒体标题的要素

新媒体标题的第一要素应是“直接”，让用户看到标题，就能大致联想出内容梗概。

其次，新媒体标题应有如下组成部分：热点、通感、价值观、落点等。其中，热点和通感是“吸睛点”，而价值观和落点的作用是让用户了解运营者制作内容的目的。有了这些构成要素，标题才不会无趣、大而空。

另外，标题不应夸大。在2020年3月施行的《网络信息内容生态治理规定》中明确要求，网络信息内容生产者应防范和抵制制作、复制、发布含有使用夸张标题、内容与标题严重不符的信息。这就是在提醒新媒体运营者远离“标题党”，创作言之有物的内容，拟定实实在在的标题。

2. 好标题与“标题党”仅有一线之隔

几乎所有用户都对新媒体标题党深恶痛绝，然而好标题和标题党，其实只有一线之隔（见图3-16）。

以《读者》杂志为一篇内容拟定的经典标题举例——“暖男妹夫太蹊跷，网络痕迹追踪撕开经年血案”。该标题用了惊悚的词语“经年血案”、易引发联想的暧昧称谓“暖男妹夫”、细节点“网络痕迹追踪”，放在新媒体环境中，符合标题党的典型特征。不过，这个标题也有值得运营者学习和借鉴的地方。

这个标题几乎将内容要素都囊括其中，包括人物、具体事件，且对事件的发展

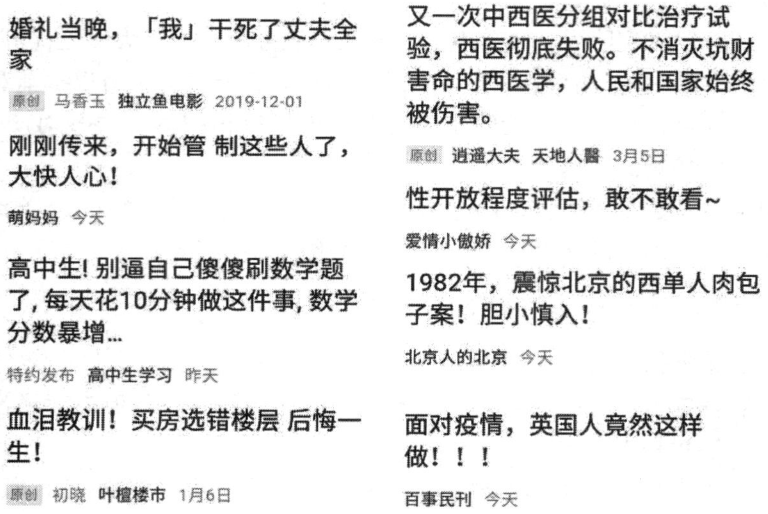

图 3-16 新媒体中常见的“标题党”示例

有细节描述，同时语言简练、有节奏感，且字数不多，这些都是新媒体运营者需要学习的。运营者要摒弃的，是其使用的夸张表述方式。如果对这个标题进行调整，改为《亲戚行为古怪，追踪网络痕迹使经年旧案浮出水面》，就成了一个相对吸引人且完全合规的好标题了。

综上所述，好标题和“标题党”的本质区别在于标题是否与内容相符，是否有超出事实的不合理夸张。如果一个标题夸张无度，且文题不符，那么确定是标题党无疑。但如果给标题党去掉不合理的夸张成分，加入高度凝练的内容，那么“标题党”也会变成好标题（有关标题拟定的“三段论”方法将在本书第四章“新媒体原创内容运营实操方法”中详细讲解）。

（九）大纲，内容策划的总结输出

大纲，是原创内容策划的最后一步，拟定大纲后便是根据不同表现形式完成内容。任何一篇内容都应有大纲，其对运营者、内容而言有着提纲挈领的重要作用。

1. 新媒体运营者的“草稿纸”

对运营者而言，大纲相当于“草稿纸”。新媒体运营者每天都要面对大量需求，有的需求来自客户，有的需求来自老板，有的需求来自团队伙伴。这些人提出原创内容需求，运营者执行原创内容策划全流程后，首先向他们输出的就是原创内容大纲。

以图文原创内容举例，大纲这一“草稿纸”的意义，在于将运营者脑中零零散散的千字文变为 200 字，再变为 50 字，是将内容总结归纳后输出的形态。因此，善于列大纲的人，对原创内容做整合删改的能力会更强。

不过，新媒体运营者每次执行原创内容策划时列出详细大纲的目的，其实是为了有一天可以不列大纲。当运营者的内容制作经验已十分丰富，就可以在头脑中快速走完全部的内容策划流程，大纲也就自然而然形成了。

2. 将原创内容结构化

新媒体原创内容最重要的是让用户在短时间内看明白，因此内容一定要结构清晰，层次分明。思考大纲的过程，其实就是思考内容结构的过程，大纲列明白了，内容结构自然会清晰起来。

3. 为内容提供“小标题”

由于大纲已为原创内容清晰地划分了结构，因此运营者可以在大纲阶段为每个组成部分轻松地草拟出小标题。

大标题是内容的“门面”，负责吸引用户点击内容。小标题则是每个组成部分（内容段落）的亮点提取和综述，用来引导用户完成内容段落的阅读。一般而言，小标题都会用加粗、变色、使用特殊排版等方式重点突出。

新媒体内容，几乎都有小标题，这足以证明小标题的重要性。而小标题在新媒体内容中的普及，其实源于用户习惯。在信息爆炸的时代新媒体用户习惯于碎片化阅读，他们每天都会接触大量新媒体内容，其中大部分是在眼前闪过，只有一小部分能通过标题吸引用户点开，而用户能否将点开的原创内容阅读完，与小标题有很大关系。

【运营提示】内容组成部分吸睛程度排序

在新媒体中，根据大部分用户的阅读习惯，内容各部分的吸睛程度大小排序一般如下：

第一，先看标题，如感兴趣则点开。

第二，点开内容后会滑动整篇内容看图片（年轻用户会重点寻找表情包）。

第三，看小标题了解内容基本结构。

第四，看加粗、变色的重点段落。

第五，看内容首末段。

第六，完成全文阅读。

由此可见，由大纲总结出的小标题，对引导用户阅读有着重要作用。没有小标题的内容，若非运营者用表情包等内容将用户“死死按住”，那么内容就不会有多高的阅读完成率。

4. 拟定大纲的“三步法”

随着上述有关原创内容大纲重要性的说明逐一展开，拟定大纲的方式也逐渐清晰了：

第一步，对原创内容策划中的必备要素进行细节扩充。

第二步，确定原创内容输出逻辑，明确内容结构。

第三步，拟定原创内容各组成部分的小标题。

拟定原创内容大纲是新媒体运营者的常规操作，也是对新媒体运营者能力的彰显。所有运营者都应针对不同选题，不断训练拟定大纲的能力，早日摆脱“草稿纸”，最终达成接到选题需求后迅速思考形成大纲的能力。

（十）各类型内容策划的执行区别

在原创内容策划流程执行完毕后，新媒体运营者需要根据原创内容表现形式的不同，开启对应的内容制作工作。

1. 图文原创内容的制作流程

图文原创内容的制作流程执行起来最为简单，原创内容策划完成后，行文成稿即可（见图3－17）。

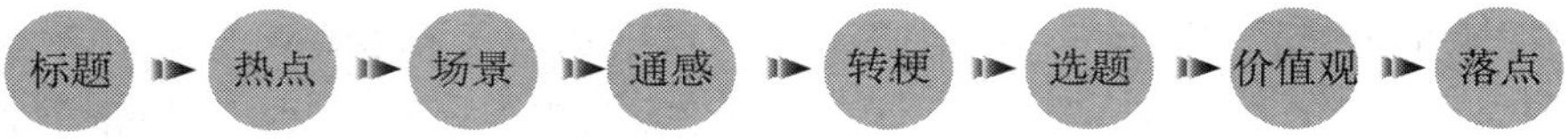

图3－17 图文内容策划执行制作流程

2. 音频内容的制作流程

音频内容的制作需在完成原创内容大纲后，首先编写文字稿，然后改写为口播稿，最后完成音频录制（见图3－18）。

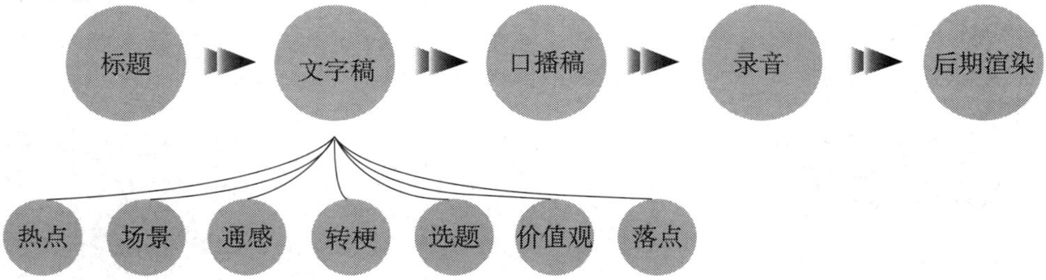

图3－18 音频内容策划执行制作流程

对音频内容而言，文字稿的检查是重中之重，因为将文字转换成声音输出，对语言的节奏感要求更高。如果在文字稿阶段还存在语病、形容词过多等影响声音表达效果的问题，就会导致录制出现多次停顿，甚至返工的情况。

除保障文字稿、口播稿的质量外，运营者在完成音频最终录制的阶段，还需根据需求，完成寻找背景音乐、音效，增加后期渲染效果等工作。

除了常规音频内容制作流程之外，成熟的运营者输出音频内容会更加容易，有时甚至比较“任性”，如突然出现了某种心情想与用户分享，便会快速录制一段音频，直接在新媒体号内发布。不过，这种看似“任性”的操作，也并非不经过策划，而是运营者已在脑中快速构建好了选题、情感（通感）和价值观，而且往往这类内容的发布对象仅为关注该号的粉丝。

音频作为单独的内容表现形式，在新媒体中并不常见，因为新媒体用户在微信私聊中，已对时长较长的“语音”不胜其烦。所以，音频可以作为辅助其他内容表现形式（尤以图文内容为主）的输出方式，一般不会形成一个独立内容。

3. 视频内容的制作流程

视频内容的制作，需在大纲完成后，编写视频脚本，安排分镜，然后在演员、道具、拍摄团队和设备配齐的情况下实施拍摄，最终完成后期剪辑成片（见图 3-19）。

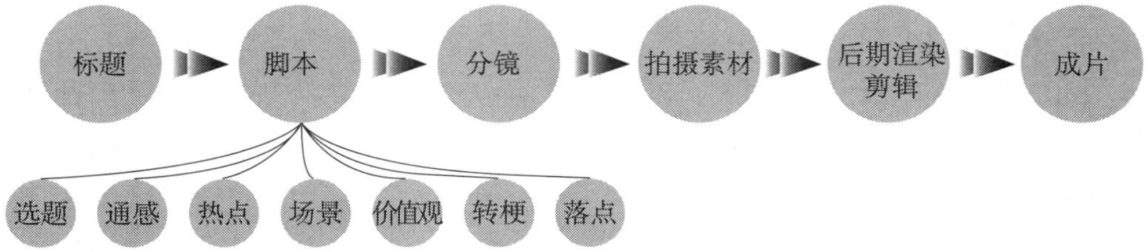

图 3-19 视频内容策划执行制作流程

对视频内容而言，编写脚本需要注意许多细节，除要保证逻辑、文字质量和亮点外，还要明确拍摄场景、人物、视频时长、背景音乐等视频内容特有的要素。其中，拍摄场景包含了内容策划阶段热点、通感、场景、价值观、转梗、落点等要点，而背景音乐的选定能更加彰显内容价值观及运营者想要表达的情感。

分镜，即在视频脚本框架内对每个拍摄镜头极尽细致的描述。相较于脚本，分镜专注于一个镜头，可将该分镜头涉及的所有细节全部用绘画、图表或文字形式确定并描述出来。比如分镜头中的人物拍摄描述，就需确定人物采用正面、侧面还是背面的入镜方式，使用的是特写、群像还是虚化的拍摄方式等。编写分镜实际上就是运营者将镜头画面在自己的想象中预演数遍的过程。

4. 长图内容的制作流程

长图内容的制作，需在完成大纲后编写脚本，并根据脚本安排单帧场景（在漫画长图中也称分镜），然后为每一帧场景编写对话和旁白稿，最终完成绘画（见图 3-20）。

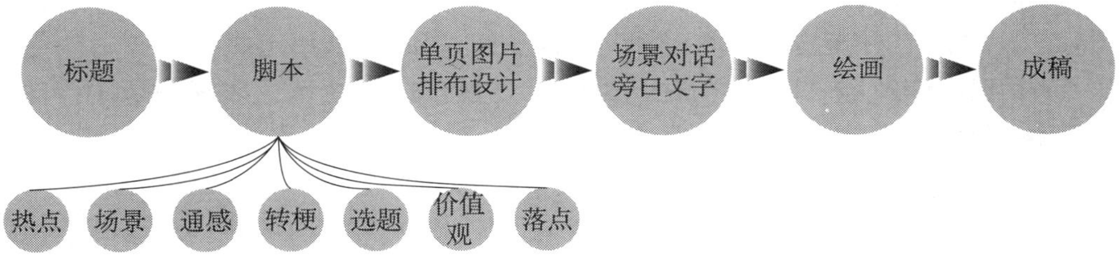

图 3-20 长图内容策划执行制作流程

长图内容的策划和执行流程，相较其他内容表现形式，存在三个方面的明显区别。

第一，热点的需求性。长图是多数新媒体用户都喜爱的内容表现形式，只要运营者具备长图原创能力，且将长图作为长期坚持的内容输出形态，新媒体号就会拥有良好的发展与升值空间。也正是因为长图在形式上天然具备吸引用户的能力，所以有时不需要使用热点，只要内容选题足够有趣，就可以吸引用户，收获不错的传播效果。

第二，通感的塑造。长图内容属性一般包括搞笑、带动情绪、起警示作用三种。

长图的通感并非由内容中的某部分塑造，而是整篇内容来承担，让用户边看边感受到运营者想传递的悲伤或兴奋等情绪，理解其想讲述的某种道理。

第三，转梗的作用。设计转梗是长图的重中之重，长图内容能取得的阅读量一定程度上取决于转梗质量，使用的转梗不一定多，但要确保精彩，达成让用户铭记于心的效果（见图3-21）。

长图以多张单帧图片为形式，转梗大多通过配文的方式体现，因长图所配字数越少越好，所以就相应增加了长图设计转梗的难度。而且许多长图都会以转梗作为内容的结尾，这足以凸显设计转梗对长图的重要性。

长图内容可以通过一连串的单帧图片讲故事，也可以一两张图片反复使用配以不同文字，设计不同转梗。前者的重点在于多张图片配合使用的系统性和完整性，后者的重点在于设计同一场景下的不同梗。

对新媒体运营者而言，长图内容的优势十分突出——阅读轻松；但其劣势也十分明显——设计策划的周期长（因转梗复杂、对白设计要求高），产出速度慢，还需要过硬的手绘和设计功底，操作门槛相对较高。

5. H5内容的制作流程

H5，即HTML5[①]，其内容制作首先要根据大纲完成单页内容设计，其中包括单页内容中的文字、视觉元素和交互功能，而后完成成品封装（见图3-22）。

H5这一内容表现形式相对特殊，因其不能在新媒体平台直接输出，必须形成链接或二维码，用户点击、扫码，或进入小程序完成查看。目前H5的入口一般在朋友圈链接与小程序内。

H5的优势在于交互，因此常被用来制作小游戏、抽奖活动和邀请函。因其可以调取、统计参与用户的信息，所以常常作为配合活动运营的内容表现形式出现。另外，需提醒运营者，微信小程序的本质其实就是一种H5，只不过在内容输出的同时，加入了信息传达、商品展示和购买、服务达成等功能型元素。

目前已有许多制作H5的在线工具网站，包括易企秀、人人秀等，提供了丰富的活动模板供运营者使用（部分模板需要收费）。

三、原创内容策划案例实战分析

我们以云知新媒体运营团队一名实习生的原创内容策划为案例，对原创内容策划的各执行项进行实战分析讲解。

（一）策划案例展示

1. 选题

（1）当代大学生越来越喜欢看各种各样的网络直播，比如游戏直播、网络购物

---

① HTML5的基础是HTML，即超文本标记语言，它本身是一种计算机代码语言，新媒体运营者对它的利用主要是针对其展现形式而言的。

图 3-21 经典图片转梗案例

直播、吃播等等。我是一个热衷于观看网络购物直播的女生，刚好碰上双十一这个购物狂欢的大日子，更会去看自己喜欢的服装店、美妆博主的直播，做好双十一的

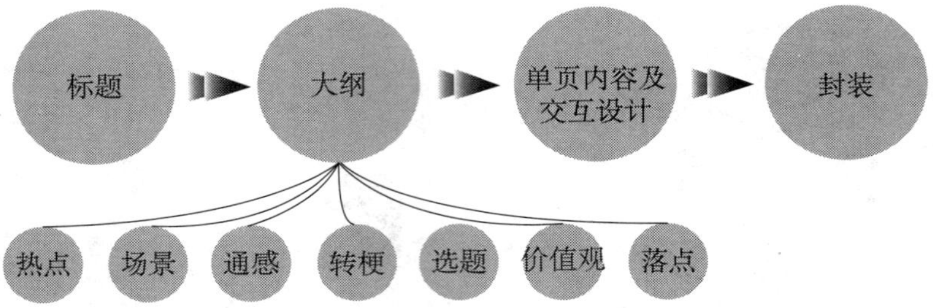

图 3-22　H5 内容策划执行制作流程

省钱购物“功课”，等待双十一“剁手买买买”。而身边的朋友也是如此，就如我们都很喜欢看的“口红一哥”李佳琦双十一预售直播，本来抱着观望的态度，但在他“OMG”“所有女生”“一定要买它”等魔性口令下，冲动地付了很多定金。

所以将选题定义为网络购物直播。

（2）网络购物直播的二级标签。

网红带货、销售能力、魔性销售语、理性消费、“90后”女性、明星效应、产品质量。

2. 通感

消费者在网红带货中遇到的那些“坑”。

3. 热点

（1）网络直播带货已经成为最火爆时髦的新业态。越来越多的网红、明星都加入直播卖货大军。随着网友“备战”双十一，电商平台也瞄准这个时机，邀请各路明星、网红“决战”直播间。

2020年10月21日是淘宝双十一购物狂欢节预热付定金首日，10月20日晚“李佳琦直播”“所有女生”等热词登上微博热搜榜前十。10月21日当晚，李佳琦的淘宝直播间突破了最高时段3 112.87万人同时在线的纪录，主播直播2小时销售额超过2.67亿元。

但10月23日，李佳琦在直播推广不粘锅时现场“翻车”。其助理在给鸡蛋翻面时，整块鸡蛋都粘在锅内。李佳琦尝试救场，责怪助理没有放油，口中重复“它是不会粘的”。面对这种情况，10月29日，针对“李佳琦在直播带货不粘锅时现场翻车”，该不粘锅商家官微发布声明称，该产品为该公司与李佳琦合作直播推广的产品，“搭配了符合国家技术要求的新升级的不粘涂层”，并称生产过程严格遵守国家标准要求，已通过质量检测。11月3日，李佳琦针对此次的“翻车”事件在微博上对造成困扰的消费者及商家表示歉意，并对不粘锅的粘锅原因给出答复。

（2）“李佳琦直播不粘锅现场翻车”事件的二级标签。

粉丝信任度受损、销售量惨淡、主播信誉受影响、商品质量问题、商家售后保障、事后公开道歉。

4. 转梗

转梗方式为旁征博引。通过“李佳琦直播不粘锅现场翻车”事件，辅以其推荐的“痘痘贴致敏”事件、“阿胶糕吃出小石子”事件，呼吁消费者不要因为主播的一面之词而冲动消费，要做到理性购物，同时警示“李佳琦们”在鼓动用户“买买买”的同时，也要为自己的每一句推销语负责。

5. 价值观

要知道商品的好坏取决于质量的高低，优质的产品总是自带流量，酒香不怕巷子深，无须刷单带货，就能家喻户晓。带货网红虽然聚集着巨大流量，带动巨额销量，但类似虚假宣传等问题出现时，用户“眼见为实”的理智不会接受“苍白无力”的解释。

网购有风险，购物需谨慎。虽然直播购物市场正在接受着越来越严厉的监督，但类似的网红带货直播售假事件层出不穷，从“阿胶糕吃出小石子”事件到“痘痘贴致敏”事件，无一不在提醒，在网红经济盛行的今天，作为消费者，尤其是还没有经济独立的学生党们，购物前要仔细分辨，确认商品的性能、质量、售后服务等，做到理性购物，切勿听信网红们的一面之词而冲动消费。

更重要的是，“李佳琦们”在鼓动用户“买买买”的同时，也要为自己的每一句推销语负责。

6. 落点

提醒用户理性购物。

7. 标题

双十一来了，你经受住“OMG，买它”的诱惑了吗?

8. 大纲

小标题一：网红主播带货翻车 引起消费信任危机。

10 月 23 日，李佳琦在其直播间演示不粘锅煎鸡蛋，助理在给鸡蛋翻面时，鸡蛋粘在锅上难以铲动，“带货翻车”被百万粉丝“见证”，虽然李佳琦尝试救场，责怪助理没有放油，立马解释“因为没有放油”，重复着“它是不会粘的”，但粉丝还是不买账，当晚不粘锅销售量惨淡。事实上，李佳琦推荐好物“翻车”已不是第一次发生。早前，就有用户质疑李佳琦推荐的商品存在质量问题。一位用户在使用了其推荐的痘痘贴后，脸部出现红肿发烂的情况。此外，还有买家反映李佳琦推荐的阿胶糕吃出了小石子。

小标题二：双十一强势来袭 广电总局发文监管。

双十一大促来袭，越来越多的网红、明星都加入直播卖货大军。随着网友“备战”双十一，电商平台也瞄准这个时机，邀请各路明星、网红“决战”直播间。在双十一到来前夕，国家广播电视总局办公厅发布《关于加强“双 11”期间网络视听电子商务直播节目和广告节目管理的通知》，要求双十一期间加强网络视听电子商务直播节目和广告节目服务内容规范，节目中不得包含低俗、庸俗、媚俗的情节或镜头，严禁丑闻劣迹者发声出镜。

小标题三：主播带货要走心 买家下单应三思。

网购有风险，购物需谨慎。虽然直播购物市场正在接受着越来越严厉的监督，但类似的网红带货直播售假事件层出不穷，从“阿胶糕吃出小石子”事件到“痘痘贴致敏”事件，无一不在提醒，在网红经济盛行的今天，作为消费者，尤其是还没有独立经济能力的学生党们，购物前要仔细分辨，确认商品的性能、质量、售后服务等，做到理性购物，切勿听信网红们的一面之词而冲动消费。更重要的是，“李佳琦们”在鼓动用户“买买买”的同时，也要为自己的每一句推销语负责。

9. 输出方式匹配

以图文方式输出。

（二）实战分析之选题

实习生原创内容策划的选题源于直播带货的热点现象，内容类型属于社会热点述评。从2019年底至2020年初的直播带货行业实际情况看，选题具备足够热点性，且计划讨论的“网销商品质量”话题也有在用户中产生共鸣的可能。另外，实习生对选题的二级标签细化比较准确。

（三）实战分析之通感

实习生原创内容策划对通感的定位比较到位。因为网购，尤其是网红直播带货，多是冲动消费，用户很多时候都会交“智商税”，所以将用户通感定位为“消费者在网红带货中遇到的那些‘坑’”，易于引发用户联想到自己的网购经历。

不过，未给通感配套设计场景，是策划的不足之处。比如，“我曾看某网红直播卖耳机，漂亮且显得很高端，买回家后‘煲’了一天，戴上没听仨小时，就‘滋啦滋啦’地响，还电了我一下！”这种类似亲身经历的场景设计，更能让用户联想自身经历，引发通感。

（四）实战分析之热点

这份策划案的选题本身就是热点，实习生又在策划中将热点进行了细化，聚焦于“李佳琦直播翻车”这一热门行业中的热点事件，利用2019年“李佳琦爆红”的新媒体热议的现象与“翻车”事件的反差，达到吸引用户关注的效果，这种热点事件的使用方法及选题与热点的匹配方式都比较合理。

（五）实战分析之价值观

这份策划案的价值观部分，运营者描述得比较清晰，即网络购物需理性，不要因主播热度而盲目跟风，网络主播也应保持“业界良心”，不能将没有经过甄选、质量不合格的商品推荐给用户。

从理论层面看，这个价值观塑造得极具正能量，也有一定的提示作用。不过，从实操层面看，这个价值观涉及的对象稍多，应在用户理性网购和主播保持“业界良心”中选择一个，使价值观的塑造更聚焦，让内容的用户画像更为精准（要么面向习惯于网购的用户，要么面向直播带货从业者，两者选其一）。

（六）实战分析之转梗

实习生在内容策划中表述的设计转梗属于类比型，只不过是用同一热点人物的不同事件展开，因为“李佳琦”＋“直播”＋“翻车”具有强热点性，因此使用列举事件的方式完成转梗没有问题。

（七）实战分析之落点

落点属于价值观的一部分。结合上述“价值观的塑造”部分看，实习生在落点部分解决了内容价值观在用户和直播从业者之间摇摆、不聚焦的问题。如果实习生按照该落点编写原创内容，那么就必须先对价值观面向的对象做取舍，以使价值观与落点的关怀对象匹配。

（八）实战分析之标题

“双十一来了，你经受住‘OMG，买它’的诱惑了吗?”这个标题存在逻辑缺陷。“双十一来了”通常被理解为双十一将到而未到，所以标题的后半段不能使用“经受住”这种表达过去时的词语，而应使用“你能经受‘OMG，买它’的诱惑吗?”才更为合理。

不过，标题包含了热点时间节点、热点人物的标志性直播话术，而且“诱惑”一词隐晦表达了提倡“理性购物”的内容价值观。由此可见，这个标题的要素齐全，虽有瑕疵，但属于合格标题。

（九）实战分析之大纲

实习生内容策划的大纲，以三个小标题对内容进行结构划分，第一部分为热点，第二部分为转梗，第三部分为价值观及落点，看上去比较清晰合理，然而这种处理方式其实存在缺陷。

实习生在编写大纲时，缺少对内容开端引入部分的设计。通常情况下，新媒体原创内容均不采用开端直接使用小标题的行文方式，以免给用户带来突兀感。

结合策划中选题的分析结果，实习生有两种更好的内容开端处理方式：第一种以行业背景作为内容开端，通过列举数据的方式，让用户惊叹于直播带货的高流量、高销量和高销售额，引发对行业的猎奇心理，从而产生阅读兴趣。第二种方式是删除大纲中的第一个小标题，直接将李佳琦直播“翻车”事件作为内容开端，利用“李佳琦”这个名人标签的热点性，达到留住用户的目的。

综合这份原创内容策划案的各要素考虑，第二种是更合适的处理方式，原因是与直播行业的热点性相比，“李佳琦”这个名人标签的热点性能给用户带来更强的吸引力。

（十）实战分析之总评

按照新媒体原创内容策划的标准评判，这份由实习生设计的内容策划案的质量似乎不错，但如果实际成文发布，阅读量表现惨淡的概率则较高。个中原因在于，这份策划案比较平庸，缺乏亮点。

实习生从李佳琦最新“翻车”事件，联想到他以前的“翻车”事件，而后告诉用户理性消费，这一思路缺乏自己结合直播行业特点、直播网红现状的深度思考，因此用户仅仅是了解了直播带货、了解了李佳琦“翻车”，而不会对内容产生高度认同感，也就不会转发。没有用户转发，内容成为爆款的概率几乎为零。

那么，什么样的内容更容易成为爆款呢？判断一篇内容能否成为爆款，最主要的依据是分析内容的思考深度。

为上述内容策划赋予思考深度的方向至少有如下三种：第一种，思考李佳琦出现数次直播“翻车”事件的根本原因，可以牵出李佳琦团队选品不严谨的问题，从而延伸至直播带货团队的能力、配合和管理的讨论话题。

第二种，从思考李佳琦出现数次直播“翻车”事件的根本原因入手，分析主播及其团队“挣快钱”的急切心态所导致的只求利润不求质量的直播带货行业弊病，从而延伸至“如此的直播带货行业到底还能火多久”的讨论话题。

第三种，从思考“李佳琦直播不粘锅现场翻车”事件发生后粉丝们认为责任不应李佳琦负而全部推给厂家的态度，分析直播带货主播同样拥有非理智粉丝群体的现象，从而延伸至直播圈与娱乐圈对比的讨论话题。

对新媒体运营者而言，将策划做得符合要求、有模有样其实不难，真正难点在于从事件到行业，从独立个体到圈层的深度思考，并将思考结果转换成话题融入原创内容，这才是让内容成为爆款的画龙点睛之笔。

【本章总结】

1. 基于“5 个 W”演进而成的标签记忆法，是一种快速了解、记忆和掌握人、事、物的系统方法。作为一名新媒体运营者，与其慨叹脑中无可写之物，不如先学会运用“5 个 W”的三级标签记忆法，拆解一切接触到的人、事、物，经过一段时间积累，头脑中的选题库便可逐渐形成。

2. 对于新媒体运营者，新媒体号策划犹如战略方案，是赢得新媒体运营攻坚战的基本保障，而新媒体原创内容策划犹如战术措施，是每一篇原创内容博得优秀数据的操作指南。没有新媒体号和新媒体原创内容策划方法的操作实践，爆款内容便遥不可期。

【课后习题】

1. “郑爽弃养”事件的一级标签、二级标签、三级标签应如何提取，又有哪些选题可以操作呢？

2. 给出一个心理情感类账号的策划需求，运营者应如何操作呢？（可参考微信公众号“柏燕谊”“武志红”和“KnowYourself”）。

第四章　新媒体原创内容运营实操方法

【本章知识体系】

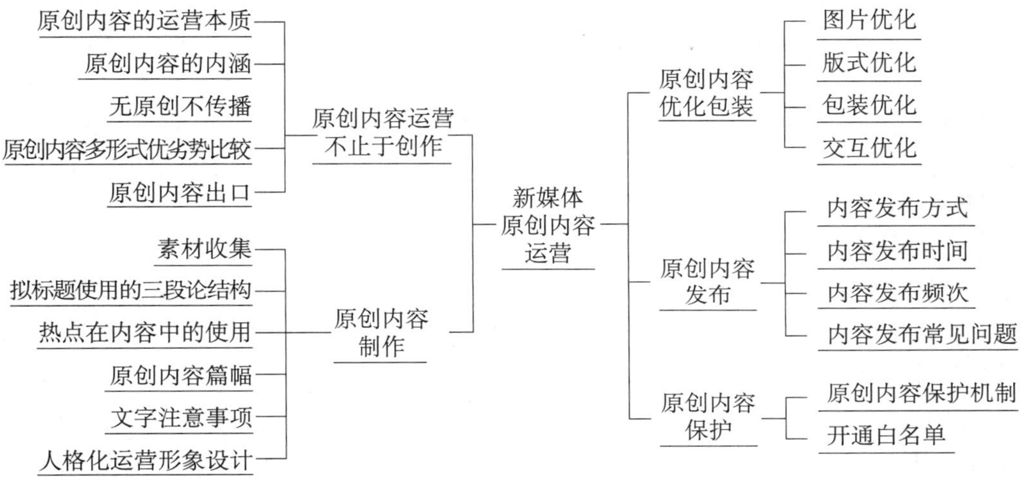

本章是新媒体九大运营方式详解的起点。从第四章至第十二章的内容为原创内容运营、多平台联合运营、问答运营、活动运营、用户运营、商品运营、渠道运营、店铺运营和数据运营，涵盖现有新媒体运营（包括新零售）的全部工作事项。

因原创内容是新媒体与用户连接的纽带，是九种运营方式中的核心基础。本书在第三章“新媒体运营核心方法论”的第三节“原创内容策划方法”中已详解了原创内容的策划方法，但策划仅是原创内容运营展开的第一步，后续还有很多工作需要新媒体运营者投入精力，这便是本章详述的中心内容。

第一节　原创内容运营不止于创作

本节将对原创内容运营的概念做详细讲解，包括为何将原创内容称之为运营而不是创作，原创与伪原创和洗稿的区别，无原创不传播的原因，原创内容的展现形式优劣势比较，原创内容的出口五个部分。

一、新媒体原创内容为何称为运营而不是创作

多数人对内容的认知仍停留在“创作结果”这一层面，但对运营者而言，一定要明确新媒体原创内容是一种运营手段，而绝不仅是创作。以下将从四个层面说明原创内容的运营本质。

1. 新媒体原创内容是接触用户的第一手段

新媒体发展至今，可以满足用户购物、社交、领福利等各种需求，但用户在其诞生时对新媒体的第一诉求是随时随地获取信息内容，而原创内容正是满足新媒体用户阅读需求的产物，它是新媒体号和运营者接触用户的第一手段。

同时，新媒体运营者想将用户变成忠实粉丝，单凭扎实的原创内容写作能力远远不够，因为在庞大的新媒体世界中，用户与原创内容“一见钟情”的概率非常低。运营者需通过持之以恒地、有节奏地输出原创内容，增加与用户接触的可能性，设定与用户接触的频率，才能让用户逐渐养成阅读习惯，形成阅读运营者输出的内容的习惯。

运营者为原创内容设定频率、寻找阅读对象、增加接触陌生用户的创作方式，与传统原创内容的创作者自发、“酒香不怕巷子深”的创作心态有明显不同，新媒体的原创内容加入了更多运营手法，不再是单纯的创作行为。

2. 新媒体原创内容颠覆了创作者位置

新媒体原创内容之所以是一种运营产物，还因为传统意义上的创作者在创作时置身于自我的内心世界，创作即对内心世界的描述、表达、宣泄；而新媒体运营者在创作内容时，必须增加用户画像、用户通感、场景、选题、落点、与用户调性匹配的价值观等思考，从根本上说是一种弱化创作者本位意识的行为。

【运营提示】什么是本位意识？

本位意识，即本位主义意识，原指在处理单位与部门、整体与部分之间的关系时只顾自己，而不顾整体利益，对别部、别地、别人漠不关心的思想作风或行为态度和心理状态。①

在新媒体中，本位意识指在运营过程中，只从自身思想、需求角度出发，而不考虑用户、时间、热点、价值观等方面的匹配。新媒体世界中的每个角色都有本位意识。在运营过程中，大到企业老板、团队领导，小到内容编辑，都应尝试降低自身本位意识，从用户及运营全局角度思考，以达到更好的运营效果。

① 陈文莉．试论受众本位意识［J］．新闻大学，2000（2）：11－15．

3. 新媒体原创内容具备目的性、功能性

传统原创内容创作的目的一般比较简单，只是为了输出创作者想表达的内容。而新媒体原创内容具有更强的目的性。

在新媒体领域，少有新媒体号单纯做内容输出，背后都有吸引流量、售卖商品或服务的目的。当运营者有了这些目的后，原创内容就成了一种为目的服务的手段，因而才有配合活动制作原创内容、将原创内容转发至粉丝群组，甚至发送给自己的微信好友等这些做法。

【运营提示】原创内容的多用途

在部分新媒体运营者的认知中，活动运营就是举办活动，用户运营就是建设用户群组、培养用户关系等。其实，活动运营也好，用户运营也罢，原创内容运营都是其中的一部分。

比如执行活动运营时，运营者应至少为活动分别制作活动预热、活动情况、活动后续内容（以留住因活动关注新媒体号的用户）三篇原创内容。

再比如用户运营，原创内容既是运营者在群组中与用户沟通的“药引子”，也是运营者为用户提供细致周到服务的手段。当运营者确知用户有某种需求时，便可以即时将曾经写过的满足用户需求的内容链接转发给用户。这种用原创内容达成的服务场景，同样适用于销售人员将商品说明转发给客户。

当运营者创作内容的目的不再“单纯”，内容的选题、通感、热点、转梗、落点、标题等都是为了满足用户的某种需求（如阅读需求、消费需求）时，原创内容制作也就远远超出了创作范畴，而变成一种运营手段。

4. 新媒体原创内容需要监控数据

新媒体运营者在原创内容发布后要进行一系列操作，包括回复用户的评论、留言，更重要的是对已发布内容进行数据监控（见图 4－1）。新媒体运营者需日常监控的运营数据包括：原创内容发布后的 2 小时阅读量、4 小时阅读量、24 小时阅读量，公众号内粉丝阅读量、点赞量、在看量、转发量，多平台推荐量及转载量等（数据监控与运营将在本书第十二章“新媒体数据运营实操方法”中详细讲解）。

二、新媒体原创内容的内涵

在本书第三章“新媒体运营核心方法论”的第三节“原创内容策划方法”部分，曾提到新媒体运营者的一大痛处——“炒冷饭”。由于新媒体人鲜有制造热点的机会，日常工作以追热点为主，所以原创内容想要达到绝对原创的标准非常困难。

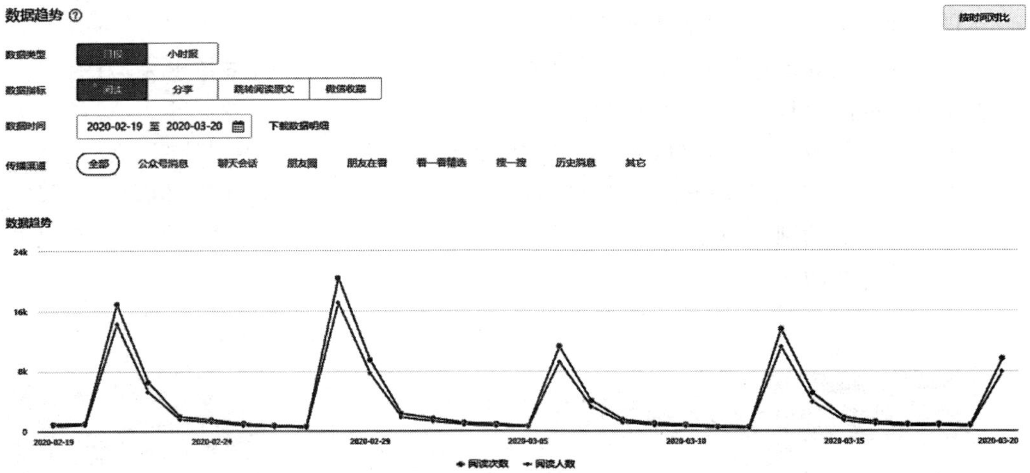

图 4－1　微信公众号内容数据展示、分析页面

1. 新媒体原创内容定义

既然新媒体运营者很难做到内容的绝对原创，所以对新媒体内容而言原创的标准与传统稍有不同。

客观上，多数新媒体平台认定原创的标准是机器自动识别或编辑人工识别的，内容不与全网其他内容高度相似，且具体价值观或中心思想不存在雷同现象。达到这一标准，内容才有可能使用“原创”标识。

事实上，能否产出原创内容主要取决于运营者对待热点和其他内容素材的态度。只要运营者按照本书第三章“新媒体运营核心方法论”第三节描述的新媒体原创内容策划方法，对热点进行标签拆分，再与自主拟定的选题、落点标签进行匹配，进而为之设定自主的用户画像、用户通感、场景，以及价值观。在如此策划思路的指引下，运营者即可完成自主标签明确的原创内容。

2. 必须抵制的行为——洗稿

洗稿是通过对其他作者创作的原创内容加以修改调整，如总结、提炼、调整结构、调换语序、更换说法，在保留原内容核心、逻辑、中心意旨不变的情况下，生成“新”内容的行为。

洗稿所生成的内容就是“伪原创”内容。伪原创内容可以一定程度上“骗过”新媒体平台的审核机制和部分用户的眼睛，冒充原创内容，获得更高的推荐权重和曝光量，以吸引流量、获得利益。

洗稿生成伪原创内容的行为，对新媒体行业伤害极大，既损害了原创的利益，又破坏了行业口碑，是新媒体专业的学生和新媒体从业者等必须反对和抵制的行为。

三、无原创不传播

之所以要求新媒体运营者努力追求原创，是因为新媒体领域存在一个定律：“无原创不传播。”新媒体运营者制作内容是为了让更多需要该内容的用户看到，此目标需要依靠传播来实现，而传播则需通过用户转发内容来实现。那么，如何让更多用户转发内容呢?

【运营提示】新媒体用户的三种类型

根据新媒体领域用户对内容的转发意愿，用户可被分为三种类型，如图 4-2 所示。

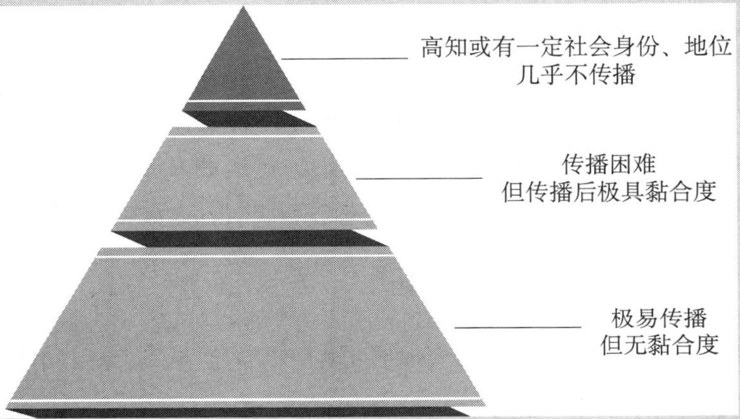

图 4-2　新媒体领域用户转发意愿类型区分

第一种是底部的用户，他们喜欢转发高阅读量、高评论量，或是有惊悚标题的内容。此类用户极易传播内容，但传播价值较低。以部分大龄新媒体用户为例，他们有时会给孩子转发类似《养了 20 年的孩子，最后竟对父母做出这种事!》的内容，其结果是孩子根本不会看，这样的传播就是无价值传播。

第二种是中部的用户，对于传播内容，他们有着非常严格的标准，只会转发自己认同的内容。对于内容的认同，一般分为三种：

一是干货认同，即用户认为内容输出的干货对自己有用，此时用户一般会收藏，并转发到朋友圈。

二是情感认同，即用户认同内容创作者表达的情感，如悲伤、快乐、愤怒。此时用户会带着与内容创作者同样的情绪转发内容，且在转发语中表达看法。

三是态度认同，即用户与内容创作者对某件事持有同样的态度。

第三种是图中上部的用户，他们往往是高学历用户，或是企业领导等有一定社会身份、地位的用户。此类用户几乎不会在新媒体领域转发原创内容，因为转发的内容会代表他们的观点，也会对他人产生影响。一旦观点与圈里人相悖，就容易引起该用户在社交圈中的人设“崩塌”。

明确上述三种新媒体传播人群类型后，可以明显看出，想让内容高效传播，就必须依靠上图中的中部用户。这类用户青睐原创内容，所以一定要让他们看到运营者原创的独特内容，至少在其关注的干货、情感、态度部分保证绝对原创。

通过原创内容吸引粉丝、形成传播的方式，虽然难度高、增粉缓慢、周期较长，但吸引到的粉丝黏合度高，且传播更具价值。

与此相反，有一种类型的账号不做原创内容，专门吸引图4-2中的底部用户，因用户群基数最大、吸粉更快，且不用费时原创。新媒体行业一般将这类账号称为“营销号”。

营销号，是以聚集流量为目的，通过各种手段实现流量快速增长的新媒体号。营销号的吸粉手段包括洗稿、发布“标题党”内容和“擦边球”（浅度涉政、涉黄）内容、在大流量消息下进行价值观扭曲的评论（多在微博）、以内容或评论方式对事实进行扭曲解读等。这类营销号及其行为也是我们需要抵制的。

四、新媒体原创内容多形式优劣势比较

新媒体原创内容表现形式及核心策划方法，在本书第三章“新媒体运营核心方法论”的第三节“原创内容策划方法”中已做了详细讲解，本部分就各种原创内容表现形式的优劣势进行分析。

原创内容表现形式主要有五种，即图文、音频、视频、长图、H5。针对不同的运营团队、账号类型，运营者应选择自己能力范围内与内容类型匹配最佳的内容表现形式进行输出。此外，不同内容表现形式各有其优劣势（见表4-1）。

表4-1　原创内容表现形式比较

内容表现形式	优势	劣势
图文内容	用户普遍接受的新媒体内容表现形式，制作成本相对较低。	由于新媒体领域图文内容过于常见，吸引用户点击阅读且关注的难度相对更高。
视频内容	因结合了画面、文字、声音，所以表现力更强。自2018年起，无论是长视频还是短视频或直播都是用户更青睐的内容表现形式。	由于视频内容包含要素过多，用户对视频的要求会更高。背景音乐、配音、字幕处理方式等任何一点的疏漏均有可能造成用户不关注或取关账号。且视频制作流程相对复杂，制作周期长。
音频内容	能多感官效果地完成“讲故事”工作，用户可根据声音了解内容。	因为音频内容的展现形式单一，视觉冲击力较弱，用户点开意愿偏低。
长图内容	表现形式相对轻松，用户阅读图片的时间比文字短得多，因而长图以图片为主、文字为辅的形式更易于用户阅读。	长图的制作相对复杂，且需要手绘、设计功底，上手门槛高，制作周期长。
H5内容	超越新媒体“传递与接收”的表层关系，使内容创作者可以通过H5的形式与用户进行更深层次的交流。	无法通过微信公众号及多平台直接发布，只能将链接、二维码加入图文内容中，或将链接放置于微信公众号自定义菜单，或直接转发至朋友圈、用户群组。

对应以上五种内容输出形式，运营团队成员应尽可能多地掌握内容制作所需的工具，如秀米（排版）、PS（图片处理）、AI（图片处理）、PR（视频处理）、AE（图形、视频处理）、Open Canvas（手绘）、易企秀（H5制作）、人人秀（H5制作）等。有了这些工具的使用基础，才具备生产不同表现形式内容的能力。

五、新媒体原创内容出口

原创内容是新媒体号形成传播、聚合粉丝的最核心因素，因此运营者在原创内容运营中的重要工作之一就是为原创内容设置更多出口，以便让用户有更多机会浏览到原创内容。

（一）非主动控制类与主动控制类出口

在新媒体运营中，原创内容能够使用的出口分为两类：一类是运营者无法主动控制的出口即非主动控制类出口，一类是可主动控制的出口即主动控制类出口。

第一类出口不受运营者操控，而是由新媒体平台、用户行为形成。原创内容的非主动控制类出口包括：用户转发至群组、朋友圈，微信的关键词搜索，其他账号转载，微信的“看一看”功能，资讯类平台推荐，资讯类平台用户转发（平台内转发），百度搜索引擎对微信原创内容的抓取等。

非主动控制类出口的流量大小，主要取决于内容质量、账号粉丝黏合度，以及账号在不同平台上的“地位”（如在今日头条有某领域优质原创内容创作者标签，或是“青云计划”获奖者，则会享受更多的推荐流量）。

主动控制类出口，即运营者可以通过运营手段为内容提供的出口。原创内容主动控制类出口包括：原创内容发布（包括微信公众号和其他新媒体平台），内容中加载链接点击跳转至原创内容（见图 4－3），内容“阅读原文”中加载链接点击跳转至原创内容，内容中加入二维码跳转原创内容（见图 4－4），微信公众号自动回复（见图 4－5），微信公众号关键词回复（见图 4－6），自定义菜单链接等。

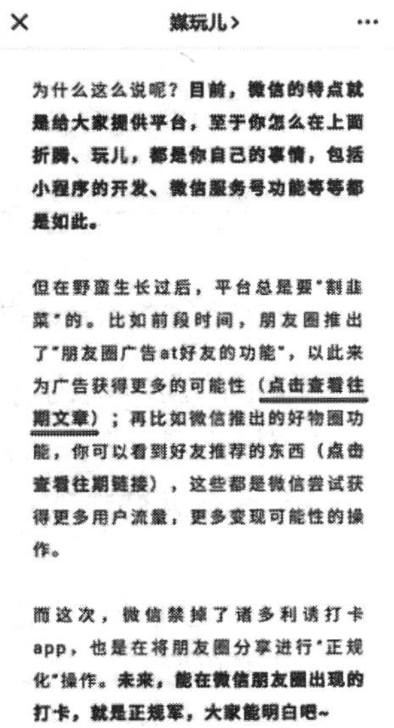

图 4－3　图中画线标注处为“内容中加载链接点击跳转至原创内容”的出口样式

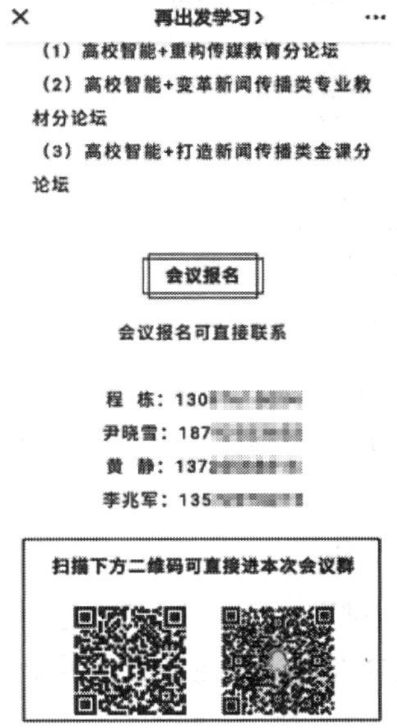

图 4－4　图中黑线框出部分为“内容中加入二维码跳转原创内容”的出口样式

图 4-5 图中黑线框出部分为“微信公众号自动回复”出口样式的后台操作区

图 4-6 图中黑线框出部分为“微信公众号关键词回复”出口样式的后台操作区

在原创内容主动控制类出口中，原创内容发布是最基本的出口；内容中加入链接、二维码、阅读原文属于“套娃型”出口，即在内容中加入另一篇原创内容；微信公众号自动回复、关键词回复、自定义菜单链接等在账号首页操作的，属于“账号首页型”出口。

“套娃型”出口，一般会选择在内容文字中加载链接跳转至其他原创内容，而不用“阅读原文”跳转或二维码跳转，因为这两种跳转方式比较麻烦：阅读原文需要用户阅读完内容才能看到，二维码则需要用户长按二维码图片识别。

“账号首页型”出口，一般会选择关键词回复和自定义菜单链接，因关注后自动回复的主要用途是让用户了解账号，而后两种更适合向用户展示原创内容。

（二）自定义菜单为原创内容重要出口

图 4-7　图中黑线框出的按钮为自定义菜单一级菜单内容

自定义菜单，是微信公众号的标志性功能，它可以承载内容链接、H5 链接、图片、视频等各种链接跳转、自动回复内容。[①] 自定义菜单能满足运营者在新媒体号页面展示的各种需求，其中当然包括原创内容展示。

新媒体运营者认为是相对重要的或是希望推广的原创内容，就应放置在自定义菜单的一级菜单中为其增加曝光度（见图 4-7），这种方式与微博、今日头条等新媒体平台的内容置顶操作相仿，每个进入新媒体号的用户都可以第一时间看到该内容。

新媒体运营者不应忽略自定义菜单对内容展示的辅助作用。云知新媒体运营团队运营的新媒体号“有鱼领跑”，在建号初期制作了一篇讲述账号运营目的的“开篇三问”内容，即我是谁、我要做什么、打算怎么做。内容发布后，仅有 300 左右的阅读量。

但由于该账号每天有粉丝源源不断进入（2018 年时每天净增 4 000＋粉丝），将该内容放置在自定义菜单中后，仅过 10 天阅读量便达到了 10 万＋（见图 4-8）。

图 4-8　截至 2020 年 3 月“有鱼领跑”账号粉丝情况

此外，自定义菜单对新媒体号内容的整合具有良好效果，不同类型的内容可以通过页面模板的设置进行整合，让用户可以在新媒体号内按类别寻找喜欢的内容，达到更好地满足用户阅读需求的目的。

（三）页面模板，整合内容系统呈现

页面模板实质上是一种链接，它是微信公众号提供的整合内容方式。页面模板共包含四种样式，如图 4-9 所示。

最初，微信公众号页面模板只包含列表模板与综合模板，用于承载所有形式的链接。由于视频内容的崛起，为更好展现视频内容，微信公众号又增加了两种视频模板。

---

① 虽然今日头条、微博等新媒体平台也有自定义菜单功能，但由于微信公众号上线自定义菜单最早，且功能相对稳定、完善，因此其利用率是所有新媒体平台的自定义菜单功能中最高的。

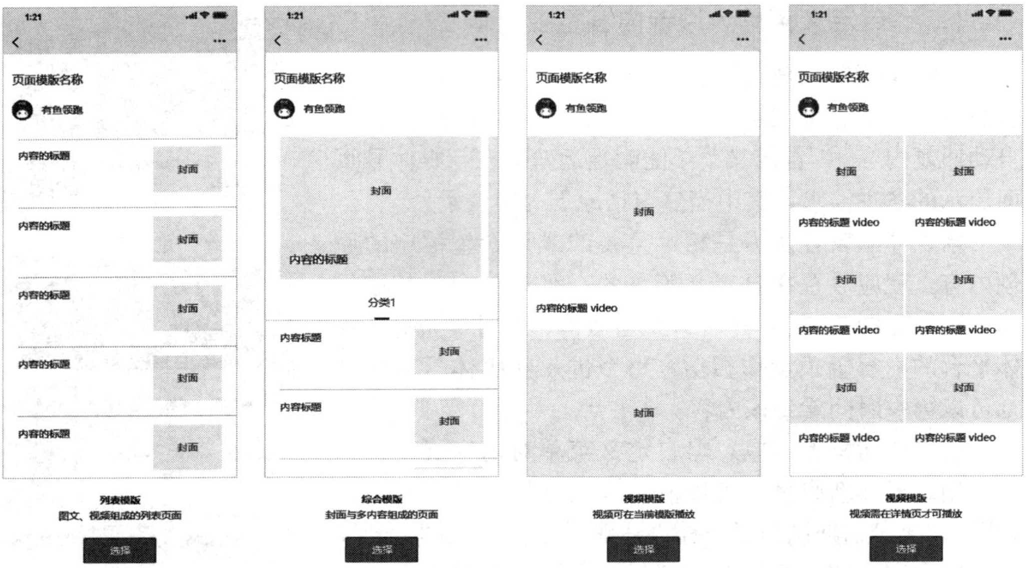

图 4－9　从左至右分别为“列表模板”“综合模板”“视频模板 1”“视频模板 2”

其中，列表模板即内容的简单排列，最多包含 30 条内容；综合模板包含封面图、分类、内容三层结构，封面图可设置 3 张图片滚动展现，分类最多可设置 5 个，每个分类项下的内容最多容纳 30 条。视频模板分为两种，一种可以在模板页面播放，另一种不能播放但显示视频数更多。列表模板与综合模板中可放置素材库中的未发布内容，而视频模板中只允许放置面向用户单独发布过的视频内容（图文内容中的视频无效）。

第二节　原创内容制作

本书第三章“新媒体运营核心方法论”的第三节“原创内容策划方法”已详细讲述了原创内容策划的步骤，以及各种原创内容表现形式的制作流程，但在原创内容运营实操中，运营者将面对更复杂的原创内容操作过程，本节将以图文内容为主要例证，详细说明这五种原创内容表现形式的一般操作细节。

一、素材收集

无论制作哪种表现形式的原创内容，都要在拟定大纲后，收集行文所需素材。图文内容收集的素材往往在内容中用作观点、价值观的例证，一般包括数据、事件、人物、思想等。内容类型不同，需要的素材类型也不同。

1. 素材收集方式

新媒体运营者一般可以通过以下三种方式搜集原创内容所需素材。

第一，搜索引擎搜索。对新媒体运营者而言，不明白的事勤搜索是最基本的意识和能力。当内容中需要某些素材时，通过百度、必应等搜索引擎，就可以查找到相当丰富的资料。

第二，新媒体平台内容搜索。原创内容运营者可以通过其他不同类型的账号获取自己需要的素材。这种方式一般分为两种情况：一种是针对同一热点，看其他账号操作时所用的例证；另一种是自己内容中需要用到某些垂直行业内容，搜索该行业大号的相关内容。

这两种搜索方式的操作关键点为“关键词”，需要运营者对所需内容进行精确的关键词总结，然后搜索。关键词越清晰、明确，运营者获得理想资料的可能性就越高。

第三，查找专业书籍。这种方式在新媒体领域并不常见，大部分素材其实都可以在网上找到。但对于某些特殊领域内容，网上仍缺乏大量的精确信息，此时运营者可以通过查阅该领域书籍，获取所需素材。

运营者越是尽可能扩大素材的搜索范围，就越有可能写出更具差异化的内容。

2. 素材筛选方式

找素材仅是第一步，运营者还需进行筛选，锁定对己有用的素材。筛选素材的过程一般分为两步：

第一步，通读素材，了解素材大意。这是对素材初步了解的过程。运营者不一定要一字不落地将素材读完，而要选取素材中的重点（如首末段、加粗段、小标题），总结关键词，对素材进行标签化处理并做记录。

第二步，根据标签匹配，深入了解素材。经过前一步锁定有用素材后，运营者就可以细致阅读匹配的素材了，而且遇到对内容有帮助的素材细节，就要在素材标签项下做记录。

至此，运营者搜索到的庞杂素材已根据运营需求大幅精简，只留下了要用的素材链接，以及每个链接的关键词和细节。

3. 素材使用方式

不同选题、不同素材、不同运营者、不同操作思路等，会让素材的使用千变万化。因此，这里仅明确使用素材的两种忌讳，帮助运营者守住操作底线，同时期待运营者能在素材使用上妙招频出。

忌讳一，大篇幅引用素材内容。再次强调，新媒体运营者应有对原创的极致追求，使用素材属于“迫不得已”，因而需将素材内容尽量精简，让用户理解到运营者为何使用此素材、此素材在内容中起到什么作用就可以了。如大篇幅引用素材，一方面会让用户阅读起来枯燥乏味，另一方面也增大了触发各平台原创保护机制的可能性。

忌讳二，使用素材的核心观点。上文提到，素材仅为内容提供例证，所以运营者寻找的素材应多是既定事实，而不是观点和价值观。如运营者将素材作者对事件的看法、未来发展趋势判断拿来引用，内容就会变成伪原创。

在素材使用上还需提醒运营者，内容的可用素材多种多样，新媒体中每天发生的热点也可以用作内容素材。这种源于热点的素材不要等到创作内容时再去寻找，而要日常将有趣、有用的热点记录下来（使用标签记忆法，将热点关键词化后再记忆），逐渐丰富素材库。

二、拟标题使用的三段论结构

本书第三章“新媒体运营核心方法论”的第三节“原创内容策划方法”中，已对标题的要素、好标题标准做了详解。这里将从拟定标题的三段论结构出发，讲解拟定一个合格标题的操作方式。

拟定标题的三段论结构，顾名思义，就是标题至少应包含三个信息要素，一是内容本体，二是用户通感，三是与内容相关的热点（见图4-10）。

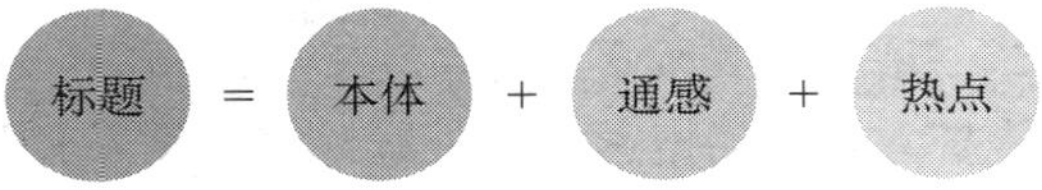

图4-10　拟标题的三段论结构

标题的三个信息要素，在吸引用户点击阅读上，既分别发挥着重要作用，又相互配合，于一个标题中浑然一体。不过，当标题中计划使用的一个信息要素足够抢眼，完全可以独立支撑标题体现语感、交代信息要素、吸引点击阅读等全部功能时，也可以采取信息要素取舍的方式，保证标题的质量和吸引力。

（一）标题中的本体，拟定标题的基础

标题中必须出现内容本体，其原因在于只有文题相符，标题中清晰点明内容主旨，才能确保不做“标题党”。

1. 标题本体的分类

标题中的内容本体包含三类，一类是内容中的主要人、事、物，一类是内容观点，一类是内容落点。

第一，以人、事、物为标题中出现的内容本体。出现在标题中的人、事、物，在内容中一定要占有足够分量，要么是花大篇幅介绍的，要么就是作为线索贯穿内容的。

第二，以观点为标题中出现的内容本体。可作为本体的观点应足够震撼，比如微信公众号“武志红”的《不会“吵架”？那可是很容易离婚的》，观点一反大众认知常识，就可以直接用作标题。如内容中出现的人、事、物没有特别鲜明的特点，不足以在标题中充当本体，也可以总结观点作为内容本体。

第三，以落点为标题中出现的内容本体。落点是内容的目的，作为内容的本体出现在标题中没有问题，但往往会带有较强的“本位意识”，比如为用户推荐的商品和服务。这类落点作为本体出现在标题中，可能会导致用户出现抵触情绪。所以比起更能吸引用户的人、事、物和观点，落点在标题中作为内容本体使用相对较少。

2. 标题本体的选取方式

标题最重要的作用就是吸引用户点击进入链接收看内容。因此，选择标题中内容本体的原则非常简单，即流量导向——选择以上三种本体中最能吸引流量的用在标题中。

判断吸引流量效果的方式一般分为两种：

一种是根据数据判断，即在各平台搜索本体关键词，参考其在不同平台的指数高低，这种情况多用于对人、事、物本体的判断。

比如“上海万圣节 cos”事件，在 2023 年 10 月底的指数突然飙升，就可以判断其为大流量本体。（见图 4－11）。

另一种是根据经验及热点判断，即近期发生的事件是否让多数用户产生了普遍情绪、观点，或产生了某种需求。这种情况多用于对观点和落点的判断。比如，2023 年 12 月五月天被爆出“演唱会假唱”事件，引发社会公众的强烈不满，“演唱会应提供与高票价匹配的服务”即是一个大流量的落点本体。

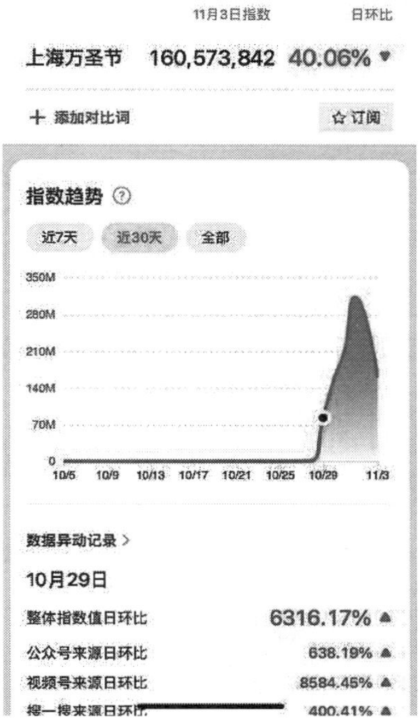

图 4－11　在“微信指数”小程序中搜索“上海万圣节”反映了“上海万圣节 cos”事件的热度发展趋势

（二）标题中的通感，触发用户感受的手段

如前文所述，标题的作用就是为内容提供流量。标题中的本体是在客观上让用户知道内容中所述的人、事、物，观点或落点有热度，是多数用户愿意花时间了解的，而通感则是在主观上让用户产生认同感。

比起内容中呈现的热度，让用户在标题阶段就“浸”入运营者希望引发的用户感受，达成用户因感同身受而点进内容的目的，才是标题吸引点击的最有力保障。

在实际拟标题时，运营者能用最简练词句描述或引发用户通感当然最好。不过通感作为一种感受，仅通过简要表述激发出来的难度相对较高，因此也可以通过标题中本体或热点的描述自然而然地触发用户通感。

比如，标题为《文章马伊琍离婚，原来姐弟恋这么难》。这个标题出现了热点事件和观点，并没有鲜明的通感部分，但如果有姐弟恋经历，或听说过朋友姐弟恋故事的用户，看到标题就能触发通感。

一言以蔽之，因其是用户的切身感受，通感是标题中离用户“最近”的部分。

（三）标题中的热点，辅助通感，锦上添花

拟定标题的三段论结构中，最后一个信息要素是热点，这也许颠覆了许多运营者的认知：热点不是新媒体内容的关键吗？为什么会排在标题三个信息要素的第三位？

本书第三章“新媒体运营核心方法论”的第三节“原创内容策划方法”明确指

出：热点与场景都是为通感服务的，如不能触发用户通感，热点的引入和场景的设计就都失去了意义。

比如，两篇新媒体内容标题，一篇名为《文章马伊琍离婚，你还相信爱情吗?》，另一篇名为《那些年，我们和爱人分手的理由》，前者突出热点，后者突出通感，哪个标题更吸引人？大多数人应会选择后者。

热点再“热”，终究是人家的事，对用户而言则更关心自己，这也是考虑通感要先于热点的原因。当然，如果热点能更好地展现通感，标题则更加完美，比如综合上述标题，《文章马伊琍离婚，除了出轨，你还有哪些与爱人分手的理由》，热点辅助通感，吸引用户点击的能力就又上了一个台阶。

（四）特殊的标题形式

标题的三段论结构，是一份如何拟定标题的标准操作说明，新手或不擅长拟标题的运营者应严格按照三段论结构拟定标题，逐步追求标题的更好效果。

但新媒体运营本身就是一种需要灵感的工作，当运营者灵感爆发，确认拟定的“灵性标题”既不是“标题党”，又足够吸引用户时，则大可以“任性”发挥。

1. 标题仅含有本体

标题仅含有本体的情况，一般出现在以观点为本体的内容中。使用这种标题的内容，通常能引发用户通感，且带有一定热点性，本体可以将标题的三段论结构全部囊括。以三篇内容为例：

如图4-12中三篇内容阅读量分别为10万+、3.1万和8.5万，标题均是对内容观点的提炼。由于新冠疫情期间，美国“栽赃嫁祸”“对国民不管不顾”等一系列行为，属于疫情期间的绝对热点；且美国称新冠病毒为“中国病毒”的言辞，引起了国人的强烈不满，也具备用户通感。因此，这三个仅体现内容观点的标题拟定到位，且短而有力。

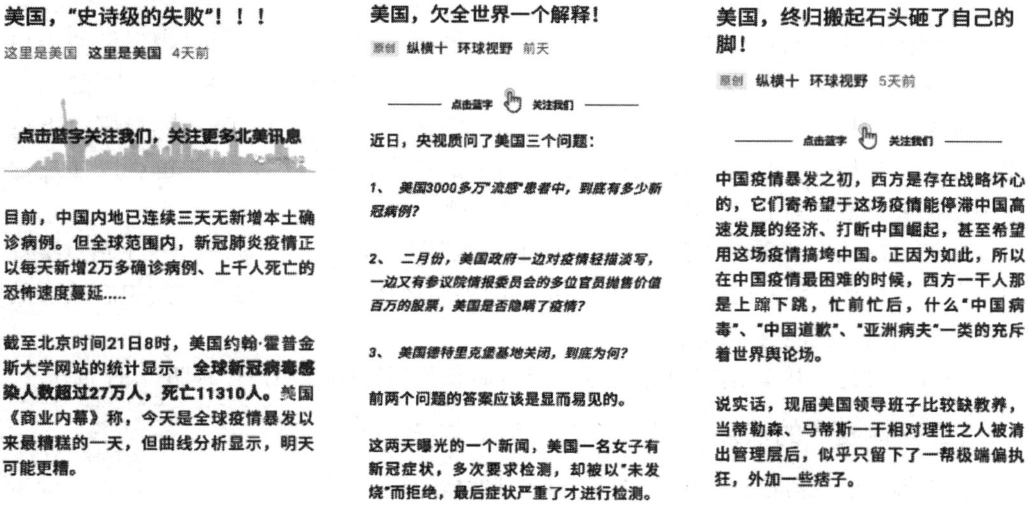
美国，“史诗级的失败”！！！

这里是美国 这里是美国 4天前

点击蓝字关注我们，关注更多北美讯息

目前，中国内地已连续三天无新增本土确诊病例。但全球范围内，新冠肺炎疫情正以每天新增2万多确诊病例、上千人死亡的恐怖速度蔓延.....

截至北京时间21日8时，美国约翰·霍普金斯大学网站的统计显示，全球新冠病毒感染人数超过27万人，死亡11310人。美国《商业内幕》称，今天是全球疫情暴发以来最糟糕的一天，但曲线分析显示，明天可能更糟。

美国，欠全世界一个解释！

纵横十 环球视野 前天

点击蓝字 关注我们

近日，央视质问了美国三个问题：

1、 *美国3000多万“流感”患者中，到底有多少新冠病例?*

2、 *二月份，美国政府一边对疫情轻描淡写，一边又有参议院情报委员会的多位官员抛售价值百万的股票，美国是否隐瞒了疫情?*

3、 *美国德特里克堡基地关闭，到底为何?*

前两个问题的答案应该是显而易见的。

这两天曝光的一个新闻，美国一名女子有新冠症状，多次要求检测，却被以“未发烧”而拒绝，最后症状严重了才进行检测。

美国，终归搬起石头砸了自己的脚！

纵横十 环球视野 5天前

点击蓝字 关注我们

中国疫情暴发之初，西方是存在战略坏心的，它们寄希望于这场疫情能停滞中国高速发展的经济、打断中国崛起，甚至希望用这场疫情搞垮中国。正因为如此，所以在中国疫情最困难的时候，西方一干人那是上蹿下跳，忙前忙后，什么“中国病毒”、“中国道歉”、“亚洲病夫”一类的充斥着世界舆论场。

说实话，现届美国领导班子比较缺教养，当蒂勒森、马蒂斯一干相对理性之人被清出管理层后，似乎只留下了一帮极端偏执狂，外加一些痞子。

图4-12　2020年抗“疫”期间新媒体中关于美国的三篇内容

2. 内容“金句”作为标题

金句，即内容中出现的容易被用户记住并传播的经典句子。金句作为标题出现，一般有两种情况：

一种是对运营者内容中主张的提炼。比如微信公众号“武志红”的内容标题《以孩子维系的婚姻，都应该离婚》，是运营者主张的、不带有任何热点的“金句”，但足够引发用户通感，可以单独作为标题。

另一种则是网络流行句式，即通过流行句式的热度吸引用户。比如内容的落点为推荐网课平台，可以借用网络流行的李荣浩歌曲《李白》中的歌词拟定标题——《要是能重来，我要选网课》。

（五）拟定标题实操细节

除遵循三段论结构外，运营者还应在拟定标题时注意：标题要尽可能关键词化，即将主体、通感、热点全部提炼成关键词，以使标题尽量短，因短句读起来更有节奏感。

另外，标题短还有一个好处——能让用户在转发链接中尽可能看到完整标题。

在不同的内容转发链接显示页面，标题展示的字数有所不同，以图 4－13 至图 4－16中的同一篇内容不同显示页面举例。

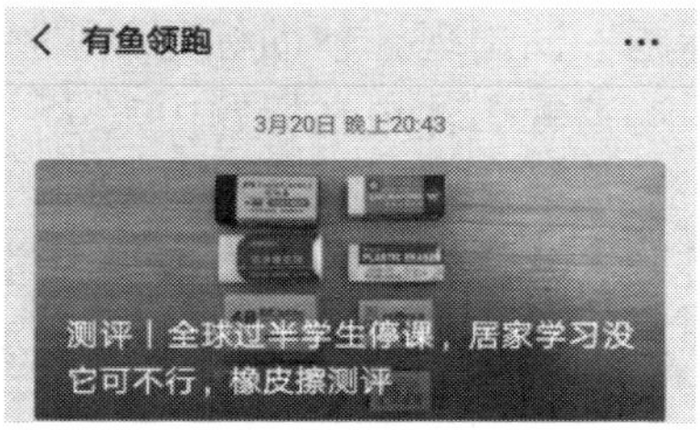

图 4－13　内容链接标题在微信公众号内的展示状态

图 4－14　内容链接标题在微信朋友圈的展示状态

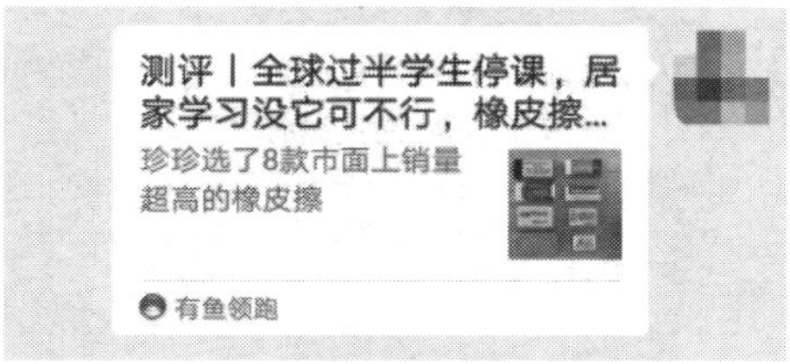

图 4－15　内容链接标题在微信聊天页面的展示状态

图 4－16　内容链接标题在服务号微信消息列表页的展示状态

以上四种情况，分别是在微信公众号内、微信朋友圈、微信聊天页面、服务号微信消息列表页的标题展示。微信公众号内展示的标题信息最全，微信朋友圈其次，微信聊天页面再次之，服务号微信消息列表页展示的最短。运营者应根据情况，尽可能让用户将标题看完整，或者在显示的部分里能将本体、通感、热点等核心信息全显示出来。

【运营提示】内容中的热点人名、热点数据应出现在标题中

如果内容中含有热点人名、热点数据，最好在标题中展现出来。比如央视曾批评明星微博数据造假，运营者就可以写一篇关于明星数据造假事件的分析内容，以该事件中典型人物蔡徐坤为例，标题可以是《各条微博转发量均超百万，蔡徐坤是如何做到的?》。其中，蔡徐坤作为微博数据造假舆论引爆点出现时的热点人物，自带高流量，且“各条微博转发量均超百万”这一数据足够震撼，所以要将人名和数据均放在标题中。

（六）关注内容“副标题”

副标题，在新媒体中又叫引语，它伴随标题一同出现，辅助标题吸引用户点击内容。引语是对标题的补充说明，一般而言，运营者会将想在标题中表达却因字数限制而无法融入标题的信息放在引语中。

提醒各位运营者，引语是在微信公众号后台或其他新媒体平台编辑内容时填入的，许多运营者在操作时会忘记编写引语这一步，这是一种有可能对内容传播造成负面影响的不良习惯。

如运营者不主动填写引语，系统将自动抓取原创内容前54个字作为引语，效果将大打折扣，甚至会起到负面效果（见图4-17）。

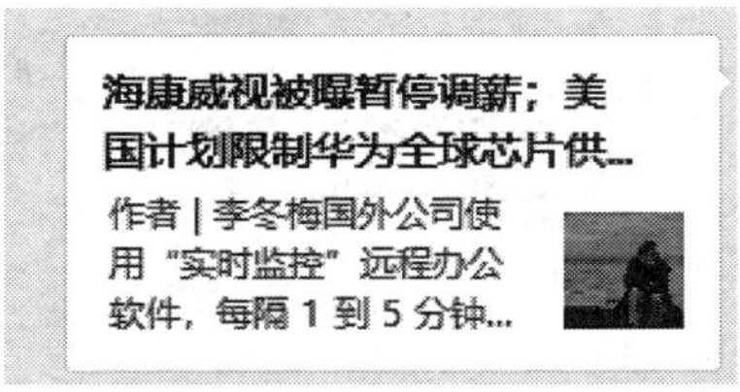

图4-17　系统自动抓取的引语

三、热点在内容中的使用

在本书第三章“新媒体运营核心方法论”的第三节“原创内容策划方法”的热点部分曾提到，热点一般放在内容开端，用于吸引用户，但这只是最基础的热点使用方式。随着用户的阅读需求不断扩展，大部分用户会逐渐不满足于只在内容的开端部分有热点。熟悉内容“套路”的用户，见到热点开端，甚至会一拉到底，然后直接退出。

这类内容最常见的开篇第一句是“这几天，我在微博上看到一条消息”“最近，××特别火”“今天，周杰伦发新歌了”等。以上几种通过热点切入内容的方式，并非不能用，而是用得太多，很难达到吸引用户的目的。

运营者要牢记，热点的引用与场景的设计是为了辅助引发用户通感的。只有达到了辅助引发用户通感的目的，才算是合理使用热点。下面就详细介绍三种热点在原创内容行文中的使用方法。

1. 热点用于例证

热点用于例证的使用方法，一般会通过多个热点事件，证明运营者的同一观点，并且该观点具有较强的用户通感。

2023 年 1 月，24 岁女孩郑灵华因染发被网暴抑郁自杀。网络暴力是导致这些悲剧的共同原因。一时间，出现了许多以网络暴力为内核的分析类内容。

比如，以“网络暴力，你我都是施暴者”为观点的内容，这句话是内容本体，同时有较强通感，因其可以让用户自查是否曾参与实施过网络暴力（评论区起哄、吐槽、吃瓜等），或自问为何自己也成了网络施暴者，放在内容开端就能起到吸引用户的目的。

为了证实该观点，可以使用 24 岁女孩因染发被网暴自杀事件作为热点例证。同时，还可引用之前发生过的诸多网络暴力事件。以通感开篇，通过热点事件例证，让用户通感更加强烈，继而使内容传达的观点得到用户认同，这就是合理的热点使用方式。

2. 热点拆分

这种情况通常会使用一个热点，将热点的细节拆分，最好将不同细节标签化。在此基础上，原创内容可以使用同一热点的不同细节，从不同维度佐证该内容的价值观。

以微信公众号“媒玩儿”曾在“NBA 火箭队总经理莫雷辱华”热点事件发生时发布过的一篇标题为《NBA 事件，我当一回课代表，总结一下……》的内容为例（见图 4－18）。

这篇内容以图 6 的五点内容为核心观点，其中 NBA 事件作为热点贯穿全文，所展现的“我眼中的 NBA”“亚当・肖华的言论”“NBA 球星”“事件发生后的 NBA 中国赛”“言论自由”等该热点事件中的细节，均为了触发用户通感，让用户认同运营者观点。

从不同角度分述，将热点事件利用得更加充分，让用户感受到作者对热点事件了解全面，从而形成认同。但这种方式，一般针对的是综合性热点事件，因其涵盖的细节较多。如是简单的热点事件，运营者则需细致思考挖掘，才能将其拆分，比较费时费力。

3. 将热点作为本体

将热点作为本体的使用方法较为特殊，一般用于资讯报道类内容，通篇介绍一个或多个热点。此类内容又可分为两种：

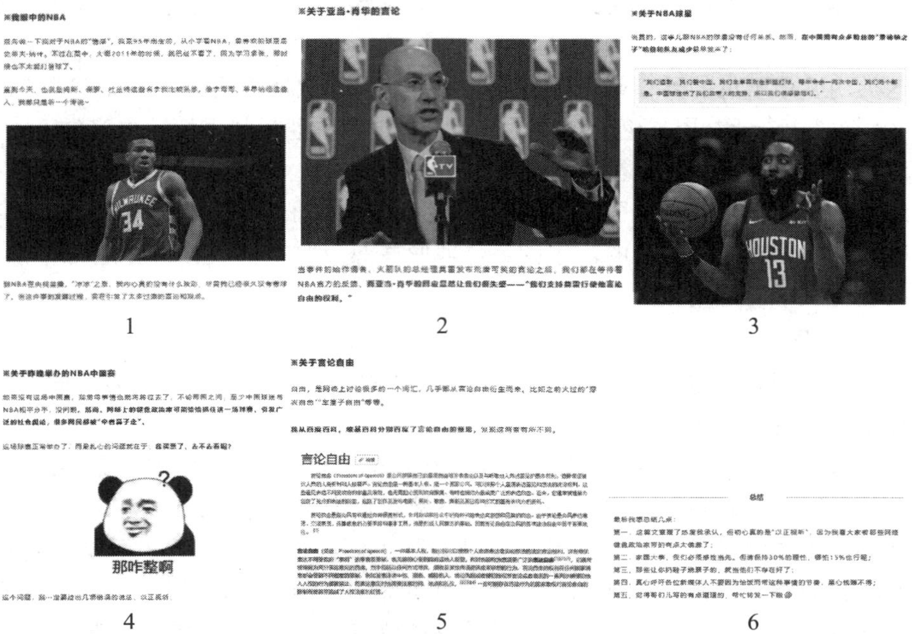

图 4-18　微信公众号内容链接部分截屏

第一种是传统媒体的新媒体号发布的热点资讯。比如，某地发生地震，微信公众号“人民日报”率先发布《××发生地震，强度5.9，无人员伤亡》，通篇内容是事件本体。由于新媒体人鲜有获取一手热点信息的能力，操作这种内容对新媒体运营者来说非常困难。

第二种是热点资讯的整合，即“钛媒体”“36氪”等新媒体号发布的最新行业资讯、互联网热点事件整合。这是为满足用户对某行业的资讯获取需求而制作的以热点为本体的内容。这类内容可应用于多种垂直行业，如AI、教育、医疗，行业内每天都会有大量热点发生。以垂直行业多个热点为本体的内容，因行业内用户关注度高，存在较大市场需求，所以以热点做本体是一种可取的行文方式。

四、原创内容篇幅

新媒体时代，用户的时间被无限切分，所以新媒体信息的显著特点之一便是碎片化，因而新媒体运营者不得不对内容篇幅做限制。下面将以图文内容篇幅为核心做详解，兼谈对不同内容表现形式的篇幅要求。

1. 图文形式的篇幅

新媒体图文内容，最适合的就是“千字文”，即内容平均为1 000字左右，以800字至1 200字为宜。字数的限制仅是数据指标，更重要的是不让用户产生“太长不想看”的阅读感受。因而，图文内容制作应注意如下三点：

第一，不要大篇幅使用图片，也不能全是文字。图文内容，是以图配文、图片为辅。大篇幅使用图片，一方面会让图文内容中的重点文字被图片压制，另一方面如出现的竖图过多，则会占用较长篇幅，使内容显得“读不完”（见图 4－19）。同样，如内容中仅有文字没图片，更容易让用户放弃阅读（见图 4－20）。

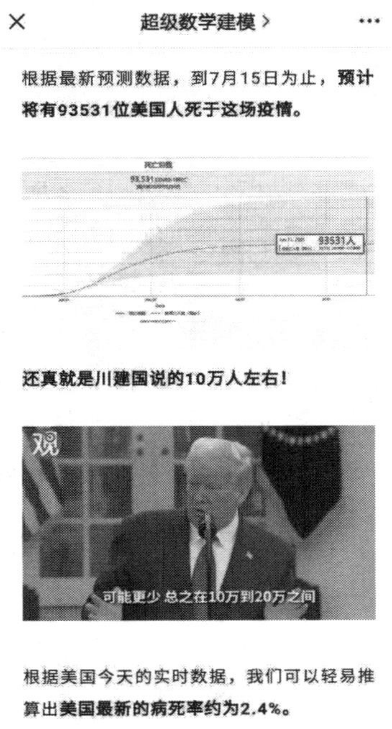
×　超级数学建模 >　…

根据最新预测数据，到7月15日为止，**预计将有93531位美国人死于这场疫情。**

还真就是川建国说的10万人左右！

可能更少 总之在10万到20万之间

根据美国今天的实时数据，我们可以轻易推**算出美国最新的病死率约为2.4%。**

图 4－19　这篇内容的两张图片中间仅有一行正文，很容易造成用户漏读

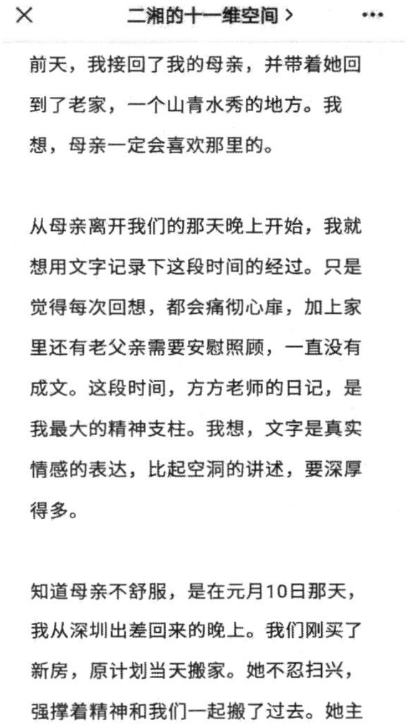
×　二湘的十一维空间 >　…

前天，我接回了我的母亲，并带着她回到了老家，一个山青水秀的地方。我想，母亲一定会喜欢那里的。

从母亲离开我们的那天晚上开始，我就想用文字记录下这段时间的经过。只是觉得每次回想，都会痛彻心扉，加上家里还有老父亲需要安慰照顾，一直没有成文。这段时间，方方老师的日记，是我最大的精神支柱。我想，文字是真实情感的表达，比起空洞的讲述，要深厚得多。

知道母亲不舒服，是在元月10日那天，我从深圳出差回来的晚上。我们刚买了新房，原计划当天搬家。她不忍扫兴，强撑着精神和我们一起搬了过去。她主

图 4－20　这篇内容虽然文字很好，但全篇看不到一张图片，用户的阅读感受就不会很好

第二，不要使用过大或过小的字号。过大的字号会使内容“变长”，过小的字号会显得文字过密，都不利于用户产生良好的阅读感受，字号大小应适中，以微信公众号后台字号 15、16 号（各新媒体平台或工具的字号标准存在差异）为宜。

第三，文中应有少量加粗、变色标记的重点。任何人面对长篇幅内容都容易抵触，如运营者先行标记出一些内容重点，让用户有目的性地读重点，再根据重点内容阅读感兴趣的部分，就会让用户阅读更加轻松。

从用户角度出发，一篇内容是否能够读下去，基本取决于“阅读进度条”，进度条越长，表示内容越短，用户的阅读意向就越高（见图 4－21）。

运营者需注意，图文内容的精选评论，会显示在内容底部，精选的评论越多，阅读进度条也会变得越短，所以成熟的新媒体运营者在精选评论时，应精选有意义、有价值的评论，忽略无意义的评论。

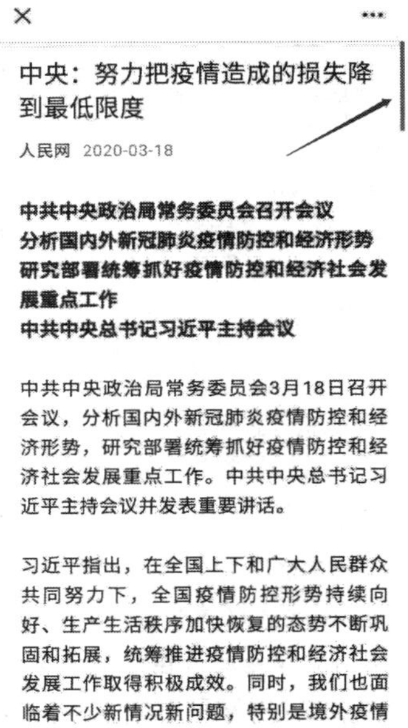
×　…

中央：努力把疫情造成的损失降到最低限度

人民网 2020-03-18

中共中央政治局常务委员会召开会议
分析国内外新冠肺炎疫情防控和经济形势
研究部署统筹抓好疫情防控和经济社会发展重点工作
中共中央总书记习近平主持会议

中共中央政治局常务委员会3月18日召开会议，分析国内外新冠肺炎疫情防控和经济形势，研究部署统筹抓好疫情防控和经济社会发展重点工作。中共中央总书记习近平主持会议并发表重要讲话。

习近平指出，在全国上下和广大人民群众共同努力下，全国疫情防控形势持续向好、生产生活秩序加快恢复的态势不断巩固和拓展，统筹推进疫情防控和经济社会发展工作取得积极成效。同时，我们也面临着不少新情况新问题，特别是境外疫情

图 4－21　不同篇幅的内容，页面右侧阅读进度条的长度也不同

2. 其他内容形式的篇幅

（1）视频内容：可根据时长分为微视频（15 秒以内）、小视频（15 秒至 1 分钟）、短视频（1 分钟至 5 分钟）、常规视频（5 分钟至 15 分钟）、纪录片或长视频（15 分钟及以上）这几种形式。新媒体视频内容，应以微视频、小视频、短视频为主。考虑到视频的播放完成度，一个视频最长不应超过 15 分钟，否则用户很难看完。

（2）音频内容：由于常作为辅助阅读的内容表现形式出现，其长度不应超过阅读完成内容的时间（3 分钟至 5 分钟）。如果是评书、相声、睡前读物等故事类内容，可适当加长，但也不应超过 20 分钟。

（3）长图内容：因其发布形式与图文内容相似，应同样根据“阅读进度条”的长度进行约束。但长图是文配图的形式，用户阅读相对轻松，更易阅读，所以阅读进度条相较图文内容可以更短。一篇长图内容，一般不超过 12 个手机屏幕所显示的长度，对于用户普遍感兴趣的内容（如美食、娱乐八卦），可相应增加内容篇幅，但也不宜超过 18 个手机屏幕所显示的长度。

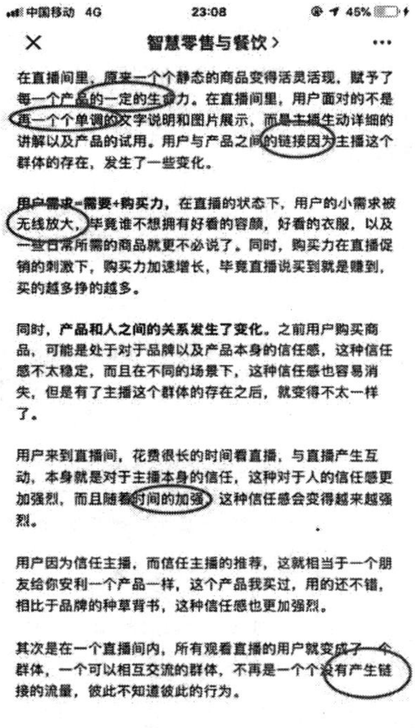

中国移动 4G 23:08 45%

× 智慧零售与餐饮 > ···

在直播间里，原来一个个静态的商品变得活灵活现，赋予了每一个产品的一定的生命力。在直播间里，用户面对的不是再一个个单调的文字说明和图片展示，而是主播生动详细的讲解以及产品的试用。用户与产品之间的链接因为主播这个群体的存在，发生了一些变化。

用户需求=需要+购买力，在直播的状态下，用户的小需求被无线放大，毕竟谁不想拥有好看的容颜，好看的衣服，以及一些日常所需的商品就更不必说了。同时，购买力在直播促销的刺激下，购买力加速增长，毕竟直播说买到就是赚到，买的越多挣的越多。

同时，产品和人之间的关系发生了变化。之前用户购买商品，可能是处于对于品牌以及产品本身的信任感，这种信任感不太稳定，而且在不同的场景下，这种信任感也容易消失，但是有了主播这个群体的存在之后，就变得不太一样了。

用户来到直播间，花费很长的时间看直播，与直播产生互动，本身就是对于主播本身的信任，这种对于人的信任感更加强烈，而且随着时间的加强，这种信任感会变得越来越强烈。

用户因为信任主播，而信任主播的推荐，这就相当于一个朋友给你安利一个产品一样，这个产品我买过，用的还不错，相比于品牌的种草背书，这种信任感也更加强烈。

其次是在一个直播间内，所有观看直播的用户就变成了一个群体，一个可以相互交流的群体，不再是一个个没有产生链接的流量，彼此不知道彼此的行为。

图 4-22　这是一篇直播行业深度分析文章，文章内容和观点都不错，但图中画圈的这些错别字、语病等，会造成深度阅读用户的阅读障碍，甚至还会引发用户对写作者水平的质疑

（4）H5 内容：由多个交互页面组成，其篇幅限制与单页是否设置交互、页面长度有关。最基本的 H5 内容应至少由 4 页组成：标题页、交互页、结果页、分享页。新媒体中 H5 内容的篇幅标准一般为 6 页，其中 3 页含交互，依据此标准制作的 H5 内容用户阅读完成率相对更高。

五、新媒体文字注意事项

新媒体内容的形式新、语言新，但归根到底，还应用传统媒体文章的标准规范约束，运营者在行文过程中应注意以下八点：

第一，内容不要出现错别字和语病。对一篇图文内容而言，错别字和语病就好比人脸上的粉刺，即便是“宝藏男孩”，也会因为外貌被一批用户过滤掉（见图 4-22）。

第二，文字中少用决定性语言。如“极”“绝对”“肯定”，因内容应保持语言风格严谨，话说得太满就容易有漏洞。

第三，应注意标点符号使用。逗号、句号做好区分；少用叹号，叹号应出现在读者“心中”，而不是内容里；非特殊情况不用波浪线“～”表达语气，因其多用于新媒体对话聊天中，在文字内容中不应如此使用。

第四，少用连词。写出带连词的句子后，可以去掉连词再读一遍，如句意表述清楚，则可以去掉连词。

第五，多用短句。新媒体中应多用短句，一个逗号内不应超过 10 个字，才能与用户阅读习惯更匹配。

第六，文字读起来要有节奏感。文字有节奏感，简单理解就是让用户读起来顺畅、无障碍。我国传统的诗词歌赋大都很有节奏感，比如陶渊明的《归去来兮辞》。这首抒情小赋的句式虽长短不一，但读起来却朗朗上口，如“归去来兮，田园将芜胡不归？既自以心为形役，奚惆怅而独悲？”，这便是节奏感。对用户而言，节奏感是“隐形”的，一般用户不会说“这篇内容好有节奏感”，但如果是有节奏感的内容，用户普遍会说这篇内容的文字读起来真好！

第七，文字能在用户头脑中“作画”。对内容写作质量的评价，原本是仁者见仁、智者见智的事，如果必须给出好文字的统一标准，那就是——随着文字的逐渐铺陈，用户可以跟着文字节奏，自然而然地在头脑中想象出文字所描述的画面，这就是所谓的“画面感”。

新媒体运营者在行文时，应时刻牢记“画面感”的写作要求，并在完成每个段落后，检讨自己的文字能否达到在用户头脑中清晰地将一件事的情况、一个人的样貌“画”出来的效果。而怎样的“画面感”才算上乘呢？当然是让画面动起来，也就是让用户头脑中的画面具备动感，不再是静止状态。

第八，尽量不要在内容中使用成语、形容词等。新媒体内容最重要的是直接，从一定程度上讲，成语和形容词等会阻碍用户理解内容。

成语阻碍用户理解内容的原因在于，并非所有用户都能在第一时间理解所有成语的正确含义。比如内容中出现了“上下其手”，不一定所有用户都知道它是串通作弊的意思，如果不了解其含义的用户占多数，就会影响传播效果。

而形容词更是行文大忌。一方面形容词会影响行文节奏，让内容读起来冗长，每个关键信息之间相隔较远；另一方面用形容词描述事件、人物、思想、物品等存在一定的无力感。想要内容表现效果更好，新媒体运营者就要摒弃形容词，多用动词，这样会让原创内容更具动感和画面感。

比如，表达一顿饭吃得好，一种方式是“这顿饭都是山珍海味，我吃得肚滚圆”。另一种方式是“我吃完这顿饭，俩手轻拍着肚子，迈着八字步，一步一踱地溜达出了饭馆”。前一种方式只是形容吃得好，食客吃好后的样貌用户无从得知，又何来新媒体原创内容所追求的“画面感”？后一种方式通过对食客几个动作的描述，便能让用户在头脑中出现饱食一顿后的惬意画面。

六、人格化运营形象设计

人格化运营形象，是新媒体号策划阶段设计出的，用于以第一人称视角创作内容、与用户互动的人设形象。在行文过程中，运营者应严格按人格化运营形象的性格标签输出内容，才能保证账号风格、调性统一。以下针对实际操作中可能会遇到的问题做讲解。

（1）人格化运营形象与运营者不符怎么办？

这是新媒体运营团队最常遇到的问题之一。同一账号负责原创内容写作的运营人员并不唯一，不同运营者的性别、性格都不同，有些天然与设定的人格化运营形象不符。此时运营者需要回到新媒体号策划中，认真研究人格化运营形象标签。当运营者对其标签有深入了解后，形象代入就不再是难事。另外运营者与人格化形象性别、性格有反差不一定是坏事，运营者可以借此来塑造“反差萌”，也许由此会形成与其他类似新媒体号相异的特点。

（2）遇到人格化运营形象难以表述的选题怎么办？

很多时候，运营者会根据热点来设计选题，这就会出现选题很好，也与账号相关，但与人格化运营形象不匹配的情况。比如某明星的离婚事件，如果新媒体号的人格化运营形象是一位家庭和睦的女性形象，那么分析这类事多少会显得有些无力，怎么办呢？

最好的解决方式，就是“我有一个朋友”，以朋友的视角来讲述人格化运营形象不好触及的话题。人格化运营形象应以一个形象为主，而后拓展其朋友圈，拓展的意义在于让人格化运营形象周围有不同标签的形象，以匹配各种各样的内容和不断拓展的用户画像。

第三节　原创内容优化包装

原创内容优化，是为了让内容更优质地展现在用户面前，帮助用户更方便、更舒适地阅读或收看。有些优化由运营者自行完成，有些优化则需要借助微信平台、排版工具等。此节将以图文内容为主讲解不同内容表现形式的优化方法。

一、图片优化

相较传统内容，新媒体内容中图片的地位大幅提升，几乎所有新媒体内容都会带有图片，且图片发挥的作用各不相同。新媒体运营者应先理解图片发挥的作用，再学会找图片、用图片，最后学会处理图片。在实战中如此反复训练，才能更好地将原创内容展现在用户面前。

（一）图片在原创内容中的作用

图片可出现在除音频外的所有内容表现形式中，本部分仅讨论图片辅助内容主体的情况。

1. 图片对图文内容的“分割”作用

图片可在图文内容中起“分割”作用。由于新媒体内容碎片化特点，用户几乎无法接受“整个手机屏幕都是文字”的情况。所以，图片应穿插在图文内容的文字段落中间，以两至三段文字内容配一张图片为宜（见图 4－23）。

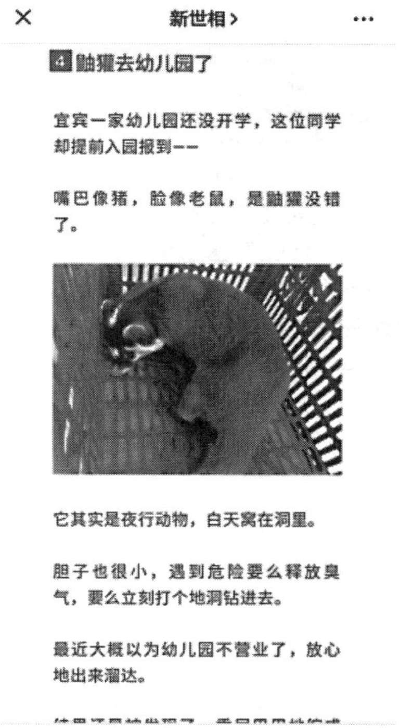

图 4－23　图文原创内容中单张图片大小约占屏幕 30%

2. 图片对文字的补充说明及衔接作用

在图文内容中，图片可以起到帮助用户理解文字的作用，比如图 4－24 这篇内容在解释象拔蚌名字的来源。对于不知道象拔蚌的用户，看图片就明白了，这里的图片就起到了补充说明的作用。

此外，图片还可以在内容中起文意衔接的作用。本书第三章“新媒体运营核心方法论”的第三节“原创内容策划方法”设计转梗部分提到的“表情包”型转梗，就是发挥了图片的衔接作用。还有两种情况，即事件本身不好用文字描述（见图 4－25），或用图片表达效果更好时，则可以使用图片。

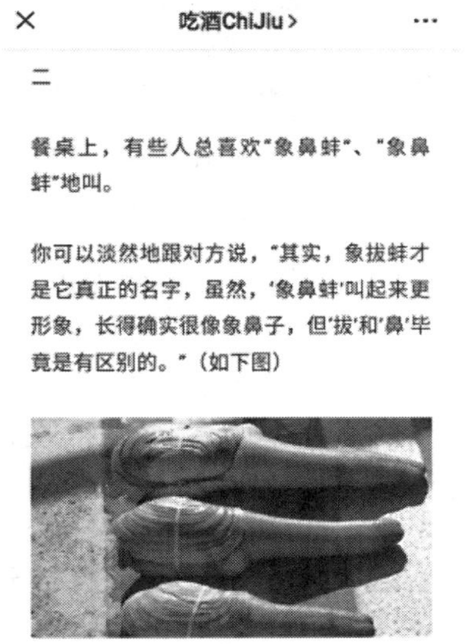

图 4－24　象拔蚌图片用作文字补充说明

图 4－25　不好叙述或叙述起来比较复杂的故事可以直接用微博截图表述

新媒体内容中出现的各种表情包，往往都是用作补充说明或衔接的。抒情散文等所配风景图片，往往用作段落分割。

图4-26　如果内容需表述“满脸疑惑”的意思，就可以直接用这张表情包

3. 图片对视频内容的增色

在动态视频中加入图片静帧，乍一想可能会觉得突兀，但有时加入图片静帧，可以让视频表现效果更突出，甚至某些情况下是必要的（见图4-26）。

首先，图片静帧可以帮助用户在视频基础上拓展“脑洞”。如2020年选秀节目《青春有你》（第二季）有一经典片段，是选手说唱“淡黄的长裙，蓬松的头发”导致用户被“洗脑”。如运营者在剪辑时加入王宝强“淡黄的长裙”图片静帧，则会加深视频“洗脑”强度（见图4-27、图4-28）。

图4-27　“淡黄的长裙”视频截图

图4-28　王宝强“淡黄的长裙，蓬松的头发”形象

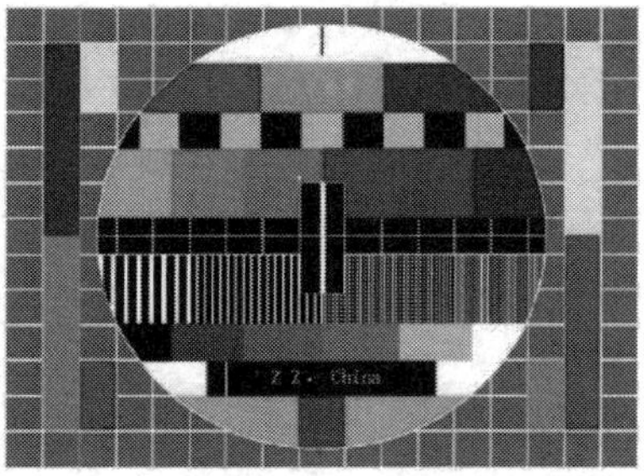

图4-29　这张电视台夜间时段或检修时播放的图片唤起了几代人对没有电视节目看所导致的无聊感受的回忆

其次，一些述评类视频会在单个视频中介绍不同内容，还有些视频在讲述同一主题时会分不同段落。此时不同内容间或不同段落间就可以用图片静帧加以分割，常用的图片静帧如图4-29所示。

（二）找图片的方法

了解图片的作用后，新媒体运营者就要学会根据内容需求找图片。寻找图片主要涉及找图渠道和找图原则两个方面。

找图渠道分为两类，一类是传统互联网渠道，一类是社交互联网渠道。

传统互联网渠道，包括搜索引擎，全景网、

视觉中国等专业图片网站，以及可以使用的国外图片网站；社交互联网渠道即运营者的好友、朋友圈、群组，比如微信有众多表情包群组，群内成员每天相互分享有趣表情包，这些表情包也是新媒体内容中的常用图片。

此外，寻找图片不是简单的“拿来就用”，运营者应对图片有更高要求，才能真正发挥其在内容中的作用。几乎没人能做到第一张找到的图片就是最适合内容的，运营者应在渠道内为一处用图需求找出 3 张至 5 张备选图，再经过比较筛选，确定一张最终使用的图片。

运营者还需注意，应尽量保证图片清晰度，不用模糊、带水印的图片，同时应尽量避免图片版权问题。另外，微信公众号后台上传图片最大不能超过 10Mb（微信公众号后台一直在提高上传图片大小的上限，从最初的 2Mb 到后来的 5Mb，2020 年 3 月底更改为 10Mb），运营者在保证图片清晰的同时还需注意图片大小。

（三）图片处理

在实际运营中，多数从网络渠道找到的图片，即使经过挑选，也不能完全符合运营者的要求，此时就需对图片进行一定程度的处理。新媒体图片处理常用的操作包括图片裁剪、突出图片关键信息、为图片添加马赛克、变换图中要素或叠加图片、图片中添加必要文字说明、调整图片大小及清晰度。为达到上述目的，新媒体运营者需学会使用图形处理软件 PS 或 AI 的一些基本功能。

二、版式优化

排版，是在原创内容实现过程中的一项重要工作，它将文字与图片以更易阅读的形式展现出来。排版可以使用秀米、i 排版、365 编辑器等在线排版软件，也可以在微信公众号后台完成，通过壹伴、新媒体管家等插件优化。这里将讲解排版的基本原则、排版软件使用方法及常见问题。

（一）排版的基本原则：易读性

新媒体原创内容最基本的排版原则，是保证图文内容的易读性。字号过大过小，文字排布过疏过密、段落过多留白或过于紧凑，都会损害易读性。易读的图文内容，版式均比较疏朗。对于疏朗的理解，主要是指字号大小、文字间距适中，段落不过长，段落间有空行，带有一定页边距，图片文字搭配合理。运营者可通过对比图 4－30 的两张图片，感受紧凑版式与疏朗版式的区别。

这里给运营者一套排版标准，按此标准操作，版式至少不会被用户排斥：

字号大小为微信公众号后台 15 号；

正文字色使用 RGB（62，62，62）灰黑色，而不用纯黑色，图说字色要比正文字色再浅一些；

字间距 1.5；

行间距 2；

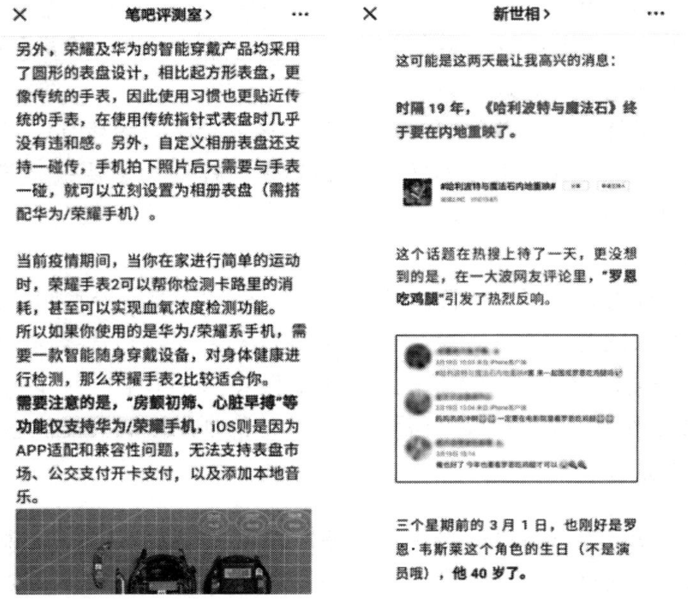

图4-30　对比上述两种版式风格，右侧版式比左侧版式更疏朗

页边距15；

段落与段落、段落与图片之间均空一行；

每三至四段文字添加一张图片；

图片宽度与文字段落宽度保持一致；

每个段落文字不超过六行（这里指手机屏幕实际显示的行数）。

在上述图文排版标准基础上，运营者可根据新媒体号的用户画像做出相应调整。比如中老年用户居多的账号，可以将文字大小调至16号或者17号，以方便中老年用户阅读。

（二）图文排版高级优化：美观性

美观性，是指版式足够漂亮，给用户带来“美”的享受，是在保证易读性基础上的更高排版要求。排版的美观性，主要体现在版式及色调的和谐上。

版式和谐，指图文内容中使用的版式具备和谐平衡感，不突兀。图文内容中常见的版式效果有“文本框”“分割线”“多图模板”等（见图4-31）。

图4-31　从左至右依次为“文本框”“分割线”“双图模板”

使用以上版式效果时，要看其放在内容中是否有突兀感，如版式效果过于显眼导致内容主视觉被压制，则应放弃使用，或替换其他版式效果。一般而言，做到版式和谐，应尽量使用简洁版式效果，因其元素少，更易与图片、文字形成完美配合。

（三）排版可能遇到的其他问题

排版的操作过程不复杂，但运营者可能会遇到诸多问题，如版式混乱、文字格式出错等（见图 4－32）。这里给出几种常见的排版问题、解决方式和注意事项。

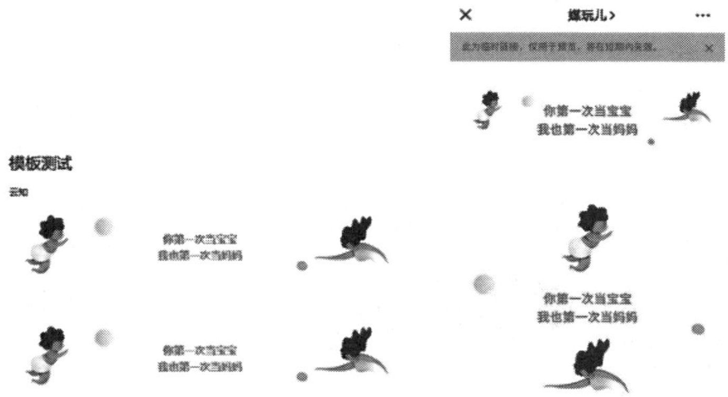

图 4－32　左图为后台显示的正常模板样式，右图为手机显示的错位模板样式

常见问题一：使用排版工具完成排版后，无法复制到微信公众号后台。

解决方法：这种问题多数情况是浏览器兼容性造成的，排版软件与微信公众号后台都用同一浏览器打开，便可解决该问题。

常见问题二：在排版软件中看文字没问题，复制到微信公众号后台后，文字格式混乱。

解决方法：这是由于运营者将文字从 word 复制到排版工具时，文字带有 word 格式。运营者可将全部内容复制到 txt 文本文档中清除格式，再复制到排版工具如秀米中，即可解决该问题（运营者应养成使用 word 文字素材前先在 txt 文本文档中过滤一遍格式的习惯）。

常见问题三：将 txt 文本文档中的文字复制到微信公众号后台出现跳行、格式不统一的情况。

解决方法：虽然 txt 文本文档不带格式，但运营者必须一段一段将内容复制到微信公众号后台，一旦出现段落间空行，格式则可能变得混乱。

常见问题四：在微信公众号后台复制、粘贴模板后，模板样式出错。

解决方法：由排版编辑器制作的相对复杂的版式模块在复制到微信公众号后台中之后，是不能再从微信公众号后台复制该版式模块到内容其他部分或其他内容中的。如想继续使用该版式模块，就须回到排版编辑器中重新复制。

综合以上排版可能出现的问题，最好的应对方式是运营者严格按照步骤完成操作。正规且严谨的排版操作步骤如下：word 编辑原创内容、图片→将文字复制到 txt 文本过滤格式→将文字、图片在编辑器内排版→由编辑器复制到微信公众号后台。如遇需要修改、调整的部分，全部在编辑器内完成，尽量不在微信公众号后台修改，如此操作则版式一般不会出现问题。

三、包装优化

包装优化指对原创内容完成基本排版后，为用户提供额外的原创内容或新媒体号印象强化。包装优化主要包含三方面——内容顶部、底部、中部固定版式设计，账号 slogan 设置，封面图制作。

（一）固定版式设计以印象强化为目的

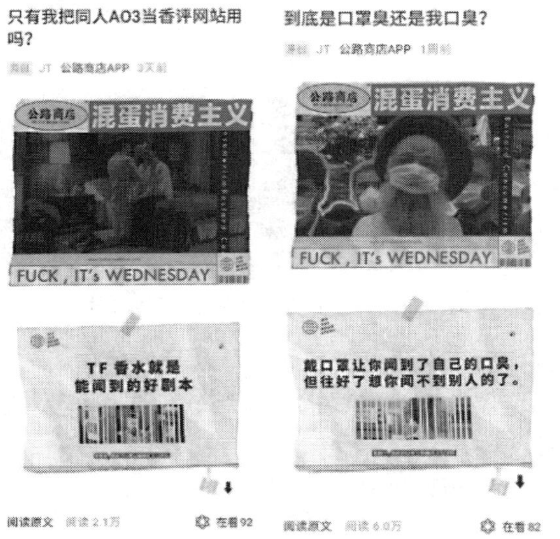

图 4-33　微信公众号“公路商店 APP”的两篇内容开端和结尾处的固定模块设计

新媒体所有账号都应有内容顶部和底部吸引关注的固定版式模块，以彰显新媒体号的宗旨或实用性，用来吸引用户快速关注（见图 4-33）。

（二）设置新媒体号 slogan

新媒体号 slogan 是运营者强植给用户以加深新媒体号印象的手段，它是新媒体号价值观面向用户的展现方式。新媒体号 slogan 的设置要素在于有“记忆点”。通常有记忆点的 slogan 具有三种特点标签：扎心、陪伴感强、魔性。

酒类品牌江小白的营销和商品包装文案以扎心著称，通过无数扎心文案的衬托，主 slogan“我是江小白，生活很简单”就显得深刻、有记忆点，是扎心 slogan 的代表。

陪伴感强的 slogan 有很多，常会带有“与你一起”“同你一样”的字眼，使新媒体号与用户靠得更近，让用户更愿意记住。

魔性 slogan 一定要能“洗脑”。新媒体中“洗脑”的语言很多，但能做 slogan 的很少。提到魔性 slogan，比较有代表性的是微信公众号“画家常小亮”，该号以视频内容为主，slogan 是视频结尾的一句话“跟着我念，大声点，I'm 常小亮 's fans”，其独特的北京味英语非常魔性。不过，这句 slogan 容易被记忆也跟账号是视频的内容属性有关。

新媒体号 slogan 的展示出口一般有如下四种：

第一种，直接出现在新媒体号简介，或关注新媒体号后自动推送的欢迎语中。不过，新媒体号简介、欢迎语，多被新关注或准备关注的用户阅读，且单用户浏览次数有限，所以强化印象的作用不明显。

第二种，为 slogan 设计单独版式模块。为了强化 slogan，可以在内容链接中设计单独版式模块呈现，确保在每次推送内容中用户均可浏览到。

第三种，在内容吸引关注的固定版式模块中加入 slogan。为了不增加内容链接的长度，可将 slogan 直接应用于内容链接顶部或底部吸引关注的固定版式模块。

第四种，用人格化运营形象发布 slogan 作为评论，并在评论区置顶。这种方法会使评论和内容形成更强的关联体（本书第八章“新媒体用户运营实操方法”中将详细讲解评论之于内容的二次原创作用），不过这种方法也可能会给用户造成“运营者足够自恋”的印象。

（三）制作原创内容封面图

原创内容封面图，是伴随内容标题、引语一同出现的图片。许多运营者认为，封面图在聊天页面、朋友圈的展示面积过小，并不重要，随便从内容中选一张图放上去就可以了。其实封面图与标题、引语一样，都是吸引用户点击内容的重要因素，何况在微信公众号首页上封面图显示得极为清晰。

因此，新媒体运营者应在封面图设计上多花心思，最好能将内容的核心元素或亮点（如搞笑、扎心的元素）放在封面图中。新媒体行业里有许多专门制作封面图的网站，如创客贴，运营者可通过其封面图模板制作适合内容的封面图。

四、交互优化

新媒体的优势之一，在于用户与运营者可以通过评论、活动等多种方式形成交互。运营者如能通过原创内容让用户主动与新媒体内容交互，就能使原创内容更加吸引、更能黏合用户。

在新媒体图文内容中，可设计四种交互方式：

第一，内容中链接。在本章第一节中的“新媒体原创内容出口”部分，讲解了“套娃型”出口，即在图文内容的文字、图片上增加超链接，跳转至其他新媒体内容，这本身就是一种交互，用户可以根据需求点击跳转至其他内容。

第二，投票功能。投票功能是微信公众号后台自带的，以需求调研的形式与用户交互。在出现高热度话题时，可以吸引大量用户参与，从而提升新媒体号用户活跃度。

第三，交互版式。在排版软件提供的众多模板中，有一类模板属于可交互版式，即通过“滑动”“点击”图文内容中某部分查看更多内容。

通过“滑动”查看更多内容的模板，不建议运营者使用，其原因有二：第一，这种模板很容易被用户忽略，即使制作了，也没有信息实到率；第二，手机屏幕给内容呈现的空间有限，页面滑动与模块滑动叠加出现很容易给用户造成操作障碍。

因此，在出现文字或图片过多的情况时，运营者应以用户阅读价值和感受为取舍标准。对用户真正有价值的，在不使用“滑动”模板的前提下尽量展示完整，不必过于纠结内容长度；而对于其他部分可尽量压缩，以保证用户的阅读感受。

而通过“点击”查看更多内容的模板，则是一种可取的增强交互效果的方式。用户一般会对图例中测试题形式的交互感兴趣，这种方式是能较好吸引用户的内容优化手段（见图4－34）。

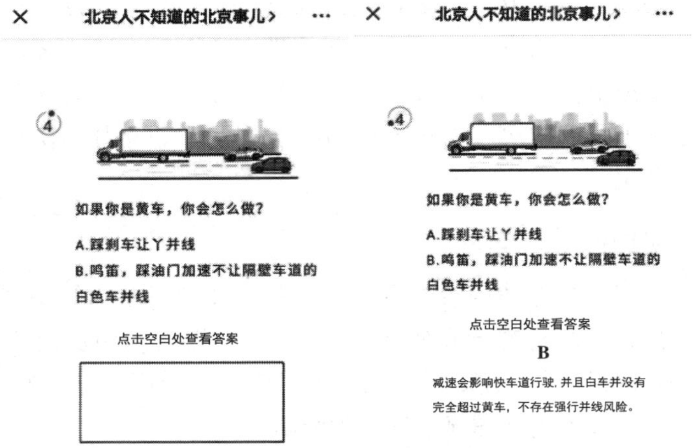

图4－34　点击左图空白处就会如右图显示出答案

第四，阅读原文。即运营者在内容底部加入“原文链接”后，用户可以看到的跳转按钮，它是内容中链接的“加强版”，可容纳各类跳转链接，一般用于原创内容的补充说明或扩展阅读。

第四节　原创内容发布

原创内容制作完成后，离触达用户就只剩“内容发布”这一步。然而，越是到最后关头，运营者越要提高警惕，简单的内容发布也有许多值得注意的地方。

一、内容发布方式

不同的新媒体平台，发布内容的方式大多一样，这里以微信公众号发布内容为例进行讲解。微信公众号发布内容的方式分为PC端发布与移动端发布两种。

1. 微信PC端发布内容

微信公众号后台的网址是http://mp.weixin.qq.com，通过该网址，运营者可登录微信公众号后台，通过“新的创作”新建不同属性的新媒体内容，或在“近期编辑”选择“全部图文”选项，之后点击内容的“保存并发布”按钮，运营者即可发布素材内容。

2017年，微信新增了“定时群发”功能（见图4－35）。原本运营者想发布内容，必须在固定时间登录后台操作；此功能发布后，运营者可以先设置发布时间，到预设时间系统会自动发布内容。

2. 移动端发布内容

最初，微信是不能通过移动端如手机端发布内容的。2018年5月，微信公众号手机端App“订阅号助手”在苹果应用商店上线，至2019年6月安卓版本上线，手

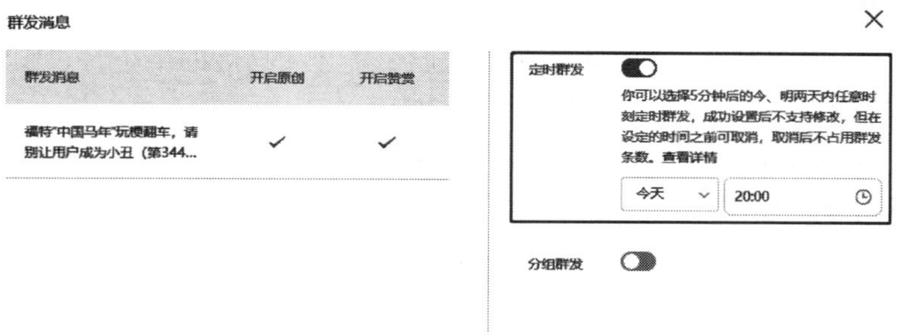

图 4－35　微信公众号后台的“定时群发”功能

机操作微信公众号后台的时代随之到来（见图 4－36）。

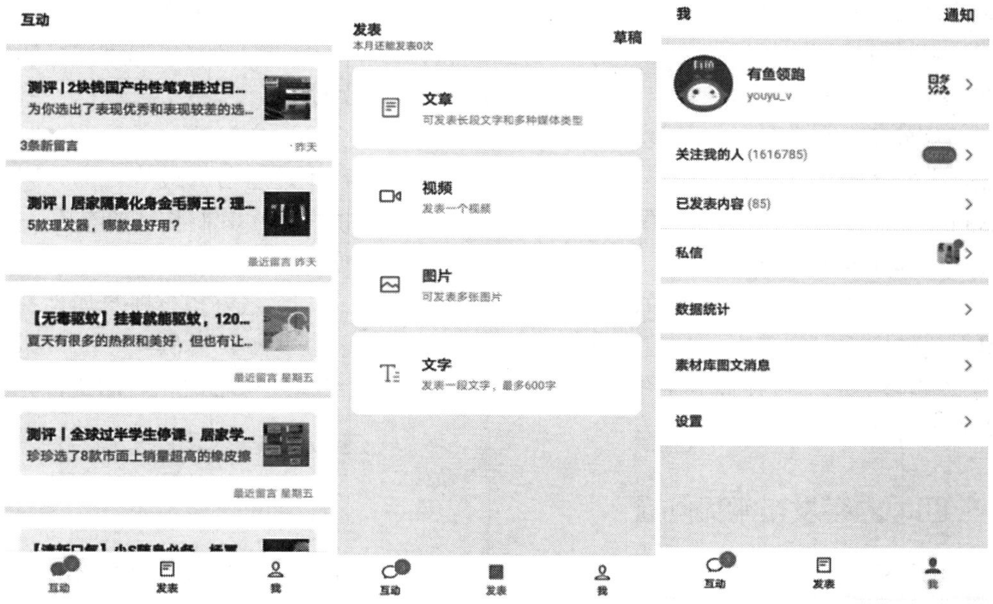

图 4－36　微信“订阅号助手”App 登录后的三种页面

订阅号助手可以与用户互动、发布除音频外的所有表现形式的内容，甚至可以用手机修改图文内容。这确保了运营者可以随时随地群发内容，避免忘记发布的尴尬。

二、内容发布时间

一般而言，新媒体号发布内容的时间应相对固定，以便培养用户的阅读习惯，达到让用户按时阅读的效果。

微信公众号后台数据显示，晚 8 点发布内容的公众号最多，因其是用户阅读内容的黄金时段，但这仅是大多数新媒体号的普遍发布时间，不同类型新媒体号的发布时间应不同。

比如，信息资讯类新媒体号，用户获取资讯一般是在早晨的通勤时段，所以这类账号可以将发布时间定在早上6点至7点之间。股票分析类新媒体号，发布时间可定在中午12点或下午3点半，因为这是股市停止交易后的半小时，股民会查看账号内容，以获取今日大盘或个股的总结、分析。

此外，有些新媒体号，一般是娱乐八卦类账号，因娱乐八卦热点事件发生的时间随机，所以内容发布时间不固定。虽然它们发布内容的时间随机，但运营一段时间后，用户依然会养成一定阅读习惯，在有重大娱乐热点事件发生后就会打开账号阅读。

三、内容发布频次

微信订阅号每天仅可发布一次内容，微信服务号每月可发布四次内容；其他不同信息资讯类新媒体平台发文次数不同，单日在3次至15次之间；微博不限制发文次数。

一般微信订阅号运营应选择的频次是“隔天发布”，因一篇新媒体原创内容的阅读衰减周期是两天，隔天发布为每篇内容留足用户阅读时间。

发布频次存在的意义与发布时间一样，都是为了培养用户习惯。通过发布时间与频次的结合，让用户按时按点打开运营者发布的内容才是运营的最终目的，因此不同账号的发布频次可以不同。比如精彩的长图、视频内容，其制作周期较长，运营者可选择隔两天发布一次，或每周固定周二、周五更新。

微信服务号由于发文次数的限制，应选择“每周一次”，最好根据账号属性在一周中选择固定时间发布。如信息资讯类账号可在周一早晨发布，类似“一周资讯速览”；销售类账号可在周五下午发布，因用户开启了周末模式，心情相对愉悦，容易达成销售转化。

四、内容发布常见问题

做新媒体运营时间长了，运营者就会发现许多意外情况，无论是发布前、发布时、发布后，都可能出现各种各样的问题。这里旨在让运营者了解内容发布可能遇到的问题，主要涉及平台审核，并掌握处理方法。

1. *发布前常见问题*

发布前常见问题包含以下两种：

第一，在内容放到微信公众号后台后，运营者给自己的手机发送预览检查时，出现了敏感信息提醒（见图4-37）。

出现这种情况，运营者可以先继续预览检查内容，再从阅读中尝试寻找敏感信息。如找不到，就在后台进行“地毯式搜索”，即不断分割内容，最终找到敏感信息并删除。

第二，制作好的内容保存至后台，但莫名其妙就不见了。这种情况可能是因为后台保存的内容中有被识别为敏感信息的内容，直接被微信公众号后台检索并删除了。这种情况要求运营者在编辑器内保存好完成排版的内容，以便发生意外情况时有底稿进行删改，然后再重新复制到微信公众号后台。

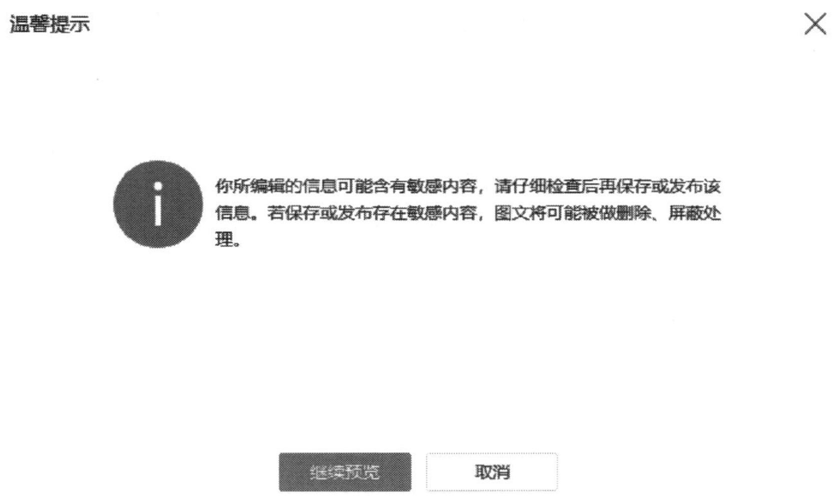

图 4-37 微信公众号发送手机预览时的提示信息

2. 发布时常见问题

发布时常见问题一般包括两种：

第一，发布后处于“等候发送”“排队中”的状态。出现这种情况一般有两种可能：一是由于在运营者设定的发布时间内有太多新媒体号同时发布内容，需要排队；二是内容含有敏感信息，微信公众号后台需要花一定时间审核。

第二，发布后显示发布失败，内容直接被删除。这种情况是微信公众号后台审核不通过，运营者需重新审核内容中是否含有敏感信息。由于发送失败被删除的内容不占用微信发布次数，运营者可调整后重新发布。

3. 发布后常见问题

内容发布完成，说明平台审核通过，一般情况下不会再出现由平台审核引发的问题。此阶段再有问题，多是之前运营者人为操作造成的，如内容中出现错别字、没有放二维码、内容中本应出现跳转处没有加超链接等。

微信公众号内容发布后，除错别字可以修改，且仅能修改一次（20 个字以内）外，其余操作失误均不可修改，运营者只能通过“内容底部作者留言解释”“删除内容”来解决。如果删除了发布内容，则会占用当日发布内容次数，因此删除内容要慎重。

由此可见，发布后出现问题的最好解决方式是在发布前认真检查，做到细心再细心。

第五节 原创内容保护

本节包含原创内容保护机制、转载相关事项两部分内容。

一、原创内容保护机制

纵观所有新媒体平台，原创内容保护机制相对完善的还是微信公众号。最早，微信公众号内容加原创标记需由微信公众号后台邀请账号开通“原创功能”，属于账号权限的一种。后来微信将原创功能从“账号权限”层取消，使所有新媒体号都可以为所发布的内容声明原创，从而让更多新媒体运营者发布的优质原创内容得到版权保护。

微信公众号的原创保护机制，是以内容超过300字，内容相似度不超过70%为保护标准的，如新媒体号运营者所发内容（即“后发内容”），与已在微信公众号发布的声明原创的内容（即“早发内容”）相似度超过70%，原创内容保护机制就会被触发，后发内容不得再声明原创，并且内容链接中只能显示内容的一部分，用户想阅读全文，必须点击跳转至早发内容（见图4-38）。

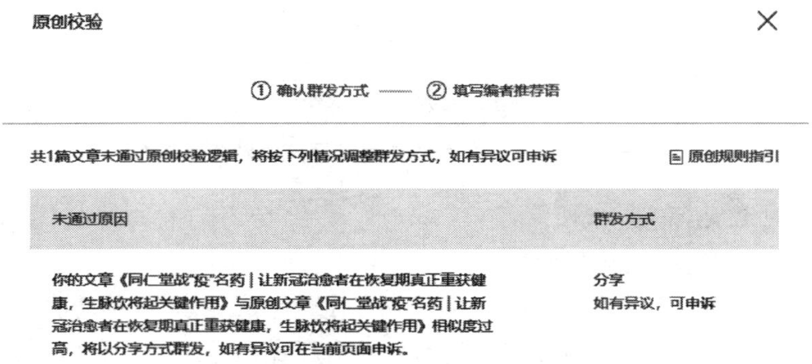

图4-38　触发微信公众号原创内容保护机制时运营者会收到平台处理通知

此外，对于生产优质原创内容的新媒体号运营者，微信也会给出一些“特权待遇”。比如公众号“混知”，内容全是图片，正文字数不到300字，但也可以声明原创，这是微信对非文字类优质原创内容运营者的肯定与扶持。

今日头条在原创内容保护机制的建设上，采用的是“网络爬虫”[①] 抓取高度相似内容的方式，如果内容被“爬虫”抓取入库，发布该内容的运营者就会收到“近期在全网出现过高度相似文章，被认为是旧闻”的平台通知，而内容则不会被平台推荐。

除微信公众号和今日头条外，其他新媒体平台的原创内容保护机制还未建设成熟，比如有平台就被行业公认为“新媒体原创内容搬运工”，有平台也时常出现“李鬼冒充李逵”的事，而且拥有原创权益的新媒体号运营者在这些平台申诉也比较困难。

二、转载相关事项：开通白名单

在运营过程中，新媒体运营者总会遇到想转载其他运营者内容，或其他新媒体运营者想转载自己内容的情况。由于原创保护限制，运营者必须相互沟通，开通“白名单”，才可以分享优质内容。微信公众号后台的白名单功能，位于左侧菜单“原创管理”中（见图4-39）。

原创功能中，可以设置单篇内容白名单账号和长期转载白名单账号。单篇内容白

① 网络爬虫指按照一定规则，自动抓取互联网信息的程序或脚本。

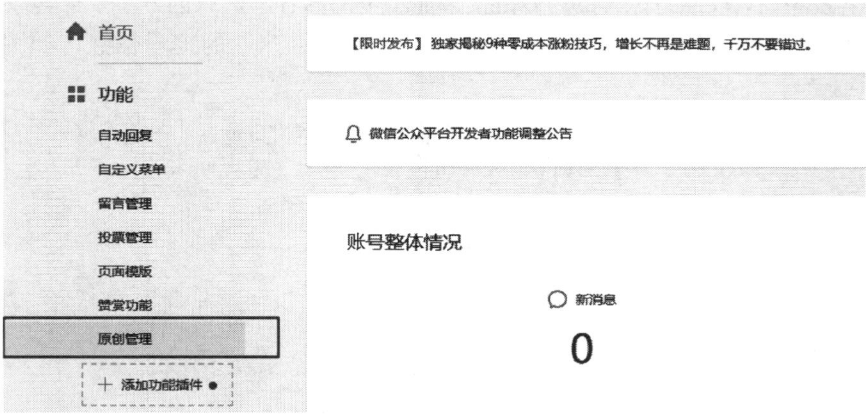

图 4-39　微信公众号后台“原创管理”按钮

名单账号仅对一篇内容有效，在“图文原创”中设置；长期转载白名单账号可以转载该账号的任意内容，在“全局可转载账号”中设置（见图 4-40）。

图 4-40　单篇内容白名单账号与长期转载白名单账号设置

设置好转载白名单后，转载方在发布内容时仍会跳出提示，如图 4-41 所示。

图 4-41　转载方在发布内容时仍会收到平台处理通知

内容发布后，转载方账号的内容链接会显示全部内容，但原创方可要求转载方的内容顶部或底部显示诸如内容“转载自××”“来源于××”的提示信息，如图4-42所示。

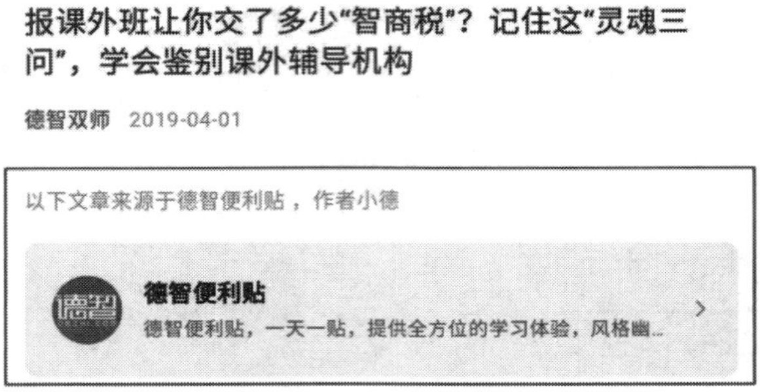

图 4-42　转载方内容链接显示原创方的提示信息

白名单功能其实是对原创内容创作者的另外一种扶持手段，通过运营者间的相互沟通，使好内容可以通过不同渠道发布，获得更多流量，同时生产优质原创内容的账号也可以得到更多关注。

【本章总结】

新媒体原创内容运营是新媒体九大运营方式的核心基础，从一定层面讲，其他八项新媒体运营事项均围绕原创内容运营展开，其相关性如图4-43所示。

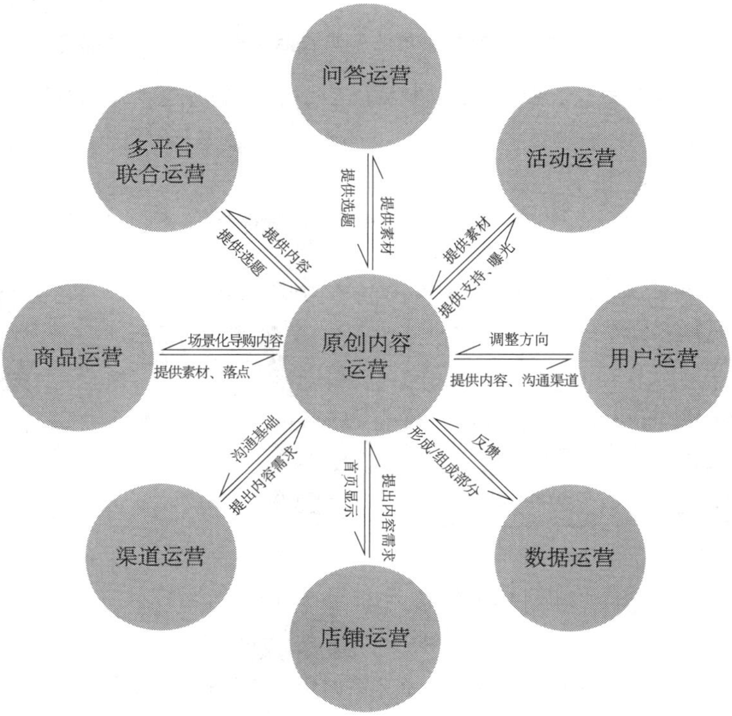

图 4-43　新媒体九大运营方式关系图

【课后习题】

1. 新媒体“无原创不传播”观点的形成原因是什么?

2. 拟定新媒体内容标题的方法是什么? 方法中的各元素分别代表哪些关键信息?

3. 新媒体原创内容中有几种使用热点的方法? 哪种难度最大，但效果最佳?

第五章　新媒体多平台联合运营实操方法

【本章知识体系】

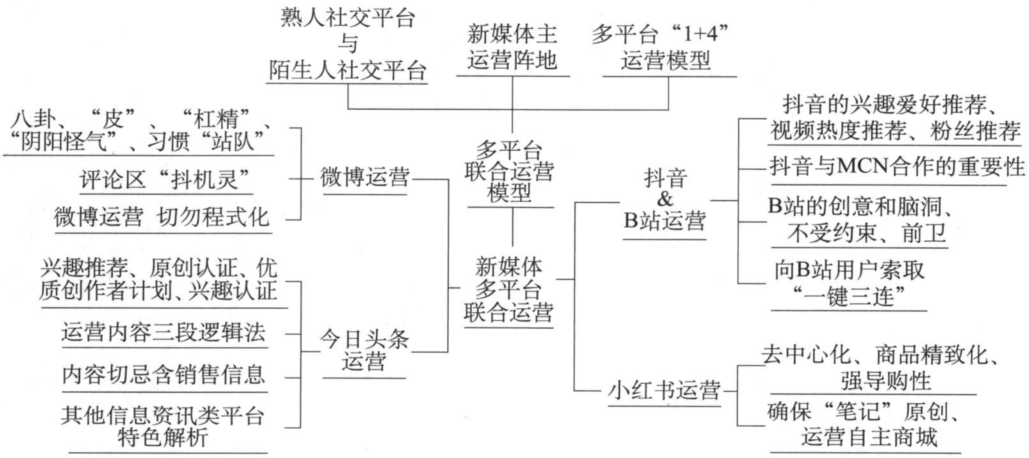

新媒体多平台联合运营，是新媒体九大运营方式中的第二项，是以新媒体原创内容运营为基础，将原创内容发布至多个新媒体平台，形成新媒体矩阵效应的运营方式。

在新媒体领域，无论是大号还是刚投入运营的新媒体号，都需要在多个新媒体平台发布内容。因不同平台都有按不同属性标签黏合起来的大批用户，多平台联合运营能帮助新媒体号的原创内容触达更多聚合于不同平台的陌生用户。

2018 年初，针对企业新媒体矩阵，有运营机构提出了“两微一抖”（微信、微博、抖音）的新媒体矩阵运营方式，但从新媒体平台种类、数量、用户基础看，新媒体号仅在这三个平台投入运营是远远不够的。

第一节　新媒体多平台联合运营概述

新媒体多平台联合运营的基础，在于每个平台都有各自属性标签的流量，且由于不同平台的产品定位不同，聚合于平台的用户对平台的诉求也不尽相同。

新媒体平台均具有两大属性——社交和内容。基于社交属性分类，新媒体平台可被分为熟人社交平台与陌生人社交平台；基于内容属性分类，新媒体平台可被分为信息资讯、知识获取、视频、销售四种类型，此外还有以活动为主的强社交平台微博，以及以营销玩法为主的拼多多。

一、熟人社交平台与陌生人社交平台

社交，据《现代汉语词典》中的解释，指的是社会上人与人的交际往来。在新媒体平台中，用户之间的社交包含互动（点赞、留言、评论、投票）、交流（关注、群组）两种类型。

（一）熟人社交与陌生人社交的定义

熟人社交，指的是以熟人关系为基础的互动、交流类社交行为，比较典型的熟人社交新媒体平台包括微信、钉钉和脉脉。

以微信为例。微信用户的互动、交流一般发生在好友聊天、朋友圈评论、群组聊天、公众号评论留言中。除公众号评论留言是与相对陌生的新媒体号、运营者交互外，其余的交互几乎都发生于熟人关系网络。

陌生人社交，通常指的是发生在陌生用户之间的互动、交流类社交行为，比较典型的陌生人社交新媒体平台包括今日头条、搜狐号、百家号等。因其满足的主要需求是资讯获取，所以用户的互动、交流行为一般都发生在对同一资讯内容感兴趣的陌生用户之间。

熟人社交新媒体平台的出现，基于平台对熟人间社交需求的挖掘。比如，基于熟人间的即时通信需求，出现了 QQ 和微信；基于熟人间的工作交流需求，出现了钉钉和脉脉。这类社交平台对熟人关系起到了一定的促进作用，熟人间即使不直接沟通，也能在朋友圈、熟人开办的微信公众号了解其近期动态，从而缓解了由互联网出现导致的关系淡化趋势。

陌生人社交新媒体平台的出现相对被动，这是因为除熟人社交新媒体平台外，其余新媒体平台的创建目的并非满足用户的社交需求，而是与用户之间形成稳定的信息资讯供需关系。

然而在运营中，新媒体平台逐渐发现，与用户构建信息资讯供需关系，需要用户保持高活跃度及黏合性，而手段就是刺激用户与其他陌生用户就同一感兴趣的内容产生交互行为。因此，为陌生人社交构建环境与条件，成了新媒体平台的重要运营工作之一。

另外，熟人社交中的用户往往带有鲜明的性格特点和标签，正所谓人以群分。而陌生人社交中的用户，个体意识被淡化，被重点突出的是一群未被标签化的用户对人、事、物的意见或判断。

（二）陌生人社交传播易，熟人社交传播难

熟人社交与陌生人社交存在三个明显区别。这些差异导致的结果，可为新媒体运营者的多平台联合运营提供明确的指导方向。

第一，熟人社交限于个人标签，陌生人社交凸显兴趣标签。

进入移动互联时代后，几乎所有互联网平台的注册都要求实名制。不过，熟人

社交的实名制“写在脸上”，陌生人社交的实名制“放在后台”。

对熟人社交而言，无论是用户间聊天互动或是转发内容，双方潜意识里首先考虑的都是用户的个人标签（包含熟人可知的个人背景、职业属性等）；对陌生人社交而言，用户的聊天互动几乎都基于已经发生的事，双方并不讲究对方身份。这种现象导致的结果是，同一新媒体用户在熟人社交圈的交互行为会有约束感，而在陌生人社交中就能很随意。

因此，在以微信为代表的熟人社交新媒体平台中，用户做出的社交行为一般都是与个人标签高度匹配的，如果用户做出与个人既定标签不符的交互行为，便会被认定为“破圈”；以今日头条、搜狐号、百度号、微博为代表的陌生人社交新媒体平台，用户的社交行为不受标签束缚，而是由其阅读偏好、行为偏好、社交偏好、消费偏好决定的。

第二，在内容传播上，陌生人社交易，熟人社交难。

从内容的传播难易度看，由于熟人社交被个人标签束缚，可传播人群有限且门槛较高。在熟人社交新媒体平台，内容需同时满足标签匹配、调性匹配、价值观正确、无负面影响等条件，才有较大概率被用户转发传播；而对于陌生人社交，平台已通过推荐的方式满足了大量的内容传播需求，同时用户的传播门槛也较低，只要用户对内容感兴趣，就有转发的可能。

第三，熟人社交粉丝间黏合度高，陌生人社交粉丝间黏合度低。

熟人社交圈中实现传播虽然相对困难，但由于熟人间的标签趋同，所持价值观也趋近，如果形成传播，用户对内容的黏合度，甚至对产出该内容的新媒体号的黏合度都会更强。因此，用户更容易与新媒体号持有同样的价值观，或被新媒体号引导形成统一价值观，用户之间的认可度与黏合度也会更高（因价值观趋于高度一致）。

陌生人社交与之相反，用户的聚集几乎都在某一事件上，并非于新媒体号或新媒体号人格化运营形象本身。比如，某新媒体号在今日头条上的A内容因某热点事件吸引了一万名用户，B内容因另外一个热点事件吸引了一万名用户，这两万名用户点开内容的原因多种多样（平台推荐、某种偏好的出现、标题吸引人等），但可归纳总结为对热点事件的兴趣偏好趋同，并非基于所持价值观的趋同性，所以用户间的认同感相对较差，黏合度也相对较低。

（三）社交类型对运营的指导意义

对运营者来说，熟人社交与陌生人社交的特点决定了针对不同类型新媒体平台所选择的运营方向。

熟人社交平台的运营方向，应是刺激转发、价值观培养、粉丝黏合和转化。虽然熟人社交平台的内容传播困难，但运营者能够通过原创内容运营，努力实现粉丝的自觉转发，以突破熟人社交圈，让更多熟人的熟人接触账号成为粉丝。在此基础上通过活动运营、用户运营等手段增加用户黏合度，待到粉丝量拥有一定规模、用户表现出逐渐提高的黏合度水平时（可根据内容评论、后台留言、转发量判断），便可实现流量转化或销售转化（变现）。

陌生人社交平台的运营方向，应是宣传、曝光、引流，因其有良好的传播性，但用户的整体表现可描述为“叫好不叫座”（新媒体号在陌生人社交平台的点赞量不低，评论数不少，这可评价为“叫好”，而“叫座”专指对新媒体号变现的贡献度），于是运营者需将那些“叫好”的用户引流至熟人社交平台培养黏合度，再最终实现转化。

至此，新媒体多平台联合运营的核心方法已明确——运营者应先选择一个熟人社交平台作为主运营阵地，在陌生人社交平台上发布内容获得曝光量，并将吸引到的多平台流量引流至熟人社交平台做深度运营。

二、新媒体主运营阵地

在明确了选择一个熟人社交平台作为新媒体矩阵主运营阵地后，本书在新媒体运营上的一个核心观点呼之欲出：新媒体矩阵运营，应首选微信公众号作为主运营阵地（粉丝池）。做出如上选择的原因主要有以下四点。

（一）微信之于用户的刚需性

作为主运营阵地，平台需具备的关键要素是用户对其的使用需求趋近刚性。如用户不能每天主动打开，这个平台也就不具有做主运营阵地的资格。相较而言，在众多新媒体平台中，微信已基本成为大部分用户的社交必需品。

（二）微信更符合用户的社交习惯

这一点是由用户习惯决定的，网上有段子说：“王欣、罗永浩、张一鸣同时发布了自己的社交产品（马桶 MT、聊天宝、多闪），他们彼此在上面聊得很 high，最后互相加了微信。”由此可见，通过微信聊天是众多用户的社交习惯，凡是需要深入了解的人或内容，用户一般都会选择加微信，再进一步沟通了解。

基于上述社交习惯场景，用户想与除微信外的其他新媒体平台用户或运营者“私聊”，深入了解更多时，往往先通过新媒体平台的评论、留言、私信功能，添加微信好友，然后切换 App 至微信实现“私聊”场景。即使用户与运营者已是微信好友关系，在除微信外的新媒体平台看到想深入了解的内容时，也会跨平台操作，跳转至微信达成“私聊”。

而数据显示，增加操作步骤会直接导致用户需求的实现率降低。由此看来与其让用户为了“私聊”需求跳转 App，不如引导用户关注同样会发布内容的微信公众号，在有“私聊”需求时，直接在微信内实现。

（三）微信天然具备粉丝池效应

粉丝池是指新媒体号黏合忠实用户的阵地，粉丝池中的用户具备一定的集体荣誉感，他们可能性格各异，但对待粉丝池所属新媒体号时，价值观的大方向基本一致，即认可或赞扬。

熟人社交平台的特色之一，在于新媒体号与粉丝、粉丝间的黏合度都相对较高，这也奠定了微信公众号的“粉丝池”特质。

(四) 微信公众号有自定义菜单功能

自定义菜单，是微信公众号的主要特色之一，其内容和功能的拓展性强，是微信公众号提供给新媒体运营者依托交互功能捆绑用户、实现转化的万金油型工具。根据用户需求，运营者可使用自定义菜单实现五方面的功能（见图5-1）。

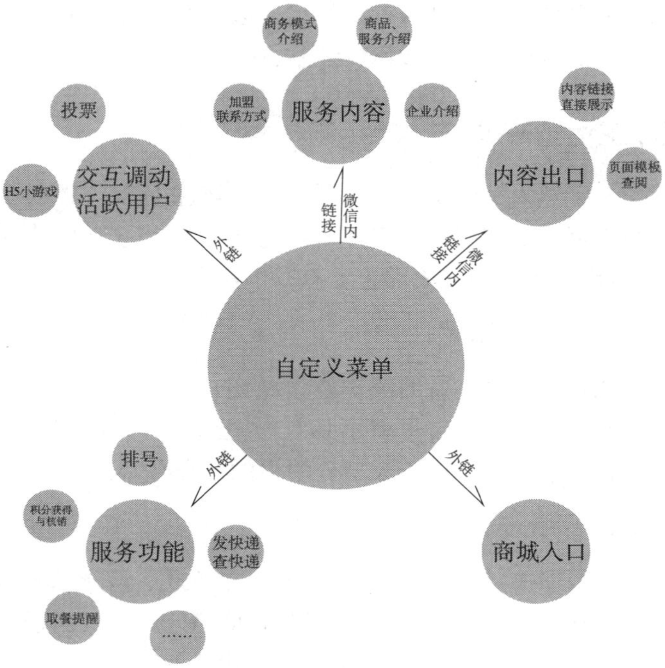

图5-1 自定义菜单功能展示图

第一，基于微信的内容链接及页面模板功能，自定义菜单可作为用户搜索查阅新媒体号已发布原创内容的功能入口。

第二，可作为企业新媒体号介绍类内容的载体。企业新媒体号都有发布企业介绍、商品或服务介绍、商务模式介绍、加盟联系方式等服务性内容的需求，但这类内容并不适合作为原创内容在新媒体号内发布。运营者可以将这类内容制作好，加载于自定义菜单中，以供业务人员转发使用或用户自行查看。

第三，可作为新媒体号为用户提供的交互功能入口。基于自定义菜单可加载外部链接（指不属于微信或腾讯体系互联网域名的链接，后文简称“外链”）的功能，运营者可在自定义菜单中设置使用第三方工具制作的、加载于任意国内域名的投票（一般使用微信公众号后台投票功能或“问卷星”等第三方工具制作）、H5小游戏（一般使用人人秀、易企秀等第三方工具制作）等互动性较强的用户交互功能，以提升用户活跃度。同时，交互功能还能辅助运营者满足信息获取、需求调研等需求。

第四，可作为用户享受企业所提供服务的入口。基于自定义菜单的外链功能，运营者可以在自定义菜单中设置服务选择、服务通知、服务流程提醒等用户服务功能。比如，餐馆的排号、订位、积分获得与核销、取餐提醒和餐后服务评价功能，快递公司的发快递和快递进度查询功能，医疗机构的就医提醒、就医流程指南功能等。

这是一种把企业官网、App或其他域名上已实现的服务功能，嵌套进微信公众号自定义菜单的方式。这种方式的好处是，用户无须登录企业网站或跳转其他App，就能在最常使用的微信中接收到服务提醒类的即时消息通知，如此，可完善用户服务体验，进而提升用户对服务提供方的好评度。

第五，可作为新媒体号自主商城的入口。基于自定义菜单的外链功能，运营者可在自定义菜单中设置自主商城入口。

自定义菜单的特色一定程度上体现了微信的特色，即无门槛地将运营框架提供给所有新媒体运营者，所有运营者都能在微信框架内任意发挥，谁运营得更好，谁就能获得更多收益。

（五）微信订阅号与服务号的区别

在本书作者讲授新媒体运营课程的过程中，基本上逢开课就会被问到的问题是，有新媒体运营需求的人基本都知道微信公众号是新媒体平台中不能被忽略的运营载体，但微信公众号分为订阅号和服务号两种，自己到底适合运营哪种？企业是不是要优先运营必须经过企业认证的服务号？

回答上述问题，首先要明确微信公众号所辖两种产品形态——微信订阅号与微信服务号的差别。两者的差别主要体现在如下四点：

第一，申请条件。服务号只能由企业、组织申请（申请中必须提供营业执照副本），个人不可申请服务号；订阅号则无限制。

第二，文内链接。认证且开通了微信支付的服务号，可以在内容中通过文字或图片链接跳转至其他网站或App；订阅号内容中的文字或图片链接只能跳转至微信体系内的内容或小程序。

第三，发布次数。服务号一个月仅能发布四次内容；订阅号每天可发布一次内容（部分早期申请的或一些新闻机构媒体的公众号每天可发布多次内容）。

第四，显示位置。服务号显示在微信消息列表页，同微信好友聊天一样；订阅号集合在“订阅号消息”内。

分析总结订阅号与服务号的上述四个差异，可帮助新媒体运营者得出如下结论：

第一，新媒体号需要保持一定的节奏更新原创内容，订阅号能每天发布内容，而服务号每月只能发布四次，从曝光和触达用户的角度而言，订阅号优势更明显。

第二，微信订阅号消息出现在“订阅号消息”列表内，服务号出现在微信消息列表页。对用户而言，微信订阅号“可看可不看”，微信服务号则像聊天一样，“强制”出现在用户面前。从阅读可能性而言，服务号更高，但如用户对服务号内容不感兴趣，则取关服务号的可能性会更大。

第三，服务号与订阅号都具备“需求应答”功能，相较之下，服务号的需求响应出现在微信消息列表页，且有通知提醒，效果更好。比如买快餐的“积分变更提醒”功能，订阅号虽然也可以实现“积分变更提醒”的消息推送，但仅在“订阅号消息”内展示，用户在不打开“订阅号消息”的前提下，无法及时看到该通知；而服务号在实现“积分变更提醒”的消息推送时，会在用户的微信消息列表页中出现“红色小1”的经典未读消息标识（见图5－2），而且如用户打开手机中微信消息推送的权限，也可收到手机端的新消息通知。

图5－2　服务号推送服务消息的未读消息标识

第四，服务号内可随意加入链接，对以销售功能为主的账号来说，服务号可操控空间更大，因其可以加入各种商品的销售页链接，甚至也可加入来自不同商城的链接。

综合上述四点分析可知，订阅号更偏向曝光、积累粉丝、培养粉丝黏合度，而服务号更偏向销售转化和售后服务。因此，无论是何种账号主体，在运营初期均应选择订阅号为主运营阵地，当粉丝积累到一定程度后（有效粉丝数达到5 000），企业或组织可尝试运营服务号，作为以提供服务为主的运营载体。

【运营提示】订阅号用于揽客，服务号用于留客

本书作者的云知新媒体运营团队从运营者角度出发，总结了相对简单的一句话即“订阅号用于揽客，服务号用于留客”，从而揭示了订阅号与服务号的不同：订阅号基于高频曝光优势，利于触达陌生用户，更适合揽客，是运营初期、用户积累期的首选；服务号基于服务功能实现及消息提醒、通知的优势，有利于服务黏合粉丝，更适合留客，是进行“会员后”（已达成会员关系）服务的首选。

三、新媒体多平台联合运营方法

新媒体多平台联合运营，是新媒体号确定一个主运营阵地，再选择多个新媒体平台联合运营，形成账号多平台矩阵效应的运营方法。

经本章第一节有关“熟人社交与陌生人社交”部分的讲解，新媒体运营者应已明确：微信公众号因以熟人社交为明显特征，所以最适合作为多平台联合运营的主运营阵地。但微信公众号的传播需要不断突破熟人社交圈，相比其他新媒体平台更加困难，因此运营者还应选择几个以陌生人社交为明显特征的新媒体平台辅助运营，利用其较强的传播性为主运营阵地——微信公众号引流。

（一）陌生人社交新媒体平台的种类

陌生人社交新媒体平台，根据平台为用户提供的服务类型及开发用户的目标方向，可分为信息资讯、知识获取、视频、销售四类，另外还有一些属性相对特殊的新媒体平台。

信息资讯类新媒体平台以今日头条为代表，还包括搜狐号、网易号、大风号、大鱼号、百家号、企鹅号、一点资讯、趣头条等。

知识获取类新媒体平台以知乎、悟空问答（在今日头条 App 中被称为“头条问答”）为代表，还包括喜马拉雅、蜻蜓 FM 等。因知乎和悟空问答这两个平台的内容发起方式与其他新媒体平台有明显区别，所以本书将在第六章“新媒体问答运营实操方法”中详细讲解它们的运营方式。

视频类新媒体平台以 B 站为代表，还包括抖音、快手、视频号等热门的短视频、直播平台，以及传统的腾讯视频、爱奇艺、优酷、A 站（AcFun）等视频网站（App）。

销售类新媒体平台，从 2024 年前在新媒体行业的热度及销售额看，淘宝达人和小红书应是典型代表，而一直致力于在新媒体行业寻求拓展的京东看上去仍未找到足够引发行业爆点的新媒体业务形态，截至 2024 年仍只有已经数次更名的京东内容开放平台即京东创作服务平台。

此外，还有两个相对特殊的新媒体平台——微博和拼多多。

虽然微博原则上属于信息资讯类新媒体平台，但其相较其他信息资讯类平台具有更强的社交属性。微博的内容以娱乐八卦为主，在新媒体平台中，聚集的有相同兴趣爱好的“娱乐圈粉丝”群体最多，而粉丝群体交互的强需求奠定了微博在信息资讯类新媒体平台中更强的社交属性。

另外，微博与其他信息资讯类新媒体平台的不同还表现在对营销活动的支持上，只要新媒体运营者肯在微博上投入，就可以通过活动收获可观的粉丝量，甚至达成直接变现（其他信息资讯类平台一般不支持营销活动）。

拼多多原则上属于销售平台，但其具备更强的“营销属性”，即通过游戏玩法（也可称为“社群裂变”）吸引用户达成转化。拼多多本身更像一个新媒体号，黏合了一批有购物需求且调性相同的粉丝。由于拼多多内容发布的属性相对较弱，故本书不做详细讲解。

（二）陌生人社交新媒体平台的选择

新媒体运营者选择陌生人社交平台入驻，要基于三个基本点思考即类型匹配、人群基数、调性匹配，且这三个基本点的重要性依次递减。

1. 类型匹配

类型匹配指新媒体号的主打内容形式与平台承载的主力内容类型应相匹配。具体方法为确定账号发布的内容类型，并对类型进行二级标签化处理，然后再与新媒体平台适合发布的内容类型匹配。

图文内容的二级标签化处理方向，是内容输出的价值观立场。如运营者确定的主打内容是引领型输出立场，就应选择匹配信息资讯类平台；如主打内容是朋友型输出立场，也就是定制话题，引发讨论的模式，那么就应选择匹配微博。

视频内容的二级标签化处理方向，是依据视频长短不同定义的视频内容细分类型。如主打内容是微视频、小视频，就应选择抖音作为匹配平台；如是短视频或长视频，那么匹配平台就应为B站、腾讯视频。

直播内容的二级标签化处理方向，是区分内容直播或销售直播的直播属性。如运营者确定以内容输出为主，则几乎所有直播平台均可以匹配，其中斗鱼等直播平台的效果更好；如以销售带货为主，则主要匹配淘宝、小红书等以带货为主要目标的平台。截至2024年，多数直播平台均努力发展销售直播，因而以销售为主的直播内容可选择的平台范围愈加广泛。

2. 人群基数

人群基数指平台的基础用户数（平台用户数、平台App的装机量、平台注册用户数、平台月活用户数、平台日活用户数等均可作为基础用户数的参考指标）。平台人群基数越大，运营者将其加入新媒体矩阵的优先级就应越高。

3. 调性匹配

调性匹配指新媒体号调性与新媒体平台调性的匹配程度。比如今日头条的民生话题流量相对更高，说明其平台用户大多关注社会热点；大鱼号的网游类内容、互联网新鲜事流量较高，说明其平台用户以爱玩游戏的年轻人居多；小红书销售的商品往往属于中高端商品，说明其平台用户收入水平较高、追求品质。以新媒体平台调性推导平台用户的大致群像，再与自己的新媒体号做匹配，即可挑选出合适的平台。

【运营提示】今日头条、微博必选

就本书作者的运营经验看，无论新媒体号属于何种类型，都可以选择今日头条、微博两个平台。首先，这两个平台可以发布所有类型内容。其次，今日头条用户基数大（日活超1亿）；微博相对其他新媒体平台有独特的活动功能支持和营销支持，可承担一部分活动运营及账号运营初期推广的职能。从运营结果看，微博和今日头条也往往是多平台中数据较高的新媒体平台。

（三）适合多平台联合运营的平台数量

虽然不同新媒体平台的用户可能存在交集，但各平台出于自身调性和用户特性，一般会选择不同的拉新渠道，以至于每个平台都会拥有一部分专属用户群体。这意味着新媒体运营者每多在一个新媒体平台运营，就多一些触达陌生用户的可能性。

综合触达陌生用户可能性及团队运营成本等因素，建议运营者在多平台联合运营的方式确定上，以微信公众号为运营核心，另外选择 4 个新媒体平台辅助运营，即新媒体多平台联合运营的“1+4”运营模型。

如运营者通过前述匹配方式，选择出了超过 4 个新媒体运营平台，可先在其中选择 4 个，其余平台留作备用。当有平台数据表现不佳时，可尝试放弃表现不佳的平台并转而在备用平台上运营。一般而言，经过 3 个月时间的运营，如该平台数据仍无起色，便可果断更换。

【运营提示】视频账号也应选择信息资讯类新媒体平台运营

在实际教学过程中，本书作者经常被问到如下问题：如果运营的是视频账号，还有必要选择信息资讯类平台运营吗？即便运营的是视频账号，初期选择的联合运营平台也应以信息资讯类新媒体平台为主，只选择一个视频类新媒体平台即可。其原因有二：其一，随着视频内容的崛起，信息资讯类平台不仅能加载视频内容，而且会给视频内容以更高的推荐权重；其二，无论什么类型的新媒体号，在信息资讯类新媒体平台上都更容易获得曝光。

第二节　特殊的信息资讯类新媒体平台——微博

本章第二节至第五节，将按照特殊的信息资讯类新媒体平台、典型的信息资讯类新媒体平台、典型的视频类新媒体平台、典型的销售类新媒体平台的顺序，介绍各主流新媒体平台的用户画像及调性，并在各类平台中选取运营更多的重点平台进行详解。本节先对强社交属性的特殊信息资讯类新媒体平台——微博，进行基于多平台的联合运营事项讲解。

微博对大部分用户的意义在于资讯获取，且有较强针对性。比如，用户使用微博热搜功能，是为了获知实时发生的热点事件；再比如刷微博，是为了获取关注领域或个人的动态信息。

微博虽以满足用户资讯获取需求为基础，却火爆于社交。众所周知，微博内容以娱乐八卦为主，娱乐明星、行业名人大量入驻，其粉丝也在微博上聚集并建设“粉圈”。这奠定了微博与其他信息资讯类新媒体平台的不同——强社交性。

本节将从平台特点、运营事项、运营忌讳三个方面，讲解微博在新媒体多平台联合运营中的作用和操作方法。

一、微博的特点

微博，作为本书定义的相对特殊的信息资讯类新媒体平台，其主要特点包括用户表现极端化、内容简短化及微博平台对比其他平台具有差异化。

（一）微博的用户特点

微博用户基数庞大，包含各种类型的用户画像，本书仅讨论典型微博用户的特点，他们可用五个词来总结：八卦、“皮”、“杠精”、“阴阳怪气”、习惯“站队”。

1. 八卦

八卦既是微博用户属性，也是微博平台属性。在微博开设新媒体号的运营方中，有相当可观的娱乐圈明星、行业名人和认证机构。由于不同的人、机构都会发布与己相关的内容或事件，所以微博成了用户获取感兴趣人群一手信息的平台，而这些用户更热衷于关注明星和热门事件。

2. “皮”

“皮”是对微博用户的性格表达。微博平台最热闹的地方永远是热门微博下的评论区，随便点开一条热门微博，用户都能发现各种各样的“脑洞”。比如“papi 酱生子”微博的评论（见图 5－3）：

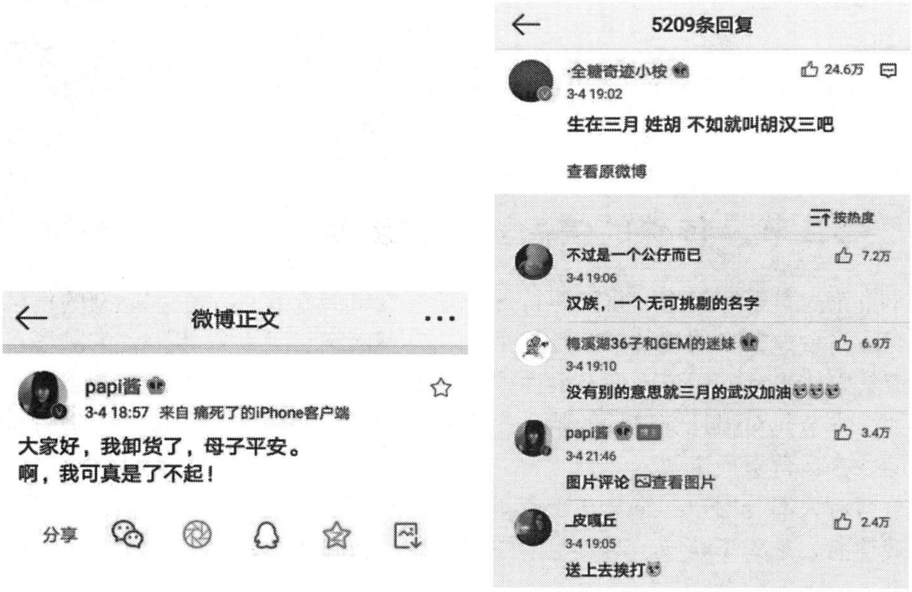

图 5－3　“papi 酱生子”微博的热门评论

微博用户喜欢在热点微博下“抖机灵”，以获得更多用户的认可和点赞。

3. “杠精”

“杠”是用来形容微博平台的风气。凡是观点、看法、解决方式多样的热点事件，微博用户都会迫不及待地参与“抬杠”。特别激动的甚至还会私聊抬杠。

4. “阴阳怪气”

“阴阳怪气”是由微博逐渐蔓延至整个互联网的用户不良习惯，指用反语、聊天终结语（让聊天对象打消将话题继续下去的意愿的语言，如“呵呵”“就这？”等）

等方式讽刺人或事。

5. 习惯“站队”

习惯“站队”是微博平台入驻了大量娱乐圈明星、行业名人导致的结果。这些明星、名人用微博账号聚集了大量粉丝，一旦明星、行业名人出现了引发讨论的事件，用户便会天然站在所拥护的明星、名人一边，这也是微博常常出现骂战的原因。

总结起来，微博用户是新媒体用户中表现相对极端的群体，他们活力“爆表”、“脑洞”深不可测，且乐于展示出非常原始、不带任何修饰的一面。

(二) 微博的内容特点

欲明确微博的内容特点，就必须先厘清微博内容的两种产品形态——短微博和微博长文章（见图 5-4）。

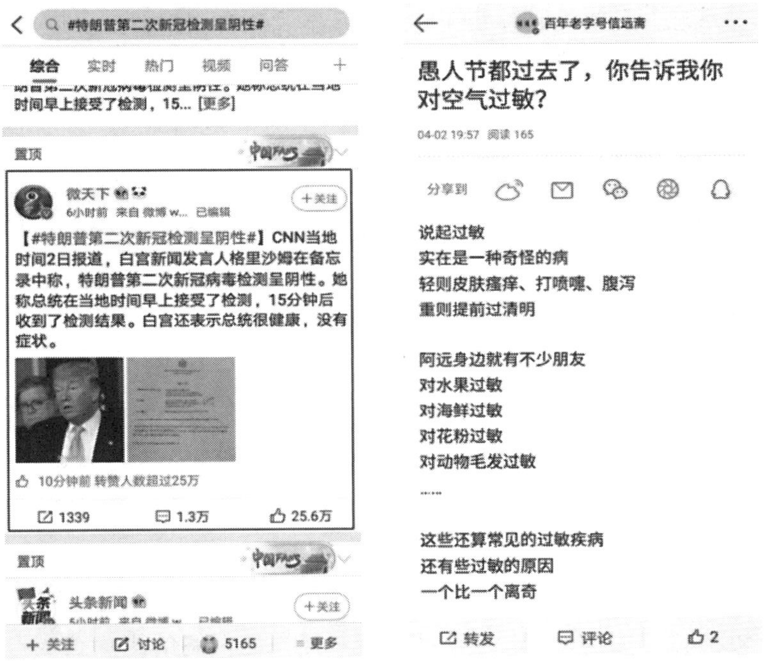

图 5-4　短微博（左图）和微博长文章（右图）

早期微博用户更熟悉类似微信朋友圈的短微博形式，这种将文字内容与图片、视频分开显示的形式，也是微博刚上线时的内容产品形态。随着加载长内容的新媒体平台陆续上线，微博也随之在 2015 年发布了“微博长文章”功能，即新媒体运营者日常创作的图文内容的产品形态。

微博的两种内容发布形态各具特色。短微博能随时随地发布心情、见闻；微博长文章则可以通过深度策划，创作发布分析、思考型内容。最初，短微博有 140 字以内的字数要求，2016 年取消了此限制，所有微博用户均可发布任意字数的短微博，只不过超过 140 字需点击“显示全文”。

短微博的产品形态，是微博为新媒体行业创造的一种流行产品模块，更是新媒体平台长内容形态的有益补充，这一点从后来出现的新媒体平台纷纷上线类似短微博的内容产品便可见一斑。比如，微信除了有公众号，还有发布短内容的公众号消息功能和朋友圈，2012年上线的今日头条于2017年发布了“微头条”功能，2013年问世的一点号于2019年上线了“发短内容”功能，2016年问世的百家号于2018年也上线了“动态”功能（见图5-5）。

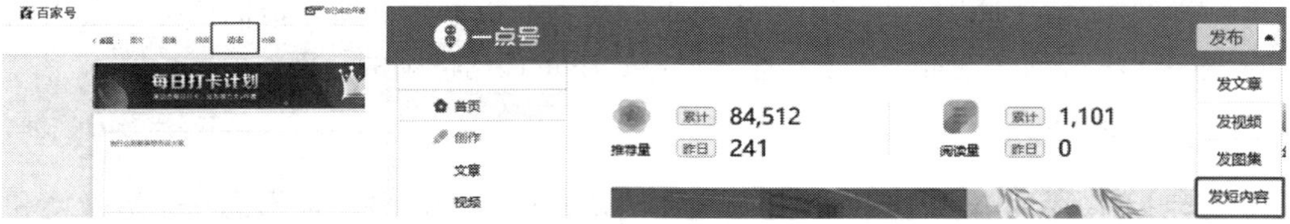

图5-5 百家号的“动态”功能（左）及一点号的“发短内容”功能（右）

除在产品形态上引领其他新媒体平台外，基于微博用户特点，微博短内容整体呈现出的自然、不带修饰的风格，堪称其内容的主要亮点之一。

微博内容的另一特点，是其大部分内容都是由个人发布的短微博，其中包括用户分享心情、分享图片、分享对事件的看法，多是快餐型内容，经过策划产出的内容占比小，而经完整策划产出的深度内容更是少之又少了。

这种现象与微博用户属性有关，用户关注的微博内容大多属于娱乐八卦类型，且都是对内容有一定了解后即时评论或吐槽，因而多视角、多维度、逻辑严谨、拥有明确价值观、长篇大论的深度内容并不受微博用户青睐。

（三）微博的平台差异化

微博虽然长于社交、有鲜明的娱乐八卦平台及用户属性标签，但从类别划分上仍属于信息资讯类新媒体平台。因此，这一部分讲解的微博平台差异化主要针对与其他信息资讯类新媒体平台的比较。综合来看，微博的平台差异化主要体现在以下三点：群组功能、铁粉功能、营销导向。

1. 群组功能

微博群组功能，类似QQ群组，可将有共同兴趣标签的用户在线上聚合组织，比如组成以某明星为聚合标签的粉丝群组。它是微博构建强社交性的支撑功能之一。

微博群组相较QQ群组，粉丝黏合性更强。比如，明星会不定时“空降”微博粉丝群与群友形成线上强互动（聊天、送礼物）。除了不能真实面对面，其与线下粉丝见面会的效果基本相仿，因此与鲜有这种活动的QQ群组相比，粉丝打开微博群组的意愿和动力更强。

2. 铁粉功能

铁粉标识，是微博独一无二的功能，于2019年5月推出。铁粉即微博用户（包括个人用户、官方用户）的铁杆粉丝，单用户在30天内，有超过5天与某微博账号达成有效互动（有效互动的评价标准是高质量评论），即有可能被打上铁粉标识。

任何微博账号都可以拥有铁粉，但以满足三个条件为前提：第一，30天内，该微博账号有超过5天出现用户有效互动的情况；第二，该微博账号粉丝超过10万；第三，该微博账号不能拉黑铁粉。

对粉丝来说，成为微博账号的铁粉，会在该账号的各种界面（粉丝群、评论区）下显示铁粉标识，更容易引起运营人员的注意，并且账号铁粉的评论会被微博平台默认为前置。

对运营者来说，铁粉功能是微博平台提供的“粉丝过滤工具”，天然为运营者筛选出了一批黏合性强的粉丝，并且运营者可以主动给他们发送消息，这是其他新媒体平台不具备的（其他信息资讯类新媒体平台很难辨别出黏合性强的粉丝，微信公众号的运营者几乎无法主动联系用户）。

运营者可利用铁粉功能将微博平台粉丝引流至微信公众号主运营阵地，也可以在铁粉中辨别出善于发表观点的用户，并尝试将其培养为有传播效果的KOL①（就“KOL的培养方法”，本书将在第八章“新媒体用户运营实操方法”部分详解）。

3. 营销导向

通常情况下，新媒体平台都属于内容导向，即通过制作优质内容，吸引用户、提升用户数并黏合粉丝，但微博平台更偏重营销导向，内容优质与否不像其他新媒体平台那么重要。相较内容，运营微博更重要的是通过各种活动玩法、营销话题，吸引用户关注、领取福利或参与讨论。

价值导向不同，导致了微博与其他新媒体平台在对待内容态度上的不同。内容导向平台，更希望运营者更新优质内容，而且一般会打压运营者发布的营销活动，也不允许向其他平台引流。

而秉持营销导向的微博，则不那么在意引流操作，其需要的是运营者发布有创意、有设计、有稀缺性福利的短平快活动内容，甚至运营者的内容有些哗众取宠也没什么问题。这也是微博存在大量营销号的原因。

综上所述，在大多数新媒体平台运营都是内容更重要，而在微博运营则是想法和资金更重要，因为大量营销玩法都需要买微博推广套餐获得流量支持。

二、微博的运营事项

微博作为开放性较强的新媒体平台，为运营者提供可施展运营操作的机会较多，比如在大V博文下发表评论以吸引关注，再如@与自己博文内容相关的大V账号等。但微博运营事项散、碎，不一定带来直接效果，作为多平台联合运营中的新媒体平台之一，建议运营者集中运营精力，围绕以下四个方面，形成常见且有效的微博运营工作。

（一）内容发布

内容发布是所有新媒体多平台联合运营中最基本的运营操作，微博平台包括长

① KOL，即key opinion leader的英文缩写，译为关键意见领袖，现在网络中也泛指粉丝多、流量大的各领域有一定影响力的人士。

文章发布与短微博发布两种内容发布工作项。

1. 微博长文章发布注意事项

由于其他平台在新媒体矩阵中的角色，主要是为微信公众号引流，所以微博发布的长文章只需要同步微信公众号发布的原创内容即可，但在发布时需注意如下三点：

第一，内容标题需根据微博用户特点重新拟定。据前文所述，微博用户有五大特点，所以微博标题拟定方法区别于新媒体标题拟定的三段论结构，越是在标题里“卖关子”，越是往标题里加八卦信息，标题的效果就会越好。

第二，内容版式需调整。微博页面不识别带特殊设计的排版格式，在排版编辑器中的版式不能复制到微博中，所以运营者需根据原创内容结构调整版式，包括段落间空行、文字与图片间空行、调整特殊字的颜色、标题使用微博的“大标题”“小标题”模板、重新加入文内超链接等。另外需注意，内容中如有视频，需要将视频上传至秒拍平台。

第三，发布内容前的权限设置。内容排版调整完成后，在发布之前运营者还需为所发布内容设置权限。微博的长文章权限包含以下四种：“非粉丝需关注作者后阅读全文”“文章打赏”“设置推荐文章”“加入专栏”（见图5-6）。

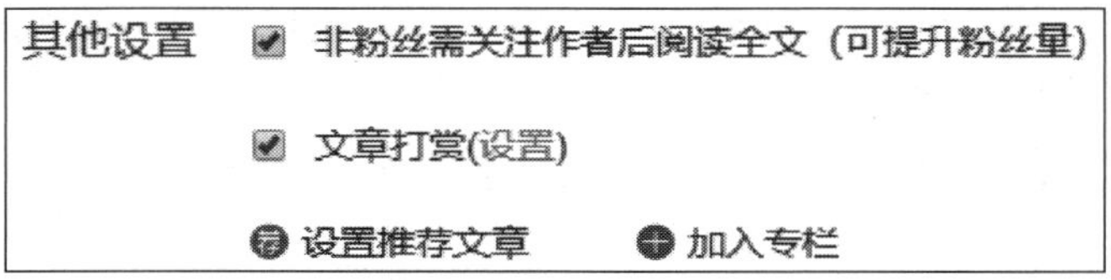

图5-6 微博长文章发布前的权限设置

“非粉丝需关注作者后阅读全文”与“文章打赏”权限比较好理解，有必要解释的是后两项权限。

“设置推荐文章”权限，相当于运营者在微信公众号内容底部增加的内容索引。当用户阅读完运营者的微博长文章后，会在内容底部显示运营者设置的“推荐文章”的跳转链接。

“加入专栏”权限，相当于为内容设置分类，所谓“专栏”是由运营者自主创建的内容分类，将类似主题内容发布于同一专栏，有利于用户阅读类似或相关内容，也有利于用户检索。

在微博运营实操中，一般会为内容设置上述全部四种权限，以达到新内容接触用户的最佳效果。

2. 短微博发布技巧

短微博相较微博长文章，形式更加灵活，通常即时发布新媒体号人格化运营形象的心情、观点。这种小而精的、有鲜明个人化特征的内容发布形式，在微博平台上对用户的吸引力更大，因此运营者在多平台联合运营时，如选择了微博平台，就要分配精力重点运营短微博。

短微博内容运营需注意以下四点：

（1）微博内容需紧跟甚至引领微博热搜。

微博热搜是反映微博平台整体热度的晴雨表，短微博能被纳入微博热搜的条目下，用户点开热搜事件条目便可看到运营者的短微博内容，是运营者期待的运营效果。

短微博与微博热搜事件相关，便可被收入热搜条目列表。如想获得热搜条目列表中更靠前的位置，需使用如下三种方法：

方法一：成为微博热搜事件的“源发点”，即微博热搜事件源起于运营者微博或与运营者微博内容紧密相关。如“孟子义开口吓死我了”热搜，点开后第一条便是孟子义本人的微博内容（见图 5－7）。

图 5－7　在热搜页面内置顶的当事人微博

这种方法效果最好，因其会将运营者微博显示在热搜条目打开后的顶端位置；这种方法也最难，因为一般微博内容很难引领“热点”，通常只有明星、名人或发布一手消息的新闻类账号的微博内容才能占据热搜条目顶端位置。

方法二：让微博内容在热搜条目下获得编辑置顶推荐。编辑置顶内容显示在“源发点”微博下方，如微博热搜条目中无“源发点”内容，编辑置顶内容则会成为微博热搜条目列表中的第一条内容（见图 5－8）。

编辑置顶推荐的微博内容，通常需满足三个条件：其一，微博内容与热搜事件相关；其二，微博内容在事件上热搜后有活跃的交互数据（根据作者的运营经验，微博活跃交互数据基准值为单条微博内容的点赞数达20 000＋，评论数达 5 000＋，转发数达1 000＋）；其三，发布微博内容账号的等级相对较高。

微博并没有关于账号等级的指标项，但账号的创建者身份（如央视新闻等重要机构微博账号被默认等级会更高）、加 V 情况、粉丝数，以及一贯的活跃水平，决定了微博账号的等级水平，等级越高意味着被置顶的可能性越大。

方法三：用更活跃的用户交互数据抢占微博热搜条目“热门区”。当微博内容无法成为热搜事件“源发点”，也无法获得编辑青睐登上“置顶区”时，运营者需专注于提升内容的交互数据，以达到成为热搜事件条目项下热门微博的目的，而用户交互数据最高的内容将紧随置顶区之后，出现在热门区第一的位置（见图 5－9）。

如上述三种方法所述，运营者把微博内容植入热搜榜的操作路径，最基础的是在微博热搜事件出现后，尽快发布相关短微博，不断寻求更高的用户交互数据，或者依托人脉、消息渠道，率先发布有潜质登上热搜榜的热点事件，而“金主”型运营者的操作一般是通过“买热搜”，让微博内容成为热搜事件的“源发点”或获得编辑置顶推荐。

图 5－8　由编辑置顶推荐的微博

图 5－9　微博热搜内热门微博的显示样式

（2）在短微博内容中加入话题和超级话题。

话题，即微博平台大量用户参与讨论的内容主题，用户可在话题榜查找，或在微博发现页搜索（见图 5－10）。

图 5－10　话题榜（左）与搜索相应话题（右）均会发现“热门话题”入口

发布短微博时，在正文内加入“＃××＃”（“××”为话题名称，“＃”为话题固定标识），微博会自动识别话题，运营者便可以让短微博内容加入平台现有话题或创造新话题（如运营者输入的话题不存在，则视为创造新话题）。

运营者发布的短微博，显示在单话题微博列表页的靠前位置可以获得更多曝光，而抢占话题列表页的靠前位置必须通过获得更高的用户交互数据实现（普通话题列表页的微博内容严格按照用户交互数据排序）。这就要求运营者创造高浏览量的话题，或尽早加入逐渐火热起来的话题。

超级话题，又被简称为“超话”。短微博加入“超话”，并获得类似钻石的“超话”专属标识，是通过在“超话”社区内发布短微博实现的。“超话”社区入口在微博底部边栏中部（见图5-11）。

图5-11　发布带有超级话题的内容

用户浏览“超话”社区的内容，与正常“刷微博”一样，显示在靠前位置的内容是用户刷新时最新发布的内容。此外，“超话”主持人有将部分重点内容置顶的权限。

运营者需注意，在“超话”社区中发布短微博，同样可以带上话题，此时内容会同时出现在话题页及“超话”页，曝光率更高。

【运营提示】企业微博号应尝试创建超级话题

如运营者在微博有一定粉丝基础和号召力，便可尝试创建超级话题。“超话”的申请条件是，有10个以上账号同时申请同一“超话”主题，经微博平台审核通过后，“超话”正式创建并可发布内容。创建“超话”，能增加陌生用户看到运营者微博号和品牌的可能性。

（3）@热点事件相关人或机构的微博。

因微博具有强社交属性，微博号之间、用户之间的互动非常重要，因此运营者要通过@其他人的微博账号（尽可能是大号），尝试形成互动（见图5-12）。

图 5-12 @名人微博实例

如被@的微博账号到运营者发布的微博下留言，就会带动其粉丝一同查看运营者发布的微博，此时便达到了吸引该微博账号粉丝的目的。

此外，运营者在评论某条微博时选择“同时转发”微博，转发的微博虽没有@原微博账号的标识，但能获得与@同样的效果（见图 5-13）。因为运营者在该微博账号下的评论如果成了“热评”，就必会受到该账号粉丝的关注，而其中一部分粉丝会到运营者转发的微博下再度评论。

（4）每条短微博内容都应“抖机灵”。

除上述三种增加吸睛可能的短微博运营操作技巧外，运营者在运营短微博时，还需回归内容主体，尽可能保证短微博内容对用户的吸引力。而增加短微博内容吸引力的方法，一言以蔽之就是“抖机灵”，其源于微博的强娱乐属性，短微博的内容就应该达到让用户会心一笑的目的。

图 5-13 评论同时转发操作及展示效果图

在微博中，会“抖机灵”的运营者很多，但能持续供给“抖机灵”内容的微博账号则较少。将“抖机灵”内容常态化，应是运营短微博努力的目标。如能成为粉丝的“快乐源泉”，微博账号也必将日趋向好（见图 5-14）。

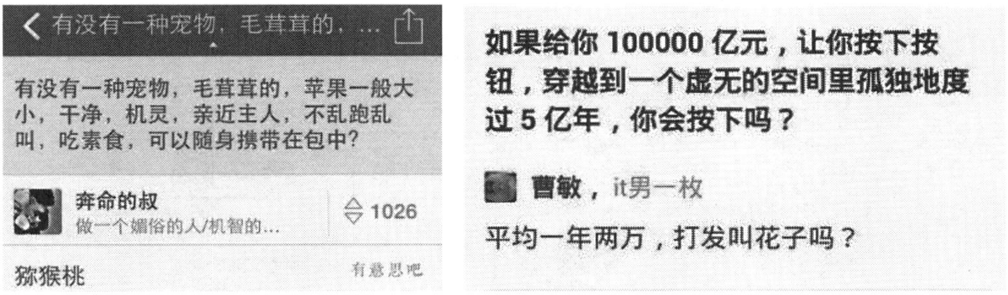

图 5－14　微博常见的“抖机灵”内容举例

（二）评论区才是短微博内容主体

相较运营者经策划后完成的微博长文章、短微博，追踪热搜发表评论的吸粉效率更高、可能性更多，在微博体系内是一种更巧妙的运营手段。

新媒体用户常打趣说，一条微博的核心主体其实是评论区，因为评论的脑洞和笑点远大于原微博内容。运营者要做的就是用评论直戳用户笑点、泪点，让用户为评论留言、点赞，使之成为热评。运营者评论如果成了热评，就会显示在该热搜微博下的靠前位置，继而获得更多曝光（见图 5－15）。

图 5－15　央视新闻微博下的热评第一

目前，对微博热搜发表评论的常见方式一般分为四种：

第一种是以鲜明观点“站队”。微博的大部分内容都有树立“对立阵营”的可能性，且由于微博用户习惯“站队”的特点，他们对“站队评论”，尤其是观点特别鲜明的“站队评论”有很强的追评欲。

第二种是“带节奏”，引入与该微博不相关的其他话题，激起争论甚至谩骂。

以上两种评论方式是营销号的常用手段，其实质是恶意带起争端以引发用户关注，建议运营者远离这两种操作手段，还网络一个理性、良好的交流环境。

第三种是“抖机灵”评论，即从一个热点事件中找到一个独特的点，抖出一个包袱。

图 5－16 的微博排名前三的评论都有“梗”：第一条用了 rap 的押韵，其中还包含了美加关系和时事热点；第二条用了 2020 年上半年火爆的《青春有你》（第二季）中的 rap 梗；第三条同样押韵，并富含讽刺意味。三条评论均语言活泼、诙谐幽默，因此获得了很高关注度。

图 5-16　2020 年 4 月 5 日新浪财经微博及评论

第四种是提供与原微博相关的服务内容。比如“什么性格的人容易抑郁症”微博中（见图 5-17），如运营者以心理学的专业身份发表观点，自然会有关注度，因为专业内容很容易切中观看这条微博的用户的痛点，或得到他们的认同。

图 5-17　心理学专业的用户在“什么性格的人容易抑郁症”微博下获得高热度

（三）抽奖是最实用的微博运营手段

微博平台的营销导向，使其成为多平台联合运营中举办营销活动的首选平台。运营者通过组织活动，可增强粉丝活跃度及黏合度，使用户更有可能受运营者引导关注微信公众号，达成引流目的。因活动运营将在本书第七章“新媒体活动运营实操方法”中详细讲解，所以这里主要讲解微博抽奖活动。

微博抽奖，是微博中最常见也是最实用的运营手段（见图 5-18）。

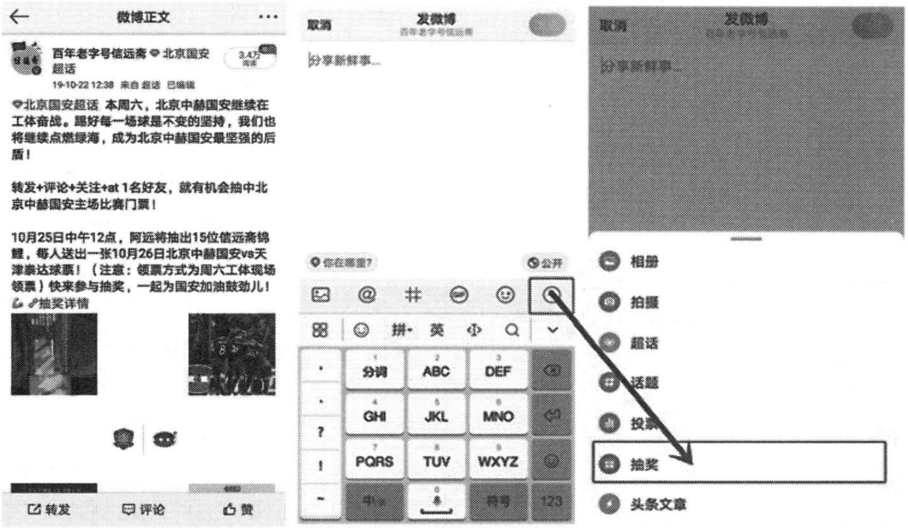

图 5-18　抽奖微博及发布抽奖微博的方式

抽奖活动在发布微博时即可选择，运营者可以让用户通过对微博的不同操作参与抽奖。常见的操作方式包括关注微博账号、转发、点赞、留言、@好友。

运营者可以设置红包奖励、实物奖励，并且可以自行设置中奖人数、开奖时间，时间截止后微博平台会自动在满足条件的用户中抽出中奖用户。

举办微博抽奖活动的注意事项如下：举办抽奖活动必须是加 V 认证且已购买商业服务包的账号。在举办抽奖活动时，运营者需考虑微博账号的粉丝基数，如果粉丝基数小，则需增加推广手段，如使用微博粉丝头条功能。粉丝头条需按推广的目标计算费用，运营者可以根据标签选择用户，或选择与己类似品牌的用户作为目标用户，帮助自己的微博账号获得曝光量。

（四）微博允许内容中添加微信二维码

引流是新媒体多平台联合运营的核心工作，本节已讲述的发布微博内容、追踪热搜评论和举办抽奖活动三种运营方式，均可为微信公众号引流。微博平台引流与其他新媒体平台引流相比更容易，因其没有内容中不许加入二维码的类似限制。微博常见引流方式有如下五种：

第一，在微博长文章底部添加微信公众号二维码或微信号。

第二，在用户私信页面设置自动回复，回复内容为微信公众号二维码或微信号（见图5-19）。

图5-19 微博私信自动回复样式

第三，在简介、置顶内容中放置微信公众号信息。

第四，当用户评论长文章或短微博时，可直接通过评论回复的方式引流。

第五，在微博发布微信公众号举办活动的信息，通过用户参与活动实现引流。

运营者需注意，引流时的文案表述要触动当前场景下的用户需求。比如：针对内容的，可以是“想看更多内容，关注我们的微信公众号”；针对活动的，可以是“扫码参加活动”或“更多福利请关注微信公众号”。针对运营者的不同内容、不同活动，可以设置吸引用户更加细致的引流文案。

此外，微博平台也存在“审核广告信息”功能，虽然不像其他信息资讯类新媒体平台监管那么严，但微博内容“广告性质”太重，一样会被限制推荐、阅读。不过若运营者的账号在微博已加V并购买了服务包，则几乎无限制，只需注意不要触碰违禁敏感词即可。

三、微博的运营忌讳

前述内容已详细讲解了微博常见且有效的四种运营方式。然而，即使运营者已深谙微博运营的方法，在实际运营中仍会经常出现如下三种错误，以致运营方向“跑偏”。

1. 将微博运营程式化

新媒体运营者并没有清晰的工作、生活分界线，发微博不能僵化。用户没有固定打开微博的时间和频率，多数用户都是听说热点后到微博搜索，所以运营者应在热点出现后及时跟踪，发短微博、评论热门微博，不能以非工作时间为理由错过热点。另外，每当运营者有心情或灵感时，应随时发微博，如此才能增加更多曝光可能性。

2. 日常发布微博忽略人格化运营形象

运营者在个人微博发内容，当然可以随性。但运营企业账号时，须以人格化运营形象的立场、视角、语言习惯等发布内容，否则容易影响人格化运营形象在用户心中早已形成的印象，甚至造成已建立的人格化运营形象崩塌。

3. 发布过于平淡的内容

所有新媒体运营手段都是为增加内容曝光服务的，即内容不平淡是让运营手段有效的基础保障。在微博有“脑洞”的内容才是不平淡的，而对“脑洞”的理解就是用各种方式创作梗或抖机灵。

运营者一般会通过如下两种方式让用户体会“脑洞”带来的愉悦感：一种是让用户看微博内容、评论时“瞬间入戏”，即用户常说的文字“有画面”“有声音”。比如演员张一山发布了搞笑微博，评论出现：“刘星！你干吗呢刘星！”（《家有儿女》中妈妈的经典台词）这条评论能让文字自带“音效”，达到让用户入戏的效果。

另一种是让用户看微博内容、评论时“瞬间出戏”。比如“聊聊你姓氏里的名人都有谁”，评论里有刘德华、张国荣、朱丹等名人，但当用户看到“王境泽”时，就会瞬间出戏，联想到“真香”（见图 5 - 20）。

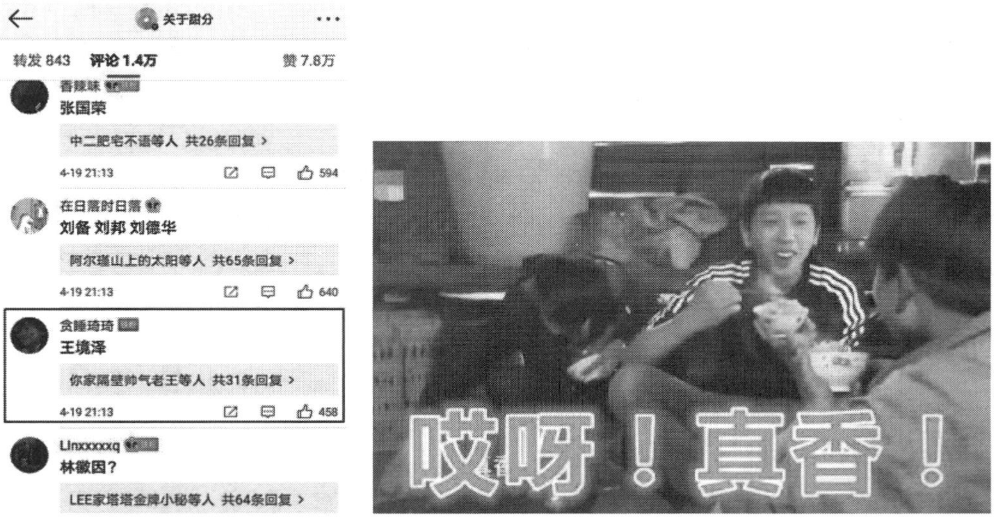

图 5 - 20　在名人、历史人物的列表里出现“王境泽”真的很“出戏”

第三节　以今日头条为代表的信息资讯类新媒体平台

信息资讯类新媒体平台以推荐内容为主要形式，满足用户信息资讯获取需求，它是促成“信息爆炸”的重要助推器。根据用户信息资讯获取需求的不同，出现了在内容类型、用户调性等方面各具特色的多家信息资讯类新媒体平台。

用户在信息资讯类新媒体平台上常见的行为有阅读、点赞、转发、收藏，但相对而言评论较少，这是用户对这类平台的需求使然。面对一条条以信息流方式展现的内容，用户通过标题了解内容梗概，对内容感兴趣便点击阅读，阅读完成后，用户的需求就已被满足。如内容中没有刺激交互的运营手段，则用户不会倾向于进行评论。

信息资讯类新媒体平台的代表是今日头条，本节将以今日头条为核心，详细讲解其平台特点、运营事项、运营忌讳，并补充说明其他信息资讯类新媒体平台的差异化特征。

一、今日头条的特点

今日头条的最显著特点，是建立了依托于技术算法、机器深度学习的“更聪明”的内容推荐机制。可以说今日头条在用户、内容和功能上呈现出的特点，均是源于这套仍在不断发展完善的推荐机制。

（一）今日头条的用户特点

1. 用户基数庞大

今日头条的用户规模是其他信息资讯类新媒体平台无法媲美的。《2019年6月今日头条用户画像》中披露的数据显示，截至2018年6月，今日头条月活用户数达2.6亿，日活用户数达1.2亿[①]。换言之，排除当日重复打开次数，每天有1.2亿用户使用今日头条，这便是在新媒体多平台联合运营中必选今日头条的原因。

2. 年龄覆盖范围广

今日头条的用户年龄分布更为平均，24岁及以下用户占比23.3%，25岁至30岁用户占比25.5%，41岁及以上人群占比最高，达到26.4%（见图5-21）。

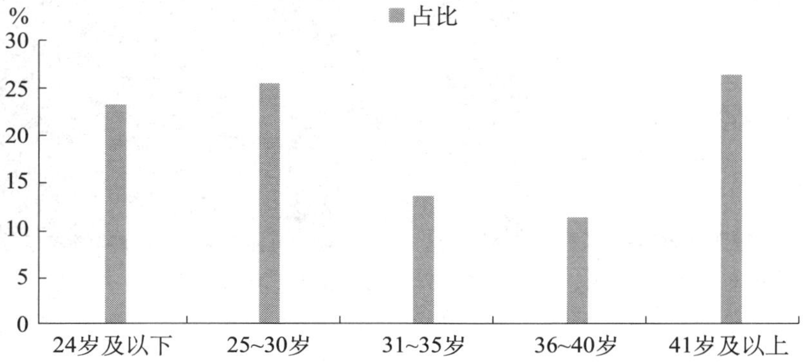

图5-21 2019年一季度今日头条客户端用户年龄比例[②]

随着新媒体向更广泛人群普及，将有更多40岁以上用户开始使用今日头条。因此，不论今日头条官方是否公开承认，其用户群体已呈现大龄化趋势，这一点从今日头条内容主题及与之捆绑紧密的“悟空问答”高流量问题类型上便可见一斑（见图5-22）。

3. 内容获取的兴趣标签清晰

数据显示，今日头条男性用户约占60%，女性约占40%。内容获取的兴趣点都以“社会”和“娱乐”两个标签为主。男性用户收看社会类内容比例超70%，娱乐

---

① 巨量算数.2019年6月今日头条用户画像［EB/OL］.（2019-09-18）［2024-03-23］.http://www.199it.com/archives/934747.html.

② 艾媒数据中心.2019Q1今日头条客户端用户年龄分布［EB/OL］.（2019-09-23）［2024-03-26］.https://data.iimedia.cn/page-category.jsp?nodeid=24720671.

类内容比例超50%；女性用户收看娱乐类内容比例超85%，社会类内容比例超65%[①]。

4. 跟风行为明显

不同于微博用户喜欢特立独行地发表看法，今日头条用户对内容本身的价值观立场一般不太关注，他们受内容点赞数和评论数的影响较明显，对评论数量多、倾向也相对统一的内容，往往均持“认同”态度。

（二）今日头条的内容特点

与微博相似，今日头条也有长文章和微头条两种图文内容发布形式，而且能单独发布图集、音频和视频。

（1）广泛性。

以社会、娱乐两大内容标签为头部，集合本地、健康、育儿、时政、财经、世界等内容类型，组成了涉猎广泛的热门内容标签阵容。因为用户群基数足够大，所以每个热门标签下的内容都不会受冷落，只要言之有物，就会获得平台推荐。

（2）强引导性。

由于今日头条用户有跟风行为，运营者发布观点鲜明的内容就易产生更强的引导性。如有部分用户对内容表示认同、赞扬，甚至追捧，便会出现一批跟风追逐内容的用户。

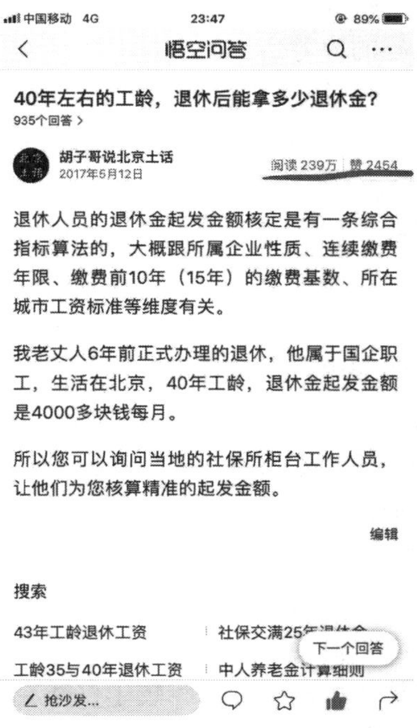

图5-22 40岁以上用户群体更关注的民生话题在“悟空问答”更容易获得高流量

（三）今日头条的功能特点

在新媒体行业中，主流信息资讯类平台从初创起均保持着类似于“纯粹内容化”的追求，即尽量保证平台承载内容的纯粹性和高价值，以平台政策或审核等手段，降低有营销倾向内容的占比，也不会为营销内容打上“广告”等明显标签，从而保障由信息资讯获取需求进入平台的用户的使用体验。

同时，各主流信息资讯类平台还通过推出、优化平台功能及政策，保护高价值内容生产者的创作热情和发布动力。今日头条的兴趣推荐、原创认证标识、优质创作者计划、兴趣认证等功能或运营政策，便是其中的突出举措。

1. 兴趣推荐

兴趣推荐是信息资讯类新媒体平台的特色，也是新媒体平台为用户推荐内容方式的革新。与编辑推荐不同，按用户阅读兴趣标签推荐内容，大幅降低了编辑在质

① 巨量算数.2019年6月今日头条用户画像［EB/OL］.（2019－09－18）［2024－03－23］.http：//www.199it.com/archives/934747.html.

量判断和喜好上的主观意志，用户接收到的是与自己以往在平台阅读的兴趣取向相匹配的内容。

今日头条是所有信息资讯类新媒体平台中着手开发“机器算法实现兴趣推荐”技术最早的平台之一，相比其他平台，其机器学习、兴趣标签组建、智能推荐的技术更成熟，能更有效地实现用户兴趣与内容标签的匹配，加之其越来越庞大的用户基础，使得“点击兴趣推荐内容”的阅读习惯覆盖的用户规模越来越大。

在今日头条平台中，“兴趣推荐”的特点主要体现在两个功能上：

第一，首页推荐功能。首页推荐，是平台把具有某类阅读兴趣标签的内容推送至匹配用户头条首页的一种推荐方式，既为符合优质标准的内容增加了曝光量，也为用户打开今日头条就看到感兴趣内容增加了可能性（见图5-23）。

第二，消息通知功能。如运营者内容在被推荐至首页后数据表现良好（阅读、点赞、转发量高），或运营者账号是“热点事件当事人”，则可能被推荐至更高级别的信息推送方式——今日头条消息通知。

今日头条消息通知，是指内容提示出现在用户手机屏幕下拉菜单中，此功能在所有手机安装今日头条App时都是默认允许的。当用户收到通知消息时，手机会有响铃或振动提示。相较于仅能在今日头条App内部得到推荐，这种兴趣推荐形式使内容更容易被用户点开，而用户点击后，手机会自动唤醒今日头条，并跳转至消息通知里的相关内容页面（见图5-24）。

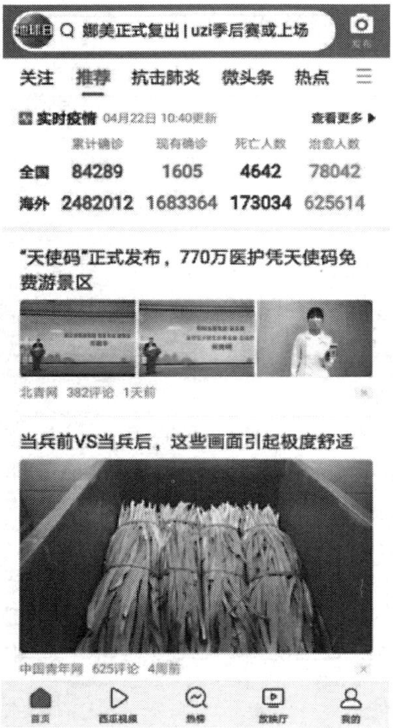

图5-23　今日头条首页推荐

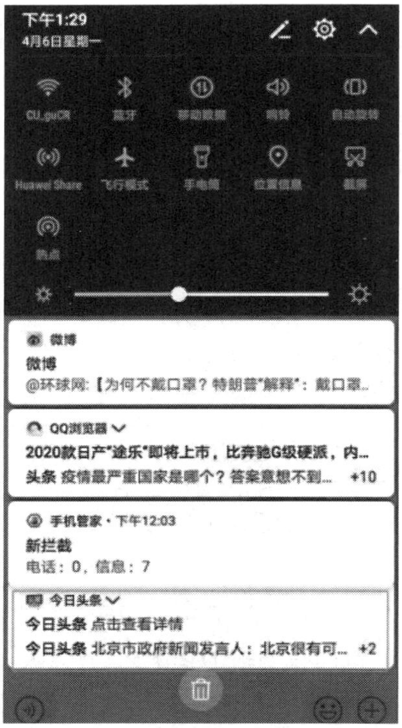

图5-24　今日头条消息通知推送

2. 原创认证标识

原创认证标识，是今日头条给予符合优质内容创作标准、能够持续更新的内容创作者的身份标识。在完成内容优质标准的自我认定，以及有一定数量的优质内容发布基础后，内容创作者可向今日头条平台申请这一认证标识。

截至 2020 年初，多数新媒体平台都已有原创认证标识功能，不过今日头条的原创认证标识对运营者的作用更为重要，因为有原创认证标识的内容更容易被今日头条的智能算法推荐，继而获得更高阅读量，而且它还可以帮助运营者参与优质创作者计划（见表 5－1）。

表 5－1　今日头条创作者粉丝量级的权限

权益	粉丝数	对应权限
基础权益	0 粉可申请	文章创作收益、视频创作收益、视频原创、图文原创、热点图库
百粉权益	一百粉可申请	问答原创、微头条创作收益、问答创作收益
千粉权益	一千粉可申请	图文赞赏、视频赞赏
万粉权益	一万粉可申请	付费专栏、头条抽奖、商品卡
五万粉权益	五万粉申请	创作者社群、VIP 客服

3. 优质创作者计划

2022 年 12 月 27 日，今日头条生机大会在海南举行。今日头条新任负责人张超表示，2023 年，今日头条将升级“优质创作者计划”，在原有基础上对优质图文内容新增 2 000 亿展现量。此外，平台将增加 3 000 亿关注流量池，加大对兴趣类内容的扶持力度；同时，推进流量分成规则改革，加大优质、粉丝阅读等维度的权重，帮助创作者更好地变现。

4. 兴趣认证

兴趣认证是平台在垂直兴趣领域给优质内容创作者的资质认证，运营者需向平台证明在该兴趣领域的专业程度来获得此项认证（见图 5－25）。

头条账号满足下列条件，即可立即线上申请兴趣认证（黄 V）：用户名、用户描述及头像合规且为非默认状态；已加入创作者计划，且信用分为 100 分；头条和西瓜视频粉丝总数≥1 000；近 30 天发文总数≥5（计数范围包括文章、微头条、视频、问答、小视频）；近 30 天发文篇均阅读（播放）量≥5 000。

运营者开通兴趣认证后，便可以获得该领域内容优先推荐。比如，科学领域的两个账号同时写了关于相对论的内容，有兴趣认证的账号内容将获得更高推荐量。

二、今日头条的运营事项

作为新媒体多平台联合运营的必选平台，今日头条的运营事项均围绕内容展开，以提高账号在平台的推荐权重、获取更多曝光量为目标，其中包含发布内容、申请原创、修改内容三个主要运营事项。

图 5-25　今日头条科学领域加 V 标识

（一）内容发布

相较微博，今日头条内容的表现形式区分更清晰，包括长文章、微头条、图集、视频、音频、问答六项，其目的是为新媒体多种内容表现形式搭建专属空间，以取得更好的呈现效果。

在讲解今日头条内容发布方式前，运营者首先要明晰今日头条的推荐机制。因大部分头条内容均是由机器执行推荐及复审操作的，运营者需熟知机器“习性”，才能针对不同内容形式有的放矢地输出内容。

1. 今日头条的推荐机制

今日头条的推荐围绕平台热词、用户标签、内容三个维度展开。运营者发布原创内容后，平台会执行如下四步推荐。

第一，平台会在内容中抓取频繁出现且表意明确的词语（介词、连词不算），以及平台近期热词，定义内容所属领域（见图 5-26）。

第二，根据内容标签，定义内容匹配的用户范围。平台经过对内容的分析，会锁定两大类用户。一是经常点开与该内容所属领域、所具兴趣标签相似内容的用户，二是近期搜索过内容中高频出现的关键词的用户。

第三，初步推荐。初步推荐指将内容推荐给部分系统确定范围内的用户。这一过程不仅是系统推荐内容的过程，也是系统验证用户反馈的过程，被追踪的用户反馈行为包括阅读、阅读完成率、内容页面停留时间、点赞、转发、收藏、评论、举报等。

第四，复审推荐。内容经过第一拨推荐后，系统将根据用户对内容的反馈进行复审，如有大量举报或评论中出现大量负面信息的，平台会停止推荐，严重者还会被退、删内容；如内容反馈良好，阅读完成率、转发、收藏等指标均相对较高，则平台会给予内容二次推荐。这种推荐机制在多数信息资讯类新媒体平台均适用。

2. 各内容类型发布技巧

（1）长文章发布。

今日头条长文章发布与微博长文章发布类似，详细内容可参阅本章前述微博长文章发布方式。

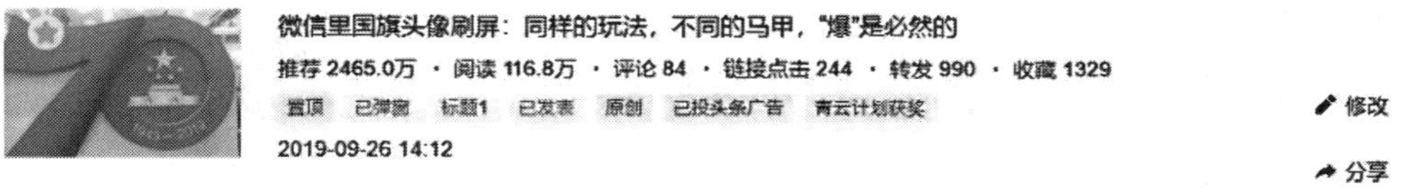

图 5－26　这篇内容切中“国旗头像”标签，今日头条的内容推荐量达到了 2 465 万

(2) 微头条发布。

2019 年，今日头条重点向运营者推出了微头条运营方式，并加强了短内容在平台上的阅读及推荐权重。微头条形式与短微博类似，所以这部分内容以表格形式，通过对比两者特点，讲解微头条运营方式（见表 5－2)。

表 5－2　微头条与短微博的比较

	短微博	微头条
运营手法	可加入话题、超话。	仅可加入话题。
内容属性	抒发心情、描述状态为主，内容偏短且主观性较强。	经过完整策划、逻辑性强，客观阐述事件概要、事件细节并加入事件点评，内容相对较长。
运营出发点	以热点事件为出发点，发布即时的观点述评。	因内容素材不饱满，无法支撑原创长文章，故做出的以短内容方式呈现的选择。
运营助力	无助力，全凭运营者自身对热点事件的判断。	平台专业领域运营人员（运营者需自行联系）会为运营者提供每日热点话题，运营者根据该话题创作微头条会更有可能获得大量推荐及阅读。

(3) 视频发布。

无论视频长短，凡在今日头条上发布的视频内容，视频承载平台均为抖音旗下的视频平台——西瓜视频（微信公众号发布视频的承载平台为腾讯视频，微博发布视频的承载平台为秒拍)。平台建议视频以横屏为宜，且仅有横屏视频才能在今日头条平台享受视频收益。

(4) 图集发布。

今日头条图集内容与微头条相似，是以图片加文字解说的形式发布，但每次发布的图集内容至少包含三张图片，且需同长文章一样填写标题和引语等。图集中，每张图片都可以加入简单的图片介绍，如“雨天的 10 个细节”“疫情背景下的生活瞬间”等。

(5) 音频发布。

今日头条的音频内容不能直接发布，而是要创建专辑，需以类似音乐专辑的操作方式设置专辑名称、专辑封面、专辑分类、预计章节。创建好专辑名称后，运营者才能在专辑中添加单独音频。

图片、音频结集发布的目的，是让运营者将相同类型的内容整合到一起，使内容更具系列策划感。与此同时，平台可将图集、音频专辑标签与用户标签匹配，达到更精准的推荐效果，这也印证了今日头条以兴趣为主的推荐机制。

（二）内容三段逻辑法更易获原创认证

由于具有原创认证标识的头条号可获得更多曝光量，并且申请原创认证标识有一定门槛，所以在今日头条申请原创是一项重要的运营工作。

1. 图文内容申请原创规则

图文内容原创的基本要求是账号入驻平台满30天，30天内发布图文数超过10篇，无原创标签的审核记录，无发布违法、违规内容记录。在此基础上，运营者的原创内容还需得到平台青睐（即获得推荐量），头条号才有可能获得原创认证标识。

今日头条平台青睐的图文内容，首先需逻辑清晰，应按照“是什么”“为什么”“怎么办”的三段逻辑法完成行文。另外，今日头条平台相较其他平台，对文字能力要求更高，内容中如出现大量的介词、连词，则会影响内容质量判定，因此运营者应让文字尽量保持“干净”，才更易得到平台青睐。

2. 视频内容申请原创规则

视频内容原创的基本要求是账号在30天内发布3条以上的视频，而今日头条平台青睐的视频内容，首先须符合三个指标：内容不涉政治、黄赌毒、道德伦理等问题，上传视频的清晰度应达到720P，符合平台判定的视频原创程度。基于以上三点，运营者想开通视频原创功能，最好按照账号运营策略，自主拍摄视频内容并剪辑，如视频中有真人出镜则更容易通过原创认证。

此外，对于视频剪辑、点评类内容，今日头条的原创审核要求更高，运营者需保证剪辑画面的清晰度、流畅度，并且配合字幕、解说、特效等二次原创内容（如单纯画面拼接、解说内容有大量抄袭均不算原创），经平台编辑审核通过后才可认定为原创视频内容。

图文、视频内容申请原创后，会进入系统审核阶段，今日头条将在一周内给出结论。如未通过审核，平台会给出内容优化方向，比如“建议您增强原创内容占比”，这就说明内容不扎实或引用部分过多。运营者需注意，申请原创未通过后，需时隔一个月才能再次申请，所以要对内容质量严格把关，做好准备再申请。

（三）修改内容不止于纠错方式

不同于微信公众号的仅能修改20个错别字，今日头条的已发布内容可以根据运营者需求无限制修改。因此，在信息资讯类平台的运营中，修改内容不仅是一种纠错方式，还是一种重要的运营手段。

对修改内容在今日头条上作为运营手段的理解，应包括两层含义：一是运营者发布内容时，需根据上述平台青睐的内容结构，将微信公众号的内容加以修改，再进行发布。比如适当减少内容通感部分，重点突出核心干货；二是运营者在内容发布后，根据实时情况修改已发布内容，比如数据反馈不佳时，需修改标题、重新发布内容。

运营过程中，运营者内容中频繁出现的关键词，可能未与该内容所属领域紧密相关，这时就需要通过修改内容，让平台对修改后的内容重新进行领域划分、关键词抓取。比如运营者要发布预防网络诈骗的内容，其中必然涉及钱财，可能会被平台认为内容属于金融或财经类，这就违背了运营者本意。如出现推荐量不佳或阅读完成率不高的情况，运营者就需修改内容调整关键词侧重点。

相较于修改内容，运营者对标题的修改更易操作。并且，由于标题会在信息流列表中直接展现给用户，因此修改标题不仅对平台抓取关键词有帮助，同样也可以调整用户对内容的理解。

不过，虽然修改内容是一种帮助内容曝光的方式，但内容修改后也会影响推荐量，因此运营者最好仅修改一次，超过一次后平台基本不会对内容进行再次审核推荐。

三、今日头条的运营忌讳

今日头条的运营忌讳主要与内容输出相关，共以下四点。

第一，内容中不能含有违法和敏感信息，如黄赌毒、政治、宗教及其他敏感话题。对这类内容，信息资讯类平台审核会更严格，一旦违规平台就会删文加扣除信用分，严重者还会直接封禁账号。

第二，内容中不能含有销售信息，如出现引导购买、推荐商品的内容，会直接被认定为低质量内容。运营者要注意，频繁出现销售信息，不仅对单篇内容有影响，而且多次发布后平台会将账号直接打入推荐“冷宫”，推荐量、阅读量都会无限趋近于零。

第三，不要用账号转发其他账号内容。今日头条会为所有账号划分领域，主要判断依据是账号发布的内容，如转发其他账号内容，会影响账号垂直度，从而使推荐量受到影响。

第四，不要发布已经发生了很长时间的“过气”内容。今日头条内容的热点性很强，针对刚发生不久的热点事件的内容，平台会给予更多推荐量，但如内容中的信息已经过去很久，平台则不会推荐，甚至直接退回。

四、其他信息资讯类新媒体平台特色

关于其他信息资讯类新媒体平台，本书将以图表方式解析特色，其基于的是本书作者的云知新媒体运营团队在实际运营中总结的经验（见表 5 - 3）。

表 5 - 3　不同信息资讯类新媒体平台的对比

平台名称	印象感知	运营效果	服务评价
搜狐号	（1）搜狐号在所有平台中，垂直领域区分做得最好，如搜狐美食、搜狐娱乐。用户可以从搜狐新闻中找到各种垂直领域，查看内容。（2）搜狐平台与运营者互动良好。搜狐号的每个垂直领域，都有专门团队负责管理，经常会为运营者提供内容方向、平台活动、福利（如搜狐娱乐会赠送点映、首映电影票）。并且，如果运营者想做其他领域的新媒体号，平台管理人员也会将其他领域负责人联系方式推给运营者。（3）搜狐号不显示推荐数据，仅显示阅读数据，且阅读数据来源分为手机 App、站内及百度搜索。	☆☆☆	☆☆☆☆☆

续表

平台名称	印象感知	运营效果	服务评价
百家号	（1）百家号的阅读转化率一直维持在较高水平（注：阅读转化率与标题、内容相关，但也受平台因素影响）。（2）百家号阅读量得益于百度搜索引擎，如运营者内容中的关键词被用户在百度上搜索，即可能弹出内容，继而获得阅读量。（3）所有平台都有因阅读而产生的收益，百家号与大鱼号的阅读收益最高，根据账号等级，千次阅读收益分为10元、30元不等。	☆☆☆☆	☆☆☆
一点资讯	一线城市用户占比达12%，远高于新媒体平台平均水平①。	☆	☆☆
大鱼号	（1）大鱼号是震惊体②内容的发源地，因此平台保持了相对惊悚的标题特征。（2）大鱼号的星级评定非常重要，取决于内容原创度、内容质量、用户关注度、用户评论、内容垂直度。运营者必须想方设法达到五星大鱼号，这样会有更好收益，更高账号权重。	☆	☆
网易号	（1）网易号的流量都聚集在头部，新账号想要突破很难。（2）网易号以军事、娱乐、音乐三大板块为主。	☆	☆
企鹅号	（1）企鹅号对原创要求比较严格，内容需要在企鹅号首发，且经过内容运营由试运营账号转为正式运营账号后，内容才有推荐量。（2）企鹅号是腾讯所有信息发布平台的内容生产基地，内容产出后会全部放置到负责内容调度的平台系统，经编辑审核后抓取内容投放至不同内容出口，如腾讯新闻、QQ看点等，这是一种类似于PGC（编辑推荐制）的运营方式。	☆	☆☆
大风号	（1）大风号源自凤凰网自媒体，民生类内容在平台上有较好的推荐与转化。（2）大风号开通原创功能比较费力，主要原因是没有专门运营人员负责引导。	☆☆☆☆	☆
趣头条	（1）趣头条作为最晚出现的信息资讯类平台，集合了大部分平台的优势，且通过看内容拿钱的营销方式吸引了一大批用户，可将其戏称为“资讯类拼多多”。（2）趣头条人群主要聚集在三线以下城市，据趣头条工作人员称，这就是他们的主攻人群。	☆☆	☆☆

综合上述平台特点和运营经验，还可为运营者提供如下建议：

第一，垂直性较强的账号，尤其在该领域有一定名气的企业、个人做新媒体，建议选择搜狐号。

第二，追求大流量曝光，建议选择百家号、搜狐号（这两个账号在百度搜索页面的推荐可能性较高）。

第三，追求内容快速变现，建议选择百家号，因其出现较高阅读、推荐量的门槛较低，且收益分成高。

---

① 极光大数据．一点资讯用户研究报告［EB/OL］．(2019-01-03)［2024-02-21］．http://www.199it.com/archives/816637.html.

② 震惊体，即以“震惊！”开头的标题，其最早出现于“UC震惊部”，指UC浏览器里以“震惊！”开头的标题党。

第四，建议运营者选择有平台负责人联系方式的平台入驻，这样能少走弯路，快速见到成效。

第四节　以抖音、B 站为代表的视频类新媒体平台

2019 年短视频浪潮来袭，视频类新媒体平台积累了一大批新媒体人和用户流量。

从 2024 年之前的情况看，视频类尤其是短视频新媒体平台，聚集的新媒体人分为三类：第一类是慕名而来，要试试自己能不能火的个人；第二类是掌握了大批视频类新媒体号的 MCN[①] 机构；第三类是以机构或个人入驻平台的新媒体运营者。这三者中以 MCN 机构居多，这才导致了用户在视频平台上看到的许多都是相同主题的视频内容（因 MCN 大部分内容为标准化系统产出）。

在视频类新媒体平台中，抖音与 B 站最具代表性。一个是自 2018 年火爆起来的全民视频平台，以小视频为主；一个是涵盖大量视频内容，自 2009 年起就长盛不衰的二次元视频平台。本节将以这两者为代表，对视频类新媒体平台进行讲解。

一、抖音，用户日平均使用时长达到 115 分钟

2018 年，互联网公司开始意识到短视频行业未来可期，于是纷纷进军这一领域。截至 2024 年，短视频平台包括抖音、视频号、火山小视频、快手、微视等，大家都在用力争抢视频内容创作者，以他们为核心抢占用户流量。短视频平台的功能大多相同，而区别在于，短视频平台归属的母公司不同，其特点会被烙上母公司的印记。

本部分以抖音为短视频新媒体平台代表，讲解平台特点和运营事项。

（一）抖音的特点

抖音的特点要追溯至其母公司——字节跳动，后更名为抖音。抖音与今日头条均隶属于字节跳动，其最大特点在于智能算法推荐。以此为源头，就不难分析抖音的推荐特点、内容特点和用户特点。

1. 抖音的视频推荐特点

抖音视频推荐特点，在于以智能算法为核心将用户标签分类，并将推荐内容的方式分为兴趣爱好推荐、视频热度推荐、粉丝推荐三种。

（1）兴趣爱好推荐，会根据视频内容标签与用户兴趣标签的匹配，将内容推荐给用户。平台主要依靠文本信息抓取视频与用户标签，如视频 BGM（背景音乐）、视频话题标签、视频账号标签等。比如发布视频时带有“♯搞笑♯”话题标签，而用户经常看该话题标签下的内容，平台就会多为用户推荐该类型视频。

---

① MCN，即 multi-channel network 的英文缩写，译为多频道网络。该模式将不同的专业内容生产联合起来，在资本支持下保障输出，实现稳定变现。

（2）视频热度推荐，会根据用户对视频内容的行为反馈，将热度较高的视频推荐给更多用户。抖音内容发布后，平台会先将视频推至某个流量池（视频标签与用户标签匹配的用户群体），平台会提取流量池的用户数据反馈。

在视频播放页面，用户有五种与视频数据相关的操作选择：点赞、评论、转发、收藏、翻看下一条视频。而平台判断内容热度的标签也有与之对应的五种：点赞量、评论量、转发量、收藏量、视频完播率。以上五种指标的综合考量决定了视频热度。如视频热度较高，抖音则会将该视频推荐给兴趣标签外的其他用户。

（3）粉丝推荐，会将用户关注的抖音账号内容推荐给用户。这种推荐方式往往穿插在上述两种推荐方式中，用户每翻看几条视频，就会收到一条“你的关注”推荐。这种推荐方式，可以起到帮助抖音运营者激活粉丝的作用。

抖音粉丝的黏性不强，因为相对翻阅单个抖音账号内容，用户更倾向于将时间花在浏览视频信息流上。而通过粉丝推荐的方式将抖音账号的精彩视频推送给粉丝用户，会提醒其点开关注账号的主页浏览近期内容。

在如上三种推荐机制下，用户看得越多，就会有越多用户喜欢的内容类型出现，这才让抖音达到了用户日平均使用时长115分钟的成绩①，使其在除强社交外的所有App中占据用户日平均使用时间最长的位置。

2. 抖音的内容特点

（1）同质化，即雷同内容频现。

这主要是因为MCN机构遇到火爆的BGM或情景剧会抢热度模仿，蹭流量红利。慕名而来的个人新媒体号内容素材往往容易枯竭，因此也会跟风拍摄类似内容。比如曾在抖音爆火的“科目三”“GucciGucci、PradaPrada”等视频，均是因某条视频爆火后引发的模仿潮流。

这也给了新加入抖音的运营者更多机会——即便账号粉丝少、等级低，通过制作符合潮流的雷同内容，也有爆火的可能。这是因为只要用户对流行的视频感兴趣，内容就很可能被推荐给用户，即便是刚启动运营的运营者也有机会“破圈”获得陌生粉丝。

抖音新媒体号的这种跟风生产视频的方式，更能凸显优质、有策划感的视频内容的珍贵，而坚持策划发布优质视频的新媒体号也更容易成为抖音大号，“贫穷料理”（以烹饪美食为主线的视频内容）、“大G”（以哈士奇第一人称视角为特色的视频内容）、“会说话的刘二豆”（以萌宠说话为核心的视频内容）均属于此类账号。

（2）内容强化。

与一般视频平台不同，抖音的视频呈现方式是信息流，几乎不体现视频标题，封面也被弱化（仅在抖音账号主页可见），因此用户基于视频标题、封面的主动选择权被削弱。在这种情况下，用户就好比小婴儿，平台就是照顾婴儿的“家长”，手里拿着一个个视频“喂”给孩子们。

---

① QuestMobile 2023中国移动互联网半年大报告：大厂重回快速增长，11家去重用户破5亿，行业新动能显现，人群差异特性明显［EB/OL］.（2023-08-02）［2024-03-25］. https://www.questmobile.com.cn/research/report/1686624886410285058.

3. 抖音的用户特点

（1）用户群体拓展较快。

用户群体拓展应从两方面理解，一是用户年龄层拓展，二是用户地域属性拓展。

用户年龄层拓展，指用户的年龄层不断提高。抖音在 2016 年至 2018 年的短视频快速增长期，用户年龄相对较轻。2018 年的统计数据显示，那时的抖音几乎 90％的用户都是 35 岁以下的年轻人①。出现这种情况的原因主要是，通过视频观看内容的方式需要普及，在抖音刚刚问世时国内用手机接入 4G 网络看视频的大多仍是年轻用户。不过，随着视频内容的普及，抖音的用户年龄层不断拓展，向 35 岁以上人群发展。至 2019 年，35 岁以下用户占抖音总用户数的 70％左右②。

用户地域属性拓展，指主要用户群体从大城市向中小城市及农村下沉。尽管最初的定位更偏向于一二线城市的年轻用户，但随着用户规模逐步扩大，抖音向三线及以下城市的拓展也愈发显著。据极光大数据 iAPP 检测平台 2018 年的测算，分布在三线城市的抖音用户占比为 21.51％，四线及以下城市的用户占比更是达到 35.87％③。

用户对移动互联网的需求，首先会出现在一二线城市，而后逐级下沉普及。随着移动互联网的普及扩展到三四线城市，抖音也被带到了更多用户手机里。

与此同时，抖音团队很清楚地认识到：想要打开更广阔的市场，就一定要向三四线城市下沉，因为那里的用户基数更大。因此，抖音的广告开始席卷各大媒体，并将 slogan 从“让崇拜从这里开始”变为“记录美好生活”，明显更贴近大众。

（2）以消磨时间为使用目的。

用户使用抖音的目的很少是获取资讯等实用信息，大多是消磨时间，很容易沉浸在抖音的短视频中。用户看到的每一条视频都是平台根据其喜欢的类型所推荐的视频，这也是抖音的用户每日平均使用时长约两个小时的原因。

（二）抖音的运营事项

由于抖音有成熟的商业模式，大部分新媒体号入驻抖音不仅为了引流，还会直接寻求内容变现。因此，抖音账号运营者在内容运营的基础上，还要重点操作商务合作方面的运营事项。抖音运营事项主要包括发布视频内容、评论视频内容、添加群组、寻找 MCN 机构合作四个方面。

1. 发布视频内容

在抖音发布视频内容主要有两种方式：一种是直接利用抖音 App 拍摄发布，方

---

① 2018 年抖音用户规模、用户画像回顾及 2019 年抖音行业发展趋势［EB/OL］.（2019－02－18）［2024－02－21］. https://www.huaon.com/story/404240.

② 巨量算数. 最新版抖音短视频用户画像［EB/OL］.（2019－02－18）［2024－02－21］. http://www.199it.com/archives/1017794.html.

③ 极光大数据. 数据告诉你，抖音是怎么在半年之内逆袭的［EB/OL］.（2018－03－19）［2024－04－30］. https://blog.csdn.net/YMPzUELX3AIAp7Q/article/details/79607828.

便运营者参与抖音平台举办的“张嘴穿盔甲”等活动玩法；另一种是用专业拍摄工具拍摄完成，并剪辑成视频作品后上传至抖音平台。这种发布方式更适合有明确内容方向，具备策划、脚本、分镜、拍摄、剪辑能力的团队。

2. 评论视频内容

评论视频内容，从形式上与本章讲解的评论微博热门内容类似，且可操作性更强，吸粉效率更高。抖音的粉丝流动性相对较强，如果运营者在其他抖音视频下评论，一方面自己的粉丝可能会追随运营者到其他账号评论区发表评论，另一方面被评论的抖音账号运营者也会通过回复评论的方式，引导其粉丝关注运营者抖音账号。不同抖音账号运营者的相互沟通，可以使不同账号之间的粉丝流动起来，从而达到共同涨粉的目的。

视频内容评论方式，一般是以抖音账号的视频类型或人格化运营形象为核心，对其他抖音账号运营者的视频内容进行吐槽或内容拓展。

吐槽可以通过本章讲解的微博评论方法中的“抖机灵”实现。而内容拓展，则是根据视频内容，结合自身账号内容类型进行拓展。比如抖音账号“贫穷料理”，每次都会做一道看起来非常美味的菜肴，抖音账号“信远斋桂花酸梅汤”就可以在其抖音下评论“你这道菜看起来有点油腻，享用美味时配上去油解腻的信远斋桂花酸梅汤就更好了”。

3. 添加群组

抖音群组功能于2019年上线，其形式类似微信群组，用户可将抖音平台好友，以及QQ、微信好友拉进群组。

抖音平台开发群组功能基于三方面考虑：第一，提供类似微信、微博的用户即时通信工具，以延长用户使用抖音的时间；第二，为抖音账号运营者提供相互交流的平台，或为平台运营人员管理内容创作提供方便；第三，为以销售为主的账号管理已完成下单购买的用户提供便利，以形成购买用户群，在日常维护中发布销售信息，促成复购。

对运营者而言，应想方设法加入各类群组。因运营者可以将抖音账号发布的内容转到群组中让用户看到，所以运营者每多进一个群组，就多了一批可能观看内容的用户。

另外，如果运营者加入的是运营者交流群，群组可能会规定运营者之间需互相关注，运营者也就自然多了一些粉丝；而如果进入的是销售群，其群组活跃度大多较强（用户已出现了主动购买行为），运营者可通过发红包的形式，推送视频内容、销售内容或吸引关注。

4. 寻找MCN机构合作

在本节开端部分的视频平台综述中曾提及，聚集在视频平台的新媒体人可分三类，其中MCN机构是持有账号数量最多、平台认可度最高的一类。MCN机构对于平台、运营者、用户都有着重要意义。

对平台来说，尤其是市场尚未进入稳定期的短视频平台，聚合更多MCN机构，就意味着掌握更多的优质新媒体运营者，在与其他平台争抢流量时更有优势。

入驻 MCN 机构对运营者来说，相当于获得了流量保障，因为除微信公众号外的几乎所有新媒体平台都会为合作的 MCN 机构提供流量和资金扶持。以抖音为例，首先，抖音会按合同约定支付签约 MCN 机构生产内容的费用，解决了一部分 MCN 机构的运营成本；其次，抖音将日活用户分为两部分，一部分流量直接供给 MCN 机构，剩下的一部分才完全执行智能算法推荐；再者，抖音会加速 MCN 机构的变现流程。抖音运营人员会教运营者如何直播，并为首次直播提供流量扶持。同时，抖音会直接联系各种上游厂商，将抖音市场团队选择出的优质商品提供给 MCN 机构，让其根据商品定制视频内容，完成销售转化。

对用户来说，虽然 MCN 机构生产的内容会有同质化、缺少亮点和创新点等问题，但相较一般新媒体号质量更高，毕竟平台与 MCN 机构对入驻的新媒体号有内容质量要求。

因此，无论是企业还是个人新媒体号，都应尝试寻找 MCN 机构入驻，或自己直接成为 MCN 机构与平台签约。运营者可以通过联系视频平台负责人来完成上述操作。

二、B 站，超 7 000 个兴趣圈层的文化社区

B 站是较早问世的弹幕视频网站之一，最初以动画、漫画、游戏视频为主，聚集了首批热爱二次元生态的年轻用户。经历了 10 多年发展，B 站已成为优质视频内容生产基地，且覆盖多种兴趣领域，数据显示 B 站已涵盖超 7 000 个兴趣圈层的文化社区①。

2019 年末，B 站又尝试“破圈”，扶持视频内容具备普适性的视频账号，试图使平台覆盖的用户圈层更加广泛。2020 年初，B 站出现了首个突破 1 000 万粉丝的 UP 主老番茄（以游戏视频内容为主）②，由于其内容正面，被 B 站作为官宣素材。

作为新媒体领域视频内容的“开山鼻祖”之一，B 站在新媒体用户心中有着相较其他视频平台更高的美誉度。用户想搜索视频时，通常会首先想到 B 站，因此 B 站的选择优先级在视频类新媒体平台中相当高。

这里将从 B 站的特点及运营事项两方面对 B 站进行分析讲解。

（一）B 站的特点

作为早期出现的视频网站之一，B 站最突出的特色在于弹幕。弹幕开创了用户在视频内容中即时交流的形式，并且为之后的直播弹幕埋下了伏笔。B 站通过弹幕的形式特色及早期二次元的内容特色，培养出了独特的内容和用户。

1. B 站的用户特点

（1）宅。

---

① 文浩，奕纯，张爽．哔哩哔哩：乘视频化浪潮，奔赴新十年征程［EB/OL］．（2021－04－22）［2024－03－03］．http://finance.sina.com.cn/tech/2021－04－22/doc－ikmyaawc1063663.shtml．

② 童宇．B 站首个千万 UP 主竟然是复旦学霸［N］．中国青年报，2020－04－27（8）．

宅指沉迷上网或电子游戏等室内活动，这是新时代网民的共同特点，在B站用户中尤为突出。

（2）行为的趋同性。

这点从B站用户的两种行为习惯便可看出：第一，当B站视频出现精彩片段后，大多数弹幕内容都是相似的；第二，当B站出现了热点事件时，用户会立即一起关注，在信息源处发表评论，且观点看法大多类似。这种趋同性并非跟风，而是用户受平台影响，养成了用户在面对问题时相似的思维方式与行为习惯。

（3）思想的创意性。

创意性主要表现在弹幕、评论造梗的能力和每个视频效果的展现上。自2017年起，B站就创造了大量的网络梗。B站内容生产者大多是B站的狂热粉丝，他们会综合从其他用户处获得的梗融入自己的原创视频中，从而使视频更具创意。

（4）优越感。

B站用户相比其他新媒体平台的用户更年轻，接受新事物的能力更强。并且，B站的忠实用户都有一定的圈层意识，他们认为自己的圈层文化独特并带有强烈的文化自信，从而外化为优越感。

（5）渴望被认同。

经常宅在家里的人是孤独的，到B站“追番”其实很多时候是为了找到一批与自己兴趣爱好相同的用户。他们虽然沉浸在自己的世界中，但也渴望被外界理解、认同。

2. B站的内容特点

（1）丰富的创意和强大的“脑洞”。

创意体现在基于同一视频源素材的二次原创。比如同样是《状王宋世杰》这部电视剧，有人以观众身份述评，有人则以剧中人物赖三的第一人称视角解说，这便是视频内容运营者的不同创意。

“脑洞”建立在B站用户丰富的阅片量上。B站中精彩的视频，最不缺的就是行业内同类题材的纵向对比，以及与其他行业的横向比较。比如解说《龙珠》的视频中，可以插入《火影忍者》《海贼王》的桥段，这便是运营者“脑洞”和熟悉领域策划能力的体现。

（2）不受约束。

B站UP主丰富的创意和强大的“脑洞”，让他们做出五花八门的视频内容，其中难免有内容会触碰到部分用户的敏感神经。例如，某明星在综艺节目中的表情包在视频内容中被反复应用，就可能会伤害该明星的粉丝群体，但即便遭到这些粉丝的反对甚至举报，B站的UP主也仍然坚持不受约束、“天马行空”地创作，保持了其不喜欢被约束、被他人裹挟的特质。

（3）前卫。

B站首创了特效弹幕，用户可以将弹幕置顶、下沉、变色。2019年B站又推出互动视频（见图 5－27），即在视频中设置互动选项，当视频播放至某时段，用户必须做出选择才能继续观看。

图 5－27　B 站的互动视频

互动视频让视频的功能性更强，用户可以通过制作小游戏、调研用户需求等实现互动。2020 年初，B 站又向用户发出连麦看电影的功能意向讨论，探索新的视频交互形式。可以说，B 站的视频一直处于视频领域领先水平。

很多运营者和用户都在思考，5G 时代能取代直播的新媒体爆款内容形式到底是什么？B 站继弹幕之后，通过互动视频给广大运营者和用户提供了新媒体展现方式上广大的想象空间，也许互动视频与 H5 的融合就是新媒体流量高度聚合的下一站。

（二）B 站的运营事项

B 站的平台属性相较其他视频平台更为特殊，因其有独特的圈层文化、更强的用户黏性，对忠实用户而言，浏览 B 站已成日常刚需。B 站的运营事项主要包括内容发布、用户交互管理和平台关系处理三项。

1. B 站的内容发布

B 站的手机端与网页端都可以发布内容。建议运营者使用网页端发布，因其可以发布所有表现形式的内容。B 站发布内容的形式包含视频投稿、音频投稿、专栏投稿、贴纸投稿和互动视频投稿等。

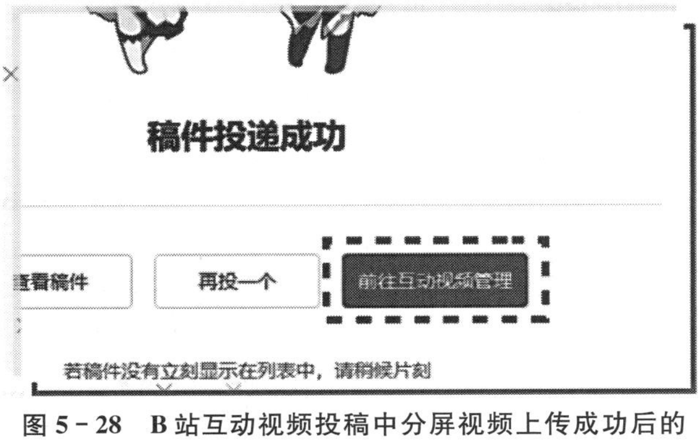

图 5－28　B 站互动视频投稿中分屏视频上传成功后的管理按钮，点击它便可进入分屏视频整合页面

B 站的视频、音频、贴纸和专栏投稿的发布方式均与其他平台相似，故不做详细说明，本书仅对发布流程相对复杂的互动视频投稿做详细讲解。

互动视频投稿需要用户先上传分屏视频，通过审核后再对分屏视频进行整合（见图 5－28）。

在分屏视频整合时，运营者需根据需求，设置不同的路线分支，以规划用户不同选择下的视频内容，此处运营者还要填写点击跳转时为用户提供的引导文案（每个模块最多设置 4 个分支）（见图 5－29）。

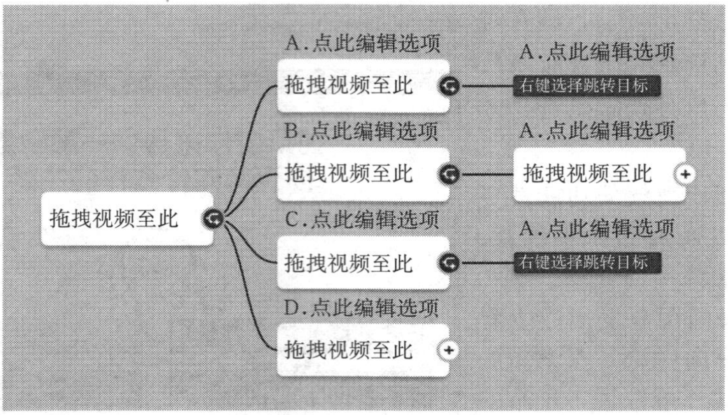

图 5-29　B 站互动视频的分支设置操作页面

此外，运营者还可以对互动视频进行高级设置，即通过用户点击不同选项积累数值（用户在观看互动视频时，不同选项下显示的弹幕不同），最后根据用户积累的数值给出用户交互结果。所以，相较传统的视频形态，互动视频的点击次数更高（用户想看不同选项下的弹幕）。如在策划内容过程中出现了可使用互动视频的题材，建议运营者积极尝试。

2. B 站的用户交互管理

相较其他视频类新媒体平台，B 站的交互门槛较低，因为大量用户发送弹幕属于常规操作。在 B 站的用户交互形式中，弹幕、视频评论、动态栏评论可以直接被所有用户看到，所以运营者需花费一定精力管理 B 站的用户交互，使其成为运营者留住粉丝的手段。

（1）弹幕与视频评论管理。

B 站的弹幕与视频评论大致相似，而区别在于弹幕主要是用户针对视频各部分元素，甚至细致到单帧元素的吐槽、评论，用户各抒己见且不存在相互交流，突出的是将收看过程中的即时想法展现出来；视频评论则是用户对视频整体或运营者的评价，用户之间、用户与运营者之间可相互交流，突出的是用户经思考后表达的较成形的观点和见解。

管理弹幕与视频评论，并非让运营者留下正面的，删除负面的，而是要留下对视频数据、用户黏性有提升的弹幕与视频评论。

由于弹幕越多越热闹，且 B 站用户会选择性观看弹幕，因此运营者可以保留除违规信息外的大多数弹幕。

而对于视频评论，运营者则需要对评论内容做出判断，继而决定删除或保留。运营者需删除的是不经思考的评论，包括无脑吹捧或谩骂，这些对运营者或视频而言并无意义。需保留的视频评论，是可以引发用户讨论或激发运营者二次原创灵感的评论。

面对引发用户讨论的评论，运营者大可放任用户在评论区“拌嘴”，这有助于提高视频数据（阅读量、评论量）；激发二次原创灵感的评论，运营者最好置顶并精心回复，因其一定经过用户思考，运营者可借用户的评论再一次表达视频内容价值观，价值观趋同的其他用户看到评论后会更加忠实于运营者，有助于提高用户黏性。

（2）动态栏评论管理。

B站的动态栏类似微信朋友圈，运营者可在动态栏发布图片加文字、视频链接加文字的内容，这种形式可用来转发账号内容，但更多是用来表达心情。对于动态栏评论的回复，需要运营者融入人格化运营形象，让用户感受到运营者的真情实感，并且尽量回复所有动态栏评论，这是一种快速将路人变铁粉的方式。

【运营提示】B站用户的“一键三连”

在前文“B站的用户特点”部分曾提到，B站用户具有较强优越感，这也是大多数运营者称其为观众“老爷”的原因。既然运营者奉用户为“老爷”，那么用户必然要对运营者有所反馈，用户最具含金量的反馈是一键三连操作（B站有一键三连按钮，点击后视为用户对该视频点赞、收藏、投币）。B站视频的点赞量、收藏量、投币量高低决定了其能否登上首页推荐，因此运营者需在视频内容中加入索求一键三连的标准话术或内容模块。

3. B站的平台关系处理

在B站上需运营者关注的平台关系主要包括以下三种：

一是主动联系平台运营人员。B站的运营人员可帮助运营者的优质内容登上首页推荐。

二是账号成为“B站大会员”。大会员属于用户特权，对运营工作而言并没有实质帮助，但在大多数B站用户眼中运营者的账号连大会员都不是，凭什么做UP主？

三是申请认证。B站认证分机构认证与个人认证两种类型（见图5-30）。机构认证无门槛，仅需提交营业执照等机构相关信息，认证成功后账号头像就会出现蓝V标识；个人认证分为知名UP主认证、身份认证和专栏领域认证。

身份认证专门为在所属行业有一定知名度的用户准备，仅需申请人提交身份证明信息，在平台评判知名度达标后，便可获得。而专栏领域认证与知名UP主认证均需要内容的运营数据达标，同时专栏领域认证需运营者半年内发布图文内容超过20篇，且总阅读量大于10万；知名UP主认证需要账号累计粉丝数超过10万。通过专栏领域认证、身份认证、知名UP主认证等个人认证后，账号头像会出现黄V标识。这既能让账号得到更多用户认可，也更易于账号内容登上首页推荐。

另外，在B站上运营者需主动与其他账号运营者交流沟通，以保证在B站圈子里有足够多的好友。B站圈子内的好友，就好比明星在娱乐圈的好友，多一个朋友就多一层关系，也就多一些内容传播的可能性。仅从基础层面看，运营者可以让关系要好的UP主通过发布动态栏的方式转发自己的内容，使其粉丝看到，就可达到双方粉丝互通的目的。

除上述两个代表性平台外，本书还要提到自2020年初开启运营的微信视频号平

图 5-30　B 站的认证体系一览

台。视频号在 2021 年至 2023 年迎来了用户基数与平台 GMV[①] 的快速增长，这得益于两方面原因：一是其他视频平台构建了用户收看视频、直播内容的习惯；二是视频号存在于微信体系内，具有大流量入口。从视频号的多方位增速以及微信的熟人社交属性看，视频号在未来应会从抖音、快手等平台中接下销售直播的大旗，成为年度 GMV 最高的视频平台。

第五节　以小红书为代表的销售类新媒体平台

销售类新媒体平台的核心是内容带货，即新零售，以京东内容开放平台、淘宝达人、小红书为典型代表。

京东内容开放平台、淘宝达人是从两家传统电商平台孵化出来的新媒体形态，大多被作为品牌方设置的推广渠道。直至 2024 年，这两家平台的销售属性仍然强于内容属性，销售模式仍是基于用户的消费需求构建的。

而小红书则是以社区内容起家，逐渐向电商销售靠拢的新媒体平台，其销售模式以内容为基础，继而触动用户需求。所以说，销售类新媒体平台中小红书的模式更偏向于新零售，相较淘宝、京东的新媒体形态，小红书更适合作为新媒体多平台联合运营的组成平台之一。

本节将以小红书为代表，讲解销售类新媒体平台的特点和运营事项。

一、小红书的特点

早期的小红书，作为“种草”平台被新媒体用户认知。从 2013 年起至 2019 年，小红书都在专注做用户社区，即用户在擅长领域的社区发布体验心得、推荐商品。

① GMV，即 gross merchandise volume 的英文缩写，译为商品交易总额，多用于电商平台。

这一阶段，小红书平台克服了 UGC① 的不足，以及因社区用户增多而导致的内容质量下降问题，形成了以美妆为基础，外延多种商品品类的社区结构。

(一) 小红书的平台特点

1. 去中心化

大多数新媒体平台都存在能带来顶级流量的账号，作为平台销售转化的主力。而小红书主打用户社区，每个社区都有专属领域的大量 KOL 账号，有助于流量均匀分布。这种去中心化的用户结构，规避了顶级流量与平台“抗衡”的风险。用户在社区内虽有关注的 KOL 账号，但会更加关注账号产出的内容。

2. 商品精致化

小红书初期形似跨境电商，满足了用户对商品质量的需求，这也是初期的小红书相较其他销售类新媒体平台的竞争力所在。随着平台发展，2017 年起小红书的跨境电商销售占比低于 50%，这意味着其国货销量在增加。小红书一直坚持商品精致化的原则，除官方旗舰店外，小红书的品牌入驻均采用“邀请制”，以控制商品品质②。

3. 强导购性

销售类新媒体平台，本应以达成销售转化为第一目标，但小红书在 2019 年前都以导购为主要模式。社区内 KOL 账号的内容发布后，在用户心中“种草”（引起购买欲望），而用户“拔草”（完成购买）的行为并不一定在小红书完成。

(二) 小红书的用户特点

小红书的用户群体有两种基础属性：第一是以女性用户为主，2019 年小红书女性用户占比约 86%；第二是年龄层较小，截至 2019 年小红书 35 岁以下人群约占平台总用户数的 85%③。用户的这两种基础属性，结合小红书主打社区内容的形式，逐渐培养出了小红书如下的用户特点。

1. 追求精致、个性化

小红书用户对商品的品质要求较高，但他们眼中的品质不仅限于高端品牌，还包括看起来精致、符合需求的商品。这是部分冷门商品在小红书平台上成为爆款的原因，其满足了匹配用户的个性化需求。

2. 用户主动搜索意愿强

小红书已经成为大家的生活搜索引擎。近 70%的小红书月活用户有搜索行为④，

---

① UGC，即 user generated content 的英文缩写，译为用户生成内容。

② 童慧光．小红书创始人瞿芳：小红书是个游乐场，要打造从玩到买消费闭环［EB/OL］．(2017-11-13)［2024-03-10］．https://www.iyiou.com/news/2017111359719.

③ 数据来源为福州西瓜文化传播有限公司开发的数据查询产品“千瓜数据”，该产品主要提供全网小红书达人查询等数据服务（https://mp.weixin.qq.com/s/yUYNBQPirhXzyr_Tn2jJtA)。

④ 潘敬文．近 70%月活用户在小红书有搜索行为［EB/OL］．(2023-12-18)［2024-03-10］．https://www.xxsb.com/content/2023-12/18/content_223032.html.

42%的新用户从开始使用小红书时就会使用搜索功能。此外，在小红书每天海量的搜索中，88%的搜索行为为用户主动发起①，日均搜索查询量接近3亿次②。

3. 有强交互性

在用户社区框架内，每个小红书用户都可视作具有独立思想见解的KOL。用户面对具有优质内容或价值观与自己匹配的小红书账号，会毫不犹豫地关注账号，点赞、评论内容，并探讨商品使用经验。因此，运营者更易通过分享商品使用感受，聚集高黏合度粉丝。

二、小红书的运营事项

基于上述小红书的平台特点和用户特点，可将运营者在小红书上操作的运营事项归纳为内容发布及平台销售达成。

（一）小红书的内容发布

在小红书发布内容的意义在于，通过输出运营者心情、商品使用体验、商品使用价值观，树立鲜明的人格化运营形象，使用户关注账号，提升信任度。

小红书仅有“笔记”这一种内容形态，其发布方式与短微博类似，可上传图片、视频，拍照、拍摄视频。相较微博，小红书增加了与抖音类似的滤镜、贴纸功能，运营者可以在图片或视频上进行简单的个性化操作，增强表现效果。

由于小红书的内容相对较短，且图片、文字是割裂的，建议运营者以发布微头条的形式发布小红书笔记，即对内容进行完整策划后，以短内容形式呈现，或直接从微信公众号等平台的内容中提取关键信息造句，形成“笔记”。

在小红书发布“笔记”时，运营者需注意如下四点：

第一，保证“笔记”的原创程度。小红书作为销售类新媒体平台，同样拥有智能算法推荐与原创检测功能，如运营者复制其他账号的“笔记”发布，系统将不予推荐，内容的阅读、点赞、收藏等指标均会为0。运营者制作原创“笔记”内容，应注重表达商品使用感受、使用心得，最好附上个人照片、商品实拍图。如此，小红书的平台与用户对“笔记”内容的原创认可程度才会更高。

第二，标题、正文中尽可能多地加入与主题相关的关键词。小红书的“笔记”虽是短内容，但同样要添加标题和正文（正文即对图片、视频的具体描述），以增加系统推荐量和用户阅读转化率。并且，为了更好地吸引用户，运营者应尽可能将关键词或用户可能感兴趣的点放在标题的前半句。

第三，为“笔记”加入话题。本书在讲解微博、今日头条、抖音等几个新媒体平台时，已强调过话题的重要性，这里不再赘述。运营者需注意，因小红书以用户

---

① 北晚在线．搜索直达：以搜索连接生意全场景，让种草转化提质增效［EB/OL］．（2023-12-28）［2024-03-10］．https：//www.takefoto.cn/news/2023/12/28/10661036.shtml.

② 吴雨欣．小红书首席运营官：小红书日均搜索查询量接近3亿次［EB/OL］．（2023-2-23）［2024-03-10］．https：//baijiahao.baidu.com/s? id=1758621148376118326&wfr=spider&for=pc.

社区形态为主，相较其他平台，话题标签下的用户黏合度更高，所以无论运营者发布什么类型的“笔记”，都应围绕关键词寻找相关话题加入，而且加入的话题数量可以不唯一。

第四，不要在“笔记”中加入联系方式等敏感信息。小红书对引导用户的行为相对敏感，如运营者在“笔记”内容中加入联系方式，或其他平台账号信息，其账号则很可能受到不同时长（3 天、30 天或永久）的封禁处理。

（二）小红书的平台销售达成

运营者想在小红书平台上直接达成销售，需要在平台开通官方旗舰店，用户在小红书主页下方即可进入商城综合页面（见图 5－31）。相较其他销售类新媒体平台，小红书对商家入驻的审核更严格，必须持有所售商品的相关经营资质才可入驻。所以相对而言，小红书的商品质量更有保证，用户的消费权益更有保障。

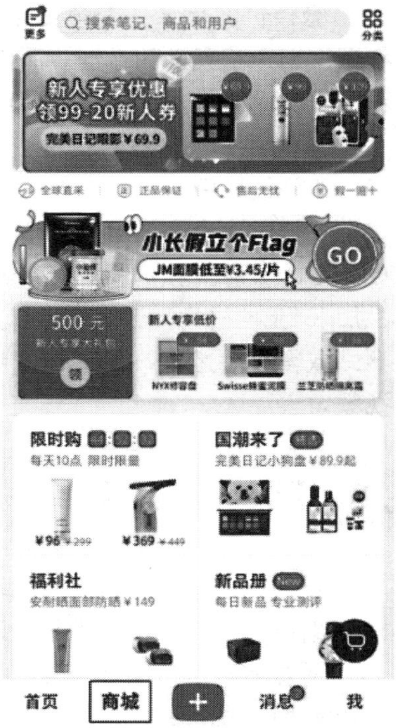

图 5－31 小红书的商城页面

想入驻小红书，商家需先准备好公司资质、品牌资质、品类资质，而后登录小红书官网，依次点击“业务合作→商家入驻”。根据需求填写材料后，商家需自行确认合同内容，这是由于平台针对不同品类、不同商家所设的交易保证金、抽取佣金比例不同（最高可达 20%）。

此外，商家不仅要在线上确定合同内容，还要通过线下签署合同。小红书平台会将盖好章的合同寄到商家经营地址，商家盖章并尽快寄回，如一个月未寄回，则账号将被冻结。平台一般会在一周内将合同审核完毕，合作达成后，小红书运营人员会将运营者拉入培训群，传授运营心得方法。

【运营提示】小红书官方旗舰店仍是电商运营模式，而非新零售

小红书商城运营，不同于新零售中“有赞商城”和“微店”的方式，更类似淘宝和京东，需要通过电商模式来运营。运营者团队可通过小红书“笔记”内容引导用户点开商城，但也需要有电商运营经验的成员，通过类似货架排名购买的方式，使商品在商城不同页面获得靠前位置。

【本章总结】

1. 微信订阅号基于高频曝光优势，更利于触达陌生用户，适合“吸粉”，是运营初期、用户积累期的首选；服务号基于其服务功能实现及消息提醒、通知的优势，有利于服务黏合粉丝，更适合留客，是进行“会员后”服务的首选。

2. 新媒体多平台联合运营应以微信订阅号为主运营阵地，配之以“1＋4”运营模式，即微信订阅号＋经过匹配考量的其他 4 个平台。

3. “脑洞”是微博运营的核心生产力；今日头条以用户基础庞大、内容审查机制更严格、智能推荐机制更完善著称；抖音运营需遵循开“脑洞”做视频的运营方式，加入 MCN 机构，迎合平台扶持政策，通过与平台签约的方式尽快完成变现；想在 B 站取得良好运营效果，运营者需融入 B 站圈子，并持续输出有创意和“脑洞”的视频内容。

【课后习题】

1. 新媒体多平台联合运营的基本原则是什么?
2. 新媒体运营者选择多平台时，需要考量的因素有哪些?
3. 新媒体多平台联合运营的必选平台有几个，分别是哪些平台?
4. 微博、今日头条、抖音、B 站的用户和内容特点分别是什么?

第六章　新媒体问答运营实操方法

【本章知识体系】

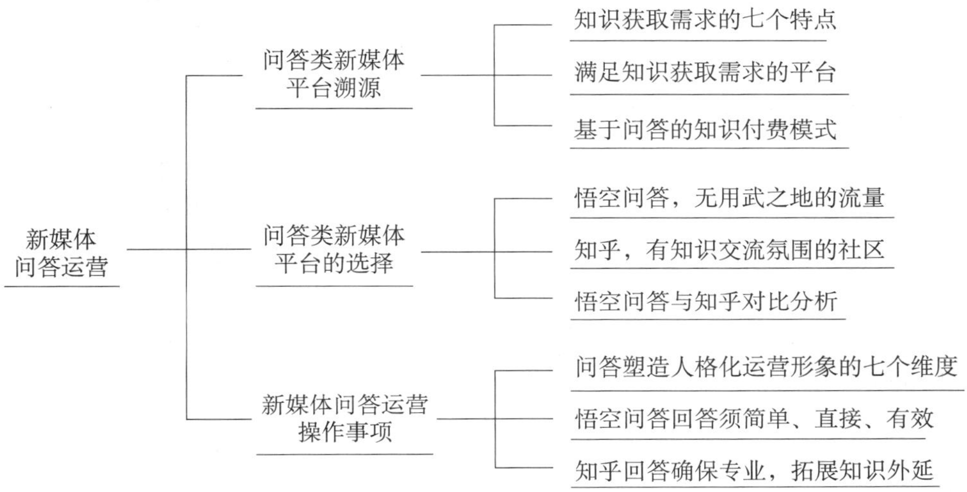

新媒体问答运营，是通过回答用户问题，塑造新媒体号人格化运营形象的垂直领域专业口碑，从而让用户认可、信服、黏合于人格化运营形象所代表的新媒体号的运营方式。它是新媒体九大运营事项中，唯一一个完全由用户主动发起的运营事项。

对用户而言，问答形式是一种可随时随地提问，且不需花费成本的知识获取方式，这也是问答之于用户的核心价值。

对新媒体平台和运营者而言，有问答需求，即知识获取需求的用户流量更易获取，问答平台用户习惯于主动发声和提问，具有更高活跃度，因此更具价值。

问答运营是新媒体九大运营事项中，讲解内容相对较少的一个。从本质上讲，其应隶属于新媒体多平台联合运营，将它与多平台联合运营区分开，是基于其两个特点：

第一，在问答运营中，原创内容的发起者并非新媒体号运营者，而是用户。形式为用户在问答平台提出问题，运营者基于擅长领域选择问题给出专业解答。因此，问答运营是一种用户主导的运营事项。

第二，问答运营的主体角色和目标也与多平台联合运营有一定区别。问答运营的主体角色并非新媒体号，而是与新媒体号相统一的人格化运营形象。因为用户更愿意接受由专业人士给出的专业答案，而且更容易与专业人士之间产生信任和认同关系，用户在问答平台寻找的是行业“大神”，而非知名企业或机构。

本章将分为问答类新媒体平台溯源、问答类新媒体平台选择、新媒体问答运营操作事项三部分进行详解。

第一节 问答类新媒体平台溯源

问答类新媒体平台源起于用户的知识获取需求，而且一路适应着用户知识获取需求的拓展与变化。而平台赖以生存的盈利方式，仍受用户习惯的制约，并未达到完全自给自足的良性运营局面。

一、用户知识获取需求的变迁

在互联网还未普及时，用户最初获取知识的途径主要是学校课堂，如从学校毕业后仍有知识获取需求，可选择继续教育或社会培训课程。此时，用户的需求是获取专业知识，提供知识的人在该领域要足够权威，给出的答案要足够准确和专业。

互联网普及后，用户在知识获取上的即时性需求日益增加，问题的即时解答成为用户的另一个重要需求，于是出现了百度——这种用户可随时寻找问题答案的搜索引擎。

然而百度虽然满足了用户的即时性知识获取需求，却保证不了答案的正确性和专业性。对用户来说，鉴别答案正确性的成本明显过高，而且虽然百度原则上解决了知识获取的即时性问题，但却无法解决从大类问题衍生出的个性化问题，也就是答案与问题的匹配度不高，以及无法满足就某问题进行追问的用户需求。

不过，在知识获取服务发展的过程中，用户的知识获取需求被逐渐明确：

第一，用户希望获得准确且权威的答案（答案的专业性）。

第二，用户希望有了问题能够第一时间获得答案（答案的即时性）。

第三，用户希望获得与问题高度匹配的答案（答案的针对性）。

第四，用户希望获得就某问题进行不断追问的权利（答案的完整性和系统性）。

第五，用户希望在经常出现问题的领域认识或关注一到两位“大神”，有问题可以随时联系他们（问答的个性化服务）。

第六，用户希望获得满意答案时能不花钱，或者尽量少花钱（获得答案的低成本）。

第七，伴随着新媒体的发展，用户的阅读习惯在逐渐碎片化的同时，知识获取需求也出现了越来越碎片化的趋势。

综合上述用户在知识获取需求上的七个特点，可推导出能够满足这些特点的问答平台形态，即以问题为内容发起点，多用户均可用跟帖的方式提供答案展开，以用户对问题和答案的交互数据为质量的判断标准，既能让用户结交专业知识“大神”，又能让“大神”招揽粉丝，是一种知识内容供需服务平台。

在实际发展过程中，知识服务领域的平台机构正在不断向问答平台的理想形态努力迈进，并逐渐衍生出了两种类型的知识服务平台，一为主打专业性的知识付费型平台，二为以满足用户需求为目标的问答平台。

二、满足用户知识获取需求的平台

知识付费型平台以“得到”App为代表。“得到”有大量专业知识课程，用户付费后可订阅查看。平台保证用户获取高质量知识的同时，尽可能覆盖更多课程类型，让用户查找便有所获，从供给层面尝试满足用户知识获取的即时性需求。

问答类新媒体平台以“知乎”为代表。平台会让用户选择“关注领域”，并根据用户提出问题的属性及答案获取数据，进一步为用户细分领域，继而为用户推送该领域问答内容。此外，平台还设置了“赞同”按钮，获赞多、编辑认同的回答会显示在问题下方靠前位置。由此，用户大多能获取到问题的专业解答。截至2022年底，知乎平均月活用户超1亿，可以说它基本满足了用户知识获取的即时性和专业性需求①。

然而，上述两类满足用户知识获取需求的平台都存在不足。知识付费型平台的内容主要为系统课程，在即时性、碎片化方面有所欠缺；问答类新媒体平台则因免费提供知识，缺少稳定的盈利模式。

三、基于问答的知识付费模式

基于用户知识获取需求的7个特点及上述两类平台的优势和不足，本书作者的云知新媒体运营团队尝试了一套基于问答形式的知识付费模式——柏燕谊心理咨询线上问答。“柏燕谊”为云知新媒体运营团队运营的心理健康类新媒体矩阵，其账号的人格化运营形象为国内知名心理专家柏燕谊老师，保证了账号在心理健康领域的专业程度。

在新媒体介入前，柏燕谊团队的主要收入还是来自柏燕谊老师及其团队的二级心理咨询师提供的线下心理咨询服务，以及以心理问题干预、心理学知识普及为目标的心理辅导类线下课程。

线下服务过程中，多数客户的需求都指向柏老师本人，因此形成了柏老师时间不够用，其他二级心理咨询师没事干的局面。此外，经云知新媒体运营团队分析，柏燕谊心理咨询服务仍存在大量未激发的潜在人群，因为心理健康出现问题的用户中很多都没有意识到自己心理存在问题，或者不愿意到线下面对面地咨询心理医生。

---

① 赵语涵．知乎平均月活用户破1亿［EB/OL］．（2023-03-23）［2024-03-10］．https：//bj.bjd.com.cn/5b165687a010550e5ddc0e6a/contentShare/5c27294de4b06597cc7d1999/AP641bb42ae4b03a6b6edd6ff8.html.

基于柏燕谊团队面临的问题和未被挖掘的用户需求，云知新媒体运营团队为其开创了“柏燕谊线上199问答”的服务模式，以柏燕谊微信订阅号为入口，以柏燕谊团队心理健康知识的专业性为保障，以运营人员7×16小时关注后台为支撑，线上帮助用户解答心理问题，以此实现知识付费（见图6-1）。

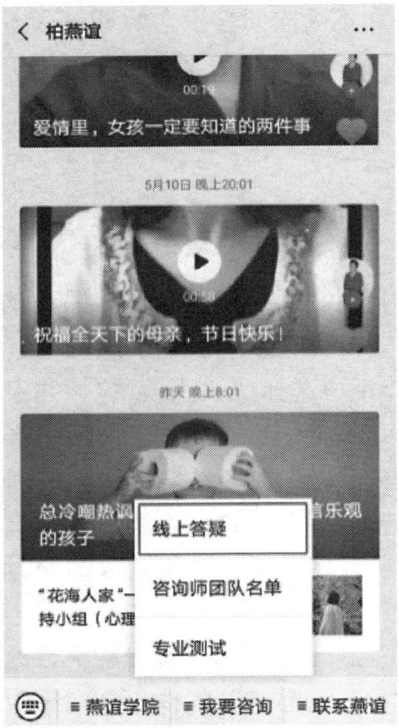

图6-1　柏燕谊线上心理咨询的入口位于其微信订阅号自定义菜单的二级菜单中

用户如有心理咨询需求，可通过“柏燕谊”微信订阅号自定义菜单添加“柏燕谊咨询小助手”微信号，并与小助手描述心理问题。问题明确后，用户可通过微信转账缴纳199元线上咨询费用，从而获得柏燕谊专业心理咨询团队的书面解答。在线上咨询过程中，用户有免费就一个心理问题追问的权利，若咨询其他心理问题，就要重新缴纳咨询费。此服务模式上线6个月，单月线上咨询用户达50人以上。

“柏燕谊线上199问答”的模式，一方面解决了心理咨询师团队的资源分配不均问题，线上文字回答心理问题的方式为二级心理咨询师提供了用武之地。另一方面问答也满足了部分想做心理咨询但碍于面子不愿到线下面对面交流的用户的心理咨询需求，而且大幅降低了咨询费用。由此可见，“柏燕谊线上199问答”服务模式，使知识服务的供需双方都在各自角度上获得了满足。

第二节　问答类新媒体平台的选择

截至2024年，新媒体行业中的问答平台不在少数，如百度问答、知乎、悟空问答、360问答等。

其中，流量较大的平台是悟空问答，因其是从今日头条孵化而来，天然拥有今日头条的大用户流量；专业性较强的平台是知乎，因其聚集了大量高知人群，使该平台无论提问水平还是回答水平都显现了相对更高的质量和专业程度。

另外一部分问答平台孵化于浏览器，主要目标是提供用户基于知识的交流分享功能，并非专注于知识服务。并且，由于目前浏览器种类繁多，不同浏览器之间存在分流问题，所以由浏览器孵化的问答平台流量不大。

综合以上原因，新媒体运营者在问答运营的平台选择上方向较为明确，即悟空问答和知乎两个问答平台。

一、悟空问答，无用武之地的流量

（一）悟空问答现状分析

悟空问答天然具有今日头条的大流量、智能算法和资金支持，并且在今日头条站内有独立域名，堪称含着金钥匙出生的新媒体平台。

从悟空问答的背景看，可以定义其四个内容特点：

第一，内容平民化，以民生、娱乐等大众关注的问答为主。

第二，问题与回答问题的内容创作者更加匹配，基于今日头条智能算法，问题大多能推送给擅长该领域的内容创作者解答。

第三，内容对用户而言有部分是为了消磨时间，而非节省时间。原本用户到问答平台提问，是为了能快速获得准确且专业的答案，是一种以节省时间为目的的行为，而悟空问答内容相对娱乐化，用户看问题、看解答，存在消磨时间的目的。

第四，整体内容专业程度不足。由于今日头条以民生、娱乐话题为主，优质内容生产者少，这也是悟空问答早期曾花重金邀请垂直行业专家入驻的原因。

从上述四个内容特点不难看出，虽拿着很好的起手牌，悟空问答的背景却与知识服务的特点不符。

从结果看，2017 年 10 月至 2018 年 7 月间，悟空问答的月活用户数从 121 万下降到 67.9 万，这是由一系列连锁反应导致的①。首先，新媒体环境下有趣内容相较有用内容仍占主导地位，在今日头条系的流量池内，需求有用内容的用户在减少；其次，字节跳动在用户数据不增反降的状况下，减少了对问答内容创作者的资金支持，导致部分优质问答内容创作者退出平台；最后，由于大部分留在悟空问答的用户目的仍是知识获取，而今日头条的专业知识供给不足，因此导致他们陆续退出平台。

（二）悟空问答发展趋势

对今日头条而言，孵化悟空问答平台是想要在知识服务行业占据位置，而更重要的目的是鉴别平台内的高质量用户。今日头条用户的主要兴趣标签是“社会”和“娱乐”，且用户学历普遍不高，所以今日头条虽坐拥高流量，但其流量价值并不高，变现难以尽如人意。因此，今日头条想通过悟空问答的推出，鉴别一批有学习需求的高质量用户，通过高质量用户的鉴别，完成更高效率的流量变现及销售变现。

由此可见，今日头条不会放弃悟空问答，2017 年投入的 10 亿资金虽没获得优异成效，不过随着知识服务行业快速发展，今日头条也很可能再次投入更多人力运营悟空问答，通过人工鉴别优质内容，降低阅读、点赞所占数据权重，以此提高悟空问答平台的专业性。

---

① 钛媒体. 一年不到月活下降 53 万人，不差流量不差钱的悟空问答，输在了哪里？［EB/OL］.（2018-09-01）［2024-03-10］. https://www.tmtpost.com/3450087.html.

二、知乎，有知识交流氛围的社区

（一）知乎现状分析

知乎的平台概念是问答社区，用户在知乎内的行为大多是提问与知识、经验分享，2010年创办网站邀请用户入驻，2013年3月开放公众入驻，用户在一年内从40万增长到400万①。与今日头条不同，知乎可以说是从零起步的问答平台。至2017年，知乎估值超10亿美元②，已成为行业独角兽。2021年3月，知乎成功登陆纽交所。

知乎为用户营造了良好的社区知识交流氛围，用户基于知识获取或知识分享需求，常会在单个问题上反复追问、求解，从而达到解决问题的目的，由此可看出知乎的四个内容特点。

第一，专业性强。知乎平台内有大量高学历、在专业领域有建树的用户，这使知乎平台回答的平均水平较高③。此外，知乎问题下内容的排序不完全由用户赞同决定，平台有专门负责专业领域的运营者监控回答，如判断用户的回答很专业，则会人工提升该回答位置。

第二，思维发散性强。知乎社区的讨论，用户往往会刨根问底，即便是单个问题，回答者也往往会从多角度思考，一方面让回答更饱满、优质，另一方面也让提问者尽量得到全面解答。

第三，内容偏理性。知乎用户一直秉承理性讨论的宗旨，无论何种问题，理性是第一出发点，感性内容往往用来辅助理性结论。

第四，造梗能力强。诸如“实名反对楼上观点”“谢邀”“人在美国”“刚下飞机”“这种问题左转百度，右转微博，这里是知乎”，都是知乎用户留下的梗，有着高学历人群的语言特点，但由于知乎也存在部分假装专业的用户，这些梗也往往用来讽刺此类用户。

（二）知乎发展趋势

从平台发展轨迹来看，知乎曾遭遇过两次波动④。

第一次是2017年，悟空问答刚启动时，花重金（发放的“工资”超过普通白领）从知乎“挖”来300名大V为悟空问答提供内容，且要求其在悟空问答发布的

---

① 小核桃．知乎周源自述：如何构建600万用户的知识分享社区？［EB/OL］．（2014－05－26）［2024－03－10］．http://www.woshipm.com/pmd/86482.html.

② 汪传鸿．知乎完成1亿美元D轮融资，内容创业春天来临［N］．21世纪经济报道．2017－01－13（15）．

③ 马璐．知乎产品分析报告［EB/OL］．（2018－05－15）［2024－03－25］．http://www.woshipm.com/evaluating/1024800.html.

④ 夏之南，张洁．抢人！重金抢人！今日头条悟空问答狂挖知乎大V，张一鸣想干什么？［EB/OL］．（2017－08－30）［2024－03－15］．https://www.chinaz.com/news/2017/0830/800044.shtml.

内容不能在知乎重复发布。不过由于悟空问答没有社区文化氛围，且靠数据推荐回答的方式让大V与新人创作者没有拉开差距，因此大V们并没有完全放弃知乎。

第二次是2019年初，大V自发组织“逃离”知乎，欲投奔微博。这次事件的根本原因，是知乎某一发表故事性内容大V的专栏流量日趋下降，想要知乎扶持，而平台的考虑是故事性内容与知乎的主形态问答不符，故没有答应。

从“知乎大V出走”事件可以看出，知乎平台与优质内容创作者存在意识上的矛盾：知乎想要维持平台“干净”，尽量以提供内容为主；优质内容创作者则需要变现。

优质内容创作者变现方式有两种：一种是与平台签约，由平台发放“工资”，而知乎欲维持平台“干净”，导致他们很难有除流量外的收入；另一种是基于内容的流量变现，这种方式又被平台束缚无法展开。因此，由于意识层面的差异，优质内容生产者的需求无法被满足，双方过得都“不太舒服”。

由此可见，知乎未来发展的主要方向应是推动商业化进程，但碍于历史背景和文化基因的限制，仍需谋求突破性进展。知乎商业化的核心问题是解决平台问答分享的水准与商业化之间的冲突。

三、悟空问答、知乎对比分析

这里将从七个维度，用图表方式展开悟空问答和知乎两平台的同项对比（见表6－1）。

表6－1 悟空问答与知乎的对比

	悟空问答	知乎
用户调性	用户平均年龄偏大，超35岁，社会阅历丰富，但知识水平偏低。	高知、有较强学习需求，多在某领域有一技之长或涉猎广泛。
问题调性	平民化，以社会问题、大众认知、娱乐内容为主。	以专业领域知识或行业发展趋势讨论为主。
用户基数	约7亿	约3亿
日活用户	不到100万	3 000万
推荐特点	以智能算法为主，匹配问题与回答者。	以用户选择领域为主，匹配问题与回答者。
优质回答推荐	主要以数据作为评判指标，阅读、点赞量高的内容显示靠前。	数据与编辑干预共同决定展示位置，且以编辑干预为主，其认定的优质内容将展示在靠前位置。
运营效果	易取得高曝光量，从而积累今日头条粉丝。	吸引粉丝难度较高，需回答内容有深度或符合用户价值观，用户端不显示阅读数据，仅有赞同数据。

第三节　新媒体问答运营操作事项

问答运营与原创内容运营有一定相似性，相似之处在于二者都是以原创内容创作展开的运营事项，都需要经过原创内容策划流程（问答原创内容可省略部分步骤）创作内容，且除去内容创作外均有其他重要运营事项。

二者之间也存在差异，差异在于问答运营是以用户需求为出发点的“命题作文”，且由于问答运营以塑造人格化运营形象为主，需要在内容中着重突出账号人格化运营形象的标签。

一、问答运营塑造人格化运营形象的方法

新媒体号人格化运营形象的标签分为年龄、性格、学历背景、所属行业、收入水平、兴趣爱好、人脉关系七项，运营者应在各种问题的回答过程中将其全面展现出来。

1. 年龄

年龄的展现可通过人格化运营形象描述自身经验阅历实现，如“在我刚工作5年时”，这种描述展现的人格化运营形象就是一位成熟的职场人士。又或是“在我××岁时，做了一件××事”，用户可从客观情况了解人格化运营形象的大致年龄。

2. 性格

性格在问答运营中更易被塑造，因相较原创内容，问答本身就存在交互（用户提问，运营者解答）。性格一般表现在人格化运营形象为人处世态度和语言表达方式上，运营者可在问答中多表述人格化运营形象在不同情况下对待人、事的态度，逐渐修正人格化运营形象的性格标签，如神经大条、性格随和、原则问题不让步等。

3. 学历背景

学历背景是问答运营的重要一环，因其是问答平台用户关注重点，也是用户初接触人格化运营形象的“脸面”。学历背景的表述可根据问题与人格化运营形象“经历”，分层表达。比如“大学选修课应选哪些”，人格化运营形象就可描述自己毕业于哪所大学，选择选修课的经历有哪些；再如“研究生论文开题报告有哪些注意事项”，人格化运营形象又可描述自己读研究生的经历。如此循序渐进地表达，用户更易接受，且会认为人格化运营形象是能一直被挖掘的“宝藏”。

4. 所属行业

人格化运营形象所属行业在问答中的第一展现形式是账号名称，比如许多问答运营者都会将职业写在名称后，如“张三——健康美食专家”。如此，用户会首先对账号人格化运营形象的专业有所了解，而后运营者在内容中加入人格化运营形象在行业中的实践经历、操作项目、亲身体验、专业口碑，就可以达到更好效果。

5. 收入水平

人格化运营形象的收入水平应高于大多数普通用户，但也不能高得离谱，否则会引起用户的仇富心理。在展现人格化运营形象的收入水平时，运营者可就问题进行相关商品的客观推荐，用户从推荐的商品中就可对人格化运营形象的收入水平有所了解。

6. 兴趣爱好

除专业知识外，人格化运营形象的兴趣爱好也非常重要。当运营者已将人格化运营形象的专业性塑造好后，可通过专业外的兴趣爱好低姿态参与其他问题讨论，一方面可吸引其他领域粉丝，另一方面也可以让粉丝感受人格化运营形象“亲民”的一面。

7. 人脉关系

人脉关系一般表现在回答社会型问题中，人格化运营形象一般都专精于单个行业，但这并不阻碍其拥有其他行业的人脉，运营者可以通过回答多种社会热点问题来塑造人格化运营形象“专业朋友多”的人脉关系特点。如此人格化运营形象不仅具有专业性，而且在问答平台塑造了品牌，无论用户有什么问题，都会先选择向该人格化运营形象提问。

以上述人格化运营形象在问答运营中的塑造方法为基础，下面将详解在悟空问答、知乎两个平台上的运营事项。

二、悟空问答的运营事项

在悟空问答平台运营时，运营者需注意挑选问题和回答问题两个运营事项。

1. 选择低回答数、高收藏量问题

悟空问答的核心在于流量，流量大的问题能吸引更多内容创作者回答，流量大的回答可以获得更多推荐，从而吸引更多粉丝。其中，问题的主要流量参考指标在于收藏量（见图 6－2），收藏问题意味着用户有很大可能反复查看，从而为问题提升数据指标，带来更多用户流量。

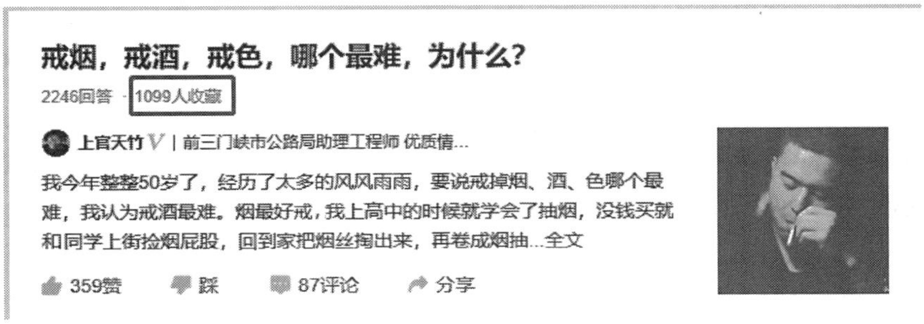

图 6－2　悟空问答中高收藏量的问题示例

此外还有一个指标可做参考，即图 6－2 中的“回答”指标，回答数越少，运营者的回答就越有可能被用户看到。所以在挑选问题时，运营者应尽可能寻找与自己领域相关，且收藏量更高、回答数更少的问题。

2. 回答问题追求简单、直接、有效

选出合适的问题后，运营者要根据提问标签策划回答内容，策划过程包括通感、热点、场景、价值观、转梗、落点等，然后便可根据策划将内容完成并发布。在运营者进行问答内容原创时，遵守的基本原则是内容简单、直接、有效，需注意如下五点：

第一，运营者需在内容开头或结尾表明“身份”。表明身份的目的是证实自己在该领域的专业度，以提高用户对回答的心理预期，引导其继续阅读并认可回答内容。

第二，尽可能将能够吸引用户的通感、事件放在开端部分。这是因为用户的阅读习惯一般都是先看回答内容的前两句，如感兴趣才会继续阅读。并且，如果内容由编辑推荐成了该问题下的首页推荐回答，用户在未点入该问题前会看到约90字内容，剩余内容需点开全文才可查看（见图6-3）。

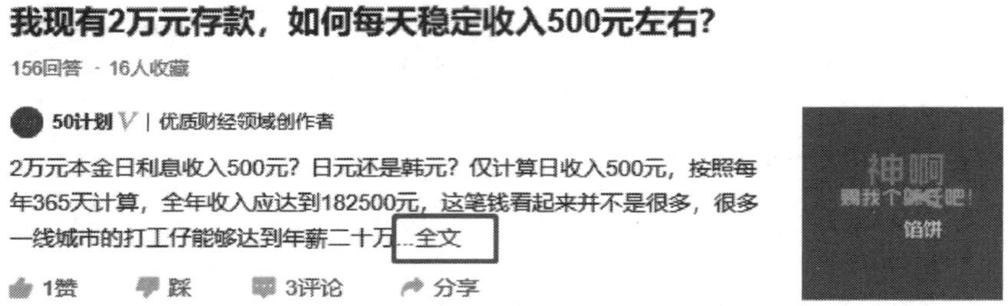

图6-3 悟空问答首页推荐回答“全文”按钮

第三，控制回答内容的字数。根据悟空问答后台数据分析，500字至800字之间的回答跳出率最低。

第四，回答中最好加入高清图片。浏览大量悟空问答内容后，运营者会发现，大部分首页推荐的回答内容均穿插了图片，图片元素会增加编辑推荐的可能性。

第五，通感、观点需一目了然。悟空问答平台运营人员给运营者的建议是，“回答内容一定要让用户感觉是真实的，并且要清晰罗列想表达的观点”。这一建议中表达了三个内容注意事项：其一，构建真实的“通感”；其二，条理清晰，最好使用“第一”“第二”“第三”这种方式行文；其三，须让用户看完内容后了解回答者想表达的观点。

此外，运营者还可以通过吐槽或“抖机灵”的方式回复问题，也有可能获得较高点赞量，但很难吸引用户关注账号。

三、知乎的运营事项

运营知乎时，运营者需重点关注挑选问题、回答问题、培养行业人脉三个运营事项。

（一）选问题专业为主、热榜为辅

在知乎上挑选问题有两个主要渠道，第一是知乎热榜，第二是垂直领域问题搜索。

知乎热榜类似微博热搜，其问题大多是平台近期热度较高的内容，运营者可在其中挑选与自己所在领域或自身生活阅历相关的问题回答，先通过高曝光量问题尝试获取基础的账号数据（赞同量、关注用户数）（见图 6－4）。

垂直领域问题搜索，是通过知乎搜索按钮搜索关键词，寻找与自己领域密切相关的问题，如搜索“新媒体运营如何入门”（见图 6－5）。

运营者需在搜索后点入不同问题，查看其被浏览次数及关注人数，横向对比不同问题的这两项指标，明确问题流量，继而选择流量较大的问题进行回答（见图 6－6）。

相较知乎热榜，回答专业领域问题更易吸引符合账号标签的用户，不过对新注册的知乎账号而言，专业领域问题流量不一定大，不易获得数据。因此，两种渠道还需同步发掘。

图 6－4　知乎热榜问题页面

图 6－5　知乎垂直领域问题搜索结果页面

图 6－6　知乎问题关注者、被浏览数指标显示

（二）回答问题确保专业，拓展外延

知乎回答问题遵守的基本原则是专业性，需注意如下五点。

第一，回答内容需涉猎广泛。对知乎用户而言，仅解答问题并不能显示回答者的高水平。如提问者的问题是世界上最大的湖泊是哪个，运营者不仅要回答是里海，还要告诉他里海面积、与此相关的世界最大的淡水湖是苏必利尔湖、世界上最深的湖泊是贝加尔湖等，如此问一答十，才显得回答者知识渊博。

第二，针对可以各抒己见的问题，不必给出答案，重点在于引导用户思考。知乎存在大量输出观点引发讨论的问题，比如“父母总吵架，但他们说为了我不会离婚，我该怎么办”。对于这类问题，直接给出意见建议效果不一定好，运营者的回答在明确自身观点的同时，还间接引导提问者深度思考，被采纳的可能性会更大。

第三，回答过程中不刻意显露身份。与悟空问答不同，在知乎上“秀肌肉”是无效的，知乎用户见过太多不同领域的“大神”，只有靠专业知识内容才能使用户信服。

第四，如是行业专家，尽可能将专业术语、独特语言习惯融入回答中。在知乎提出某领域问题的用户，大多对该领域有所了解，所以运营者可放心使用领域内专业术语。即便用户不理解，为了获取专家给出的知识，也会自行查阅资料以克服阅读障碍，因此运营者不用担心用户看不懂。此外，如运营者有独特的语言方式也可展现出来，如此更利于树立账号的人格化运营形象。

第五，以亲身经验为主，理论论证为辅。在知乎讲道理是没用的，用户关注点不在于这件事理论上应该怎样，而在于回答者做过这件事，结果如何。

综合上述五点可以看出，由于知乎用户的见识相对更广，想要“捕获”其成为人格化运营形象的粉丝难度更高，但部分知乎用户也相对单纯，只要在回答内容中能让其认为人格化运营形象懂得比他多，就可能成为账号粉丝。

（三）培养行业人脉助力账号运营

知乎提供了用户交流分享知识的平台，且构建了相对其他平台更为理性的社区氛围。运营者可利用社区形态，在知乎中与各行业的专业人士交朋友，一方面可以为人格化运营形象代表账号做背书，从第三方角度提供专业保障，另一方面还可有效推动异业合作或使账号“破圈”。

1. 同行业人脉培养

运营者在回答人格化运营形象专业领域问题时，需关注该问题下已有的专业人士解答，如运营者经过判断认定其有一定专业水平或确知是行业专家，则可以通过评论、引导其阅读运营者回答等方式引起其关注，并与之“坐而论道”。如运营者的专业知识水平可以被其认可，则双方有可能成为伙伴。

未来，运营者如有商品推广需求，可通过伙伴的新媒体矩阵，作为运营者账号的 KOL 协助推广，由于其领域与运营者匹配，粉丝用户标签也会与运营者商品标签更加对应，从而达成更好的推广效果。

此外，如运营者商品或品牌陷于舆论危机，也可向伙伴说明事件始末，并让其从专业角度出发为运营者品牌作证。如此更有说服力，澄清舆论、化解危机的成本代价也会更低。

2. 其他行业人脉培养

运营者在回答知乎热榜问题时，需留意热点话题下其他专业人士的解答，如其获得高赞同数，则在一定程度上证明了其在该行业的专业性，运营者可通过话题牵引尝试与其互动。

如运营者账号人格化运营形象为减肥领域专家，发现热点问题“短发女性如何穿搭”的高赞回答是衣物配搭方面的“大神”提供的，运营者则可在其回答下评论“好像很厉害的样子，但我相信减肥成功更重要”。

这种方式类似微博评论热点内容，是通过评论的方式尝试与专业人士形成互动，进而成为朋友。一来，运营者可与其互相推广，吸引彼此粉丝，形成自身账号在对方账号领域的“破圈”；二来，运营者可与其共同举办活动，以上述“减肥”“穿搭”两个领域合作为例，可商讨举办“减肥××斤，可到线上服装店领取 20 元代金券”活动，为双方共同提高粉丝活跃度及变现可能性。

【本章总结】

1. 问答运营在作答内容时，需从年龄、性格、学历背景、所属行业、收入水平、兴趣爱好、人脉关系七个维度塑造人格化运营形象。

2. 在悟空问答运营，应选择低回答数、高收藏量问题，而回答问题须简单、直接、有效。

3. 在知乎运营应以回答与己专业匹配的问题为主，同时回答热榜问题积累流量，作答时须保证高专业度，且努力拓展知识外延。

【课后习题】

1. 新媒体问答运营与其他运营事项的最显著区别是什么?
2. 现阶段基于问答的知识付费模式应如何搭建?
3. 在问答运营过程中，应如何塑造人格化运营形象?

第七章　新媒体活动运营实操方法

【本章知识体系】

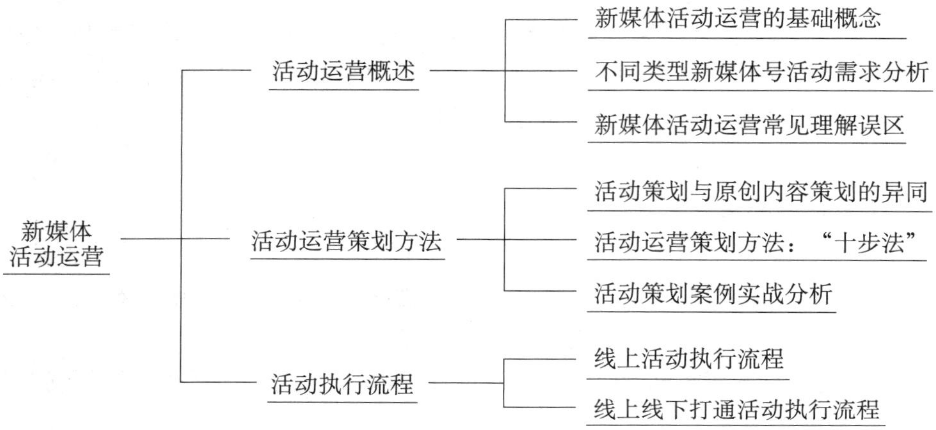

经过本书前六章的讲解，新媒体运营者应已明确原创内容运营与多平台联合运营是所有新媒体矩阵在任何运营阶段都需践行的运营方法，因原创内容运营是接触用户的第一手段，多平台联合运营可让新媒体内容、新媒体号获得更多曝光。

而本章讲解的新媒体活动运营，是基于用户潜在的心理需求，为原创内容运营、多平台联合运营，乃至所有新媒体运营事项赋能的运营方式，是新媒体九大运营事项的中坚力量。

本章将详细讲解新媒体活动运营的定义、作用及操作事项。

新媒体活动运营，即以新媒体矩阵为载体，组织线上或者线上线下打通的活动，其发源于用户在移动互联环境下的交互需求。移动互联网的普及，虽让用户实现了随时随地看剧、玩游戏、购物及社交的需求，但宅在家里、手机不离手，也让多数移动互联网用户产生了孤独感，他们渴望既足不出户，又能在集体环境中参与活动、社交，而新媒体活动运营为满足他们的这种需求提供了方法与途径。

基于新媒体活动运营与用户需求的匹配，活动运营的重要作用便可被明确——激活新媒体号内粉丝，即唤醒原本沉寂但却在互联网中有交互需求的用户。

此外，基于不同活动形式，活动运营还可增加粉丝以及拉动销售。例如，在各新媒体平台经常看到的转发领红包活动，可通过活跃用户的转发触达更多陌生用户，使其成为举办活动的新媒体号的新用户；再如答题领福利活动，运营者可将福利设置为商城代金券，以达成活跃用户或有需求用户的销售转化。

了解了新媒体活动运营的定义及其对新媒体号的作用后，新媒体运营者还需明确，在新媒体中活动不是单独的运营事项，而是与其他新媒体运营事项紧密关联。这就要求运营者在操作活动运营事项的过程中通盘考虑，既保证活动策划精彩、活动执行流畅，还要兼顾活动对新媒体矩阵整体运营产生的影响，包括产出活动相关的原创内容、组织由活动激活的用户、鉴别由活动吸引的新用户等（见图 7－1）。

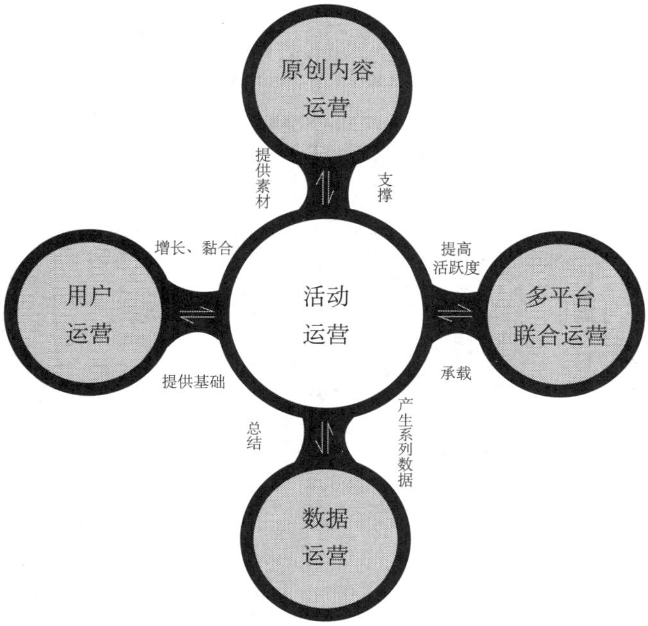

图 7－1　活动运营与其他新媒体运营事项的关系

第一节　新媒体活动运营概述

本节包含新媒体活动运营的基础概念、不同类型新媒体号的活动需求分析、新媒体活动运营常见理解误区三部分内容。

一、新媒体活动运营的基础概念

活动运营包含“活动”与“运营”两个关键元素，这就要求活动运营至少满足三方面要求：第一，具有活动性质，可满足用户交互需求；第二，与作为活动举办方的品牌或公司产生强关联关系，比如对公司其他部门或正在进行的项目起到促进作用；第三，运营要遵从结果导向，即活动要有明确目标，并在活动结束后检讨活动结果。

伴随着移动互联网和新媒体的发展，组织活动的时间、地点门槛逐渐降低，承载活动的平台和手段逐渐丰富，使新媒体活动运营逐渐演变出了两种常见形式：一种是用内容引导用户聚集至同一活动入口的线上活动形式；另一种是线下举办，线上辅助推广宣传以留住被吸引用户的线上线下打通的活动形式。

（一）新媒体活动组织方式

这里以调性为小资的新媒体号“新世相”举办的两次活动举例讲解。

1. 线上征集故事永不过时

2017年，“新世相”与腾讯视频共同举办了“好时光列车”活动，“新世相”在线上征集网友“曾经的故事”，并将其设计成巨幅海报张贴于北京地铁车厢内。这次活动的主要用户画像为乘坐地铁的通勤用户（见图7-2）。

图7-2　2017年7月北京10号线地铁贴满了励志故事

这场活动对用户来说，单纯提供热血、励志的故事，且不可能获得任何物质奖励，但活动不仅吸引了“新世相”的粉丝积极参与，而且吸引了大批陌生用户关注“新世相”并主动上传故事。

这次活动对用户产生强吸引力的原因如下：一是线上征集故事的活动形式参与门槛低，用户仅需到“新世相”公众号入口上传故事即可；二是多数用户其实都有想讲出来的故事，但通常不愿向利益相关者表达，而活动以“笔名”署名将故事张贴于地铁车厢的形式，满足了用户的倾诉欲。

2. 丢书大作战，有调性的生活调味剂

2016年，“新世相”举办了“丢书大作战”活动，这是一场线上线下打通的活动，其方式是“新世相”团队将10 000本书“丢”在地铁、高铁、航班、网约车上，所有用户均可“捡”书，也可以扫描二维码继续“丢”书。另外，“新世相”在线上发布配套活动的原创内容，并在多平台联合大V转发。

这场活动的热度延续了近两年，截至2018年，每天仍有约500名用户点开“丢书大作战”页面。能够达到让用户如此狂热参与的效果，主要得益于三点：一是其选择合作的公司和明星均在活动举办时自带高流量；二是由于“新世相”的新媒体号聚集了一批小资青年，看书这一行为符合他们的调性需求；三是由于用户猎奇且渴望交互的心理。

对用户而言，在乘坐地铁、出租车、航班等忙碌紧张的状态中，可参与某项不曾体验过的活动，而且活动本身既方便又好玩。同时，看书、分享、看别人有关书的感悟，满足了用户在移动互联时代的交互需求。

上述“新世相”举办的两场活动，均具备低门槛、满足用户交互需求这两个特性。对用户而言，这两个特性是吸引其参与新媒体活动的最重要考量指标，此外运营者还可用其他增值手段达到吸引用户参与活动的目的。

（二）新媒体活动类型

新媒体环境中，用户的明显特质之一就是懒——懒得动、懒得看内容、懒得参与活动。而运营者与之相抗衡的武器有两个，一是低门槛，二是吸引力。于内容而言，低门槛来自碎片化，吸引力来自通感；于活动而言，参与方式简单、流程短意味着低门槛，福利则是最大吸引力。

通过福利吸引用户的新媒体活动有两个核心要素：

第一，运营者需让用户满足一定条件（达到活动参与门槛）才能有机会获得福利，如转发公众号内容。

设置活动参与门槛的原因有两方面：一是帮助运营者达成举办活动的目的——激活用户，增加粉丝量。以转发公众号内容为例，公众号内用户的转发首先意味着用户要动起来，其次可以带来陌生用户关注，实现涨粉。

二是让用户有一定的活动参与感，活动门槛不一定是高的、困难的，也可以是有趣的、令人期待的。如“上传与男（女）朋友的合影，即可参与大餐免单抽奖”，对用户而言，这样的活动有趣且有福利可图。因此，门槛非但不会成为用户参与活动的阻碍，对于喜欢秀恩爱的情侣，反而有可能成为吸引他们参与的原因。

第二，运营者需规划活动的福利设置。

设置活动福利需参考账号运营状况及活动门槛两方面因素，活动福利价值应与活动门槛成正比，与账号运营状况（粉丝池用户数，内容阅读数、在看数等）成反比。这是因为，对用户而言，新媒体号规模越大，用户被新媒体号“重视”的需求就越强烈，也就越不在意福利价值；反之，如新媒体号并不知名，用户则会仔细进行所获福利价值与活动门槛的比较。

基于上述两个核心要素，通过福利吸引用户的新媒体活动可被分为五种类型。

第一，满足条件后参与，这里一般针对大型活动或限制参与人数的稀缺性线下活动，如重要赛事观赛名额、明星演唱会志愿者参与名额、高端小众艺术精品展看展名额等。因这类活动稀缺性较强，运营者设置的门槛应较高，包括但不限于转发内容、提供资质证明（如明星微博铁粉）、线下沟通提问等。

第二，满足条件后抽奖，即用户通过 H5 小程序、平台自带功能等，满足运营者设置的条件从而参与抽奖。一般而言，只要运营者不设置过长的参与活动线路或过于复杂的参与条件，用户参与可能性就会较高。另外需提醒运营者，彩票式抽奖，即用户花钱参与抽奖的方式有博彩性质，不可举办。

第三，满足条件后赠送，即用户根据运营者要求操作完成后可获得的奖励。原则上，这种方式的吸引力更高，但运营者设置的奖励一般不会丰厚，大多为低价格商品或代金券，以此尝试促进用户的销售转化，所以对熟悉套路的用户可能并无良好效果。

第四，满足条件后打折，即用户根据运营者要求操作完成后，可获得某商品或某商城的折扣优惠。这种方式的核心在于打折商品是否具有吸引力，于用户而言则是商品是否为必需品及其稀缺性如何。如商品对参与活动的用户人群有足够的吸引力，效果一般都会较好。

第五，集合上述四种类型的综合活动。新媒体综合活动一般分为两种：一种是设置不同的活动门槛，对应获取不同的福利。比如，用户在当篇内容下评论，点赞数最多的评论将直接赠送两张球赛门票，点赞数第二至第五可获得一张球赛门票，以及以五折价格购买更多一张球赛门票的优惠福利。

另一种是设置不同的活动门槛，对应同一福利的不同中奖概率。比如信远斋桂花酸梅汤与电影《夺冠》合作赠送电影票。用户如直接参与信远斋 H5 轮盘抽奖，中奖概率为 5%。但如果购买了一箱信远斋桂花酸梅汤，则中奖概率是 20%。通过不同梯度的中奖概率设置，既能让一些对活动福利需求较强的用户有免费获得福利的方式，还能带动一定销量。

分析上述活动案例和福利活动常见类型，可得出如下三点结论：其一，最高级的活动运营是直接戳中用户需求，在此基础上，即便让用户付出时间和金钱，他们也愿意参加；其二，如果活动不能强烈触动用户需求，则需要加入增值项——福利赠送，用于抵抗用户的惰性，增加其参与的可能性；其三，无论何种活动举办形式，基本点都是让用户觉得值。

二、不同类型新媒体号的活动需求分析

以开办主体为分类标准，新媒体号可分为个人新媒体、政务新媒体、企业新媒体、媒体及其他组织新媒体四种类型，开办新媒体号的主体不同，举办活动的目的大多不同，从而需采取不同的活动举办策略。

1. 个人、媒体及其他组织新媒体，坚持流量导向

这类新媒体多是以兴趣、专业为核心的观点输出型新媒体号，这类新媒体号运营的最终目的是变现，且变现方式多为流量变现。新媒体号流量变现的能力取决于账号用户的价值（粉丝数、粉丝黏合度）。因此举办活动应秉持流量导向，以活跃、吸引用户为主，可采用的活动形式有以下五种：

（1）面向用户推出新媒体号兴趣、专业领域相关的 H5 小游戏。可采用问答、闯关、测试等方式，满足用户的求知欲或交互需求，无须成本，提高用户黏合度。

（2）转发抽奖。转发抽奖的奖品不一定是物质奖励，也可以是基于兴趣或专业领域的稀缺性福利。比如，个人公众号“冯唐”举办转发抽奖活动，设置的奖品就是冯唐为用户定制一首诗。只要奖品具有稀缺性或对特定人群有吸引力，就可以通过活跃用户转发吸引更多用户。

（3）签到得福利。在新媒体环境下，签到可鼓励用户养成阅读新媒体号的习惯，进而形成生活习惯。

（4）集赞得福利。这是一种更加简单粗暴的活动方式，即用户在评论区留言，获赞前几名的用户可获得不同程度的奖励。这种方式可促进用户将内容转发朋友圈、分享群组，但活动成本相对较高。

（5）线上宣传、线下举办主题见面会。用这种方式活跃用户、黏合用户，涨粉效果好，但成本较高，主要被有用户基础、人格化运营形象具备 KOL 效应的新媒体号采用。

2. 政务新媒体，为用户服务而生

政务新媒体，是以政府满足群众的服务需求为出发点创建的信息资讯类新媒体号。这类新媒体号天生流量高、黏合度强，且没有变现需求，所以政务新媒体大多不会举办活动。但有两种特殊情况，一是政务新媒体会举办服务于民的活动，二是为提升服务品质，出于了解民意的目的举办活动。这两种情况均以服务用户为导向，活动形式一般分为两种：线上宣传、线下发放福利；线上民意有奖调查。

3. 企业新媒体，营销活动为主

企业新媒体，多是在某领域有自主商品的企业新媒体号，其运营的最终目的是变现，且手段以销售变现为主。变现的基础是用户的活跃度和黏合度，因此企业新媒体可采用以上所有个人新媒体、媒体及其他组织新媒体的活动方式，此外企业还需重点举办营销活动。

营销活动，即企业通过资源整合或介入大型社会事件的方式组织的，提升企业粉丝黏合度、品牌知名度、社会影响力，并能实现变现的活动。常见的企业新媒体营销活动有如下八种：商品赠送、商品打折、商品买赠、商城代金券、线上拼单购买、商品试用（竞品 PK）、品牌合作买赠、品牌会员。企业新媒体运营者举办营销活动，需为福利的发放设定门槛（活动玩法），让用户有参与感。

三、新媒体活动运营常见理解误区

通过新媒体活动运营基础概念的讲解，或许已有运营者跃跃欲试想策划一场新媒体活动。但在举办活动前，还需厘清新媒体活动运营的三大理解误区。

1. 新账号举办活动

活动运营的最重要目的是活跃用户，由此可知用户是活动运营的基础。刚申请的新媒体矩阵几乎没有关注用户，就根本无法举办活动。若坚持举办，则最终只会变成新媒体号的独角戏。新开办的新媒体号，即便是在扩散性强如微博的平台上举办活动，如果不投入巨额推广费用，也难见成效。

2. 以涨粉数、销售额评价活动效果

一次活动举办完成后，新媒体运营者应进行复盘，其中最大的忌讳就是单纯以涨粉数、销售额定义活动的成功与否。运营者复盘的焦点，首先应聚集在活动参与人数（微博）、活动参与人数和吸引到的用户数的比例（微信公众号）、活动是否为日后运营起到铺垫作用、活动执行是否顺畅、不足之处是否可以改进等方面，然后再考虑成本效率、涨粉数、销售额等指标。

3. 不经策划举办活动

本章上文内容已提到，活动运营在新媒体运营事项中不是单独的运营事项，而是与其他新媒体运营事项紧密相关。因此，运营者在举办活动前应先进行策划，策划内容包含活动目标、与其他新媒体运营事项的联动、活动具体流程、活动执行方式等。如未经策划，想到活动的点子就直接举办活动，则很可能造成活动目标不清晰、流程混乱、环节疏漏等问题。思考全面，才能使活动完整，达成预期效果。

第二节　新媒体活动运营策划方法

新媒体活动运营策划，是由新媒体运营团队根据新媒体号的活动需求，基于所有关于活动的想法和创意整合而成，可明确活动目的、活动方针及不同情况下的应变策略。

一、活动策划与原创内容策划的异同

新媒体活动策划方法，与本书第三章“新媒体运营核心方法论”讲解的“原创内容策划方法”有较多相似处，所以本节以原创内容策划方法为模板，对比讲解新媒体活动策划方法。

（一）活动策划与内容策划的可参考项

活动策划的主题设置与原创内容的选题、标题相对应。活动主题，是运营者基于活动举办需求设定的通过某种形式达成某项目标的活动总则。比如，基于活跃用户的需求，举办转发内容送现金的主题活动（活动目标为活跃新媒体号现有用户，同时通过用户转发行为拉新）。活动主题中往往包含两个要素：一为活动类型，如转发抽奖，其对应原创内容策划的选题；二为 slogan，用口号式创意宣传语向用户强植活动主题。

而活动主题往往也是活动的标题，如“给你最真的躺赢机会！——只要动动手指转发内容，现金即刻到账”，“给你最真的躺赢机会”为活动 slogan，“转发内容领现金”为活动类型（即选题）。

活动策划的通感与原创内容通感对应。这两者表达方式几乎一致，因活动策划的通感最终需要通过原创内容向用户传递。

活动策划的热点与原创内容热点对应。相较原创内容策划的热点，活动热点更易被用户捕捉，如双十一、双十二，运营者无须费笔墨让用户观察、了解热点，只需在固定时间节点推出活动即可。

活动策划的价值观与原创内容价值观对应。活动策划价值观与原创内容价值观一样，是新媒体号整体价值观下的分支，不能违背新媒体号整体价值观。比如，以商品为核心的新媒体号，举办转发内容即可获取商品五折优惠券活动，其新媒体号价值观是为用户提供高质量商品，其活动价值观就是可以让更多用户低成本获得该优质商品。

活动策划的大纲与原创内容大纲对应。大纲即运营者确定活动思路后，形成的用以统筹活动协调工作的活动流程拆分清单。大纲可为运营团队清晰地划分活动模块，并且方便运营者在各项活动环节中插入亮点。

活动策划的亮点设计与原创内容设计转梗对应。活动亮点设计，相较原创内容的设计转梗涉猎范围可更加广泛，且设置的数量可以更多。这是因为用户参与活动的过程，相较阅读原创内容的时间要长得多，所以活动亮点应散布在活动流程中的各个部分，且各亮点形式应各不相同，以达到吸引用户跟运营者共同走完活动全程的目的。

（二）活动策划与内容策划的差异项

1. 活动策划要先定目标

这是活动策划与原创内容策划的最显著差异。一般情况下，新媒体原创内容的目标相对单一，即吸引用户阅读内容并形成关注。而新媒体活动的目标并不唯一，而且在先期进行活动策划时，运营者要根据活动目标，规划不同的活动实施策略与方式。

2. 活动策划要将用户画像作为决策项

新媒体原创内容策划过程中有多个步骤均需借助用户画像分析完成，如通感、热点、转梗，但因原创内容的用户画像以新媒体号用户画像为基础，且运营者可以通过设置不同通感、使用不同热点、设计不同转梗，尝试扩大原创内容用户画像的外延。所以原创内容用户画像具备一定拓展性，是运营者在策划阶段的思考项，而非决策项。

但对新媒体活动策划而言，其主要目的是活跃用户，而且一套完整的活动策划所对应的用户画像有明显局限性，仅可作用于画像标签固定的一部分用户，无法实现拓展。因此，运营者在活动策划中需将用户画像作为决策项，要通过更为细致、精准的用户画像标签，在已关注新媒体号的用户中筛选出与活动策划最匹配的一部分群体，作为参与活动的基础用户，如此才能进一步有的放矢地进行活动策划的后续事项。而通过活动吸引到的新用户，也会与活动策划选定的用户画像标签高度匹配。

3. 活动策划必须编制成本预算

活动成本预算相当于组织一场活动的基本框架，活动中的福利设置、宣传推广、线下活动费用等环节，都需要运营者在策划阶段核算成本，并与活动目标对比，考察两者是否形成匹配关系。

4. 活动策划需有分支结果处理方案

相较原创内容，活动对新媒体号运营产生的影响覆盖面普遍更大，因多数活动结束后，或需要运营者通过用户运营引导、黏合用户，或需要安排新零售团队支撑售后服务。因此在策划阶段，运营者便需明确活动可能引发的后续工作，详细制定针对不同活动结果的分支处理方案，并安排、协调团队成员做好支撑应答准备。

二、活动运营策划方法

新媒体活动分为单纯线上举办与线上线下打通举办两种方式，二者在活动策划阶段的核心流程相同，但策划时的思考方向有所不同，这里将就十步活动策划执行流程的定位、思考方式及注意事项进行详细讲解（见图7-3）。

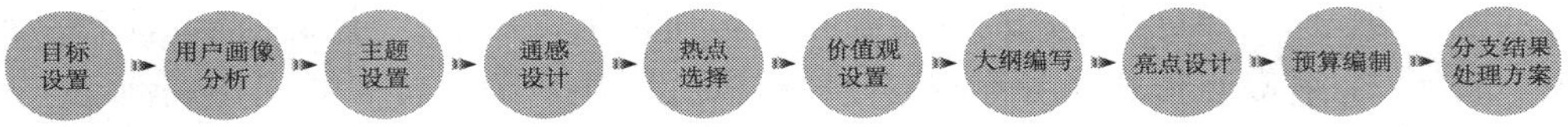

图7-3 新媒体活动策划思考执行流程图

（一）活动目标设置

如上文所述，举办活动的目标无外乎活跃用户、增长用户数、拉动销售三个方面，设置目标的意义在于，明确这三个目标在运营者心中的期望值，完成目标逐项细化的同时明确活动所需预算规模。

比如，新媒体号创办半年，微信公众号内约有500个活跃用户，账号用户增长处于平台期已有两个月。运营者想通过举办活动，一方面达到活跃账号用户，使之传播账号的目的，另一方面通过创意环节和福利的设置，吸引陌生用户关注账号，继而成为关注用户。其中涨粉的期望更高，且运营者希望增长的关注用户有明确的用户画像标签，这就是活动目标的设置。

活动目标的思考应包含两项指标：第一，活动计划吸引的参与用户数量；第二，活动计划从参与用户中获得的关注用户转化数量。如果以销售为目的，还需加入销售量的考核指标。这三项指标对于活动规模、投入团队、活动成本预算编制、传播推广、销售渠道等活动配套准备工作、举办平台或场地选择而言，都是最关键的参考依据。

【运营提示】设置活动目标一定要量化指标

不少新媒体运营者在设置活动目标时，都缺少必要的量化意识和严格态度，以致活动目标设置笼统粗略，比如“活动的目标是为新媒体矩阵吸引一定数量的新用户关注，且完成一定金额的销售任务”，这个目标中的两个“一定”，就注定了举办的活动无法达到预期效果。

运营者设置活动目标，必须将目标中涉及的指标项全部量化。目标量化的具体方法如下：根据账号现有关注用户数，评估现有活跃用户数（一般活跃用户数占账号关注用户总数的10%左右；如果账号的阅读、点赞、评论数据一直保持高位运行，可将活跃用户数占比提高至20%），活动活跃用户的量化指标要达到账号现有活跃用户数的50%，活动增粉的量化指标应达到计划活跃用户数的50%，而销售的量化指标应达到计划活跃用户数与计划增粉数之和的10%。

以现有关注用户数20 000的账号为例，其通常活跃用户数为2 000，活动目标设置的量化指标为，活动计划活跃用户数1 000，活动计划增粉数500，并至少有150名用户完成购买。

另外，活动计划增粉数的考核，不应在活动结束后立即进行，应在活动举办后三天核算，这是因为任何新媒体活动吸引到的关注用户中，均有得到福利便取关的“一日游”用户，所以应预留三天左右的用户沉降期，再进行增粉数核算。

（二）活动用户画像分析

在新媒体活动策划过程中，用户画像分析解决的是活动面向用户的匹配问题。活动的用户画像拟定，是除活动目标设定外活动策划流程的另一个基础项，运营者对活动的用户画像分析越精确，活动达成的效果就越好。

在分析活动用户画像标签时，运营者应以新媒体矩阵的用户画像标签为蓝本，在其中寻找能与活动匹配的用户群。因为只有了解、认同并信任自己的用户，才能降低心理防线，积极参与到活动中来。换句话说，新媒体活动最容易吸引到的还是新媒体号黏合性强的用户。

运营者在从新媒体矩阵的用户画像中规划、筛选活动用户画像的标签时，应综合考虑三方面因素。

首先，需明确活动是否有稀缺性福利或热点人物介入。如果有，就根据福利或热点人物的特点标签，拟定能被新媒体矩阵用户画像标签包含的活动用户画像标签。

其次，如活动目标中有商品或服务销售需求，则要根据商品、服务的特点和适用用户的标签，拟定能被新媒体矩阵用户画像标签包含的活动用户画像标签。

最后，如活动目标仅为活跃现有关注用户和增粉，则需要尽量描绘新媒体矩阵现有活跃用户的细致画像，至少按本书第三章第二节“新媒体号策划方法”讲解的新媒体矩阵用户画像标签法，描绘出现有活跃用户画像的两级信息标签。

在活动用户画像的规划中，有两个需运营者关注的事项：一是无须担心新媒体矩阵现有关注用户规模过小，只要用户画像精准，用户需求满足到位，活动福利和亮点设计到位，自然会有与用户画像匹配的陌生用户被现有参与用户的转发传播吸引到活动中来，如此还能节省后期运营中鉴别用户画像所耗费的精力。二是活动规模不是越大越好，吸引来的用户也不是越多越好，往往策划一次用户画像精准的小而精的活动效果，比普惠大众的活动效果更好。只要活动的福利、亮点等有足够的吸引力，限制参与名额的活动反而会让未参与用户产生稀缺感，这能为未来的活动奠定更好的用户基础。

（三）活动主题设置

活动主题中包含活动 slogan 与活动类型两个要素，设置主题的目的是让目标用户看完后直接明确活动参与方式，或因 slogan 洗脑、有趣，愿意进一步详细了解活动。活动主题是运营者面对用户的第一步，它在一定程度上决定了参与用户的数量和精准度。因此，运营者应从多维度思考，尽可能将活动主题精确地传递给用户。

活动主题的思考应包含三个维度。

第一，根据活动目标思考活动类型。

活动类型是活动主题思考的第一步，包含活动门槛设置和福利设置两项。

三种活动目标，分别对应三种主要门槛类型：以活跃用户为目标，其主要门槛应是交互；以增长用户为目标，其主要门槛应是转发；以拉动销售为目标，其主要门槛应是用户下单或进入新零售商城的商品详情页。

相较活动门槛的设置，活动福利的设置则更依赖用户画像分析。运营者可根据用户画像分析得出的用户需求设置福利，如针对演唱会举办地用户设置演唱会门票福利。

当然，活动福利的设置也与活动预算息息相关，运营者需明确，在活动预算中，用户福利应是占比最高的预算项目。如果活动组织成本高于用户福利，则可能出现活动成本超支的情况；如果活动的推广、传播成本高于用户福利，则可能让活动陷入只叫好（知道的人很多）但不叫座（参与活动或活动转化的粉丝数少）的尴尬局面。

第二，根据活动类型、用户画像设置 slogan。

活动 slogan 的作用是让看到活动信息的用户快速形成记忆，最好能在脑内无限循环。因此，slogan 应有三个考量指标：一是让活动的目标用户只需一眼就能看懂；二是含有好玩的梗或洗脑词语，为用户快速记忆提供条件；三是通过 slogan 与活动类型的结合，让用户明确活动参与方式，或初步理解运营者举办活动的目的。

以海尔和“新世相”的线上活动举例（见图 7-4）：

“新世相”活动名为“炫妈计划”，这句话就是活动主题，“炫妈”一词将活动 slogan 与活动类型均融入其中，让用户一眼即可看出参与方式。海尔活动名为“Hai 氏幸运 er”（海氏幸运儿的变体），这句话既是活动主题又是活动 slogan，活动类型（抽奖）也藏在其中。比较巧妙的是，“海氏幸运儿”也明确了活动的目标人群，即账号已有关注用户，有助于提升用户黏合度。

第三，将活动主题视觉化。

活动主题可以在为活动定制的图文、图片、视频、H5 中展现，不过鉴于用户

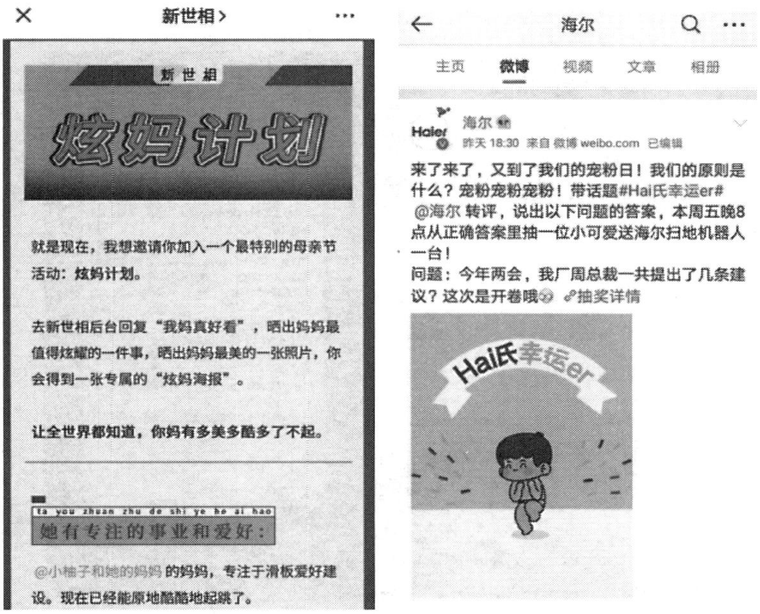

图 7-4　左为“新世相”母亲节活动，右为海尔在 2020 年“两会”期间举办的活动

碎片化、快餐式的阅读习惯，运营者应在图文介绍活动主题的基础上，再为其单独制作海报图片。

运营者需注意，将活动主题视觉化的过程中，应有一定创意，但创意的基础是活动类型、活动 slogan 一目了然。如为了凸显海报设计的创意性而让用户无法在三秒内辨识出活动类型与 slogan，则可能使用户没耐心继续了解活动。

（四）活动通感设计

活动通感与原创内容通感相似，均为触动用户感受，使其愿意参加活动。原创内容触动通感的方式一般为热点或场景，而活动的通感可选项更多，除热点、场景外，活动类型、活动福利也可用来触发用户通感。

以活动类型为例，如运营者举办点赞抽奖活动，就要让用户有不费力就能参与抽奖的感受；以活动福利为例，运营者要构建的通感，应是用户得到活动福利后的感受（见图 7-5），如活动福利为免费赠送某明星演唱会门票，运营者则可构建用户获奖后拍照发朋友圈炫耀的通感。

活动通感设计的第一步，应是面向参与用户的画像标签设置通感，因这类通感更具有针对性，达成的效果会更好。一般而言，面向用户画像的通感均为场景通感或福利通感。

在此类通感设计完成后，运营者即可继续思考面向所有用户的普遍通感，如“双十一到了，你该购物了”（热点通感），“动一动手指，1 万现金等你拿”（活动类型通感、福利通感）。

图 7－5　极果网长期举办的商品试用活动，即通过构建商品使用通感吸引用户参与活动

（五）活动热点选择

在新媒体活动中，热点的作用主要体现在两方面：一是触发用户通感，二是为运营者提供举办活动的理由。

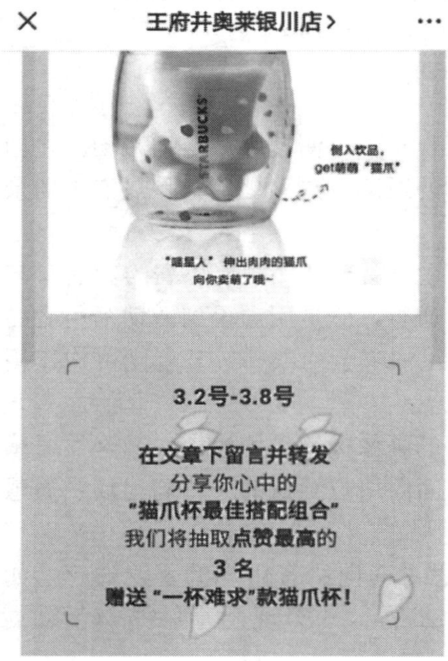

图 7－6　王府井奥莱银川店举办赠送猫爪杯活动

思考热点时，运营者应先考虑能触发用户通感的热点，可包含人、事、物。比如某明星在出演爆红电视剧后成为热点，受众多粉丝追捧，运营者即可在预算允许的范围内考虑是否可以让该明星出席活动，作为热点人物；再如某议题突然形成了广泛争议，运营者可考虑以其作为热点，举办相关讨论活动；又如星巴克猫爪杯爆火，运营者可以猫爪杯为热点福利，举办活动（见图 7－6）。

其次，运营者可根据举办活动的需求创造热点，如“公司成立五周年”“庆祝账号粉丝突破一万”，以此为缘由举办活动。

（六）活动价值观设置

价值观设置是活动策划的核心，它不会直接展现给用户，但会体现在活动方式、活动主题、活动类型、活动亮点，甚至活动执行过程的每一步，间接地让用户感受到活动价值观。

用户认同活动价值观后，则更有可能参与进来，甚至成为新媒体号的关注用户。

活动价值观的基础是回馈用户，因举办活动的首要目标是活跃用户，如用户不能感受到运营者为其着想，则参与的用户会少，活动效果也就不会好。

其次，运营者定义活动价值观的方式，应从新媒体号整体价值观出发，在其基础上加入娱乐元素。比如，某个以提倡家庭和睦为价值观的心理情感类新媒体号，在母亲节期间举办了“最美妈妈”活动，活动方式是上传子女为妈妈 PS 过的女神照即可参与抽奖，奖品是给妈妈们准备的美妆商品。如此，用户可以清晰地感受到活动价值观——增进母子关系，在参与的过程中为妈妈赢取奖品。

（七）活动大纲编写

活动大纲是活动执行的纲领，同原创内容大纲一样，它是将活动全流程精细化的过程。策划完成后，运营者还应根据活动大纲制定详细的活动执行流程，执行团队应严格按照流程执行活动。

活动方式不同，编写活动大纲的方式也有一定差异。对线上活动而言，活动大纲应包括前期准备（奖品、发布平台、线上渠道）→发布线上内容→渠道转发、附加营销手段（线上）→活动线上支撑→结果复盘。

对线上线下打通的活动而言，活动大纲应包括前期准备（奖品、发布平台、布置线下场地、线下主持人、线上渠道）→发布线上内容→渠道转发、附加营销手段（线上、线下）→活动线上、线下支撑→结果复盘。

运营者需注意，活动大纲中的各个事项均需考量成本预算，应在成本框架内考虑大纲。大纲确定后需仔细核算成本是否超出预算，如超出则需立即调整，删改大纲内容。

（八）活动亮点设计

随着新媒体举办活动的门槛越来越低，各种各样的活动已让大部分新媒体用户“麻木”，见到活动即参与，导致活动不能达到活跃用户的目的，且即便陌生用户参与活动后被动成了新媒体号关注用户（为获得福利，必须关注账号），也将一直处于沉寂状态。

正因新媒体中充斥着此类活动，富有亮点、价值、意义的活动才显得弥足珍贵。并且，如用户对活动非常满意，则新媒体号关注用户被激活的可能性更高，因其期待着下次活动，陌生用户也更有可能关注新媒体号。运营者思考活动亮点时，应从如下五个方面着手创意策划。

第一，相较同一时间的其他活动更极致。比如双十一商家、新媒体号都在促销，运营者推出了“限时零元抢”活动，将促销做到了极致，对用户而言，这绝对是双十一期间的抢眼亮点。

第二，为活动设置强大的支撑。比如“新世相”的丢书大作战请来了一众明星共同参与，有明星支持的活动显然更为亮眼。

第三，安排特殊的交互环节。由于新媒体活动举办的基础是在一定程度上排解用户的孤独感，满足交互需求，所以运营者在活动中设置特殊的交互环节，也可以被用户认定为亮点。比如，有一定用户基础的新媒体号举办P图大赛，用户自愿提交自己的照片供其他用户随意发挥（当然，运营者得起模范带头作用），当上传照片、P图的用户都活跃起来时便形成了活动亮点。

第四，邀请有特色的线下活动主持人。主持人满足以下两种条件中的一种便可成为活动亮点。一是有一定知名度的主持人作为神秘嘉宾出现，就会受到众多参与活动用户的好评；二是主持人经验丰富，在线下活动过程中具有很强的幽默感，可在任何阶段"抖机灵"，且能根据用户状态随机应变，使活动执行过程流畅。

第五，线下活动设有用户愿主动参与的交互活动。举办大型活动时间一般较长，其中仅有一段黄金时间为运营者的目标服务，其余时间用户均可在线下随意行动。如"雅昌图书"经常举办的艺术主题演讲活动，主题演讲将在某一时段举办，其余时间用户可随意参观场内艺术品。如是此类活动，现场可设置VR、AR等可供用户自行体验的高科技观展方式，以提高用户活动参与感。

（九）活动预算编制

在新媒体活动策划中，编制成本预算的意义主要有三点：第一，可以让新媒体矩阵的决策层心中有数，从团队全局角度出发考量该成本预算的合理性；第二，可以作为活动结果的衡量标准之一，比如以销售为主要目标的活动，若活动收入大于成本，就意味着活动原则上举办成功；第三，可以作为活动规模的参考系，运营者确定成本后可倒推活动规模的可执行性。

运营者在编制成本预算时，应先根据活动类型，确定活动成本所需项目，而后制定预期的活动规模，再思考各项所需成本。以较为复杂的线上线下打通活动为例，活动过程中需要明确成本预算的项目有福利、线下活动场地、线上渠道推广、线下渠道推广、嘉宾及主持人出场费等。假设活动规模为线上约10 000人参与，线下100人参与，各项成本预算考虑如下。

第一，福利成本应是所有项目中权重占比最高的，是衡量其他成本的标准值。在100人参与的线下活动中，运营者可为每个人设置入场福利，如荧光棒、纪念版标签等，并在活动过程中设置特殊环节抽奖福利。假设以500元、300元、200元现金红包作为抽奖福利，入场福利为10元/个，则福利成本为2 000元。

第二，考虑为达到参与规模所需推广成本。如举办活动的新媒体号活跃用户不足10 000人，则一般需要线上渠道推广，其方式包括寻找大号配合推广、微博粉丝推广。同时，线上推广是为线下活动服务的。如线上推广已达10 000人，而已知的线下参与用户不足100人，则需继续推广（因线下推广渠道价格普遍较高，一般而言，线下活动规模达10 000人的活动才会使用线下推广渠道）。所以，运营者最好在规划线上推广成本时多预留一些成本额度。

在运营者确知线上推广渠道真实有效的前提下，如运营者推算的线上推广成本高于福利成本，则需增加一定的福利成本或在尽可能完成参与活动人数指标的情况下削减渠道花费。

第三，线下活动场地。场地应秉持够用原则，仅需足以承载活动规模的人数，并且不高于福利成本即可。

第四，嘉宾及主持人。主持人是线下活动的刚需，且一般而言，小型活动主持人费用不会超过 1 000 元。嘉宾一般会出现在规模较大的线下活动中，且部分嘉宾出场费用按小时计。运营者也需核算嘉宾及主持人的总成本，该成本不应高于福利成本。

由此可见，上述活动的总预算不应高于福利成本 2 000 元的四倍，即 8 000 元。

【运营提示】编制活动预算，其他项目是否绝不能超过福利成本？

在新媒体活动预算编制上，将福利成本作为活动预算中金额最高的项目，是出于活动相关预算项目匹配，所花费成本均为活动目的服务的考虑。如在活动相关预算项目中必须有一项超过福利成本，那么运营者需提前考虑如下三个问题：

第一，活动所获收益（用户激活数、用户拉新数、活动销售额）是否能与高预算项目的花费金额匹配；第二，高预算项目是否在活动中绝对必要，比如明星见面会，请明星出场的预算一定高于福利预算，但确属活动必要支出项；第三，一旦出现高预算项目，就要适当调低包括福利在内的其他预算项目，以尽可能提高成本使用效率。编制活动预算，并非一种约束运营者创意、执行的损害活动运营效果的行为，而是为运营者构筑起的确保活动真实有效、运营工作安全平稳运行的“防火墙”。

（十）分支结果处理方案

分支结果处理方案，是运营者在策划阶段进行的沙盘推演，即根据运营者推演出的活动结果可能性，对应草拟后续工作计划和处理方案。其意义在于使运营者尽可能妥善处理活动带来的结果，使活跃、新增的用户有所依，销售订单可顺利完成。

分支结果处理方案一般从活动常规结果处理方式和活动偶发情况处理方式两方面入手拟定。

在活动常规结果处理方式的思考策划上，运营者需为新媒体号已有活跃用户、新关注用户和活动产生的销售订单拟定后续工作计划。

针对账号已有活跃用户，运营者需在活动策划阶段就制定活动结束后发布原创内容的方向。方向一为活动相关的总结内容，其中注意凸显用户在活动中的精彩表现，以给活跃起来的用户更强归属感和荣誉感；方向二为彰显新媒体号价值观的内容，以用户处于高活跃期为契机，通过内容输出让用户认同新媒体号价值观，从而实现活跃用户向黏合用户的转变。

针对新关注用户，运营者需在活动策划阶段制定后续小型活动方案。小型活动的类型既可以是需求调研，也可以是以新媒体号已发布内容为题库的有奖问答（目的是激发用户翻看新媒体号历史内容）。当然如果采用组合形式，再穿插一次低成本的普惠福利领取活动，那么新关注用户将会保持更长的活跃周期，为运营者将他们转变为黏合用户提供充足的操作时间。

针对活动产生的销售订单，运营者需在活动策划阶段便协调新零售团队做好派单、发货、售后的支撑准备。团队沟通协调的事项主要包括以下三个：第一，福利品质、备货情况及物流准备情况，尤其需确认福利规格及单用户所获福利的数量，以免错发福利；第二，售卖商品品质、备货情况及物流准备情况，尤其需确认售卖商品保质期、生产日期；第三，活动可能带来的订单规模，以便新零售团队根据订单预期规模，匹配发货、物流、售后人力。

另外，在活动偶发情况的处理上，运营者需首先明确活动容易引发哪些偶发情况。活动实操运营经验表明，新媒体活动偶发情况最容易出现的是活动尤其是福利中奖的公平问题，以及活动产生订单的售后问题。运营者处理活动偶发情况的总原则，是避免用户在公共渠道将问题大肆宣扬，同时尽可能留住用户。

处理活动偶发情况的实际操作方法如下：第一步，减少用户抱怨，如用户感觉自己的问题有人重视，且处理态度积极，则通常不会将问题通过内容评论、粉丝群组或其他渠道扩散出去；第二步，明确用户问题，并将活动策划方案中与用户问题相关的内容（如中奖规则及概率、商品货源情况等）发送给用户，以证明活动前期经过了细致筹备，且具备真实性和公平性；第三步，向用户赠送礼物，秉持有则改之无则加勉的态度，感谢用户发现并指出了问题。礼物的选择最好是引发问题的活动福利或等值商品。通过上述三步，多数活动偶发情况均能获得妥善处理，而且提出问题的用户也不会流失。

三、活动策划案例实战分析

“信口开喝”活动，是北京老字号信远斋桂花酸梅汤基于与北京中赫国安足球俱乐部（简称“北京中赫国安”）的品牌合作举办的以活跃用户、塑造品牌形象、拓展年轻用户群体为目标的线上线下打通活动（见图7-7）。这里将按活动策划流程对该策划方案进行实战分析。

图7-7 信远斋“信口开喝”活动策划封面

1. 活动目标制定实战分析

“信口开喝”活动，依托于信远斋与北京中赫国安合作的线下球迷见面会，即北京中赫国安会指派几名一线球星参与信远斋线下活动。由于信远斋新媒体矩阵粉丝中有大量北京中赫国安球迷，因此可通过活动活跃该用户群体。同时，基于企业需求，想借此活动塑造信远斋“国潮”的品牌形象，进一步扩大年轻用户群体（见图 7-8）。

图 7-8 活动将社会热词“国潮”作为品牌塑造目标

2. 活动用户画像实战分析

由于信远斋拥有北京中赫国安一线球星作为嘉宾出席活动的合作权益，因此北京中赫国安球迷就是本次活动参与用户的最主要组成部分。同时，在活动线上推广渠道中，信远斋新媒体矩阵承担了传播主力，因此一直在线上关注信远斋的用户也是此次活动参与用户的重要组成部分。另外，希望通过北京中赫国安球迷、信远斋老用户带动更多年轻用户群体参与到活动中来（见图 7-9）。

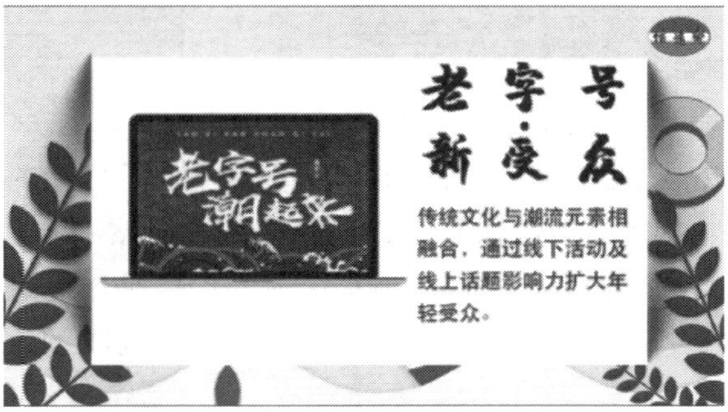

图 7-9 “老字号潮起来”将用户画像清晰指向了年轻用户群体

3. 活动主题设置实战分析

“信口开喝”即为活动主题及 slogan，以成语谐音的形式，一方面包含了信远斋品牌名中的“信”字，点明了信远斋桂花酸梅汤属于饮料商品，另一方面还将活动计划包含的免费品饮活动形式暗含其中，“信口开喝”有想怎么喝就怎么喝，要喝管够的引申义。这一活动主题，既点明活动主旨，还有一定的亮点，具备吸睛效果，同时还被用户熟知，读起来朗朗上口（见图 7-10）。

图 7-10　“信口开喝”活动主题阐释及主视觉设计

4. 活动通感设计实战分析

本场线下活动对应性最强的通感，应属球迷与北京中赫国安一线球星见面的激动心情。此外，信远斋品牌在线上宣传时也构建了北京人对酸梅汤饮品由来已久的喜爱场景，以及线下交互的热烈氛围，提前为用户营造现场参与活动的感受作为通感（见图 7-11）。

图 7-11　与球员见面以及北京人对酸梅汤由来已久的喜爱是构建活动通感的关键点

5. 活动热点选择实战分析

活动举办的 8 月 18 日这个日期本身不是热点，但由于北京中赫国安元素的加入，使活动具备了热点性。首先，北京中赫国安本身就是球迷的长效热点，凡有一线球员参与的活动，球迷都会蜂拥而至；其次，2019 年 8 月 11 日北京中赫国安刚刚主场输给广州恒大，国安是否还存在当年夺冠的希望是球迷热议的话题，而活动恰好为球迷提供了一次聚集的机会，因此热议夺冠话题也成了活动拥有的第二个热点因素。

不过，类似这种以强 IP① 作为热点的活动，需警惕活动出现“鸠占鹊巢”的局面，即整体活动以北京中赫国安为中心，忽略了信远斋举办活动要达成的目的。因此，在活动主办方与热点 IP 的结合上，需注意在活动主题设置、亮点交互环节设计、主持人串场词编写上，均要秉持尽可能多地融入主办方元素的宗旨，尽量做到用户在活动现场看到的每一眼、听到的每一句、参与的每一项交互都有直观的主办

① IP，即 intellectual property 的英文缩写，本义为知识产权，在现代国内互联网行业或娱乐产业中也指代热门品牌或者具有知名度的个人或组织形象。

方形象露出，以达到印象强化的效果。

6. 活动价值观设置实战分析

这次活动的价值观在活动主题中已有体现，即为信远斋披上时尚外衣，让更多年轻用户因有趣、好玩参与到活动中来。同时，让年轻用户品尝好喝的信远斋桂花酸梅汤，使老字号进一步走入年轻用户群体。

7. 活动大纲编写实战分析

线上线下打通的活动以线下为主，线上主要起辅助宣传、活动后留住新关注用户的作用，因此活动大纲的编写应侧重活动线下部分展开。此次信远斋活动的线下部分主要由两个核心环节组成——信远斋 CLUB 快闪汤吧和国安快闪球迷见面会（见图 7－12）。

图 7－12　线下活动围绕信远斋 CLUB 快闪汤吧和国安快闪球迷见面会两个核心环节展开

活动大纲紧紧围绕两个核心环节展开设计策划，需具体明确的事项主要包括四个方面：

第一，两个核心环节的构成，应以热点 IP 与活动品牌方所占比重相同为前提进行规划设计。信远斋 CLUB 快闪汤吧作为主题活动形式，贯穿活动全程，而国安快闪球迷见面会作为活动的引爆点持续时间不长但足够精彩。这两个核心环节的设计，既凸出了热点 IP 和品牌方的作用，又使以两者为基础构建的活动形式形成了互补关系。

第二，两个核心环节用户交互规则的设计应做到相互融合，即信远斋 CLUB 快闪汤吧的活动参与结果应成为参与国安快闪球迷见面会的入场券，而国安快闪球迷见面会的参与结果又可以让参与用户在信远斋快闪汤吧中兑换更多福利。如此才能引导参与用户在活动的两个核心环节之间流动，避免出现球迷见面会挤不进去，快闪汤吧无人问津的尴尬局面（见图 7－13）。

图 7－13　活动交互规则的设计应起到串联多个核心活动环节的作用

第三，在活动大纲中，需详细规划两个核心环节的活动区域构成，包括场地面积、场地装修、区域划分、区域功能拟定、参与用户流动线路、路引指示规划方案及墙贴、易拉宝、电视、LED 屏幕露出摆放位置及播放素材顺序，场地电力和网络实施布线，活动安全服务设施（安保、医疗、签到、手册和礼品领取）设置等内容。如策划团队或场地施工团队有能力，最好能在大纲中绘制场地平面图和内观设计效果图（见图 7-14）。

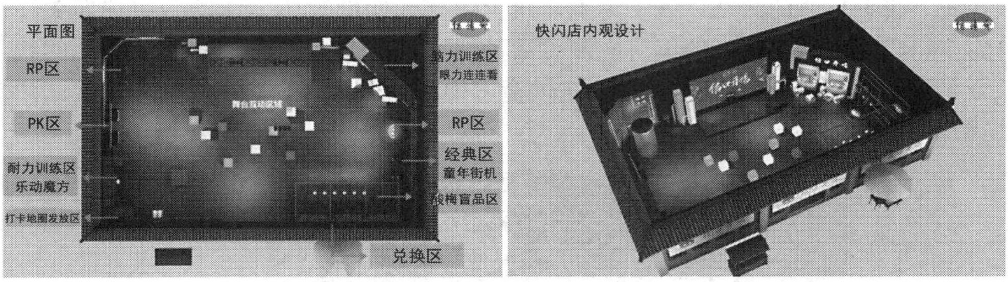

图 7-14　“信口开喝”活动大纲中的场地分区平面图（左）及内观设计效果图（右）

第四，在上述三点全部考虑到位甚至形成绘图和文字大纲后，选择合适位置插入品牌方 logo 或主视觉元素。品牌方 logo 或主视觉元素的设置安排应秉持一个区域至少有一主两辅（即一大两小）露出，一整面墙壁也至少有一主两辅露出的原则，最终在实现活动整体效果的同时，达到强化品牌视觉元素的目的。

8. *活动亮点设计实战分析*

新媒体线上线下打通活动线下部分的亮点设计，应从四个方面进行规划：首先，活动的主包装形式（场地氛围塑造）应符合“高颜值”趋向，同时应给用户营造“对撞”的视觉感受，满足这两个条件才能让用户主动拿起手机拍照，发朋友圈或微博以形成二次传播；其次，基于人和物的强 IP 资源介入，让用户在活动中有惊喜、有欢呼；再者，应设计多种交互游戏，让用户有得玩，而且玩不腻；最后，将品牌方元素融入亮点设计，为用户提供现场体验的机会，同时让用户可以领取优惠福利。

信远斋“信口开喝”的活动策划中，按照上述四点规划原则完成的亮点策划如下。

第一，在时尚街区搭建民国时代信远斋“老店铺”，形成了活动的颜值亮点（见图 7-15）。“信口开喝”活动的举办地点是北京时尚街区世贸天阶，在这种活动场地复原民国时代老店铺样貌，本身便具有视觉“对撞”效果，无论是店铺外观、店铺门口木推车和布伞的设置还是老招幌、牌匾的细节安排，都足以成为促使用户拍照的亮点。同时，此次活动场地内部的工业风装饰风格也与老店铺外观形成了视觉“对撞”效果。

第二，国安一线球员空降活动现场，形成了活动的强 IP 资源亮点。在强 IP 资源亮点设计上，运营团队主要考虑了球迷见面会所需面积、LED 屏幕配合方式、见面会时主视觉露出等现场元素（见图 7-16）。

图 7-15　活动举办地点、活动场地外观和内场设计的两次“对撞”效果形成了活动的颜值亮点

图 7-16　在强 IP 资源亮点设计上运营团队特意将主视觉变为北京中赫国安的主题色——绿色

第三，活动现场多种游戏形式，形成了活动的交互亮点（见图 7-17）。参与活动用户的交互需求、游戏偏好总是众口难调，因此运营团队选择了设置尽可能多的游戏互动形式的策略，以达到即使用户只是走马观花地浏览一遍游戏规则都需要花费一定时间的效果，让用户留在场内是线下活动保证热场的关键因素。

第四，用户盲品挑战，形成了活动的品牌方亮点（见图 7-18）。将品牌方露出需求设计成活动亮点，通常难度较大。一般可行的策划方法首先要以产品体验作为活动亮点的基础形态，“信口开喝”活动的体验当然是喝酸梅汤。

其次不能让用户单纯喝酸梅汤，而要将体验设计成类似挑战的交互形态。此次活动的挑战即为盲品，用户品尝三款不同品牌的酸梅汤，正确指认出信远斋的那一款，即可获得奖励，如此设计可激发用户参与的踊跃程度。

最后还要设计让用户把酸梅汤带回家的环节，这个环节应以“送＋买”的形式进行设计，即赠送挑战成功的用户两瓶酸梅汤，如果当时下单购买酸梅汤可享受五折优惠，如此设计能为用户提供更强的成功喜悦感和得到优惠的收获感，同时还能帮助品牌方宣传品牌和口感，形成销售转化。

9. 编制成本预算实战分析

运营策划团队将“信口开喝”活动的预算分成了五部分分别规划：第一部分是福利成本，第二部分是场地费用预算，第三部分是活动区域装修搭建预算，第四部分是活动执行预算，第五部分是线上、线下渠道预算。

之所以称福利为成本而非预算，是因为此次活动的“终极福利”国安一线球员空降活动现场以及北京中赫国安的肖像权使用，都是信远斋与北京中赫国安年度合

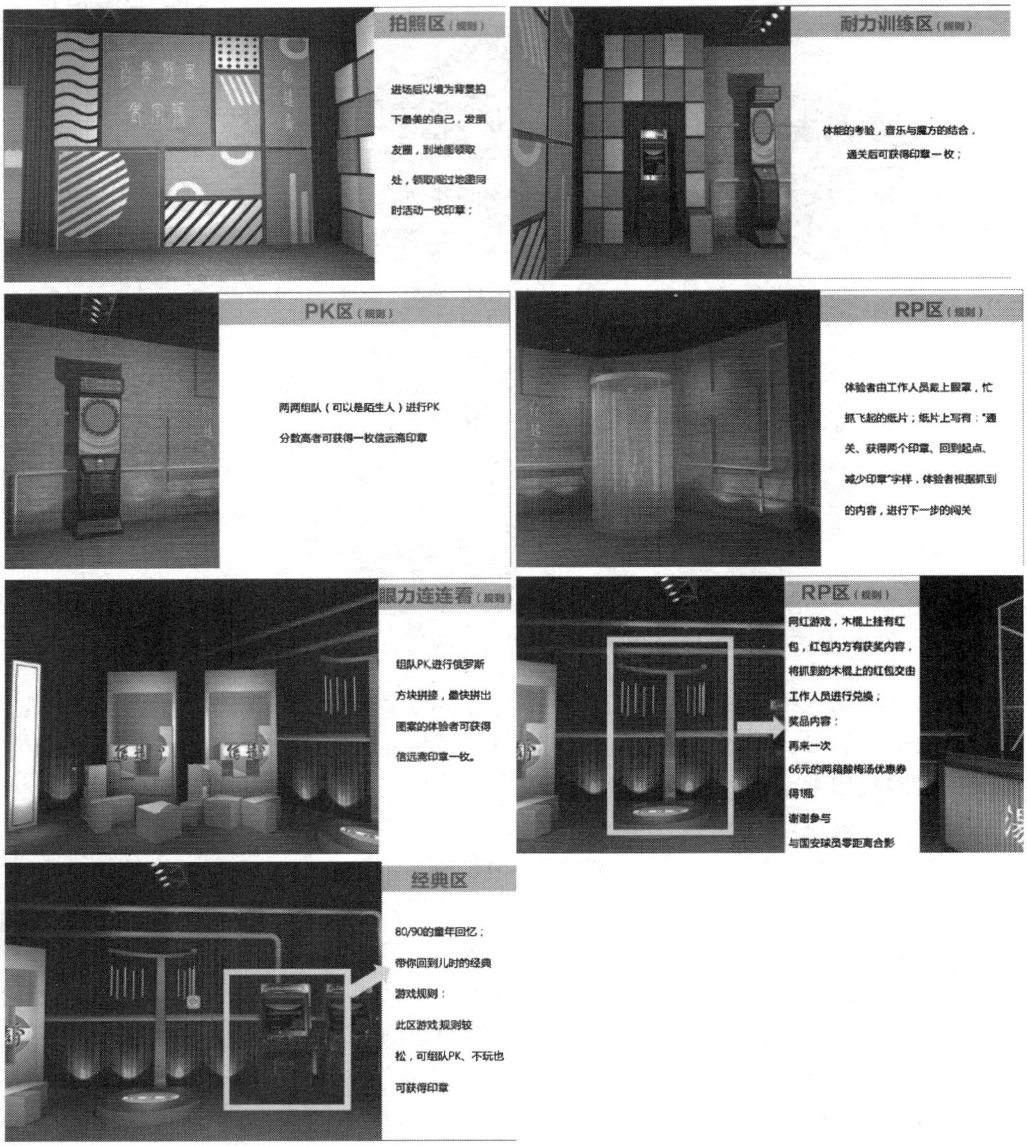

图 7-17　七种游戏环节的设置形成了活动的交互亮点

作中的附带权益，不需要在活动中单独支出费用，但在核算成本时也需明确金额，以便为其他项目编制预算时做参考。这里假设国安一线球员权益和肖像权使用的成本为150 000元。

另外，在福利成本项中，还需加入活动现场因品鉴和赠送而消耗的酸梅汤数量，以活动现场参与用户1 000人计算，需为活动预留2 000瓶酸梅汤赠饮，核算金额为10 000元（核算方法是，为每名参与用户预留1.5瓶赠饮机会，然后再附加500瓶机动赠饮）。

图 7-18　活动策划中的盲品挑战区设计

本章关于活动策划部分已指出，活动策划中所有项目的预算金额均不宜超过福利预算金额，所以此次活动其他项目的预算金额均不宜超过 160 000 元。如北京世贸天阶的活动场地费用为每天 80 000 元，未超过福利预算金额，且与活动的重要性和调性匹配，可以进行选择。

活动现场的装修费用及交互环节的设备租赁费用，经过与搭建团队商务谈判，最终也压缩在 155 000 元，在确保活动品质的同时，也未超出福利预算金额。

活动执行预算，以一天活动需要运维人员 25 名、安保人员 20 名核算，费用为 11 500 元。在保证调配人员充足的前提下，预算金额远低于福利预算金额（运维人员需按至少每 100 名用户有 2.5 名运维人员服务的比例配置，安保人员需按至少每 100 名用户有 2 名安保人员的比例配置，运维人员费用一般在每天 300 元，安保人员费用一般在每天 200 元）。

此次活动因为有北京中赫国安线上新媒体矩阵助力，加之信远斋新媒体矩阵已参与北京中赫国安球迷粉丝社群运营达半年时间，因此未计划编制固定的渠道推广预算，但预留了20 000元的线上推广预算以备不时之需。

综合核算可知，除国安一线球员及北京中赫国安肖像权权益外，活动需要支出的预算费用为酸梅汤福利成本 10 000 元，活动场地预算 80 000 元，活动场地搭建及设备租赁预算 155 000 元，活动执行预算 11 500 元，线上推广预算 20 000 元，整体活动预算总计 276 500 元，与活动整体规模、档次、调性相匹配。

第三节　新媒体活动执行流程

新媒体活动执行流程，是将新媒体活动策划大纲的设计规划落地实现的过程。虽然活动大纲已将活动流程细致地描绘出来，但在执行过程中，仍会因用户、渠道等多种非自主控制因素导致一些意外状况出现。因此，本节将分为线上活动、线上线下打通活动两部分，讲解活动执行流程中的注意事项及常见意外状况解决方案。

一、线上活动执行流程

线上活动执行流程一般不复杂，相对冗长的环节应是等待用户参与，以及不同平台间的用户引导。

线上活动成功执行的基础，在于执行团队应尽量消除不可控因素。对于有一定流量基础的新媒体号，其主要的不可控因素在于参与用户的数量浮动幅度通常较大，因此执行团队应做好 7×16 小时的支撑准备；对于基础相对薄弱的新媒体号，需要借助渠道帮助转发活动信息，渠道则是不可控因素，所以执行团队应多联系推广渠道，以备替换使用。

线上活动执行流程通常分为五个步骤——前期准备、发布活动内容、渠道推广、线上支撑、结果复盘，以下将对每项的执行操作进行详解。

（一）前期准备

线上活动的前期准备阶段，是在线上活动执行过程中，操作事项完全由运营团队自主控制的工作阶段。该阶段核心工作包括活动福利准备、活动官宣内容制作、活动承载平台功能搭建、活动推广渠道甄选四项。

1. 活动福利准备

运营团队需按照活动大纲规划的福利种类、规格、数量完成采购和准备工作。在此项工作执行中，运营者需注意：第一，福利采购到位后，需按不同种类和规格分别放置，不可混放，为活动准备工作的复核提供便利条件。第二，如有运营团队负责包装组合的多品类混合福利，则需要尽早执行，并按照大纲要求的数量完成包装组合准备和清点确认。第三，如有参与用户人手一份的普惠福利，则应按预计参与活动用户总数的 110%准备福利，以备福利的偶然损坏或参与活动用户数超预期。

2. 活动官宣内容制作

运营团队在筹备活动官宣内容时，绝不能以一篇图文内容为任务目标，而是应尽早完成三种形式的活动原创内容。

第一种是根据完整内容策划创作出的类场景化导购内容，可用来在各平台发布长文章。这种内容通常使用场景化导购内容的操作方式，将商品落点替换为活动参与落点，内容需通过活动福利、活动热点、活动嘉宾等要素触发用户通感，达到吸引用户参与的目的。

第二种是将活动主题、活动类型、活动参与方式、活动福利等浓缩精编而成的短内容，可用来在短微博、小红书等短内容发布渠道进行推广。并非所有新媒体号用户都有阅读公众号内容或微博长文章的习惯，对阅读习惯相对碎片化的用户而言，短内容信息更易被获取，且短内容区别于长文章，有独立的内容发布渠道。对于以曝光为首要目标的活动推广内容，应尝试发布短内容，获取更多流量。

第三种是由设计人员根据活动要素、活动用户画像将短内容视觉化的活动图片，可用以转发朋友圈或粉丝群组。视觉化的活动图片相较长文章、短内容更易传播，且更易吸引用户眼球。对用户而言，分享长文章与短内容的门槛远高于分享图片，如图片设计富有创意、趣味性，用户则会主动转发，帮助推广活动。

3. 活动承载平台功能搭建

能承载活动功能的平台有很多，比如微信、微博、易企秀（H5 制作）。如果是简单的抽奖活动，在微博或微信小程序即可实现。如运营团队想将活动视觉效果做得更炫，给用户更好的参与感受，可自行开发 H5。在 H5 功能搭建方面，除必要的活动功能（如抽奖）外，还需加入其他运营手段，如填写用户信息以明确用户画像标签，或者增加二维码或微信公众号链接为用户关注新媒体号提供方便。因 H5 在新媒体的入口较少，因此如果选择 H5 方式，则还需投入一定推广成本，确保实际点击量。

4. 活动推广渠道甄选

如新媒体号的运营现状，无法支撑运营者预期的活动规模，则需甄选活动推广渠道，辅助扩大活动信息触达陌生用户的范围，这是通过大流量渠道帮助活动触达更多用户的方式。

运营团队在推广渠道甄选上，应至少储备实际使用渠道数的 3 倍，也就是说计划使用 3 个渠道，那么需要实际准备 9 个供执行时再挑选。如此操作的原因是渠道会存在较多不确定因素，如部分渠道运营者需与上级沟通才能决定是否可以发布活动信息。部分渠道需为活动信息的发布排期，而有时排期会与运营者需求冲突。并且，多准备渠道，也更利于做渠道间性价比的比较。

因渠道是运营团队的最不可控因素，如果举办活动的新媒体号确需渠道辅助推广，运营团队应保持警惕，时刻准备针对突发情况与渠道沟通或更换渠道。

以上前期准备注意事项中，所有新媒体号都应重点关注的是活动官宣内容制作，因这是打响线上活动的第一枪。如果活动的长文章、短内容、图片难以触达用户，用户的参与转化率低，那就必将花费更多推广费用，从而消耗更多成本。

（二）发布活动内容

发布活动内容，包括运营团队通过新媒体矩阵面向关注用户、陌生用户发布活动内容，以及通过推广渠道发布活动内容两部分。

对自身新媒体矩阵而言，应注重不同平台间配合，即所有平台应向活动举办平台引流。以支付宝为例，在 2018 年国庆节期间举办的“中国锦鲤”抽奖活动执行过程中，抽奖平台为微博，因此微信没有具体活动说明，仅是引流（见图 7－19）。

图 7－19 “中国锦鲤”活动过程中支付宝在官方微信公众号发布的活动内容（图为微信公众号内容链接截屏）

对推广渠道发布活动内容而言，部分渠道会要求自主编写活动内容辅助推广。如果是这种方式，运营团队应在前期认真审阅渠道内容是否有助推广（需调研其账号调性、粉丝调性），如内容方向、调性合适，质量过硬，则可安排合适的时间点发布。

推广渠道发布活动内容的时间点，并非一定按活动主办方要求执行，运营团队也可要求其在活动达到某一效果，或活动未达到某一效果时发布。比如，活动参与用户对活动真实性有一定质疑，运营者即可通过大流量渠道发布活动内容，以证实活动的真实性，同时达到宣传推广的效果。

（三）渠道推广

活动推广渠道一般分为两种：一是由其他运营者控制的新媒体号渠道，通常为垂直领域营销号或 KOL 账号；二是由新媒体平台准备的官方渠道，如微信广点通、微博粉丝推广。

在使用推广渠道时，运营者应秉持两个基本原则：

第一，优先选择优质新媒体号渠道推广。

新媒体号渠道的优势在于可选账号多，且价格相对便宜；劣势在于新媒体号推广渠道鱼龙混杂，有很多账号粉丝以“僵尸粉”为主，需运营团队先行判断再做决定。

官方渠道推广的优势在于可选择用户标签、官方流量绝对真实，且通过 CPM（千次观看）计费，运营团队可通过预估转化率计算出推广活动所消耗成本；劣势在于官方推广渠道价格偏高，且用户对平台官方推出的广告可能较为抵触或容易忽略，转化率相对较低。

因此，如运营者有确知流量大、活跃用户数高、价格相对优惠、用户标签较为匹配的新媒体号渠道，应首先考虑新媒体号渠道推广活动。

第二，先小规模投放试水，获得测试数据后再大规模投放。

本书提倡的新媒体运营价值观之一是，运营是一项需要不断实践、试错的工作，因此无论面对什么工作需求，都可以采用先行先试的操作方式。

如果活动开始阶段准备多渠道配合推广，那么运营者可以拿出推广总预算的10%，平均分配给所有渠道执行投放操作。投放后半小时、1小时、2小时监测各渠道投放效果，根据效果从中选择数据结果好的三个渠道投入剩余的90%推广总预算，集中发力。这种操作方法的执行关键点在于紧密监控，快速决策，要抓住契机利用更短的时间争取到更好的渠道支持。

综上，新媒体号推广渠道的优先级一般高于官方推广渠道，但如活动规模较大，则需要官方推广渠道支撑。此时，微博官方推广优先级大于微信官方推广，一般而言除超大型（触达线上用户数量级达10万以上）以涨粉为目标的活动外，不使用微信官方推广渠道。

（四）线上支撑

线上支撑，指活动内容触达用户后，因用户对新媒体号交互或自主参与游戏交互产生的、需要运营团队支撑的工作。这种工作实质上是活动策划拟定者留给运营团队的工作执行项，而且规模可大可小。

如活动策划拟定者设计的活动类型是微博转发抽奖，则几乎不需要支撑，微博会帮助运营团队完成任务；如活动策划拟定者设计的活动类型是上传照片、截图等需要运营团队审核并记录的内容，则支撑的工作任务会比较繁重。

活动参与流程设计得越长，运营团队就要付出越多的精力。在此，给负责线上活动支撑的运营团队两点建议：第一，分时段应答用户需求，如每 2 小时登录一次后台，不要时时刻刻盯着，耽误了其他工作；第二，每当用户在抽奖群内提出要求时，尽可能私聊解答，以免影响群内其他用户。如用户要求过于无理，运营团队可直接将其移出群组，取消参与资格。

（五）结果复盘

结果复盘，是活动策划拟定者和运营团队联合对活动整体举办过程和效果的复盘分析，其分析对象包括但不限于活动参与用户变为线上关注用户的转化率、活跃用户和新增用户的用户画像标签、推广渠道的有效性，这些分析结果将为新媒体号后续运营工作提供参考。

另外，结果复盘还需对活动执行的每个步骤进行总结分析，发现其中的亮点和可改进环节，以提升活动策划拟定者与运营团队的协调配合能力。通过这样反复地总结磨合，新媒体运营团队可逐渐形成自己举办线上活动的方法论。

二、线上线下打通活动执行流程

线上线下打通活动的执行流程与单纯线上活动的主要差别在于，增加了线下活动前期准备与支撑工作，需要运营团队付出更多精力。同时，由于线下活动的即时性与强交互性，运营团队在活动中面临的不可控因素会更多。

这里将比照线上活动执行流程，就线上线下打通活动执行流程的五个步骤——前期准备、发布活动内容、渠道推广、线上线下打通的活动支撑和结果复盘，逐一进行讲解。

（一）前期准备

线上线下打通活动适合有一定用户基础的新媒体号（活跃用户数超 1 000 人）举办，且参与的用户大多是新媒体号的老用户，通过线上推广宣传关注并至线下参与活动的用户比例应较低。因此，在线上线下打通活动中，线上的准备不用纠结于推广渠道，保证有一两个熟悉、有效的渠道即可，而需重点准备为活动定制的原创内容。

在线下准备过程中，运营团队需将活动道具提前运至现场、布置活动现场、筛选活动主持人、筛选或邀请嘉宾。

（1）活动道具。线下活动道具较多，包括但不限于活动参与用户可领取的手册、活动环节使用道具、气氛道具、X 展架（用于室内）、门型展架、主屏幕背板、易拉宝（可循环使用）、条幅、手札、嘉宾证等。执行团队应明确不同道具的作用，将其提前放置到自己确认的位置，以免活动时手忙脚乱。

（2）布置活动现场。活动现场布置需以活动规模为主要参考指标。如活动规模较大，布置则应显得隆重、精致；如是小型活动则可简化现场布置，以降低活动成本。

（3）筛选活动主持人。由于主持人肩负线下活动全流程主持、全场气氛烘托等重要责任，因此执行团队应慎重选择主持人，如选择得当，则可成为活动亮点。选择主持人时，应主要考量口才、形象气质、经验阅历等因素，其中以经验阅历为最主要筛选指标。

（4）筛选或邀请嘉宾。确定活动参与嘉宾有两种方式：一是在活动策划阶段由活动策划拟定者直接确定；二是活动策划拟定者给出嘉宾邀请条件，由运营团队筛选并确定。无论哪种方式，嘉宾都应成为活动亮点，运营团队应提早与嘉宾确定活动时间、到场参与事宜、嘉宾参与环节亮点，以达到嘉宾在活动现场应起到的效果。

（二）发布活动内容

相较线上活动，线上线下打通活动的内容发布应更注重利用运营者自身的新媒体矩阵。活动发布后，运营团队可将内容转发至新媒体号所辖所有群组，并在线下活动举办前将活动内容加至所有微信公众号内容的次条多次发布，以保证触达更多用户。

此外，微博、今日头条等可以发布短内容的平台，也应多次发布以期待线下活动、线下活动亮点揭秘为主的短内容。

（三）渠道推广

如上文所述，线上线下打通活动一般针对有一定粉丝基础的新媒体号内用户。如用到推广渠道，则一般是活动规模相对较大的情况。此时，推广渠道不仅限于线上，运营团队可能需要寻找线下渠道帮助推广。

以信远斋与电影《夺冠》的合作为例，在推广“买信远斋送《夺冠》电影票”活动时，除线上新媒体渠道转发外，活动运营团队还与各电影院联系，在20余家线下电影院用张贴海报、摆放易拉宝等形式传播活动信息，以吸引更多用户参与到活动中来。

但是，由于线下推广渠道费用较高，也常会因成本问题使活动策划拟定者望而却步（因线下推广渠道成本远超活动福利成本）。

（四）线上线下打通的活动支撑

线上线下打通活动的线上支撑，主要在于解答用户就活动提出的相关问题，或应答线下参与活动用户的需求。运营团队在线上的需求应答应先松后紧：活动内容刚发布时，可以每隔2小时关注一次新媒体矩阵后台的用户反馈；待接近线下活动举办时间时，则需要运营团队时刻关注后台，即时应答用户需求。

线下活动支撑，主要在于现场氛围的营造与保持，以及每个活动环节的服务支撑。运营团队在线下的首要工作是引导用户更好地参与到活动中去，这要求运营团队成员时刻保持笑容，遇到参与活动用户积极迎上、不倦怠，让用户刚到活动现场即有良好的参与感受。如此，活动现场的整体气氛会被调动起来，活动效果才可能会比较理想。

（五）结果复盘

线上线下打通活动的结果复盘，在线上活动结果复盘的基础上，需更多关注线下活动中的问题。

以上述“信口开喝”活动为例，用户参与线下活动的游戏感受如何、交互设备中哪个吸引用户最多、用户参与盲品失败的原因是什么、用户对活动的整体感受如何、用户对线下发放福利的满意度怎样等均可以通过运营团队在现场观察，或与用户直接沟通获得。另外，运营团队在结果复盘时还需关注两个数据指标，一是线下活动参与用户转变为线上关注用户的转化率，二是线下活动销售商品的活动后退货率。这两项数据的复盘分析，有助于运营团队明确活动整体吸引力水平及用户对商品的接受度。

通过对不同活动的分析总结，运营者将更能明确线下活动的亮点、不足，以及用户的关注点。如此，结果复盘才可为下次活动提供借鉴经验。

【本章总结】

1. 新媒体活动运营模型为策划→大纲→执行→复盘。

2. 新媒体活动策划中，设置活动目标、明确用户画像、编制活动预算、规划分支结果处理方案是核心策划环节。

3. 新媒体活动亮点设计的五个可取方向为比同类活动更极致、为活动设置强大的支撑、安排特殊的交互环节、邀请有特色的线下活动主持人和设有更具吸引力的线下交互活动。

4. 编制活动预算时，福利成本是所有项目中权重占比最高的，是衡量其他成本项目的标准值。

【课后习题】

1. 新媒体活动运营开展的基础是什么?

2. 新媒体活动运营从策划到执行共有哪些步骤?

3. 以在可容纳 200 人规模的广场举办一次线上线下打通的“创意集市”活动为需求，拟定一份活动运营策划案，尤以活动目标和成本预算为重。

第八章　新媒体用户运营实操方法

【本章知识体系】

- 新媒体用户运营
  - 用户运营概述
    - 用户与新媒体号的五种关系层级
    - 用户运营是涨粉和销售变现等的有力手段
  - 用户运营操作事项
    - 评论的撰写和回复方法
    - KOL培养方法与实操技巧
    - 用户群组的建设与运营方法

用户运营是通过发布内容、建设群组、回复评论、回复留言等一系列运营手段，使用户黏合于新媒体号的运营方式。用户运营可以让用户实现一系列基于信任和认同的交互行为，如关注账号、传播账号、购买商品等。它是新媒体九大运营事项中，与用户这一新媒体基础角色关联最紧密的运营事项，也是新媒体运营者提高用户价值的最直接方式。

用户运营源于用户需求。新媒体世界中，用户需求通常包括阅读需求、交互需求、福利需求、消费需求等。此外在用户运营中，新媒体用户的个性化需求被凸显——渴望被重视甚至尊崇，享受一对一服务。

由此，用户运营的两个工作方向便可以被明确：第一，通过满足用户的普遍需求，增进用户与新媒体号的关系；第二，通过满足用户的个性化需求，使部分个性化需求强烈的用户信任并黏合于新媒体号。

本章内容将基于上述两个用户运营方向，详解用户运营概念、用户运营核心方法论和用户运营操作事项。

第一节　新媒体用户运营概述

本节包含用户与新媒体号的关系层级、新媒体号开展用户运营的必要性两部分内容。

一、用户与新媒体号的关系层级

用户与新媒体号的关系层级包括陌生用户、新媒体号用户、新媒体号活跃用户、新媒体号黏合用户、新媒体号 KOL 五种，这五种关系一般在用户运营过程中逐层递进，少有跨层级突破的情况出现（见图 8-1）。

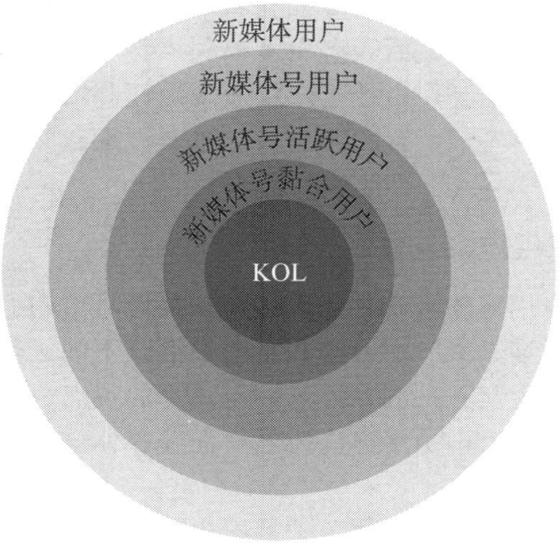

图 8-1　用户与新媒体号的五种关系层级

运营者在开展用户运营前，应先针对新媒体号不同发展阶段的需求，确定分阶段重点运营的用户层级，再根据该用户层级最强烈的需求安排用户运营工作事项。这里将分析不同层级用户需求，给出重点用户运营方向。

（一）从陌生用户到新媒体号用户

从陌生用户到新媒体号用户，其实是用户关注新媒体号的过程，这一阶段用户的需求主要为阅读需求与福利需求，运营者可通过发布内容、举办活动送福利等运营方式满足用户需求。

新媒体运营者应明确，一切与用户相关的运营手段均可算作用户运营。无论是原创内容运营、多平台联合运营还是活动运营，均是从用户需求出发的。如运营者在上述三种运营过程中满足了用户的对应需求（阅读需求、福利需求），则也可被认为是一种用户运营方式。

（二）从新媒体号用户到活跃用户

从新媒体号用户到活跃用户，其实是运营者激活用户的过程。从上述陌生用户到新媒体号用户的过程看，新媒体号的用户可被分为两类：一是因阅读需求被满足，从而关注新媒体号的用户；二是因福利获取需求被满足，从而关注新媒体号的用户。对于这两类用户，在这个阶段有不同的运营方法。

1. 阅读需求被满足的用户

这类用户在该阶段的需求，主要是交互需求及个性化服务需求。例如，运营者发布了一篇用户感兴趣的内容，用户可能会评论内容，如获得了运营者回复，则会产生被重视的感觉，这会让他们更愿意转发内容，也更愿意评论新媒体号的其他内容。如此，用户交互频率、质量都会有所上升，因此成为活跃用户。如运营者想通过回复评论的方式激活用户，务必将内容评论权限设置为“仅关注用户可评论”。

2. 福利需求被满足的用户

这类用户在该阶段的需求，主要是福利需求及个性化服务需求。因福利而关注新媒体号的用户，往往想在关注后获得更多福利，甚至想让新媒体号为自己定制福利。运营者需明确，如果这类用户长时间仅表现出福利需求，则证明其运营价值不高。对于这类用户，运营者应设置阅读内容、精彩评论、回答问题等获取福利的门槛，尝试通过福利需求引导用户产生阅读需求。

（三）从活跃用户到黏合用户

从活跃用户到黏合用户的转变，实现的是新媒体号由叫好到叫座的过程。本书在第二章“新媒体关键词家族”中曾提到，用户活跃不同于用户黏合，用户活跃指用户经常与新媒体号产生交互，例如评论，但评论的观点与新媒体号秉持的观点是否一致并不确定；用户黏合则是用户认同且信任新媒体号，其判断的关键标准在于双方价值观趋同。

用户从活跃到黏合，也需要运营者满足用户的阅读需求或个性化服务需求，但这个层级的阅读需求不再单纯指制作用户感兴趣的内容，而是在用户感兴趣的基础上表达与用户趋同的价值观。

同时，个性化服务需求也需在上述回复评论、针对问题制作内容的基础上更进一步。运营者需为用户提供更细致、周到的一对一服务，如私信一对一解答问题。如此虽不一定让用户认同运营者，但至少可以让用户信任运营者。

以上两种需求的满足，目的均是达成用户对运营者内容价值观以及服务用户价值观的认同。

（四）从黏合用户到 KOL

KOL 意为关键意见领袖。在新媒体号的用户群体中，KOL 指黏合于新媒体号，有独立的观点和判断能力以及一定表达能力，可影响其他用户并可帮助新媒体运营者传播推广的用户。用户中的 KOL 是新媒体用户运营的工作关键点。

部分新媒体号的 KOL，是从黏合用户中脱颖而出的。比如，新媒体号的黏合用户购买了新媒体号商城的在售商品，使用后体验良好，主动将其推荐给身边人，则该用户便属于主动进入了 KOL 圈层。

此外，大部分 KOL 需运营者通过运营手段培养。这一阶段运营者的首要工作，是分析新媒体号黏合用户标签，从中选出有潜力成为 KOL 的用户，通过跟其开展与普通黏合用户不同的交互行为，使其与运营者的关系更近一步，进而成为 KOL。

运营者想聚合 KOL，首先要与目标用户成为微信好友，而后通过私信形式的频繁交流，形成观念认同，价值观取向相对一致，进而成为朋友，或者直接给予目标用户福利或酬劳，使之由黏合用户变为 KOL。

二、新媒体号开展用户运营的必要性

用户运营是实现新媒体运营目标的关键要素，对新媒体号的必要性主要体现在以下四点。

1. 用户运营是销售变现的基础

销售变现的基础是信任，而信任不经过用户运营很难达成。

虽然原创内容运营有机会让用户因价值观认同而黏合于新媒体号，但真正到了让用户掏腰包时，黏合并不能起决定作用，因之仅代表用户与新媒体号对待该领域问题、事件所持看法基本一致。如果运营者与用户有直接的沟通交流，让用户认为新媒体号的运营团队值得信赖，变现的可能性会更高。

同时，如果用户已经在新媒体号购买了商品，后续可能伴随出现各种各样的问题，诸如索要订单号、因商品质量问题要求退换货、提出商品使用问题等。这些问题均是新媒体号用户运营的重点工作，解决用户问题可以提升用户体验，从而实现复购。同时，如运营者服务到位，用户甚至可能主动成为KOL，将商品、新媒体号推荐给身边的朋友。

2. 用户运营是有力的涨粉手段

用户运营实现涨粉的方式有三种：第一，多种用户运营方式均是为了让用户活跃或黏合于新媒体号，也就是使用户在新媒体号上的主动交互行为增多，而其中转发、点击在看等交互行为均可为新媒体号涨粉提供帮助。

第二，用户运营的重要手段是将黏合用户培养成KOL。一旦用户成了新媒体号的KOL，就会主动传播新媒体号的内容和商品，与新媒体号画像标签匹配的陌生用户受KOL影响，很可能直接成为新媒体号用户。即使部分陌生用户会将KOL视作“托儿”，KOL传播推广的效果也比运营者直接触达这类用户效果更好。

第三，部分新媒体号青睐的“裂变”概念。新媒体领域中，经常会提及裂变概念，即以一批黏合用户为基础发生裂变，实现指数级的用户增长。这其实是运营者在用户运营的基础上，加入了活动运营的玩法，使活跃用户对活动进行传播，并靠强吸引力的活动使陌生用户立即活跃，完成再传播，最终实现用户快速增长。

3. 用户运营可提升品牌影响力

无论个人新媒体还是企业新媒体，运营的最终目的之一，是服务于账号的“上层建筑”——个人口碑或企业品牌。对于有明确“上层建筑”的新媒体号，用户运营会直接给品牌带来影响力的提升。比如“局座召忠”（后更名为“战忽局”）的新媒体矩阵运营状况良好，尤其在用户运营层面培养了一批“小橘子”（局座张召忠粉丝团体），使张召忠的个人影响力不断提升。

4. 用户运营能带来拓展业务的可能性

每个用户在社会生活中都有不止一个角色，比如家庭角色、职业角色、兴趣团队角色等。用户持续接收新媒体号稳定的原创内容，参与新媒体号组织的各类创意活动过程中，除了满足自身阅读、获取福利、消费等需求外，往往还会结合工作需要，发现与新媒体号合作的契机。

在运营实操中，本书作者发现以组织、记录创意团体活动为原创内容方向，间或召集同好者在线下举办聚会活动的新媒体号，经常因独具特色的活动地点、新颖的活动形式、拥有强话题感的奖品，吸引关注用户以留言方式咨询团建活动的相关合作事宜。

如此时运营者能够展开强用户运营，首先与咨询用户成为微信好友，即时发送早已齐备的活动方案，以及场地、活动形式和奖品选择清单，在私信沟通中回以专业知识和热情得体的态度，通常能够将用户发展为客户，这也就实现了从原创内容运营的前期铺垫到发现需求后的用户运营重点攻坚，最终达成业务拓展的全过程。

第二节　新媒体用户运营操作事项

新媒体用户运营操作事项在实操运营中分为两个层面——面向群体用户的运营事项和面向单个用户的运营事项。其中，面向群体用户的运营事项主要是在新媒体号的所有平台的评论区评论；面向单个用户的运营事项包括KOL的培养、用户群组的建设与运营、针对其他运营事项的用户反馈等。

一、面向群体用户的用户运营

面向群体用户的用户运营，其表面目的是为用户提供服务，实则是为了让所有能够触达的用户看到新媒体号的运营事项和效果，让陌生用户、新媒体号用户这两个圈层对自身的新媒体号产生好感。面向群体用户的用户运营应注重体面与引导性这两个运营核心点，具体运营成果集中表现于新媒体号原创内容的评论区。

新媒体号评论区，是运营者自主可控，且用户关注度相对较高的新媒体内容板块（部分平台需有特殊权限才可控制评论区），运营者可在该区域面向所有查看内容的用户表达观点态度。评论运营在运营实操中包含自主撰写评论、回复用户评论两个细分运营事项。

（一）自主撰写评论

新媒体运营者自主撰写评论一般出于三种目的：

1. 基于原创内容进行价值观补充说明

例如，新媒体内容表达了源于热点事件的观点，而热点事件并未完全定性，还有反转可能，运营者可通过在评论区进行补充说明，并用评论置顶的方式，使观点表述更加严谨，从站队的行列中跳脱出来。或运营者可以基于后续发生的事实，评论原新媒体内容，补充说明新的观点意见。

2. 接续原创内容在评论区展开二次原创

新媒体内容中的评论区既是用户表达声音的场所，也是新媒体运营者可利用的接续原创内容进行二次原创的空间。

二次原创，可理解为由原创内容引发的，拥有独立原创内容策划、用户画像匹配标签、完整价值观、场景、热点等细节描述的评论内容。运营者在评论区进行二次原创的情况通常有以下四种。

（1）原创内容篇幅过长，用评论输出一部分原创内容。

为了符合新媒体用户碎片化、快餐式的阅读习惯，新媒体原创内容的篇幅一般不宜过长，大概控制在800字至1 200字之间。如果出现原创内容字数过多又不能删减的情况，运营者便可截取原创内容中的一部分，作为评论内容发布。

最适合被截取的原创内容组成部分有两种，一种是原创内容中交代事件背景、介绍人物、解释专有名词等相对独立的内容部分；另一种是原创内容结尾。

如果运营者计划将原创内容的结尾部分截取出来在评论区发布，就要有意识地加入活动运营手法。比如在原创内容结尾处加入提亮文案："今天的故事结局将稍候发布在评论区中，如果小伙伴们想尽早知道小红和小明最终有没有结婚，就赶紧给我点赞吧，赞越多，大结局就会越早公布呦!"如此，原本在原创内容中放不下的结尾变成吸引用户阅读的稀缺性福利，从而起到激活用户为原创内容贡献交互数据的作用。

另外，微博可以添加图片评论。运营者发布内容时可以有意隐去微博原创内容中的关键图片，并告知用户，满足某些特定条件后，图片就会被运营者发布在评论区。这种微博评论的运营方式，与上述将原创内容结尾发布在评论区的方式有异曲同工的效果。

此类操作需将运营者评论在评论区置顶。

(2) 为丰富目标用户画像方向，用评论补充热点或场景。

本书第三章第三节"原创内容策划方法"中明确指出，原创内容使用的热点和场景应与用户画像标签匹配，而且用户画像的精准度越高，原创内容在目标用户群体里所获反馈就越好。

不过，有些原创内容选题可匹配多种用户画像，运营者操作这类选题时，一方面要保证原创内容的目标用户画像尽可能精准，另一方面可利用评论以增加热点事件或编写场景故事的二次原创方式，丰富整体原创内容的目标用户。

比如，操作有关养老的原创内容时，主体原创内容的目标用户画像通常为社会中坚层，主要关注的问题是对待父母养老的态度。不过养老选题天然具备向老年人群体扩展的可能性，因此运营者便可在评论区添加类似"父母语重心长地告诉你，我们一有养老金，二有社保，且轮不上你为我们瞎操心呢"的评论。如此类评论被老年用户群体看到，获得认同或引发话题讨论的可能性就会比较高。

这一类操作也需将运营者评论在评论区置顶。

(3) 当原创内容的结局不唯一时，用评论展示多种内容结局。

这一点相对好理解，即原创内容出现多种结局可能性时，可用评论将多种结局全部展示出来。

比如，高考前操作"如何应对考后新生活"的内容，主体原创内容若以提点考生进入大学本科学习、生活的注意事项为结尾，评论的二次原创内容需补充介绍复读、进入职业院校就读、直接参加工作这三种选择的注意事项。

这类操作也需将运营者评论在评论区置顶。

(4) 用评论或回复评论征求用户对原创内容选题的意见。

新媒体的原创内容运营一般都由运营者确定选题，只有在原创内容发布后，才能从内容数据判断用户对原创内容的接受程度。如果能在评论区让用户挑选选题，或对即将操作的选题提出意见，那么运营者在创作后续内容时会更有信心，也更能有的放矢。

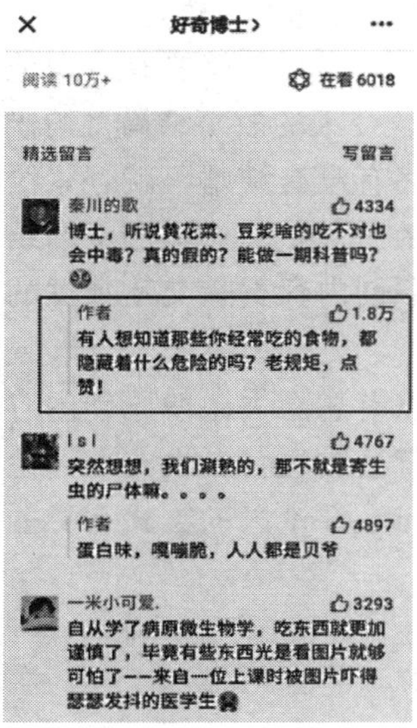

图 8-2　评论区征集用户选题意见

这种利用评论进行二次原创的形式，与上述三种稍有不同，它并非作用于原创内容本身，而是直接影响原创内容的原发点——选题，可以说是为后续发布的原创内容夯实基础的二次原创方式。

由于采用评论区发布选题调研的方式，不宜由运营者直接发表评论（因这种方式比在原创内容结尾处发布选题调研问卷效果差），而更适合运营者在用户评论后跟评选题调研的内容。虽然这类操作方式无法置顶（因无法将回复评论直接置顶），但运营者可以将跟评的用户原评论置顶，从而实现调研选题被置顶的效果（见图 8-2）。

3. 基于活动内容做补充说明

这种情况一般出现于为新媒体活动定制的原创内容的评论区。需要用评论补充说明的活动内容一般存在如下情况：其一，活动内容中有容易让用户产生误会的信息，需更正或进一步解释说明；其二，运营者认为需要重申主体内容中已明确的活动规则或奖励规则；其三，运营者将评论区作为活动结果或中奖结果的公告栏。

（二）回复用户评论

1. 处理用户评论的原则

在掌握回复用户评论的方法前，新媒体运营者需先明确处理用户评论的原则。

原则之一是精彩评论至上。本书在第五章第二节的微博讲解部分提到，微博评论区的吸睛度甚至超过了微博原创内容，不少用户均以刷微博评论为乐。由此便不难看出，有趣、有独立观点见解、有专业高度的精彩评论，是所有新媒体号、新媒体矩阵、新媒体平台所追求的。不过，精彩评论源于用户，对新媒体运营者而言，属于可遇而不可求的内容构成部分。

原则之二是评论并非越多越好，量要适度。这一原则专对微信公众号处理用户评论而言，因为只有微信公众号赋予了运营者选择性放出评论的权利。

本书已反复强调，新媒体原创内容的篇幅不宜过长，而用户一般通过内容呈现的整体长度（含评论区）来判断自己是否有时间看完，或是否看得下去。如果评论区过长，则可能对用户的阅读完成率造成负面影响。因此，运营者要根据评论的质量和微信公众号运营情况综合决定放出评论的条数。

原则之三是评论的用户和观点均需多元。有话题冲突的新媒体原创内容，一般数据表现都不会太差，而评论区更是如此。运营者需明确，观点、声音一边倒，每天都是熟悉面孔的评论区通常没有生命力，只有那些观点和声音形成碰撞，而且每天都有新鲜面孔加入讨论的评论区才是新媒体号需要的热门话题讨论区，它在一定程度上还能印证原创内容对活跃用户的高价值。因此，运营者在放出评论时，要注意挖掘用户间碰撞的观点和声音。

原则之四是凡放出的用户评论均需回复。无论评论的质量高低，只要用户主动发表评论，就能证明他是新媒体号的活跃用户，并且有被运营者重视的心理期待，而运营者能够表现出对评论用户重视的方式就是回复评论。这就是运营者需逐条回复精选评论的必要性所在。

2. 回复用户评论的实操方法

在明确了处理用户评论的原则后，运营者便可以学习、研究回复用户评论的四种通用方法了。

（1）表情回复法。

这种方法主要用于回复两种用户评论，一种是仅有表情、符号或感叹词的极简用户评论，另一种是虽然字数不少，但表意含糊、语言缺乏逻辑，甚至语病频出的用户评论。运营者仅会在微信公众号运营初期放出上述两种评论，因此简单表情回复的方法也仅出现于账号运营早期。当账号运营进入成熟期后，不建议运营者仍使用表情回复法，因为这种回复方法会让发表评论的用户产生运营者敷衍、自己不被重视的感觉。

（2）问题回复法。

这种方法主要用于激发用户与原创内容之间、用户与运营者之间、用户与用户之间的观点碰撞，以及引导更多用户通过评论表达观点和看法。只有每篇原创内容都能促成用户在评论区热议的局面，才能证明用户是真正活跃的用户，账号是真正活跃的账号，运营者是真正有价值的运营者。

（3）态度回复法。

这种方法主要用于闭合式用户评论，简言之就是“把天儿聊死”的用户评论。当运营者发现用户评论是与原创内容不相关的故事、个人经历，或是用户态度坚决的判断（如“别问我理由，我认为他就是对的！”）、推测（如“他要是没在 20 集被枪杀，我就跳楼！”）、对别人的评价（如“我以人格担保，他绝对是个坏人！”）时，便可用“你说得对”“嗯嗯，没错”“真香”等表达态度的短句回复用户评论。

（4）论述回复法。

这种方法主要用于回复价值观相对扭曲的用户评论，或者提出与原创内容有紧密关联的问题的用户评论。

对于价值观扭曲的用户评论，运营者需用较长篇幅指出用户评论中价值观扭曲的关键点，以及分析扭曲的原因和解决办法，如这三者一应俱全，便等同于运营者为用户提供了一次优质服务，而且还能借机进一步树立和明确新媒体号的价值观。

对于提出与原创内容有紧密关联的问题的用户评论，运营者回以较长篇幅评论的目的是凸显新媒体号在原创内容相关领域中的专业性，以及运营者储备的相关领域知识的深度和广度。

二、面向单个用户的用户运营

面向单个用户的用户运营，针对的是有个性化需求的用户，主要实现的目标是让用户黏合、信任，甚至服务于新媒体号。这种运营方式看似增加了运营工作量，但实际上通过培养 KOL 辅助运营、将群组中个性化用户需求归集，会让用户运营工作更加系统，运营者的运营压力也会在运营过程中逐渐减轻。面向单个用户的用户运营包括 KOL 的培养、群组的建设与运营、针对其他运营事项的用户反馈三个运营事项。

（一）KOL 的培养

KOL 是新媒体运营者从黏合用户中挑选出来的有独立见解、善于表达观点的用户。相较其他黏合用户，KOL 对新媒体号的内容、文化、商品有更深入的了解，可通过独到见解、完整表达，从用户角度帮助企业进行宣传、推广、销售。相较企业营销，KOL 的输出与传播更容易获得其他用户的信任与认同。

培养 KOL，运营者需了解什么样的用户适合做 KOL、如何发现 KOL、如何培养 KOL，以及 KOL 辅助运营中的常见操作事项。

1. 什么样的用户适合做 KOL

在选择标准上，新媒体号的 KOL 首先必须是新媒体号的黏合用户，其次要具备优秀的表达能力、强大的理解能力，以及独立的思考能力。除上述特征外，成为新媒体号的 KOL 还应满足如下三个条件。

第一，不能过于理性。KOL 与用户交流时，需表现得较为感性，有较强感染力。由于 KOL 与用户交流的主要场所是新媒体运营者建设的用户微信群组，用户参与其中主要是为了享受服务、获取福利或娱乐。若 KOL 在群组内过于理性，则会给其他人较真儿的印象，从而容易让用户厌烦。

第二，对新媒体号应存在强需求。用户成为新媒体号 KOL 的基础，是其对新媒体号的内容、商品、文化有深入了解。如用户对新媒体号有强需求，则必然会尽可能地了解新媒体号，甚至会同时研究有竞争关系的新媒体号。基于需求的了解，不仅能让用户更具新媒体号领域的专业知识，而且会增强用户的表达意愿。

第三，语言自带“信任剂”。语言的信任剂效果，是由用户的文字表达能力、知识储备、逻辑、语音的声调语调、思考问题的角度丰富与否等多重因素决定的。如果 KOL 兼具上述特点，则会在沟通过程中为其他用户营造信任氛围。

综合上述三点，KOL 应是感性优先、懂人情世故、为其他用户着想、爱“张罗”的典型用户，运营者可参考这类用户画像，尝试从黏合用户中甄选培养对象。

2. 如何发现 KOL

想在黏合用户中发现 KOL，运营者需把握每次与其沟通的细节。一般情况下，运营者发现 KOL 的渠道共有如下四种。

第一，微信公众号后台留言。用户在微信公众号后台留言，意味着对公众号或公众号运营者有需求。运营者应在留言用户中，选出对公众号提意见的、沟通交流价值观的、期待公众号推出相关领域衍生品的用户，添加微信好友详细了解想法，如其具备 KOL 潜质，则可尝试邀请。

第二，微信用户群组。微信用户群组运营，原本就是运营者面向单个用户的独立运营事项，不过它也是发现、培养、锻炼 KOL 的主要工作方式。运营者应在用户群组建立后的一周内，通过发红包、聊热点、挖掘群内用户需求等多种方式（群组建设初期，如用户不主动提起，可不谈及公众号事宜），尽可能与群内用户沟通，寻找活跃、经常表达观点看法、会吐槽的用户，作为 KOL 备选。

提醒运营者，如果群组创建超过一周，运营者还未找到合适的 KOL 辅助运营，无法通过 KOL 完成群内用户对新媒体号的内容、商品、服务、运营者的需求挖掘，则可能会面临“死群”的窘境。

第三，新媒体号举办的线上线下打通活动。能够参加新媒体号举办的线下活动的用户，往往都是黏合用户，其中有以下两种表现的用户适合成为新媒体号 KOL：其一，被活动深度吸引，活动的每个环节都认真参与的用户。其二，参与活动时相对冷静，会主动与现场运营人员沟通活动参与事项或为活动提出意见的用户。

第四，新媒体号在第三方平台开设的新零售店铺。新媒体号的新零售店铺收到的用户信息往往是用户对新媒体号推荐商品的反馈，运营者可在其中挑选出对商品有建设性意见的和提出商品功能需求的用户。如果运营者认为建议可行，并确实在用户调研后根据该用户建议进行了商品开发或改进，那么提出建议的用户则应被发展为 KOL。

3. 如何培养新媒体号 KOL

运营者发现合适的 KOL 人选后，应先与对方达成价值观方向上的一致，从而形成朋友关系。如用户不抵触运营者的沟通方式，就可以表达合作意向。另外，运营者想得到 KOL 的帮助，应先承诺给予 KOL 一定奖励支持，比如现金奖励或新媒体号所售商品奖励。有了这两种物质奖励，KOL 能更好地完成角色任务。

双方达成合作后，运营者要先对 KOL 进行培训，不能任由其在用户运营过程中随意发挥。

在以用户为核心的新媒体号评论区、微信用户群组中，主角不再是新媒体运营者，所以欲调动评论区与用户群组的活跃气氛，KOL 应类似相声里的“逗哏演员”，承担发起话题、引导用户提出需求的责任，而运营者应做“捧哏演员”，承担应答 KOL 和用户需求、发放福利、组织活动的责任，也就是形成 KOL 主导，新媒体号运营者提供服务支撑的用户运营工作配合结构。

如此明确运营者与 KOL 双方责任划分的意义在于，纠正大部分参与用户运营的 KOL 的认知误区——错把自己当成新媒体号的营销推广人员。当 KOL 真正理解了用户运营中逗哏角色的责任，就能将自己定位成帮运营者达成运营目的的强黏合活跃用户。

在开展用户运营的过程中，KOL 应将新媒体号评论区、用户群组当作日常生活的线上社交环境，而非工作平台，表现出更贴近用户群体的语言方式、行为习惯和需求。

同时，在运营者的辅助下，努力在新媒体号评论区和用户群组中形成强影响力。

培养 KOL 配合用户运营，难点在于 KOL 的挑选及意识培养，但如果运营者真正将 KOL 培养出来，就会发现有 KOL 帮助的用户运营事半功倍。同时，运营者还需注意，最好培养三个以上有不同特色与专业领域的 KOL，如此有两点优势：第一，可让运营者在有不同需求时找到最优人选；第二，不同领域的 KOL 有助于运营者建设不同标签的群组，管理新媒体号下不同领域的私域流量。

4. KOL 辅助运营中的常见操作事项

新媒体号运营者需明确，KOL 所做的辅助用户运营工作，主要目的是以用户的角色立场，发掘用户需求和活跃、黏合用户，所以一般情况下，一对一解答问题、提供服务等工作不由 KOL 承担。KOL 的主阵地是能聚集一批新媒体号用户，且用户间可相互沟通的内容评论区和新媒体号用户群组。

（1）KOL 在内容评论区的操作事项。

就 2024 年之前的情况看，除微信公众号内容评论区外，其他平台评论区也支持用户间的相互评论。不过，新媒体号评论区主要是为用户与运营者就单篇内容提供交流平台，所以 KOL 的评论重点不在于把用户目光聚焦于自己，而是通过评论引导用户向新媒体号内容的价值观趋近，或引导评论区其他用户评论向运营者期望的方向归集。

基于上述两种目标，KOL 采取的评论方式可分为两种：

第一种，结合运营者价值观及 KOL 自身经历，为内容重新拟定通感并发表评论。一篇内容可以塑造多种通感，运营者构建的通感仅是其中之一，KOL 可结合自身经历营造基于内容价值观的另外一种通感，使更多用户因内容联想到自身经历，继而认同运营者价值观（见图 8－3）。

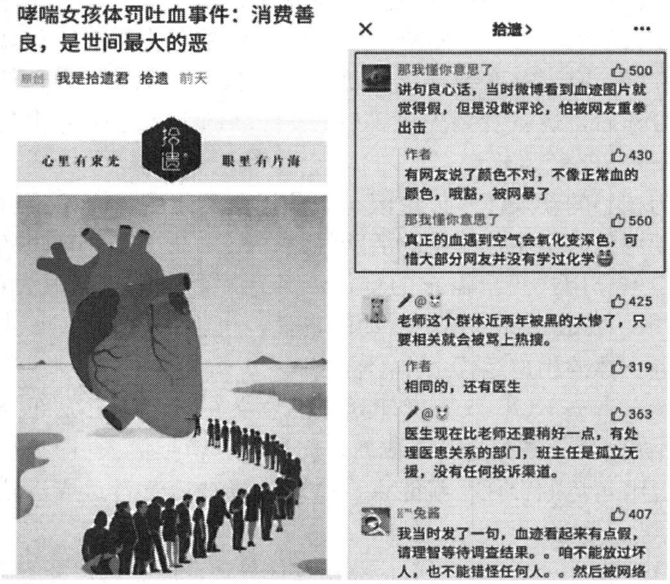

图 8－3 公众号“拾遗”的内容标题与评论

参见这篇微信公众号“拾遗”的内容标题与评论，内容中运营者明确表达了三个观点：第一，严惩造谣者；第二，不指责发声人；第三，永远不要停止为弱者发声。针对“哮喘女孩体罚吐血”事件的反转，就“不要指责发声的人”这一观点，用户根据自身经历描述了想要发声时心里所想，如其他用户也有此类经历，就能认同运营者“不要指责发声人，否则将来为正义发声的人将越来越少”这一观点。

第二种，聚焦运营者提出的某个观点或列举的某个事实发布评论。新媒体号的单篇内容中往往有许多信息，如 KOL 抓住用户可能相对感兴趣的点提问或驳斥，则有可能达到吸引用户关注的目的（见图 8－4）。

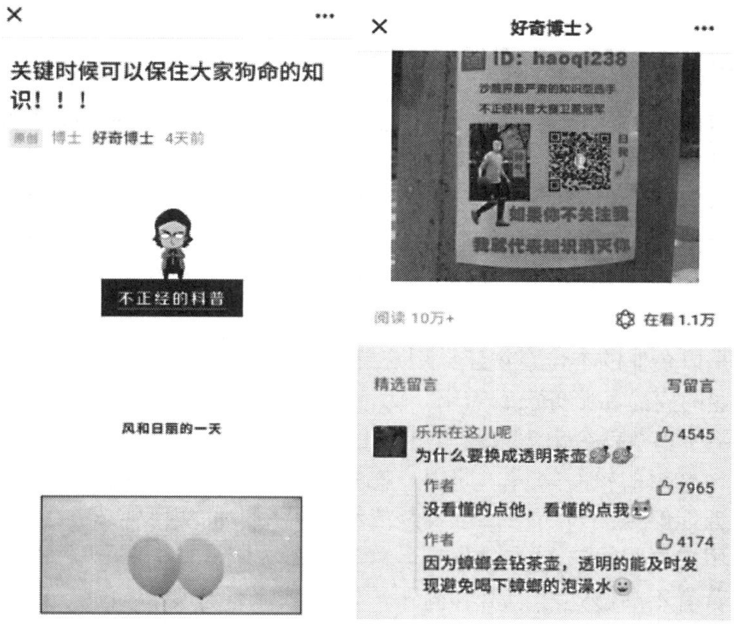

图 8－4 公众号“好奇博士”的内容标题与评论

图 8－4 为微信公众号“好奇博士”的一篇内容，主题为科普常见的夏季毒虫。内容的结尾提到，如家中闹蟑螂，一定要把茶壶换成透明的。于是评论中出现了对该知识点提出疑问的用户，且获得了很高的点赞量，这就起到了将用户的关注点聚焦于蟑螂的目的。该账号的处理方式是直接解答问题，此外运营者还能借此展开一篇关于蟑螂的科普内容。

（2）KOL 在新媒体号用户群组中的工作。

KOL 在用户群组中的工作，主要是活跃群组内用户，辅助运营者挖掘用户需求，以及带动用户养成在群内提出需求的习惯。

在新媒体发展初期，凡是进入新媒体号群组的用户，几乎都是活跃用户或黏合用户。但至 2017 年前后，新媒体的活动玩法开始丰富，各种企业新媒体号、营销号开始大规模举办福利活动，以吸引用户加入新媒体号的用户群组，这使得群组内用户中存在大量路人粉或潜水用户，多数运营者都陷入了“建群死”的尴尬。所以，通过 KOL 活跃群组就显得至关重要。

KOL活跃群组的方式有多种，包括分享经验阅历、向群组内其他成员提问求助等。KOL如想成为群组内用户认同的KOL，应先在群组内交流中，通过与群组内活跃用户沟通交流具有相同兴趣标签的话题成为朋友，再通过优秀的表达能力与独立思考能力引导其他用户。

另外，如上文提到的，KOL在新媒体号用户群组内的另一项重要工作，就是挖掘用户需求，带动用户养成在群内提出需求的习惯，因为只有这种习惯的养成，才能给运营者提供施展各种服务的机会。KOL挖掘和带动用户需求的方式，简言之就是以身作则，通过和运营者之间“提出问题-解决问题”的反复沟通交流，引导有同样需求的用户模仿KOL的方式向运营者提出问题和需求。

（二）用户群组的建设与运营

在新媒体矩阵的运营实操中，不少企业对运营用户群组的重视程度甚至强于新媒体矩阵运营，究其原因无非是认为相较新媒体号，以群组为沟通媒介，会使运营者离用户更近（运营者随时可以与用户私信交流），运营目的更容易达成。

这种观点本无可厚非，但企业运营用户群组有两个认知误区。第一个是将用户群组作为消费用户的阵地，但正如前文所说，没有与新媒体号、运营者或企业品牌服务达成信任关系的用户，不可能被企业轻易消费。

第二个是以企业的本位意识建设用户群组，即建设群组就是用来发布企业信息的。但用户对企业的商品和服务没有需求，为何要收看企业发布的信息呢？如秉持这种立场运营，要不了多久就会出现大量用户退出群组或转变成死粉的“死群”局面。

建设用户群组的核心宗旨，即用户愿意进群并在群内活跃的原因，应是群组内的信息和服务能够为用户所用，也就是能够满足用户的实际需求。

另外，用户群组可被看作企业或运营者的私域流量。而私域流量存在两个弊端：一是随着运营者不断触达和消费群内用户，私域流量会变得沉寂、不活跃、无黏合度；二是私域流量一般没有明确细分的用户标签。因此，运营者在建设用户群组时，应克服私域流量弊端，建设活跃的、黏合的、有明确标签的用户群组。

基于上述目标，用户群组的建设与运营应开展如下运营事项：建设需求标签明确的用户群组、举办用户群组内的线上活动、基于用户需求的内容传播、基于用户需求的商品或服务推荐，而上述四项运营工作均与KOL息息相关。

1. 建设需求标签明确的用户群组

KOL辅助群组运营的宗旨是以KOL与运营者在群组内配合问答的方式，带动群内用户提出问题，由运营者解答用户问题的同时，根据用户问题明确其需求标签。随着提问用户的增多，逐渐细分出群内用户的普遍需求及部分用户的个性化需求。用户普遍需求的不断提出是用户群组“活”下去的生命力，而用户个性化需求的梳理、总结、归纳，是按照用户需求标签，拆分或建设新群组的契机和基本条件准备。

以心理情感类新媒体号为例，运营者在建设用户群组前应根据自身具备的能力，策划好不同群组的分类，如婚姻、职场、育儿等。运营展开初期，先以广义的心理问题解答满足用户需求，吸引用户进群。而后，运营者在KOL的配合下，不断总结用户提出的心理问题类型。当策划中规划的细分类型的问题反复被多名用户提及时，便可进行拆分群组操作（出现 10 个以上用户提出同类型问题时，便可考虑建立分群），将有不同问题的用户拉进有着不同细分标签的群组，以便在分群中更精准地满足用户需求及共享信息。

当然，用户进入的群组并不唯一，如果单个用户对几个细分类型都有需求，就会加入这些群组，其中也不乏没有相关需求只想领取群组福利的用户。

根据用户需求的类型标签拆分群组建立分群，是为了让用户群组的服务和信息传递效率更高。而分群运营实现的更高效率，主要体现在如下四点。

（1）信息触达用户的效率。将用户群组按需求标签拆分，必然导致单群组用户量减少，群组人数变少后，用户接收信息的效率也就是信息实到率便会提高。

（2）运营者为在群用户推送内容的效率。这一点也就是上文反复强调的群组信息或内容的实到率。在群用户接收信息或内容的效率，主要由用户对信息和内容的针对性、实用价值评价决定。实现信息、内容针对性和获得实用价值评价的关键因素，除信息和内容本身要保持高质量外，还要与用户画像标签匹配，即与在群用户需求精准对接，而实现的方法就是根据用户需求进行群组拆分。

（3）运营者解答问题的效率。拥有相似需求标签的用户希望群组解答的问题一般会具有趋同性。在群组中，运营者解答一个用户的问题，可能惠及多个有相似问题的用户，从而提高运营者解答问题的效率。

（4）运营者与 KOL 激发用户参与群内讨论的效率。有了明确的用户标签，运营者与 KOL 更易于选择热点及设计场景触发用户通感，促使用户加入运营者与 KOL 的沟通中，形成用户参与群组讨论的高活跃局面。

总结上述四点，新媒体号细分标签的群组中，用户更易成为运营者或 KOL 的私域流量，且这类用户的价值更高，因其满足了三个条件——高黏合度、高信息实到率、具有 KOL 效应。

【运营提示】用户群组的用户数量并非越多越好

本书作者在对接企业新媒体客户需求时，经常遇到如下两种情况：其一，企业将用户群组的人数当作运营指标；其二，企业在介绍新媒体运营状况时，经常声称已有十几个 500 人规模的用户群。殊不知，运营效果评估的标准并非群里的用户人数有多少。

大规模用户群组的用户类型构成，往往表现出以下层级特点：

第一层为活跃用户，衡量标准是用户愿意与 KOL 及运营者互动，且愿意在群中提出问题或需求，这类用户一般仅占群用户数的 10%。

第二层为浅层潜水用户，衡量标准是用户会定期查看群组信息，从中寻找对自己有用的内容，但并不愿意在群内发声，这类用户一般仅占群用户数的 20%。

第三层为深层潜水用户，衡量标准是用户会不定期查看群组信息，或直接将群消息设置为免打扰，过段时间后直接标记为“已读”，这类用户一般占群用户数的 50%。

第四层为无在群“生命体征”用户，也就是俗称的“死粉”，衡量标准是用户将群消息设置为免打扰，任由新消息提醒的红点标识存在，不会对群组做任何主动操作。当群内用户活跃度较高时，他们反而会因为影响微信打开速度，或群消息经常占据微信消息列表首页而退出群组。这类用户一般占群用户数的20%（见图8-5）。

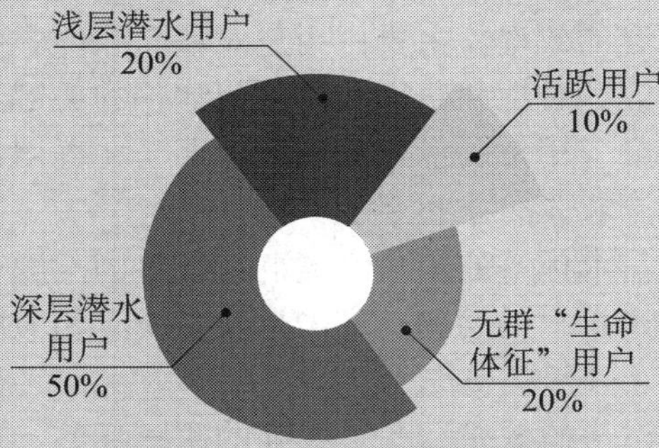

图8-5 群组用户层级结构

了解上述群组用户层级结构后，运营者便不难发现，大规模用户群组中，群消息能够覆盖的用户数，即群消息实到率一般不会超过30%。如果运营者想确认现有群组的活跃用户数，可在群内发布一个每人均可领取的红包（单个用户领取红包金额可设置为0.01元），在发布红包后的2小时查看领取红包用户数。此时领取红包人数一般不会超过群用户数的40%，其中10%为活跃用户，20%为浅层潜水用户，而剩下的10%为设置了红包提醒功能的深层潜水用户。红包的实到率况且如此，便可知群消息的实到率到底如何了。

综合上述讲解内容，建议运营者使用以下两种群组运营方式：

第一，将群组用户数的上限设置为200人，这是本书作者的云知新媒体运营团队在运营实践中总结出的数据指标。在少于200人的用户群组中，以群组能够针对性满足用户需求、有KOL在群辅助运营、超过10%的高度活跃用户数为前提，群内发布信息的实到率将达到50%以上。

第二，建设群组初期不求用户多，先夯实活跃用户基础。与建群初期便采用各种能用到的手段（红包、福利、在其他群组发布群二维码等）吸引标签不明确的用户进群相比，以已有标签明确的用户为基础建设群组的效率更高，如此KOL和运营者的工作重心便可从挖掘、明确用户需求变更为用群内问答方式激发和培养标签明确用户的行为习惯，会节省大量运营精力。而拥有超过30%活跃用户的群组，吸引、黏合用户的能力以及群内信息的实到率均会更高。

从云知新媒体运营团队的运营实操经验看，信息资讯类新媒体号的用户群组，应以价值观趋同、在评论区发表长评论及主动与运营者交互的用户为班底；知识服务类新媒体号的用户群组，应以在评论区和使用留言功能向运营者提出问题或知识获取需求的用户为班底；而销售商品或服务类新媒体号的用户群组，应以已消费且希望获得售后保障的用户或者复购用户为班底。

2. 举办用户群组内的线上活动

在用户群组内举办的线上活动实质上是一种用户运营的方式，它既可以是运营人员主动为用户送福利，以提高用户黏合度，也可以是基于更好服务用户的目的，请在群用户填写调查问卷。

举办群组内发福利的活动，运营者需明确 KOL 仅是辅助群组运营的角色，类似发福利这种直接与在群用户利益挂钩的运营行为应由运营者执行，而 KOL 发福利容易让在群用户误以为其是运营者。

举办请求在群用户填写调查问卷的活动，运营者需要 KOL 配合执行。

比如，运营者想为用户增加或更换内容类型方向，便可先在用户群组内以问卷方式，调研用户想看到的话题或内容类型。此时，KOL 便可站出来主动为用户索要福利，表达“发红包就给你投票”的意思。如此既能激活用户填写问卷的意愿，又能提高 KOL 在群组用户中的“代言人”地位。

再如，KOL 结合自身通感，主动对内容方向提出建议。此时，运营者应结合 KOL 需求，兼顾是否有用户迎合 KOL 发声，借机拟定调查问卷，以满足 KOL 需求的名义，引出用户调研，可同时配合使用发红包激活在群用户的方式。

3. 基于用户需求的内容传播

基于用户需求的内容传播，指在用户群组内推送内容，一般应用于如下两种场景。

第一，用户提出个性化需求，而新媒体号发布过的内容刚好能满足该需求。这种情况较为常见，无须 KOL 帮助，运营者直接回复即可。

第二，运营者基于用户可能存在的问题或需求，制作了一篇原创内容，发布到用户群组供用户查看。这种情况属于运营者的主动运营行为，需 KOL 协同配合。最好的方式是 KOL 在内容发布后，挑选用户群相对活跃的时间点，在群内“吐槽”内容。

4. 基于用户需求的商品或服务推荐

基于用户需求的商品或服务推荐，指运营者根据用户需求将与新媒体号相关的商品或服务推送至用户群组中，推荐目的是达成销售转化。达成销售转化的基础有两点：一是用户对商品或服务存在现实的需求；二是用户对商品或服务存在潜在的需求。基于对运营者足够信任，这项工作必须由 KOL 与运营者共同完成，分为创造用户使用的需求场景与一对一解答用户疑问。

（1）创造用户使用的需求场景。

KOL 在用户群组中与运营者配合的方式，可通过用对话完成一篇场景化导购内容实现。

以心理情感类新媒体号为例，运营者有销售心理辅导课程的需求。首先，运营者可将课程详细信息发布至群内供用户浏览，发布后群组内用户一般会有三种应对方式：一种是不查看，一种是查看后不感兴趣，还有一种则是感兴趣但持观望态度。运营者与 KOL 需要重点挖掘的就是第三种用户。

KOL 可从自身痛点出发，针对课程可以解决的一个问题发问，由运营者解答。例如：“我每次做家务，看到老公闲着就生气，是我有问题吗?”KOL 提出的问题，应是运营者与 KOL 协商后认为群组内用户可能普遍存在的问题，如此才能触发用户通感，使其关注 KOL 与运营者的对话。

运营者在回答过程中，不仅要介绍课程特色，而且需展现在行业内的专业水平。比如列举有此类心理状态的人普遍还会有哪些表现，如运营者恰好击中用户心里所想，则用户既会认可课程质量，还会对运营者产生信任感。

（2）一对一解答用户疑问。

如果KOL与运营者在群组内“场景化导购内容”的对话起到了激活作用，甚至有用户直接在交流中插话，运营者便需在保持与KOL对话的同时，重点解答插话用户的问题，同时开始描绘该用户的画像标签。

如群内沟通进展顺利，用户已开始咨询商品或服务的具体价格、购买方式，运营者则需添加用户私信，一对一解答。这样做的优势有两点：一是满足用户的个性化服务需求，私聊可为用户定制更多针对性方案；二是避免群组内其他用户因双方涉及交易而认定用户为“托儿”。

【运营提示】群内用户分享内容的管理与基本群规设计

在用户群组中，发布内容信息并不是运营者和KOL的特权，所有在群用户均有发布内容的权利。这一点是运营者首先应该明确的群运营准则，更何况运营者培养KOL，与KOL配合运营群组的目标，也是让在群用户保持活跃，用户肯在群里说话、分享内容就是表明活跃的评价指标。

那么有在群用户往群里转发广告、拼团信息、帮忙“砍刀”点赞等商业信息，甚至是竞品信息，运营者该如何处理呢？

解决这一问题，运营者需依靠群规的设计及发布（见图8-6）。一般设计群规的基本条例如下：

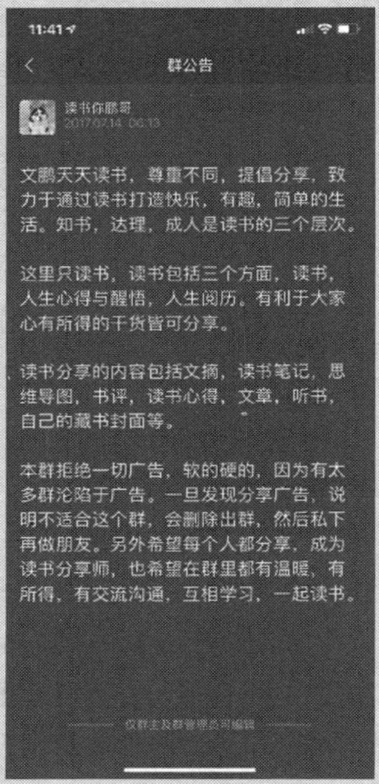

图8-6 读书类用户群组发布的群规样例

其一，禁止恶意刷屏，或发布带有欺骗性质的言论及消息，违者自动退群或被群主踢出群。

其二，成员相互包容，相互监督，禁止有歧视、攻击、骚扰、过激等不良言行，违者自动退群或被群主踢出群。

其三，群内严禁发布任何危害国家及个人利益的言论，禁止涉及黄赌毒等违法话题。

其四，禁止发布和转发未经核实的信息。

其五，防止信息外泄给他人造成困扰，禁止对外泄露群内用户个人资料信息和照片信息。

其六，发布建群宗旨及群对在群用户的作用，或可提供的服务。

有了上述简明扼要的群规，运营者和在群用户就有了在群内沟通讨论、转发内容的行为依据，为确保群组秩序提供了底线保障。

（三）针对其他运营事项的用户反馈

除原创内容运营及多平台联合运营的私信、评论等对用户进行反馈外，需对单个用户进行反馈的运营事项，主要为活动运营中的福利发放，以及新零售环节中的退货、补发、告知商品或服务使用说明等。

对以上两种情况的用户运营来说，运营者应秉持优先处理重点需求的原则。诸如活动福利发放时间、商品到货时间、商品使用方法等用户问题，运营者应将其归入面向群体用户的用户运营事项，制定统一的解决方案。即便用户要求享受一对一服务，运营者也可暂时将其搁置，毕竟无法通过公告获知上述简单问题解决方案的用户是少数。

真正需要运营者优先处理的重点用户需求有两种：一是对商品或活动提出了建设性意见的准 KOL 用户的问题。诸如运营者将带有最新功能的商品邮寄给 KOL 试用，KOL 用后给出的反馈意见。二是因运营环节出现失误，导致损害用户商品或服务体验的问题。例如运营者发货时忘记备注颜色、尺寸，导致用户收到的商品与预计购买的商品存在差别。

如用户运营人员已妥善处理好重点需求，就可在其余用户反馈中，查找是否有统一解决方案未曾提及的问题，对解决方案进行补充，以应对更多用户的需求反馈。

【本章总结】

1. 用户与新媒体号的关系层级包括陌生用户、新媒体号用户、新媒体号活跃用户、新媒体号黏合用户、新媒体号 KOL，这五种关系逐层递进，少有跨层突破的情况。

2. 用户运营中 KOL 的三个准入条件：不能过于理性，对新媒体号应存在强需求，语言自带“信任剂”。

3. 建设用户群组的核心宗旨，是群组内的信息和服务能为用户所用，也就是能够满足用户的实际需求。用户群组运营以满足用户需求为导向，才能避免“建群死”的尴尬。

4. KOL 辅助群组运营的宗旨，是以 KOL 与运营者在群组内配合问答的方式，带动群内用户提出问题，运营者解答用户问题的同时，根据用户问题明确用户需求标签。随着提问用户的增多，可逐渐细分出群内用户的普遍需求及部分用户的个性化需求。用户普遍需求的不断提出是用户群组“活”下去的生命力，而用户个性化需求的梳理、总结、归纳是按照用户需求标签，拆分或建设新群组的契机和基本条件。

【课后习题】

1. 用户与新媒体号存在哪些关系层级，层级间的递进关系如何？

2. 新媒体运营者发现 KOL 的方式有几种，KOL 需经历怎样的培养过程，KOL 可以辅助运营者进行哪些方面的工作？

3. 用户群组的峰值人数是多少？控制在群人数的益处有哪些？

4. 请尝试讲述避免“建群死”的群组运营系统方法。

第九章　新零售商品运营实操方法

【本章知识体系】

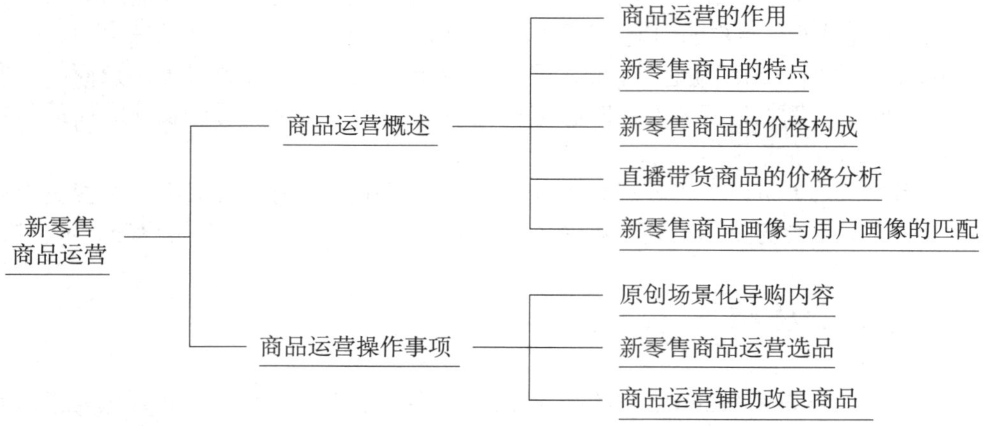

从新媒体号变现到内容带货，再到火爆的直播带货，新零售已经成为新媒体运营体系中不可或缺的有机组成部分。在本书第二章“新媒体关键词家族”的第三节“基于商品和服务的二级关键词”中，已对新媒体领域新零售的特点和优势做了详细讲解。自本章起至第十一章，将按照新零售包含的商品运营、渠道运营和店铺运营顺序，详细讲解这三个新零售主要运营事项的实操方法。

第一节　新零售商品运营概述

新零售商品运营，是通过运营者从市场中挑选商品，或对企业现有商品进行包装优化，从而使商品能够更容易找到与其标签匹配的用户，继而通过场景化导购内容实现销售的运营方式。本节将通过新零售商品运营的作用、新零售商品的特点、新零售商品的价格构成、直播带货商品的价格构成分析、新零售商品画像与用户画像的匹配五部分内容的详细讲解，使运营者明确商品运营在新零售及新媒体运营中的地位和作用。

一、商品运营的作用

新零售商品运营的展开基础，在于满足带有不同标签的用户所对应的用户需求，以及满足企业的销售变现需求。

1. 商品运营能满足并挖掘用户需求

商品运营对用户的作用主要体现在以下两方面。

一是满足用户的显性需求。例如夏天将至，用户家里的空调用了很多年没有更换，制冷效果已大不如前。这时用户需要购买一台新空调，而运营者将品质好、性价比高的空调推荐给用户，即有可能满足用户的购物需求。

二是挖掘用户的潜在需求。例如，用户手机用了很多年，即便手机已非常卡顿，偶尔还会自动关机，但仍在坚持使用。如运营者通过场景化导购内容，将使用了很多年的手机出现的宕机、丢失文件等偶发情况描绘给用户，构建使用通感，则可能激发用户购买手机的潜在需求。并且，如果运营者推荐的手机性价比高、与用户调性匹配，则可能促使用户完成购买。这不仅达成了运营者的销售目的，而且让用户提前转移手机内文件、转存通讯录等，杜绝了未来因手机损坏导致信息丢失的严重后果。

2. 商品运营能提升销量，反哺企业商品

对企业而言，无论企业有没有自主商品，只要投入商品运营，即可通过新零售模式完成销售转化。商品运营对不同状况的企业，表现的主要作用不同。

一是对没有自主商品的企业，商品运营可根据企业新媒体号的用户画像，为用户遴选优质商品，从而让本以活跃用户通过流量变现为主的新媒体号能基于黏合粉丝实现销售变现。

二是对拥有自主商品的企业，商品运营可根据时令热点，或用户对企业商品的反馈，促使企业对商品进行新媒体化包装或改进，从而使商品获得更好销量。

例如，运营者的企业本是传统的插座产销公司，在线上新零售渠道销售中，有用户提出将插座设计为圆形，以保证每个插口都能被利用上；有用户提出在插座上增加 USB 充电口，以方便手机充电。上述建议，均对商品的功能具有优化作用，如企业采纳这两点建议，不仅满足了用户需求，而且切实提高了商品的易用性，可在企业的全渠道销售中提升商品销量。

二、新零售商品的特点

新零售商品的特点分为两类，一类是商品在新媒体环境下需具备的独特卖点即新媒体卖点，另一类是作为新零售商品必须具备的基础要素。

（一）商品的新媒体卖点

商品的新媒体卖点在第二章“新媒体关键词家族”的第三节“基于商品和服务的二级关键词”中已有提及，即黑科技、高颜值、话题感。本章将对这三个卖点以例证的方式进行详细讲解。在分析提炼商品的新媒体卖点时运营者需明确，具有不同用户画像标签的用户，对这三要素的判断标准不同，因此应先对商品对应的用户画像进行分析。

1. 新零售商品的黑科技卖点

黑科技指对应用户的猎奇心理，在商品功能、包装、材料、工艺、技术等方面展现的先进性和差异化。在不同年代的用户眼中，有不同的黑科技商品，而且黑科技也会随着最新技术在用户中的普及而提高门槛。

运营者对商品黑科技感的判断，首先需基于商品对应的用户画像分析，并从功能、包装、材料、工艺、技术等方面与其他同类商品对比，如商品在其中某一方面表现出的先进性与差异化优于市场上其他商品，则可被认定为黑科技商品。

爆款黑科技产品举例：

这款反向折叠雨伞上架有赞商城一周，在众多渠道共同推广的情况下，销售了60余万单，其有三个较为典型的黑科技特征：第一，全自动打开、收回。通过伞柄按钮一键完成打开、收回操作。第二，反向收伞。伞面反向往回收，水滴会聚集在伞内，不易流出。第三，加固抗风。伞骨使用十骨不锈钢骨架。集合上述功能、设计、材质上的特点，这款商品属于黑科技商品（见图9-1）。

图9-1 爆款黑科技雨伞

2. 新零售商品的高颜值卖点

高颜值对应的是用户的生活方式升级和生活美学升级这两种需求。高颜值是运营者相对不好捕捉的商品卖点，因即便是同一用户画像标签下的用户，因性格不同、经历不同，都会对高颜值有不同的标准。运营者可将对商品高颜值的考量，聚焦在以下两方面。

第一，以商品面向的用户画像标签特点，拟定高颜值商品。如商品针对的用户人群较为沉稳老成，应以黑色、深蓝等颜色作为商品主色调，样式尽可能复古。

第二，无论何种类型商品，高颜值的重点在于对用户的引导。不同用户对高颜值的认知不同，有时只系于一念之间，运营者可通过场景化导购内容引导用户。从长远角度看，运营者甚至可以用自己的审美影响用户审美，让用户对高颜值的认知与自己趋同。

以小米系列商品为例，小米破壁机、冷风机、加湿器等智能科技商品，外观均是白色简约风格，用户起初可能并不认为这是一种高颜值商品，但随着小米越来越多的同风格商品推出，加上市场上对简约风的推崇，使小米商品一问世就具备高颜值特点（见图9-2）。

3. 新零售商品的话题感卖点

话题感是一项商品的综合评价要素，可呈现在两方面：第一，如商品具备黑科技、高颜值卖点，那么会天然具备话题感；第二，运营者可通过热点或场景，为商品创造话题。

运营者在为商品拟定话题感标签时，应首先从商品对应的用户画像标签入手，

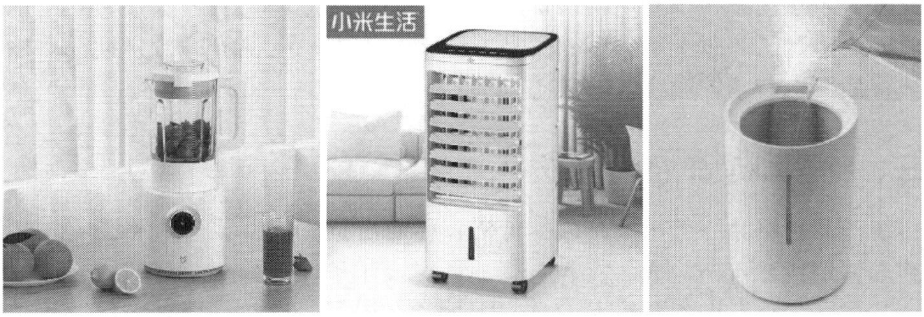

图 9-2　小米破壁机、冷风机、加湿器

思考这类用户感兴趣的话题，从而在商品设计层面增加话题感。其次，运营者还应结合用户感兴趣的时令热点，为商品赋予话题，或花成本邀请明星代言，为商品增加明星热点话题。

（二）新零售商品的基础要素

除上述三点外，新零售商品也应在商品的基础要素方面具有竞争力，即用户最关注的质量与价格。

1. 商品质量

商品质量是商品的基础要素，更是核心要素，也是新媒体领域新零售商品运营的关键点。由于新零售是基于信任的销售模式，商品质量会直接影响购买用户对新媒体号的信任程度。如商品质量过硬，则用户信任度进一步提升，并可能产生复购，用户甚至会成为新媒体号的 KOL，主动宣传推广商品。如商品质量不好，或与场景化导购内容所述不符，用户不仅可能退货，而且可能举报新媒体号及永久取关。

因此，运营者在商品运营时，应从如下三方面保证商品质量。第一，如是自主商品，应描述客观事实，绝不能夸大商品功效。第二，在挑选商品时，应对商品进行详尽了解，了解事项包括搜索同类商品功效、价格，调研商品使用口碑及已购买用户提出的问题，查看商品厂家相关资质。第三，售卖商品前须试用，厂家向新媒体号提供试用商品，已成行业规则。夸张、捏造商品使用效果，是一种饮鸩止渴的销售行为，严重者还会被查处，甚至承担法律责任。

2. 商品价格

商品价格是商品的第二个基础要素，也是用户购买商品时的决定因素。运营者在为新零售商品定价时，应考虑如下三个要素：第一，应基于商品核心功能确定价格区间。每款商品都有一个核心功能，兼具增值功能。运营者在给商品定价时，绝不能超过用户对商品核心功能的认知期待。第二，应考虑新零售环节中，渠道对商品利润的需求，给出整体指导价格。运营者应以成本价格为基础，预先设置好分销价、市场价等。第三，不能破坏商品在原有渠道的价格体系。新零售是区别于传统商超、电商平台的独立销售渠道，应有专属价格体系，但运营者设置价格时，不能对其他销售终端的价格体系造成冲击。

此外，虽然新零售没有严格的价格上限，但就用户的消费习惯而言，一般不会在互联网渠道购买超过5 000元的商品。诸如笔记本、电视等高价格商品，须有大品牌或优质渠道背书，用户才会放心购买。

三、新零售商品的价格构成

传统商品价格，一般由商品成本价格、厂商出货价格、渠道价格、终端销售价格和终端销售优惠价格构成。

商品成本价格，即生产商品必需的成本费用，一般由原材料价格、设备损耗、人力成本、物流成本组成。厂商出货价格，即厂商在商品成本价格基础上，增加一定预留利润后制定的商品出厂价格。渠道价格，即经流通、销售商品的渠道商，在厂商出货价格基础上，增加一定渠道利润后的商品销售价格。一般渠道价格不唯一，商品在流通中会经过一级渠道商、二级渠道商等销售流通渠道。终端销售价格，即用户在销售终端购买商品的价格，是在渠道价格基础上增加一定销售终端利润后的商品销售价格。终端销售优惠价格，即厂商、渠道商或终端销售商，为促进商品销量制定的商品周期性优惠价格。

而新零售商品价格的构成部分，可以寻找到与传统商品价格的对应关系，但存在两个显著差别（见图9-3）。

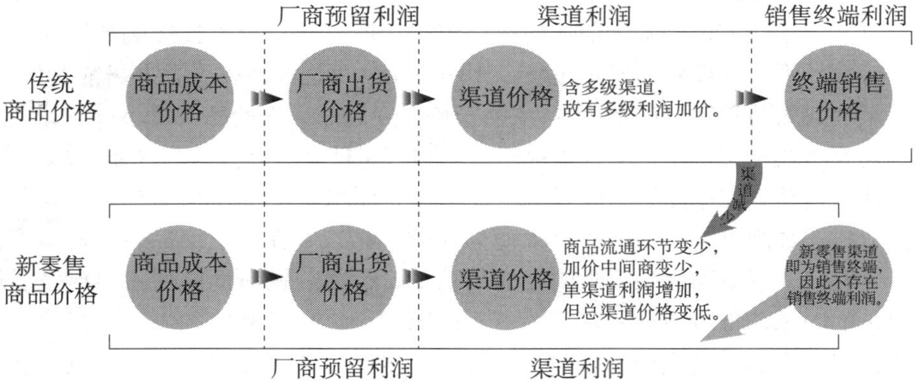

图9-3 传统商品价格与新零售商品价格构成对比

第一，因在新零售中销售商品的新媒体号不需要按传统商品渠道商逐级拿货的方式获得商品销售许可，可以尽可能与厂商或一级渠道商合作，减少商品流通环节的渠道商数量，从而减少商品价格中渠道利润占比。另外，因为渠道商及渠道利润减少，使得新零售的终端销售价格也可以相应降低，而且厂商一般会为新零售商品制定区别于传统销售（包括电商）的新零售终端销售指导价格。

第二，因为新零售的销售终端就是新媒体号，销售终端利润已包含在渠道利润内，所以用户购买商品的终端销售价格也更低。

基于上述两个新零售与传统销售在商品价格上的显著差别，使得新零售在商品价格的制定上存在以下三方面优势。

第一，用户购买商品的终端销售价格更低。因为在新零售中，没有那么多“中间商赚差价”，而且新媒体号既是销售渠道，又扮演着销售终端的角色，销售终端利润也被归入渠道利润中，所以销售过程中分享利润环节的减少，能让用户购买商品的终端销售价格变得更低。

第二，渠道获利更高。虽然新零售中，用户购买商品的终端销售价格变低了，但参与销售商品的渠道并没有少赚利润，这还是因为商品销售过程中的流通环节也就是分享利润的环节减少产生的。

第三，厂商的商品价格体系更稳定。在新零售中，新媒体号作为销售渠道，更愿意与所售商品的厂商达成直接合作，一方面可以拿到更具优势的厂商出货价格，获得更多利润空间，另一方面可以直接监督厂商落实商品质量和发货等相关销售环节。而厂商也更愿意与新媒体号合作，一方面开拓线上市场，另一方面减少商品流通环节，提升厂商对销售渠道的掌控度，从而使厂商制定的商品价格体系更加稳定。

上述三种优势的确立，使新零售形成了良性的三方获利局面。不过，新零售也对传统渠道原本稳定的销售格局造成了冲击。因此，今天的传统销售渠道均在尝试向线上电商销售、新零售转型，同样希望摆脱传统商品销售渠道层层加价的桎梏。

四、直播带货商品的价格构成分析

这些年直播带货火爆，看上去一个知名直播带货播主一晚上就能卖出上亿元商品。如果厂商选择直播带货，一定可以获得可观的销量和销售利润，但实际情况并非如此。

直播带货播主或播主隶属的 MCN 机构会向希望参与直播的厂商提出如下两项要求：第一，向厂商希望直播带货的每种商品收取上播“坑位费”（即主播每推荐一种商品向该商品所属商家收取的发布费），而且商品达成销售后要求高利润分成；第二，要求厂商给出全网最低的终端销售优惠价格。

上述两项要求，作为主播，尤其是知名主播的要求无可厚非，“坑位费”为主播提供基础收益保障，销售分成是主播的利润源泉，而全网最低的终端销售优惠价格是为主播的黏合用户提供真正的福利，以帮助主播进一步黏合用户及吸引更多陌生用户关注。

但对于厂商而言，“坑位费”就是在增加渠道成本（每种商品的“坑位费”会分摊到达成销售的每一款商品中），高利润分成也在增加渠道成本，而要求全网最低的终端销售优惠价格，又是在压缩商品价格构成中的销售终端利润，甚至还要侵占一部分渠道利润。而渠道利润又是不可能压缩的，因为掌握流量的主播不可能让属于自己的“坑位费”和利润分成比例受损（见图 9－4）。

厂商面对上述局面，如果仍希望与直播带货播主合作的话，就只能减少商品销售价格构成中属于自己的两部分——厂商出货价格中的厂商预留利润，以及商品成本价格。截至 2024 年，厂商在这方面的通行做法包括以下两种。

第一种，降低商品价格中的厂商预留利润。厂商销售商品不能满足获得更多利

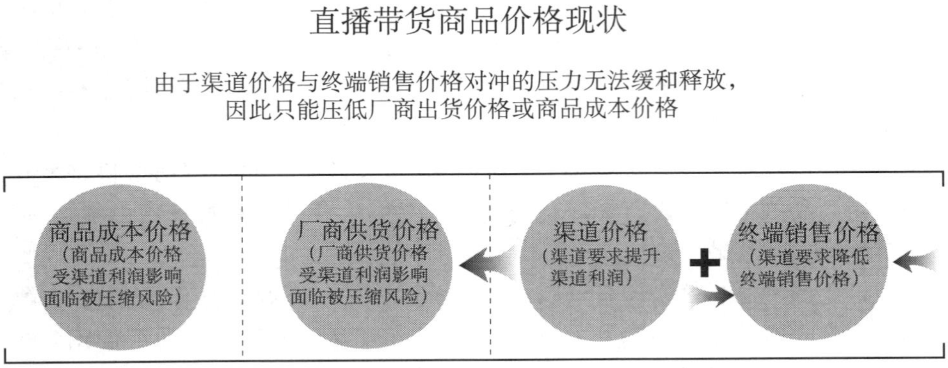

图 9－4　直播带货中由主播需求引发的价格压力传导图

润的需求，甚至赔钱销售，换来的是因直播带货带来的用户覆盖范围和商品认知度。此时，因为厂商几乎没有因销售带来的利润，所以直播带货就彻底变成一种推广行为。

第二种，降低商品成本价格。厂商采用饮鸩止渴的办法，为了确保销售利润，而降低商品生产必需的成本支出，从而导致商品质量下降。这就不难理解，很多直播爆款商品在第一轮直播大卖后，到第二轮直播时质量往往急速下降了。

从截至 2024 年的直播带货行业实际情况看，厂商希望通过直播带货获得销售利润的可能性较小，仅能获得一定的商品宣传推广效果，然而每个播主在一个直播时段动辄上播几十甚至上百款商品，厂商能够获得的宣传推广效果到底又有多大呢？

综上所述，厂商选择流量和销量双重火爆的直播带货，作为新品、为新零售市场定制商品投放市场的助推拓展方式，或去库存的手段无可厚非。但如果希望将新零售培养为主要销售渠道，获得可观销售利润，还需运用专业运营方式，在新零售运营上深耕。

五、新零售商品画像与用户画像的匹配

作为新零售中的新兴销售渠道——从事内容带货的新媒体号，实现良好销售转化率的关键运营方法是详细分析号内用户画像，将商品画像与用户画像进行标签匹配。商品画像与用户画像匹配的运营关键环节包括两个，一为商品基础信息与用户标签的匹配，二为商品调性与用户调性的匹配。

1. 商品基础信息与用户标签的匹配

商品基础信息，包括价格、质量，以及黑科技、高颜值和话题感三要素。用户的标签包含三级，有性别、年龄、手机号、生活地区等基础信息，工作收入、家庭可支配收入、客单价接受范围等客观信息，以及阅读偏好、社交偏好、消费偏好等行为信息。

其中，质量是所有用户均追求的商品基础信息，无须匹配，价格需对应用户的客单价接受范围，黑科技、高颜值、话题感三要素主要匹配用户的行为信息，兴趣

爱好及关注领域决定用户对黑科技的理解，审美偏好决定用户对高颜值的理解，社交偏好决定用户对话题感的理解。

2. 商品调性与用户调性的匹配

商品调性的形成主要由三种要素决定，一是商品的使用场景，二是商品的背景故事，三是商品的外观设计。

第一，商品的使用场景。如果商品的使用场景相对高端，则商品对应调性就较高；反之，商品如常在日常生活场景中使用，则不容易具有高调性，但运营者仍可通过背景故事及外观设计，赋予商品高调性。

第二，商品的背景故事。如果商品出自名人、名企之手，那么商品天然具有高调性；如商品出自大众品牌，则调性会在“出身”上输其他商品一筹。

第三，商品的外观设计。如果商品外观对用户而言显得高大上，则商品具有高调性；如商品设计趋于大众，无论功能性多强，也无法给用户高调性的感受。

用户调性，主要表现在用户对商品的品位及对生活方式的追求上。在用户调性与商品调性匹配过程中，优先匹配的是商品的背景故事与外观设计，因其对调性的展现更加明显，最后匹配商品的使用场景，因它主要由用户需求决定，且对调性的影响较小。

第二节　新零售商品运营操作事项

本节包含场景化导购内容制作、新零售商品运营选品、商品运营辅助改良商品三部分内容。

一、场景化导购内容制作

场景化导购内容，是指通过拟定商品在生活中的使用场景，引起用户通感，激发用户对商品的消费需求，最终实现用户购买。由于新媒体领域的新零售是货找人的模式，当用户见到商品后，需要通过内容详细了解商品，而场景化导购内容恰好能满足用户了解商品的需求。因此，场景化导购内容是实现商品销售的核心方法。

（一）场景化导购内容的作用

场景化导购内容的作用主要体现为两点，一是向用户推荐商品，二是帮助运营者明确新零售运营状况。

1. 场景化导购内容推荐商品

从用户角度出发，场景化导购内容推荐商品共包含五个方面，即标题、商品卖点、场景、买家秀和优惠政策。

(1) 标题对商品的推荐作用，体现为吸引用户点击收看场景化导购内容。对场景化导购内容而言，标题中的本体必须是运营者推荐的商品。通感应是商品面向用户画像标签匹配的用户能够触发的最强烈通感。例如商品是电脑显卡，运营者就应在标题中体现使用该显卡后画面的流畅程度，比如“玩吃鸡像看 VR”。热点一般为时令热点或明星热点，例如“再不买，双十一就过去了”“××都在用”。此外，场景化导购内容的标题中还可以加入商品的优惠政策，如买二送一、两件包邮等。

（2）商品卖点对应的是用户需求。在场景化导购内容中，商品卖点一般会出现两次：一次是在内容热点后或在内容开端部分，直接介绍商品所有卖点，先给用户传递商品概念，概述商品可以满足的用户需求；第二次是伴随场景出现，运营者通过为每个商品卖点单独设计使用场景，加深用户对商品卖点的印象，从而更好地触发用户需求。

（3）场景对商品的推荐作用，体现在通过场景与商品功能的结合满足用户需求，或触发用户需求使用户形成初步购买意向上。

普通新媒体原创内容中，场景通常只有一个，用来触发通感让用户认同运营者。在场景化导购内容中，场景必须是多个，通过组合拳式地推出场景、触发通感的方法，让用户从潜在需求或低需求逐渐变为有现实需求、有强需求，最终实现购买。

场景的描述包含两方面，一是商品的使用场景，二是用户在场景中使用商品的感受。场景化导购内容中的多个场景应按照由主至次解决用户需求的方式排序，即把商品能够解决用户最强需求作为第一场景（此场景通常对应商品的核心功能），而后描述能解决用户次要需求的场景。当用户显性需求场景都描述完毕后，运营者可继续通过描述商品特性，尝试激发用户潜在需求，包含用户可以向好友炫耀的商品功能特点，或用户平时使用这类商品时没有注意到的特点。

（4）买家秀对商品的推荐作用，体现在通过其他用户的使用感受更快促成购买上。买家秀指在内容中加入其他用户使用体验，让收看场景化导购内容的用户认可运营者描述的场景与商品功能的真实性。商品买家秀，不一定来自新零售渠道，同样也可以是京东、淘宝等电商平台的用户评价。

（5）优惠政策对商品的推荐作用，体现在运营者激发用户享优惠的心理，给用户必须买的理由上。优惠政策是运营者刺激用户形成购买的营销手段，目的是通过比较商品优惠前后，或同质量的同类商品价格，让用户认为这款商品更值得购买。此外，运营者还可在优惠政策部分强调优惠力度，从而鼓励用户购买商品。

2. 明确新零售运营状况

场景化导购内容，可以帮助运营者通过数据反馈明确新零售运营状况，其中涉及四个数据指标——阅读量、阅读转化率、销售转化率、商品复购率。

（1）阅读量反映的是场景化导购内容的标题质量。阅读量属于相对值，运营者在分析场景化导购内容的阅读量时，应与新媒体号发布的其他内容对比，如高于平均水平，则表明场景化导购内容的标题起到了作用。

（2）阅读转化率指用户通过扫码或点击阅读原文进入商品详情页的次数与场景化导购内容阅读量的比值，反映的是场景化导购内容对用户购买欲的激发作用。进入商品详情页，即说明用户看完内容后有了初步购买意向。如场景化导购内容的阅读转化率高，则说明运营者设计的内容标题、商品卖点、场景、买家秀、优惠政策相对较成功。场景化导购内容的阅读转化率应高于5%，超过10%即为优秀。

（3）销售转化率指商品销量与场景化导购内容阅读量的比值，反映的是场景化导购内容对用户消费的激发作用，以及商品对运营者预设的用户标签匹配人群的吸引力。新零售领域正常的销售转化率应在0.1%至0.3%之间，0.5%即属于优秀，超过1%即代表商品具有爆款潜质。

（4）商品复购率指场景化导购内容发布三天后（一篇内容的阅读衰减周期为两天），在商品使用周期内无主动推广商品行为的情况下商品销量与场景化导购内容发布三天内商品销量的比值。复购率反映的是商品品质，普通商品复购率应超过5%，如商品复购率达到30%即为优秀。

新媒体运营者发布场景化导购内容后，如发现上述四项数据不合格，就应针对数据反馈情况做出调整，如修改标题、重新思考商品功效对应的场景、重新设计商品详情页、制定新的优惠政策等。

如经过多次上述方法的调整，数据仍没有提高，则问题可能出现在以下三个方面：第一，商品客单价与新媒体号用户客单价接受范围不匹配；第二，商品调性与新媒体号用户调性不匹配；第三，运营者选品能力、场景化导购内容原创能力、商品营销活动策划能力不足。

（二）场景化导购内容策划事项

场景化导购内容属于原创内容，需按照原创内容的策划和执行步骤完成。运营者需重点注意的策划事项有选题（商品卖点分析）、通感、标题和大纲，以及执行过程中商品素材的使用。

（1）场景化导购内容的选题，即确定商品及分析商品卖点。商品卖点是场景化导购内容对商品提出的需求，场景化导购内容最吸引用户关注的要素——通感，需要根据商品卖点进行设计。

商品卖点分为两类：一是可以成为用户强需求，或通过设计通感能成为用户强需求的功能；二是商品的增值项，即除解决用户强需求外，满足用户潜在心理需求（如炫耀的需求）的功能、特点。

卖点源自商品的功能、特点，因此运营者在分析商品卖点时，应先将商品的所有功能、特点罗列出来，并在运营团队或黏合用户群体中，选出符合商品对应的用户画像标签的用户，获取其对商品卖点的意见，超半数用户认可的功能、特点即可确定为商品卖点。

（2）场景化导购内容的通感，应与商品卖点一一对应贯穿整篇内容，达到让用户带着运营者传递的通感阅读完内容继而扫描二维码或点击阅读原文查看商品的目的。由此，就要求运营者的通感设计达到以下三个要求：

第一，通感不能只有一个。一篇将商品功能介绍详尽的场景化导购内容，字数应在2 000字左右。在如此内容篇幅中，再强烈的通感也不可能让用户从头感受到尾，因此运营者应根据商品卖点设计多个通感。

第二，通感类型及描述通感的语言调性需符合目标用户群体。以食品场景化导购内容为例，如用户画像调性不高，用户关注点往往是食品是否便宜、是否能解饱，此时运营者描述通感时应尽量用朴实的语言方式。

第三，通感中应尽量加入数据化指标。对场景化导购内容而言，数据构建的通感最有力，且对所有用户画像人群均有效。例如，运营者推荐的商品是除螨仪，那么床单上有多少螨虫、人身体上有多少螨虫，螨虫的致病率是多少、普通除螨仪器的除螨率是多少，这些数据是最直观的，设计这样的通感能让用户感受到运营者推荐的除螨仪是必需品。

（3）场景化导购内容的标题可以长，但一定要将最吸引用户的部分放在前半句，可以是通感、猎奇信息或优惠政策。如将通感内容放入前半句，该通感应是绝大部分用户的通感，且与商品功能对应性较强，例如驱蚊水的标题前半句可以是“夏天夜里，满屋都是蚊子?”

猎奇信息，指的是含有用户感兴趣或能看懂字面意思却不明就里的内容。如“某某人用它护肤二十年”“某某人的变态发明”等。

如将优惠政策放在标题前半句，则优惠政策的力度一定要够大。例如“买一送一，赠完即止”，就会让用户感受到商品售卖的火热程度，引发用户点击查看内容的兴趣。

无论将上述哪种内容作为标题前半句，运营者都应尝试在其中加入数据指标，这样效果会更好。

（4）场景化导购内容的大纲分为两部分，一是内容整体大纲，二是商品卖点介绍部分的大纲。整体大纲应按照热点、商品功能、买家秀、优惠政策的结构完成；商品卖点介绍部分的大纲，应按照用户需求由强至弱的结构完成。

运营者需为每个场景与对应商品卖点单独设置小标题，起到引领用户阅读的作用。并且，在每个小标题下内容的结束部分都应加入承载商品详情页链接的二维码，因用户每看完一个商品卖点对应的场景，购买欲望都会有所增强，此时出现承载商品详情页链接的二维码，用户更容易扫码进入商品详情页。

（5）商品素材包括商品的制造厂商、所获奖项、功效证书、专利证书等一系列体现商品价值的真实资料。使用商品素材时，运营者应尽可能抓取用户认可的机构或数据，并附上图片。例如“获得世界卫生组织（WHO）认可”“除菌效果高达99%”。如此，才能让用户在还未使用商品时就认可商品。

不过，运营者绝对不能为吸引用户关注，而伪造商品数据或机构认可。

二、新零售商品运营选品

选品，是运营者通过分析新媒体号主营领域、新媒体号用户画像，在新零售平台的分销市场中挑选与自身匹配的商品的过程。所有新媒体号的商品运营人员均需具备选品能力，因挑选合适商品是新零售运营的基础工作，一方面可满足新媒体号用户的消费需求，提高用户黏性，另一方面新媒体号商城每上架一款商品都会增加新媒体号销售变现的可能性。

选品共包含确定选品范围、商品分析、同类商品对比测评、样品试用四项工作。

（一）确定选品范围

新零售的选品平台，并不局限于有赞、微店等平台的分销市场，1688网、赶集网、马可波罗网、小红书等商品流通网站或App，都是较为优质的选品平台。运营者在选品时应遵循的基本原则如下：如果新媒体号性质为销售类，运营者选品时只需把握商品调性、客单价与新媒体号用户画像标签的匹配；如果新媒体号性质为深耕垂直领域，除上述匹配关系外，还要注意专注于所属垂直领域选品。

另外，依据新媒体号的流量大小不同，运营者选品的侧重点也应有所不同。

对流量较大的新媒体号而言，选品应遵循“爆款原则”，即选取新零售领域已被验证过的，与自身调性、用户客单价接受范围匹配的爆款商品。选取这类商品的渠道有两种：一是在各供货市场寻找销量较高的商品；二是寻找善于发现优质商品的供货渠道，在其提供的商品中挑选与新媒体号调性相符的商品。

对流量较小的新媒体号而言，选品应有预见性，即选择还未成为爆款但具有成为爆款潜质的商品，寻找方法是在新零售找货主战场——有赞分销之外的其他供货平台挑选商品。当运营者发现了这类商品时，即可在自主新零售店铺上架该商品，制作场景化导购内容，并联系大流量分销渠道，一同推送场景化导购内容销售商品。如商品获得了可观销量，运营者便可以与厂商启动商务谈判，尝试签订独家供货协议，以成为该商品的新零售独家供货商。

（二）商品分析

选择新零售商品，首先要对商品进行分析，分析的出发点应是场景化导购内容需求，即商品对应的用户画像标签、商品功能、与功能对应的使用场景、可设置的优惠政策等。运营者应基于上述场景化导购内容需求，按调性、功能、价格的顺序分析商品。

1. 商品调性分析

商品调性，是商品的营销表现给市场留下的整体印象，一般由商品功能、价格、卖点、受众人群等客观信息综合决定。商品调性，应与发布商品场景化导购内容的新媒体号用户调性相符。因此，运营者应根据新媒体号及主要分销渠道的用户调性匹配商品调性。

分析商品调性时，运营者应尝试定义商品在用户人群生活中的使用场景及价值。如商品对用户来说起到的仅是满足生活需求的作用，则调性偏低；如商品起到了让用户生活方式升级的作用，则调性较高。

2. 商品功能分析

分析商品功能，运营者应先查看供货商在商品详情页中介绍的商品功能。如商品功能较少，不够支撑一篇场景化导购内容，则该商品不适合在新零售渠道推广。如商品功能相对丰富，运营者需结合供货商表述的商品功能，进一步分析商品功能在受众用户群体中的易用程度。

如果运营者分析发现，商品能触动用户需求的功能（包括刚需或潜在需求）超过5个，即可尝试制作场景化导购内容并联系分销渠道共同销售。

3. 商品价格分析

商品价格分析，即分析商品的供货价、建议零售价，从而确定商品利润。

运营者从非新零售平台找到的商品，在自主新零售店铺上架后，还可将商品上架至新零售平台的分销市场，让其他分销渠道共同销售商品，但运营者需根据自己可掌握的商品销售利润，明确设置分销渠道分成比例。通常情况下，新零售分销渠道的利润分成比例在25%至50%之间，运营者设置的利润分成比例越高，越有可能获得分销渠道青睐。

（三）同类商品对比测评

运营者在确定销售的商品过程中，还需在传统电商销售平台、新零售平台分销商城中寻找类似商品进行对比测评。运营者对比的同类商品越多，对该商品品类的价格区间、常用功能、设计特点、黑科技及话题感等就越了解。通过对比，运营者可从同类商品中甄选出新媒体卖点、功能性、性价比、利润率综合考量最优的商品。

另外，由商品对比测评带来的专业度口碑，还能帮助新媒体号提升渠道价值，并让运营者享有更开阔的议价空间，而且厂商或供货商再有类似商品销售时，也会主动联系运营者先尝试、测评，由此会给运营者提供更多商品资源信息。

（四）样品试用

试用样品，是运营者团队成员或新媒体号KOL试用计划上架商品，进一步证实商品功效、使用感受、包装情况的关键环节。

运营者想从厂商或供货商处成功取得样品，一般需满足以下三个条件中的一个。第一，运营者新媒体号有足够大的流量；第二，新媒体号用户标签与该商品标签匹配，且能提供类似商品的销售数据；第三，商品刚上市，厂商希望有尽可能多的新零售分销渠道上架商品。

运营团队成员或新媒体号KOL试用后，运营者如发现样品功能与供货商的商品详情页所述功能不符，可根据情况处理：如商品功能与详情页描述存在差距，但差距不大，可调整场景化导购内容中的商品功能描述及对应场景描述，而后发布；如商品功能与详情页描述完全不符，或商品不具备详情页描述的某些功能，则坚决不上架，以免损害新媒体号用户的权益，以及用户对新媒体号的黏合、信任度。

三、商品运营辅助改良商品

商品运营除满足用户的消费需求，使新媒体号完成销售变现外，还对商品的新媒体化有促进作用，即通过话题包装或用户的使用反馈，对商品提出基于新媒体化的改良建议。

1. 热点话题包装商品

通过热点话题包装商品，是在短时间内使商品与热点产生强关联，借助热点让商品获得曝光的方式。这种方式一般通过突发热点包装商品实现。

（1）将突发热点作为话题包装。这种方式是将突发热点作为场景化导购内容的热点部分，使之与商品产生强关联，并根据突发热点重新设计商品详情页。

（2）借助突发热点形成活动玩法。这种方式往往需要商品与热点之间存在某种相似性，使双方可以对比或融合。例如，2020 年 6 月 12 日，周杰伦新歌《Mojito》线上首发，Mojito（一种鸡尾酒）突然成为新媒体用户讨论的热点。泸州老窖子品牌茗酿利用其身为白酒同样可以作为调味基酒的特性，推出了 Mojito 调酒玩法，与热点形成强关联，引导用户购买商品进行调酒尝试（见图 9－5）。

图 9－5　茗酿 &Mojito 调酒方法

2. 根据用户反馈改良商品

根据用户反馈改良商品，是根据用户使用反馈，对商品功能进行改良，提升商品复购率的商品运营方式。

运营者收集用户商品反馈信息的渠道一般有四种：一是黏合用户或 KOL 购买商品后，在群组中的反馈建议；二是用户在商品评价处的留言建议；三是制作问卷，以有奖填写问卷的回访形式，让多数购买商品的用户填写使用感受；四是用户退货、拨打客服电话时对商品提出的不满。

运营者在面对用户的商品反馈时，应聚焦商品的功能性，并将同类建议归集，重点关注用户集中反馈的问题。例如，用户反映某爬墙插线板在接入多个插口后出现电压不稳定的情况，表现为插电的台灯总是明暗闪烁，这即是商品的功能性缺陷。

运营者应将多种因功能性缺陷导致的问题汇总，根据商品来源不同，反馈给厂商、供货商，或者所属企业的产品研发、生产团队。

【本章总结】

1. 新零售商品运营，是通过运营者从市场中挑选商品，或对企业现有商品进行包装优化，从而使商品能够更容易找到与其标签匹配的用户，继而通过场景化导购内容实现销售的运营方式。

2. 厂商选择直播带货作为新品投放市场的推广方式或去库存的手段无可厚非。但如果希望将新零售培养为主要销售渠道，获得可观销售利润，还需运用专业运营方式，在新零售运营上深耕。

3. 场景化导购内容，是通过拟定商品在生活中的使用场景，引起用户通感，激发用户对商品的消费需求，最终让用户购买商品的原创导购内容。它是实现商品销售的核心方法。

【课后习题】

1. 新零售商品应具备哪些新媒体卖点?
2. 厂商参与直播带货，为何赚不到利润?
3. 场景化导购内容与原创内容运营的主要区别是什么?

第十章 新零售渠道运营实操方法

【本章知识体系】

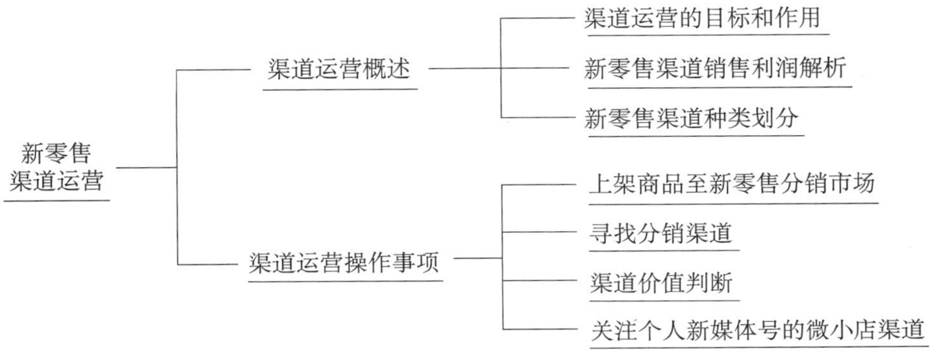

新零售渠道运营，指新媒体运营者在新零售体系内，与多个拥有大流量或用户画像标签精准的优质渠道合作，多方共同发布以销售优质商品为目的的场景化导购内容，让商品触达更多用户，从而实现更多销量，并使新媒体号用户数量增长的运营方式。新零售货找人的商品触达用户方式，以及流量并不存在于店铺而是聚合于与店铺一脉相承的新媒体号这两个主要特点，决定了新零售领域的渠道多指拥有流量的新媒体号。

在开始本章新零售渠道运营实操方法的讲解前，运营者需首先明晰渠道概念。

“渠道”一词，由市场营销而来，指商品流通的路线，是连接商品生产商与终端用户的纽带。[①] 传统零售中渠道即经销商，且分为多个层次，自厂商开始，商品会流经一级、二级经销商等，最终到达销售终端面向用户。

新零售渠道，相较传统销售渠道，其实现流程和商务合作方式的优化主要体现在以下四个方面：

第一，新零售渠道被简化。新零售体系内，厂商通常直接面对多个新媒体号渠道，渠道面向用户达成销售。虽然新零售也存在多级分销可能，但相较传统销售渠道流程大幅简化。

第二，自带流量的新零售渠道众多。因新零售店铺相较传统线下店铺或网店的开店成本更低，所以多数自带流量的新媒体号都会在新零售平台上开设店铺。

---

① 卜妙金. 分销渠道管理［M］. 2 版. 北京：高等教育出版社，2007.

第三，新零售渠道商务合作方式相对简单。传统销售渠道的商务合作，合作双方或多方需调研线下资源背景，沟通进出货价、备货、物流、结算等商务细节，并签署合作协议，之后才能合作开展商品销售。

而在新零售体系内，希望在新媒体号中销售商品的运营者，可直接在新零售平台的分销市场寻找符合账号用户画像的优质商品，并查看发起商品分销的厂商或经销商标明的销售分成比例。如上述两项均能被运营者认可，运营者便可在不联系厂商或经销商的情况下，直接完成商品的分销上架。在达成销售后，新零售平台的分销系统会自动将销售分成收益拨付至运营者店铺账户，而厂商或经销商会负责发货、售后等后续销售环节。由此可见，新零售的销售渠道合作方式，相较传统销售更加简单、高效。

第四，新零售渠道合作方式多元化。基于新零售的流量主要聚合于新媒体号的特点，厂商在新零售中也可以自主建设、运营新媒体矩阵，培养专属自有流量。由此，厂商的商品有多个新零售分销渠道销售，而厂商的新媒体矩阵也可以利用其自有流量分销其他厂商或经销商的商品。厂商由单一的商品生产者或供货者向集商品生产和分销渠道于一身的角色转变，使新零售渠道合作的方式更加多元化。

第一节　新零售渠道运营概述

本节包含渠道运营的目标和作用、渠道销售利润解析、渠道种类划分三部分内容。

一、渠道运营的目标和作用

渠道运营的核心目标，是让更多新零售渠道上架运营者推荐的优质商品，为商品提供更多触达用户的可能性，以此提升销量。不过，根据不同运营者状况，达成上述目标的方式也有不同。

一是对有自主商品的新媒体号运营者而言，可直接根据自主商品特色，制作场景化导购内容，并推送至与商品调性相符的用户渠道，使其上架商品并发布场景化导购内容达成销售。

二是对没有自主商品的新媒体号运营者而言，需先通过不同的供货渠道挑选优质商品并研究其特点，制作场景化导购内容，而后先在店铺绑定的新媒体号上发布，测试转化率并实现一定销量，后续再将转化率较高且足够分配利润的商品推荐给分销渠道共同销售。

此外，在寻找渠道过程中，运营者还可通过与渠道的沟通，提升整体新零售运营效果。渠道运营的作用，共分为增加商品销售通路、丰富销售商品品类和提升新零售店铺价值三项。

1. 增加商品销售通路

通过渠道运营，运营者的自主商品可被其他渠道上架。在新零售环境下，每个渠道都有合作渠道，这意味着如自主商品销售效果好，商品可以很快通过一个渠道被推送给其他合作渠道。也就是说，运营者可以通过一个渠道的沟通，为商品增加多个销售通路。

同时，每个渠道都拥有用户流量，且不同渠道的用户可能彼此存在交集。比如，某用户既是微信公众号“一条”的关注用户，又是微信公众号“撕蛋”的关注用户。在这种情况下，如果上述两个微信公众号同时推出同一商品的场景化导购内容，则将提升用户关注商品、购买商品的可能性。

此外，如果两个用户是好友关系，且都关注了同一新媒体号，该号发布场景化导购内容后，两个用户都看到了商品。这种情况下，如果商品确实吸引了其中一名用户关注，则可能引发这两名用户对这款商品的讨论，用户在这一过程中也可能完成购买。

2. 丰富销售商品品类

因新零售准入门槛低，占用资金相对较少，使大量商品厂商和供货商入局新零售，创建了自主新媒体号和新零售店铺。这意味着传统零售中的上游（供货商）与下游（经销商）的边界日渐模糊，新零售运营者彼此之间均可互为渠道。

在渠道彼此沟通的过程中，双方可以互相推荐主打商品，或已被验证过的优质商品。而渠道运营者则可以对所有渠道推荐的商品进行初步筛选，选出与新媒体号用户调性匹配的商品，罗列包含商品名称及商品详情页的清单，提交给商品运营同事再做筛选。由此，渠道之间相互上架商品，可丰富彼此店铺的商品品类。

3. 提升新零售店铺价值

对新零售店铺来说，运营团队需要不断与供货商和渠道沟通，在丰富商品品类、增加商品销售通路的同时，让渠道认可运营者店铺的价值。

店铺价值体现在两方面：一是店铺所属新媒体号的用户流量，这体现了运营者新媒体号直接达成销售的可能性；二是店铺渠道数量，这体现了店铺为商品提供销售通路的可能性。用户流量越大、新零售渠道越多，店铺的价值就越高。

二、新零售渠道销售利润解析

目前新零售渠道销售商品的方式多种多样，主要分为图文销售、视频销售、直播销售，基于三种不同的销售模式，运营者与渠道合作的方式不同。

1. 图文销售利润构成

图文销售是最常见的新零售渠道销售商品模式，即在渠道店铺所属的新媒体号内发布图文或长图形式的场景化导购内容，引导用户进入商品详情页购买。这种方式，一般是渠道直接在新零售店铺分销运营者商品，并发布运营者提供的场景化导购内容。

以有赞店铺的商品为例，这款口罩的供货价是 53.9 元，建议售价是 79 元至 89 元，商品利润的空间则是（79－53.9）÷79 至（89－53.9）÷89 之间，即 31.8%

至 39.4%（见图 10-1）。一般情况下，新零售渠道要求的分成利润在 25%至 35%之间，如是大流量渠道，对利润分成的要求可能更高。

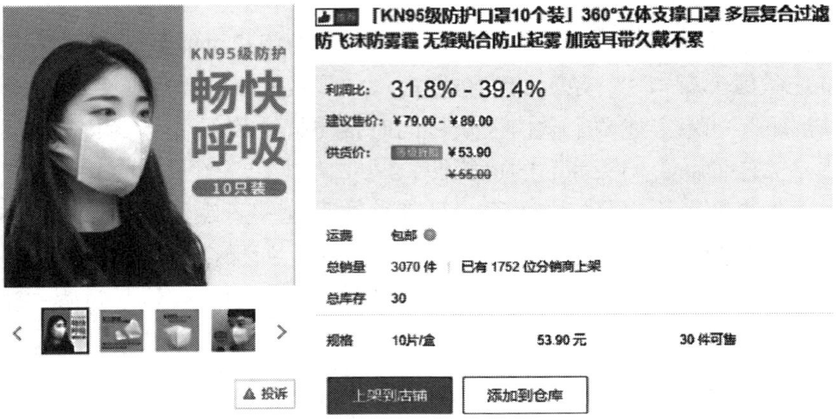

图 10-1　有赞店铺某 KN95 级防护口罩分销详情

2. 视频销售利润构成

视频销售类似互联网渠道中的视频广告，通过视频构建场景激发用户需求，从而实现销售。由于制作成本高，这种方式往往是短期针对运营者提供的一款商品，且基于单独合作协议定制专属视频来实现。

基于视频销售的渠道合作模式分为两种：一种是渠道为商品定制视频，视频中会引导用户前往运营者新零售店铺，渠道收取定制视频费用与“坑位费”，后续商品销售的利润与渠道无关；另一种同样是渠道为商品定制视频，但视频中会引导用户前往渠道店铺，此时渠道一般会收取视频制作费用及参与利润分成。

由此，运营者需要支出的渠道费用由三个部分组成，一是渠道为商品定制视频的费用，二是渠道发布视频所需的“坑位费”，三是商品销售后的渠道利润分成。在上述三种费用中，视频制作费根据渠道的视频制作水平而定，运营者可根据渠道提供的过往视频制作样片考量性价比，不过费用一般不超过 10 000 元/分钟。“坑位费”视渠道流量大小与单个商品利润而定，运营者需确保“坑位费”加视频制作费用至少与销售所获利润持平。视频销售的渠道利润分成一般会比图文销售利润分成略低，因渠道收取了视频制作费用，但也不会低于 15%。

3. 直播销售利润构成

直播销售是截至 2024 年最火热的商品销售模式，是以运营团队对直播内容的脚本策划为基础，以主播在直播现场与用户的互动为增值，激发用户需求实现销售的模式。

直播销售的模式相对固定，渠道会收取直播“坑位费”及参与利润分成，并将商品上架至与直播平台合作的销售平台，如淘宝直播商品将被上架至淘宝商城、抖音直播商品会被上架至抖音商城。此外，直播平台也会收取额外的“坑位费”。实践过程中，运营者需至少保证销售分成所获利润能够与以上两种“坑位费”的总和持平。

直播销售的形式与视频销售有相似之处，但直播销售更像是渠道推广，而非渠道运营，因运营者如想通过直播完成销售指标，则需要寻找流量较大的 UP 主，合作过后运营者并不能与之保持合作关系，甚至于用户在直播过程中关注的多是主播，而非商品。

由此可见，直播销售的价值除赚取销售利润外，可能仅是为商品加上了“××主播良心推荐”的话题标签，属于一次性营销事件。

除上述三种类型的渠道分销形式外，未来渠道销售的风口会聚焦于 H5 内容销售，即通过技术开发，让用户在 H5 中体验商品，继续强化用户通感及商品使用场景，激发用户购买欲。截至 2024 年，H5 的技术条件已达到标准，微信小程序、朋友圈广告（见图 10－2）也为 H5 提供了入口，不过仍需克服用户对小程序的使用习惯等问题。

图 10－2　朋友圈可交互广告

三、新零售渠道种类划分

每个渠道都有不同属性的流量，这就意味着各渠道都具有不同价值。对运营者来说，单一渠道可被利用的价值是有限的，因每个渠道都有新零售领域的重点运营方向，很难与自身需求完全合拍。所以，运营者应根据渠道属性，细分对不同类型渠道的期待，以确定渠道运营目标，提高渠道运营效率。

对运营者来说，渠道可分为曝光渠道、销售渠道和选品渠道三类。

1. 曝光渠道

曝光渠道，即可通过合作为商品增加曝光量，但未必会直接促成销售的渠道。运营者寻找的曝光渠道，无须具备高用户价值，仅需渠道新媒体号拥有高流量。因此，适合做曝光渠道的新媒体号包括营销号及有固定吸粉方式却没有进行用户画像细分的大流量新媒体号。

2. 销售渠道

销售渠道，即运营者希望通过合作提高商品销量的渠道。在渠道合作中，一般不会对销售渠道有过高的流量要求，但会要求渠道新媒体号的用户黏合度高，且用户画像标签精准，如此运营者才能确知渠道分销可获得高转化率，且能明确通过该渠道推送什么样的商品。销售渠道，以垂直领域的、有固定更新节奏的内容输出型新媒体号为宜。

3. 选品渠道

选品渠道，通常是运营者通过渠道合作，上架彼此商品的渠道。这类渠道主要为商品运营准备，渠道运营仅辅助维持渠道关系。选品渠道对渠道的流量没有要求，运营者应重点关注渠道运营者的选品能力，只要渠道能挑选出在运营者新媒体号内销售转化率高的商品，就是优质的选品渠道。选品渠道的发现，往往依靠分销市场。分销市场中发现的含多品类自主商品且均有一定销量（超1万件）的渠道，即可被认定为优质选品渠道。

第二节　新零售渠道运营操作事项

本节包含上架商品至新零售分销市场、寻找分销渠道、渠道价值判断、关注个人新媒体号的微小店渠道四部分内容。

一、上架商品至新零售分销市场

运营者在寻找渠道分销商品前，需将商品上架到新零售分销市场，而后即可将商品链接发送给合作渠道推荐商品，同时陌生渠道也可以通过关键词搜索的方式，在分销市场找到运营者上架的商品。这里将详细讲解新零售商品上架分销市场的操作方法、技巧和注意事项。

1. 新零售商品上架分销市场操作方法

新零售平台包括有赞、微盟、微店等，本部分以有赞店铺为例讲解。

在有赞店铺的分销市场中上架商品，运营者需要先在自主店铺上架商品，然后申请供货商权限，再将商品上架至分销市场。在有赞商城申请成为供货商需满足一定条件，比如店铺有效期达半年及以上，近30天已结算交易额达1 000元及以上等（见图10-3）。满足要求后即可缴纳分销保证金5 000元，成为有赞供货商（5 000元保证金可退回）。

申请成为供货商后，运营者即可进入供货商后台，点击商品→实物商品→导入商品，即可将店铺内商品上架至分销市场。商品上架至分销市场时，运营者需选择类目，并设置价格，包含供货价（渠道购入商品花费的价格）、建议零售价（渠道在

图 10-3　申请成为有赞供货商需满足的条件

终端销售时的指导价格区间）、分销默认价（渠道一键分销设置的默认价格），如商品含有不同规格，则运营者需为每个规格单独设置分销商品信息（见图 10-4）。

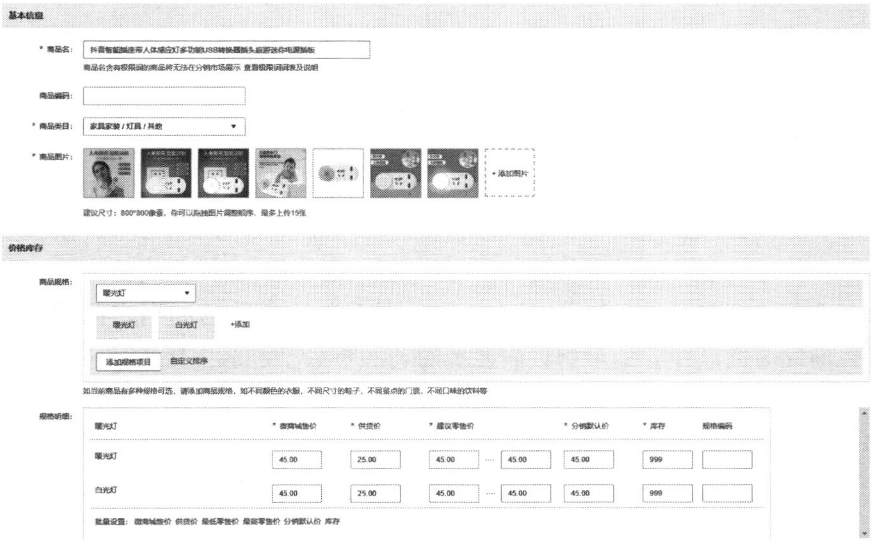

图 10-4　一款有不同规格的商品的分销上架页面

此外，运营者还需设置库存、开售时间、发货时间等，不同的商品需单独设置邮费规则，比如满 3 件包邮、全国包邮等（见图 10－5）。

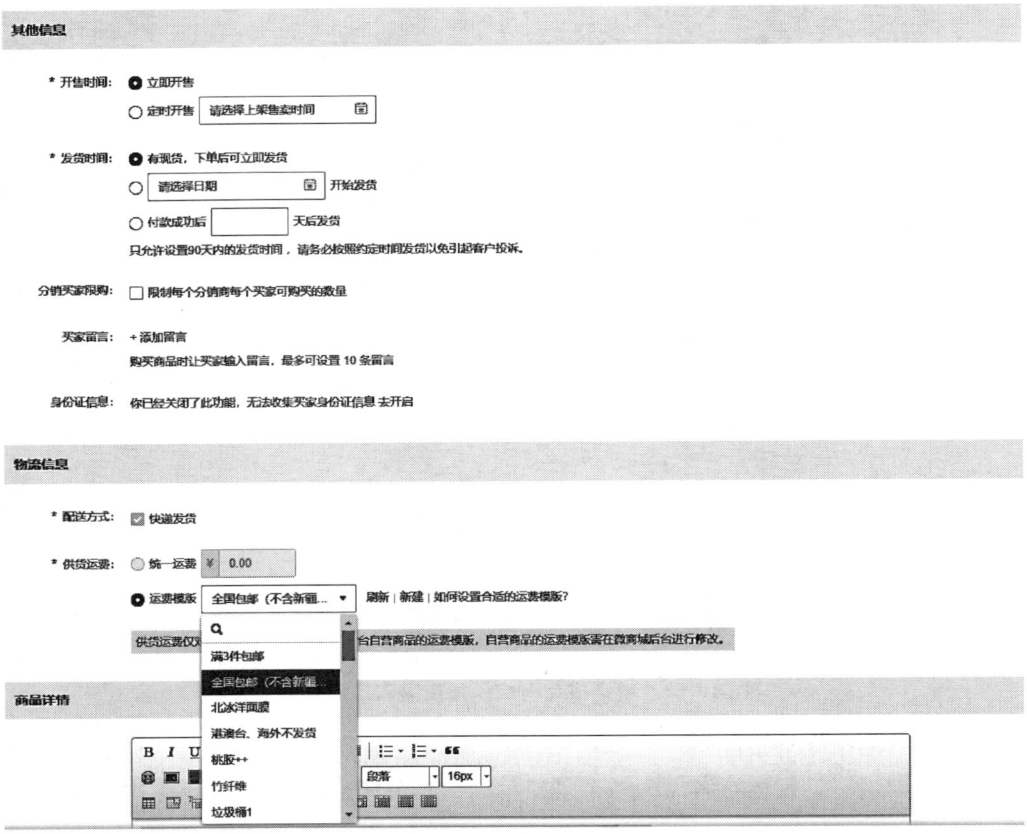

图 10－5　上架分销商品时相关的信息设置

2. 分销商品上架技巧及注意事项

上架分销商品时，运营者应考虑的核心问题是如何让更多渠道分销这款商品，如此就要提到分销商品上架的两个技巧。

第一，为商品设置建议售价时，运营者应尽可能将区间上限提高。渠道利润的计算方法，是建议售价减供货价再除以建议售价。例如，商品供货价为 50 元，运营者设置的商品建议售价为 100 元至 150 元，那么这款商品的利润空间即为 50％至 66.7％，而此时商品在分销市场页面显示的利润将会是利润上限 66.7％。通过这种方式，渠道可以看到更高的分销所获利润。

第二，洽谈优质渠道时，可为其提供单独供货价。商品上架到分销市场后，系统会计算商品利润，展示给所有分销渠道。当运营者想与优质渠道沟通上架这款商品时，可通过出让更多利润的方式实现。此时，运营者可在供货商后台为供货商设置等级折扣，例如 9 折，供货价原本 50 元的商品，对该渠道的供货价即为 45 元。该功能位于供货商后台的“客户→分销等级”中（见图 10－6）。

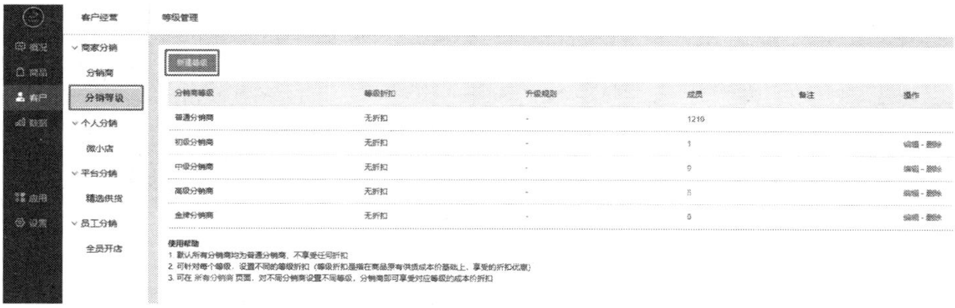

图 10-6 为优质渠道设置特殊分销商折扣的页面

二、寻找分销渠道

运营者寻找分销渠道前，可以粗略地将渠道按照新媒体号活跃用户数分成两类，一类是该新媒体号活跃用户数小于或等于运营者自己新媒体号的渠道，这类渠道往往会主动上架运营者商品，并将自主商品推荐给运营者，以互推的形式获取商品曝光量及转化率。另一类是活跃用户数高于运营者新媒体号的渠道，这类渠道相对难沟通，运营者需要用能打动其渠道运营人员的商品作为筹码，并以互推、多让利润的方式促成渠道合作。

运营者寻找分销渠道的过程，可分为发现渠道、为渠道推送商品两个步骤。

（一）发现渠道

新零售领域发现分销渠道的方式共有三种，一是在有赞商城搜索店铺，二是在有赞商城搜索商品，三是通过渠道找渠道。

1. 搜索店铺

在有赞商城搜索店铺，是最常用的寻找渠道方法，可采用盲搜方式，即搜索店铺名常用词，如“好物”“甄选”“优选”“推荐”等（见图 10-7）。运营者可根据渠道的上架商品数及分销渠道总数分析渠道运营状况，想获取更详细的渠道价值参考依据，需运营者与渠道运营者私信沟通。

2. 搜索商品

搜索商品即通过搜索运营者需要销售商品的同类商品，获取当下分销市场同类商品信息，进而找到合适的渠道。采用搜索商品方式发现的渠道，对所售商品的销售能力和意愿均更高，如达成合作，销售转化率也会相对较高。

3. 通过渠道找渠道

运营者添加的渠道运营者，多是专职的新零售店铺运营人员，他们在朋友圈往往会推送自主商品的销售业绩、已被验证过的高销售转化率，以及渠道分销所获销售业绩等。在这种分享过程中，运营者可看到还有哪些渠道分销了该渠道分销的商品，如运营者拥有与该渠道分销的商品类似的优质商品，即可搜索渠道店铺名称，私信沟通。并且，由于双方有共同渠道，也可增加新的渠道分销运营者商品的概率。

图 10－7　搜索关键词“优选”出现的供货商

（二）为渠道推送商品

为渠道推送商品，运营者需经过两步思考，一是明确为渠道推送的商品，二是明确对待不同渠道采用的沟通方式。

1. 明确为渠道推送的商品

相较传统渠道，新零售渠道的辨析难度有所提升，因传统渠道往往以商品种类为分类方式，分销商所售商品品类相对单一，但新零售店铺几乎不可能仅销售一类商品。因此，区分渠道可销售的商品，就成了运营者必须思考的问题。新零售店铺可销售商品由黏合用户的需求决定，运营者需以渠道新媒体号的用户画像为标准，明确为渠道推送的商品。

如果渠道新媒体号以发布垂直领域原创内容为主，运营者便可通过分析多篇原创内容，获得其价值观和目标用户画像，再根据渠道过往推送场景化导购内容的阅读量、商品详情页显示的销量等数据，分析用户消费偏好，从而辨析出适合该新媒体号推送的商品。

如果渠道新媒体号以发布场景化导购内容为主，运营者需分析其单次发布的头条、二条内容，考查阅读量及商品销量，找到渠道已验证过的适合销售的商品，并分析这些商品在价格、调性、用途等方面的共同特点，以确定渠道新媒体号的黏合用户需求，进而向渠道推荐能够满足其用户需求的商品。

2. 明确为不同渠道采用的沟通方式

渠道合作是双方互惠互利的过程，但在这一过程中，不同体量[①]的渠道掌控的

① 新零售分销渠道体量，指作为分销渠道的新媒体号包含流量、黏合用户数、分销渠道数在内的综合考量指标。

资源不同，合作中所持话语权也不相同。因此，运营者应先了解沟通渠道的体量，而后审视自身渠道价值，并在与渠道沟通中合理争取更大谈判空间。

（1）体量较小的渠道通常会主动联系运营者寻求合作，推荐与运营者新媒体号用户画像匹配的商品。在这种情况下，运营者的选择空间较大，可上架商品并推送场景化导购内容，也可仅上架商品，具体执行方式应与商品运营团队共同讨论商品价值及利润后再决定。

面对体量相似的新零售渠道，如是运营者通过搜索找到渠道推荐商品，则需以互推商品为沟通目标，对渠道可能提出的超预期利润分成持谨慎态度。如是渠道主动联系，运营者需索要商品的场景化导购内容，并研究渠道，包括关注渠道新媒体号，翻阅近期发布的内容，以确定渠道擅长销售的领域，并达成互推商品的合作局面。

（2）在面对拥有天然谈判优势的大体量渠道时，运营者欲达成合作，应通过以下四点表明自身优势，引起渠道重视。

第一，自己渠道的流量与流量价值。运营者若能表明自身不仅有一定流量，更拥有精准的用户画像标签，流量价值显著，则更容易达成与大体量渠道互推商品的合作方式。

第二，商品优势。运营者推送给大流量渠道的商品具有成为爆款的潜力，且可以从容应对对商品提出的各种质疑，则互推商品的合作方式更容易达成。

第三，对大体量渠道新媒体号的了解。运营者为渠道推送商品前，应研究大体量渠道新媒体号，以确定渠道近期（1 个月内）所推商品及主推商品品类、有无重复推荐商品、哪款商品的场景化导购内容阅读量最高、哪些商品的销量相对较高、哪些自主商品适合该渠道及为什么适合等关键信息。如运营者在沟通中向渠道说明这些分析情况，渠道则会认为运营者相对专业，至少会认真对待运营者推荐的商品，渠道上架并推送商品的可能性会增大。

第四，出让更多利润。大体量渠道在面对体量比自己小的渠道时，往往会要求运营者出让更多利润。因此，与其被动让利，运营者不如在沟通刚开始时就表达让利诚意。例如，一般情况下分销商品的渠道利润应在 25％至 35％，若运营者在与渠道沟通时首先放出 40％的利润，则渠道会更重视，也会更愿意与运营者沟通。

三、渠道价值判断

由于新零售领域可接触、洽谈的渠道数量庞大，渠道运营工作相对繁重，因此运营者需挑选价值更高的渠道重点运营。判断渠道价值的方法有两种：一是通过渠道提供的客观数据指标判断渠道价值；二是通过实际发布商品场景化导购内容产生的客观数据指标确定渠道价值。

1. 客观数据指标判断渠道价值

在与渠道沟通前，运营者就应主动获取渠道的客观数据指标。需考查的客观数据包括渠道新媒体号调性、场景化导购内容头条的平均阅读量、每次发布内容条数、二条三条内容的阅读量衰减比例等，以初步判断渠道价值，分析过程包含如下内容。

第一，分析渠道场景化导购内容的阅读率。运营者应先根据渠道给出的新媒体号关注用户数，结合新媒体号头条平均阅读量，判断渠道用户价值。

在渠道关注用户总数不超过50万的情况下，如果头条平均阅读量除以关注用户总数超过7%，则证明渠道新媒体号的用户活跃度达标，可通过后续销售转化率的指标判断其是否可作为销售渠道。如果该指标低于7%，则说明渠道的用户价值不高，可作为曝光渠道使用。

第二，分析渠道场景化导购内容的阅读转化率。阅读转化率验证的是渠道场景化导购内容的策划及执行能力。渠道的阅读转化率超过5%为合格，达到10%为优秀。如果渠道的场景化导购内容阅读转化率达标，运营者即可在保证自身场景化导购内容优质的前提下，让渠道针对用户画像变更使用场景和语言方式。

第三，分析渠道场景化导购内容的销售转化率。在保证渠道阅读转化率达标的情况下，场景化导购内容的销售转化率一般取决于渠道用户客单价接受范围及用户调性，优质渠道的场景化导购内容销售转化率应达到0.5%。

【运营提示】重点运营阅读、销售转化率双达标的销售渠道

渠道体量与渠道价值有一定关联，但不能完全等同。在上述三步判断渠道价值的过程中，如场景化导购内容不满足阅读转化率要求，或超过80%的商品销售转化率不超过0.1%，且关注用户总数不超过50万，则渠道价值不高，运营者可暂缓与该渠道的合作。此外，关注用户总数超过50万的曝光渠道，运营优先级应低于阅读转化率、销售转化率双达标的销售渠道。

2. 发布商品场景化导购内容确定渠道价值

上述考查客观数据指标的判断方式，仅能从理论上判断渠道价值。运营者如想确知渠道价值，还需与渠道实际沟通，在渠道新媒体号发布运营者商品的场景化导购内容。

实操运营时，运营者可同时在多家渠道新媒体号发布场景化导购内容。内容发布三日后，统计阅读数据、商品详情页点击数、销售转化订单数，并计算上述客观数据指标。经过对多家发布场景化导购内容的渠道所获客观数据指标的比较，便可挑选出客观数据达标的高价值渠道。

另外，运营者有了一定的渠道发布实践积累后，应制作优质渠道统计表，表中需包含渠道新媒体号客观数据、过往推送商品类型及转化率、渠道客单价接受范围、用户调性、适合推送的商品类型等数据。

四、关注个人新媒体号的微小店渠道

除上述分销渠道外，新零售运营者还需关注一类较为特殊的渠道——个人微小店（见图 10－8）。相较新零售店铺，微小店的申请注册更加容易，无须持有企业营业执照、商品经营许可证等证件，个人新媒体号即可绑定微小店分销其他店铺商品，且无须缴纳分销保证金及店铺注册费用。

微小店渠道的开拓，主要集中于用户画像清晰且拥有一定流量的个人新媒体号。运营者可将与该新媒体号用户画像标签匹配的商品推荐给个人新媒体号，询问销售变现意向。如对方不抵触或感兴趣，运营者则可帮助其开通个人微小店并分销商品。

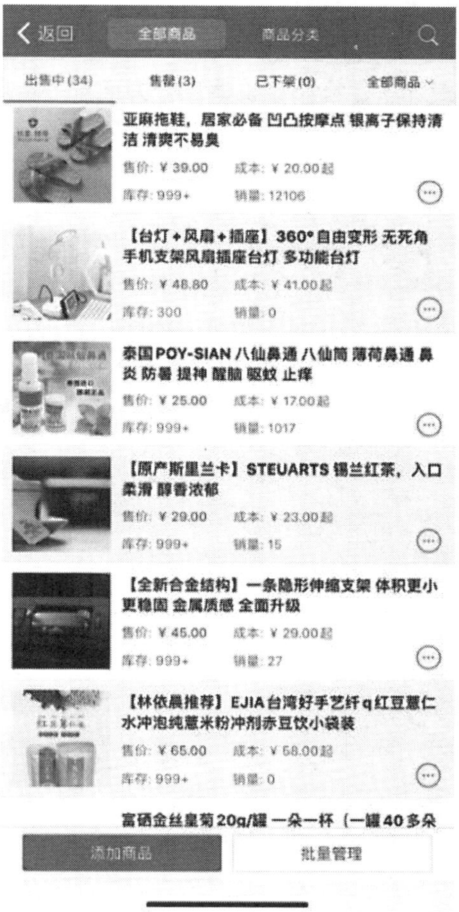

图 10－8　有赞商城个人微小店商品列表页

以有赞店铺为例，沟通过程中，运营者可通过有赞微小店分销的四个特性，吸引个人新媒体号运营者分销商品。

第一，微小店分销商品可获得利润分成收入。包括个人新媒体号在内，几乎所有新媒体运营者都希望通过运营新媒体获得收入，而个人新媒体号开通微小店就是一种新媒体号获得稳定收益的方式，一般微小店的利润分成比例为 5%至 10%。

第二，微小店注册快捷且几无成本。开通微小店，运营者仅需下载有赞微小店 App，使用手机号即可注册自己的微小店并分销商品，无须支出任何成本。

第三，微小店分销达成销售后，个人新媒体号无须操心售后工作。如果个人新媒体号运营者发布了场景化导购内容并有用户下单，则由卖家负责发货，并处理因质量问题导致的退换商品情况，自己无须处理售后工作。

第四，通过微小店模式，个人新媒体号可按分销价格购买商品，以满足个人需求。具体实现方式为，个人新媒体号分销有需求的商品，在自己的微小店内完成购买，虽然支付的是销售价格，但因分销产生的分成收益会由新零售平台拨付回微小店，也就相当于个人新媒体号运营者以更优惠的分销价格购买了满足个人需求的商品。

运营者在开展渠道运营的过程中看到具有优质内容的新媒体号时，均可尝试将个人新媒体号发展为微小店分销渠道。由于多数个人新媒体号都带有圈层属性，其新媒体号运营者更易传播和推广微小店模式。

【本章总结】

1. 相较传统销售渠道，新零售渠道表现出销售流程简化、自带流量渠道众多、合作方式更简单且多元化的优势。

2. 新零售渠道运营的作用主要体现在增加商品销售通路、丰富销售商品品类、提升新零售店铺价值三个方面。

3. 判断新零售渠道价值的客观数据指标包括渠道场景化导购内容的阅读率、渠道场景化导购内容的阅读转化率、渠道场景化导购内容的销售转化率三项。

【课后习题】

1. 新零售渠道与传统渠道相比，优势体现在哪些方面？

2. 新零售渠道运营者该如何与大流量渠道沟通，让其上架商品并推送相关的场景化导购内容？

第十一章　新零售店铺运营实操方法

【本章知识体系】

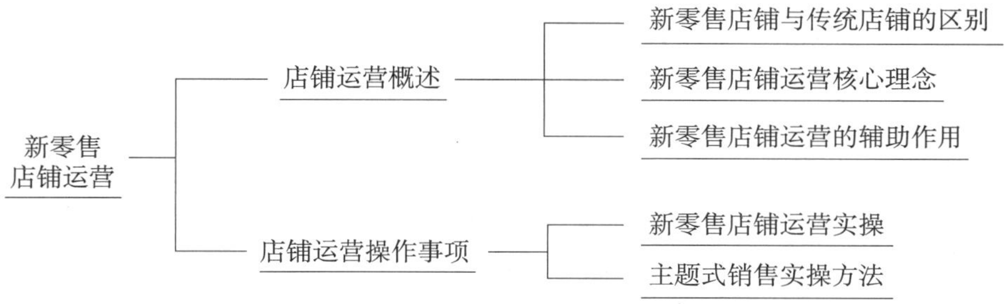

新媒体领域新零售店铺运营，在新零售运营事项中的核心功能是支撑销售环节的实现，通过商品详情页引流、主题式销售、优惠券设置、店铺装修四个主要工作事项，确保新零售能够顺利完成销售转化。

第一节　新零售店铺运营概述

本节包含新零售店铺与传统店铺的区别、新零售店铺运营核心理念、新零售店铺运营的辅助作用三部分内容。

一、新零售店铺与传统店铺的区别

新零售店铺对比传统店铺存在四个显著区别。

第一，货找人模式导致触达用户、聚合用户方式不同。传统店铺包含线下商超及电商平台店铺，其触达用户的方式是基于用户对商品的购买需求，辅以商家对店铺的推广宣传，让用户直接进入店铺或搜索商品进入店铺商品详情页。新零售店铺触达用户的主要方式，以场景化导购内容触发用户需求使之进入商品详情页为主。

传统店铺聚合用户的方式，多是用户因对商品品质或商家服务态度的认可而到店浏览商品，最终形成黏合。而新零售店铺聚合用户的方式有两种：一是对基于货找人模式从场景化导购内容进入店铺的用户，其被店铺绑定的新媒体号推荐了优质商品，继而关注新媒体号；二是对从其他渠道进入店铺的用户，运营者通过发放优惠券等形式，吸引用户关注新媒体号。因此，传统店铺的流量聚集于店铺，而新零售店铺的流量聚集于与店铺绑定的新媒体号。

第二，商品的分类方式不同。传统店铺的商品分类方式，是以商品类型分类为主的货架模式，如T恤货架、牛仔裤货架、笔记本电脑货架。新零售商品的分类，则是以用户画像的需求为主的主题式分类，例如用户经常出差，则运营者可为该用户需求的品类中加入旅行箱、商务记事本、打折机票等商品。

第三，优惠券福利发放的方式与作用不同。传统店铺发放优惠券，多是让用户直接到店领取，以起到促进用户消费的作用。新零售店铺发放优惠券的场景则较多，包含店铺内直接发放、引导用户关注新媒体号后发放、与用户进行客服沟通时发放、用户下单成功后发放。由此可见，新零售店铺的优惠券发放，除起到促进用户消费的作用，还起到了让用户关注店铺绑定的新媒体号，甚至促进用户在店铺内复购的作用。

第四，店铺装修的关注事项不同。传统店铺装修，运营者只需注意主营商品与店铺名称、风格的搭配，以及店铺设计的美观程度。新零售店铺在此基础上还需考虑店铺与绑定新媒体号的匹配程度，新媒体号的名称、调性，甚至人格化运营形象。这些都是影响新零售店铺装修的重要因素，因运营者要通过店铺与新媒体号的匹配让用户产生二者存在强关联的印象。

二、新零售店铺运营核心理念

新零售店铺运营的核心理念，源于新零售以场景化导购内容触发用户需求，并使用户进入店铺商品详情页实现购买的货找人模式，其重点在于改良传统的以店铺黏合用户，按商品类型进行分类的运营理念。新零售是将流量聚合于新媒体号，并以用户画像、需求主题等进行商品分类的模式。

因此，店铺运营的核心理念主要体现在两方面：一是在店铺运营中为新媒体号引流，以增加店铺绑定新媒体号的黏合用户，让店铺拥有更多流量；二是根据用户兴趣偏好将商品进行新媒体化主题式分类，以方便用户与渠道分销商根据用户画像需求浏览商品、打开商品详情页，再通过商品详情页中的场景化导购内容实现销售。

（一）为新媒体号引流

店铺引流的方式多是源于用户需求的引流操作，包含商品详情页引流、优惠券引流和客服引流。

1. 商品详情页引流

商品详情页引流，即在商品详情页中加入新媒体号二维码或微信号。商品详情页的用户来源有三种：一是关注了微信公众号，从场景化导购内容中的二维码进入商品详情页的用户；二是从其他渠道进入店铺，在店铺中点击进入商品详情页的用户；三是运营者将商品上架到分销市场后吸引到的对商品感兴趣并查看了商品详情页的渠道用户。运营者要吸引的，是第二种和第三种用户。运营者应根据自主店铺的用户画像，设计不同商品的引流话术。以黑科技商品为例，运营者可设置“想了解更多好玩的黑科技？欢迎关注微信号××”的话术。

2. 优惠券引流

店铺首页中，通常会设置多种优惠券福利，以吸引用户购买或复购。运营者可通过关注新媒体号发放优惠券的方式，引导用户至新媒体号，之后再通过链接引导用户返回店铺完成购买或复购。

3. 客服引流

客服引流，是新媒体运营者在新零售店铺后台收到用户需求后，通过将用户引导至新媒体号满足需求，完成引流的方式。实现引流并满足需求后，运营者还需保证用户能够通过内容持续关注新媒体号，成为活跃或黏合用户。

（二）主题式销售

主题式销售的营销主题，是运营者根据时令、节日、热点等，结合用户兴趣偏好、在单场景内可能存在的多种商品消费需求进行设计的。主题式销售不仅能让新零售店铺增色，起到吸引用户关注的目的，而且可以在用户中形成话题，让运营者与用户以店铺主题为基础展开沟通。同时，每次运营者策划主题式销售，都可以配合新媒体的营销推广手段，例如将活动主题海报以短微博发布，并@与主题相关的第三方配合营销，尝试形成自主设计的店铺宣传爆点。

运营者在策划主题式销售时，遵循以下三个策划原则。

1. 应贯穿店铺运营所有实操事项

主题式销售是店铺运营执行过程中的纲领，所有店铺运营事项均需围绕店铺主题展开，包括可整合在一个用户需求场景中的商品主题式组合、商品详情页制作、店铺装修、店铺主页海报等，这些店铺元素均应随着全店主题的变化而变化。

2. 展现给用户的店铺主页元素不宜过多

运营者每策划一次主题式销售，都会对应修改店铺主页与之匹配。此时运营者在店铺主页展示的元素不宜过多，最好只包含主题相关页面，例如主题配套的商品、主题配套的优惠券，以及必需的导航页面。

3. 需高频更新

主题式销售不应是运营者临时起意，针对某一时令、节日、热点等产生的灵感，而应是运营者在新零售店铺运营中的固定思路，贯穿新零售店铺运营始终。因此，运营者应早做准备，在特殊时点到来之前尽快策划主题，以保证店铺主题高频更新。

三、新零售店铺运营的辅助作用

店铺是为新媒体号提供销售功能的平台，也就是支撑新零售销售达成的环节。店铺运营的作用，除为商品运营、渠道运营这两种以达成销售为目的的运营手段提供支撑环境外，更重要的体现在对微信公众号用户聚合的辅助作用上。

店铺运营对新媒体号起到的辅助作用包括以下方面：通过商品详情页对商品功能进行补充说明，促使用户完成购买，以提升场景化导购内容的销售转化率；将通过其他渠道进入店铺的用户，吸引成为新媒体号用户，实现用户增长。

首先，商品详情页可补充说明场景化导购内容，提升销售转化率。场景化导购内容，注重商品功效与场景的对应，以及优惠活动、买家秀等内容。其中，同类商品均具备的商品信息或特点，写入场景化导购内容中会过于占用篇幅，因此运营者需将这些内容放置在商品详情页中展示。例如，多数智能手机都带有超长待机、双卡双待功能，这两项功能不是商品优势，因而应放在商品详情页中，展现给有购买意向的用户，以消除他们对手机是否含有这两项功能的疑虑。

其次，可将所有打开店铺的用户吸引成为微信公众号关注用户。将用户流量聚合于微信公众号粉丝池是店铺运营的核心理念之一，运营者可将因渠道销售（多为渠道销售后提出问题反馈的用户）、举办活动（举办活动时引导用户扫描店铺二维码）进入店铺首页的用户，通过福利设置引导回微信公众号粉丝池。基于问题反馈需求及活动福利而关注的新媒体用户，不仅会为后续场景化导购内容提供交互数据，而且将成为日后运营者举办商品活动时的参与者。

第二节　新零售店铺运营操作事项

本节内容包含新零售店铺运营实操、主题式销售实操方法两部分内容。

一、新零售店铺运营实操

新零售店铺运营，是基于新零售平台为运营者提供的功能展开的。新零售平台主要包括有赞、微店、微盟三个商城，这三者的功能特点大多相同，不同平台之间又存在一定差异。

其中新零售平台相同的核心功能包括上架商品，个人、企业均可注册，均具有分销功能，平台对店铺均有一定扶持政策。不同之处在于，有赞注重功能性开发，即为所有注册商家提供开放的功能模板，商家可自主设计、运营；微店的注册完全免费且流程简单，是最早的新零售微商城，界面偏传统，适合个人新媒体号运营者开店；微盟突出科技感，体现在平台响应速度、安全性、人工智能与大数据的数据服务等方面。

由于新零售店铺重点功能大多相同，这里以有赞店铺为例，详解新零售店铺运营实操过程中店铺装修、客服运营、优惠券设置三个主要实操事项。

（一）店铺装修

店铺装修是贯穿新零售店铺运营的重点工作，从最初申请店铺的名称开始，大到每一次整体风格的换新，小到每款商品根据时令、热点等的详情页改版，都是店铺装修的工作。店铺装修包含店铺风格确定、店铺命名、店铺招牌设计、店铺主页设计、商品详情页设计五项内容。

1. 店铺风格确定

店铺风格是店铺的风向标，所有店铺设计均需围绕店铺风格展开。而店铺风格的确定主要由运营者提供的商品以及其用户画像决定。如运营者商品具有较强黑科技感，面对的用户较新潮，则需以金属黑、金属灰等颜色为主，所有涉及元素均应突出“科技”“潮”这两个要素。

2. 店铺命名

店铺名称，虽然理论上可以更换，但对运营者而言，一旦确定名称就最好不要更改，因无论是店铺名称或是微信公众号名称的更换，都可能导致长时间积累的用户流失。运营者在为店铺命名时，应秉持以下五个基本原则。

第一，与店铺绑定的新媒体号有强关联。由于店铺的流量均聚合于与其绑定的新媒体号中，运营者需将店铺名称与新媒体号名称关联，让用户每次打开微信公众号都能同时想到其有自主店铺。比如微信公众号“有鱼领跑”的有赞店铺名称叫“有鱼质选”。

第二，匹配店铺风格。如上文所言，店铺取名需与店铺风格匹配，或具有美感，或具有科技感，或显得质朴贴近用户。

第三，简单明了。简单的名称易于用户记忆，且越短的名称，越容易引发用户遐想。运营者切忌使用生僻字为店铺取名，因生僻字既不易记忆，也不利于其他分销渠道在分销市场中搜索。

第四，能体现店铺特征。店铺特征，可理解为店铺的市场定位、主营商品、服务宗旨等，店铺名称中如果包含店铺特征，则更易于店铺树立在用户心中的形象。例如“好物铺子”，名称简单且特征明显，即为用户挑选优质好物，符合店铺服务宗旨。

第五，带有高频搜索关键词。本书第十章“新零售渠道运营实操方法”中曾提到，在分销市场搜索店铺名称，是运营者寻找渠道合作的三种方式之一。因此，如运营者想让店铺被更多渠道关注，则需在名称中加入易被搜索的关键词，如“好物”“狠货”“甄选”“质选”等。

此外，运营者还可将自主商品品牌、店铺的地缘感、商品服务的地缘感、人格化运营形象的地缘感及性格特点、面向主要用户群的需求等元素，作为店铺命名的参考项。

3. 店铺招牌设计

店铺招牌，是店铺首页给用户留下的第一印象，一般以海报形式呈现，用以加深用户对店铺的印象。店铺招牌的设计，不能加入过多元素，要在简洁基础上突出店铺品牌的形象及在销主题。

店铺招牌由两部分组成：一是凸显店铺品牌形象的固定部分，通常使用店铺头像或店铺 slogan；二是结合运营者策划的各类主题式销售的设计部分，由主题、店铺风格、店铺运营者设计思路共同决定。

店铺招牌最简单的设计方式，是以店铺名称设计店铺头像，并以新媒体号简介为基础简化加入店铺元素，形成店铺 slogan。

以微信公众号“差评”的店铺“DEBUGTHEWORLD”举例，该店铺的主营商品为黑科技商品，每次主题策划都与黑科技相关，店铺招牌海报多为简洁的黑科技风海报（见图 11-1）。

图 11-1　微信公众号“差评”店铺主页

4. 店铺主页设计

店铺主页设计的作用，是将店铺运营中起到支撑作用的主题式销售、商品优惠券与店铺风格、店铺招牌融合，以更合理的顺序、更吸引用户的样式展现在用户面前。一般而言，店铺主页应包含店铺招牌区、导航区、优惠券区、商品主题区四大区域。

（1）店铺招牌区即上文所述的运营者设计的店铺招牌，通常放在店铺页面最上方，以便用户立即对店铺有初步认知。

（2）导航区指引导用户进入不同页面的区域，包含店铺首页搜索框，以及运营者设计的以导航为目的的跳转区域。导航区域的作用并非只是跳转至商品详情页或某主题的商品组合，也可以用来跳转至店铺的其他功能区，例如经由导航区让用户快速到达优惠券区和商品主题区。

导航区既可以设置在店铺首页醒目位置，如店铺招牌区和搜索条目的下方，也可以直接设置于自定义菜单，因新媒体用户习惯于通过自定义菜单方式进行跳转。

（3）优惠券区，即运营者设计的用户点击可领取店铺专属优惠券的区域，多位于导航区下方。优惠券区的设计原则在于突出优惠力度，以达到吸引用户的目的。此外，如上文所述，优惠券是从店铺将用户引流至新媒体号的重要方式，因此建议运营者不要在优惠券区域直接发放店铺优惠券，而是引导用户关注店铺绑定的新媒体号后领取。

（4）商品主题区，即运营者围绕店铺主题，将不同商品以主题式组合展现给用户的店铺区域，多位于店铺优惠券区下方，以运营者对商品组合的推荐程度排序。常见的商品主题分类有四种——爆款主题、时令热点主题、明星主题，以及其他类型主题。店铺主题区应挑选几款核心商品，为其单独设计商品展示图片，并在主题区轮播，或让用户滑动查看（见图 11－2）。

图 11－2　店铺“一条”的品牌闪购区域轮播图

商品主题区展示图片的设计，需遵循三个原则：一是图片中至少包含商品的外观；二是图片中尽可能包含对商品功能的简短叙述，且最好带有数据指标；三是尽可能让图片具有视觉冲击力。

5. 商品详情页设计

商品详情页设计的作用，是促使从场景化导购内容进入商品详情页的用户直接购买商品，使从其他渠道进入店铺而后进入商品详情页的用户因场景化导购内容对商品产生需求。

商品详情页的制作方式，是以场景化导购内容为基础，并增加因篇幅问题没有提及的商品细节，同时参考店铺风格、店铺主题、商品所属主题区，对商品详情页轮播图片，以及商品详情页中使用的图片进行设计。

运营者需注意，商品详情页的设计与更新应是运营者的主动行为，店铺运营人员应与商品运营人员紧密沟通，根据不同时令、节日、热点等制作不同的场景化导购内容，对应更换商品详情页中需重点展现的要素。

（二）店铺客服运营

店铺客服运营指店铺运营者对用户在店铺后台提出的需求进行一对一解答的运营服务。客服运营的目标有两点：一是处理关注用户从微信公众号进入店铺提出的需求，以提升有购买需求或已购买商品用户的黏性，达成销售或复购；二是解决未关注公众号用户的疑问，使其关注运营者新媒体号，为日后销售转化做准备。

1. 客服运营基本原则

运营者选择回复用户问题的原则，首先是挑选咨询商品功能的用户，因这类用户往往处于达成销售的边缘，运营者如能解决用户疑虑，则会增加用户购买的可能性。其次挑选提出售后问题的用户，运营者如能妥善解决用户售后问题，则用户黏合于新媒体号并复购的概率将增加。最后解决用户的其他问题，如咨询店铺有没有某类商品、砍价等。

2. 客服信息回复方法

客服信息回复一般分为分析用户需求及现状、根据用户问题处理用户需求、根据需求分析引导用户三步。

第一，分析用户需求及现状。运营者在回复用户消息前，应先对用户进行分析，包含用户给运营者发送的消息、用户的消息来源、用户是否购买过店铺商品、用户是否关注了新媒体号等。由此运营者可大致判断出用户问题属于哪种类型，需要解决的最迫切问题是什么，以及基于当下需求用户可能有哪些延伸需求等。

第二，根据用户问题处理用户需求。在沟通过程中运营者应注意三点：一是尽可能用短句解决用户问题，因用户没有耐心阅读运营者过多文字；二是尽量不要使用淘宝语言，如“亲亲”“好的呢”，由于淘宝等电商平台客服给多数用户留下的印象不佳，而新零售又是基于信任的销售模式，运营者切不可使用这类语言招致用户反感；三是沟通出发点是为用户着想，运营者应注意沟通立场，所有为用户处理需求的出发点均是为用户服务，此外还可视沟通情况向用户赠送一定店铺福利（如发放优惠券）。

第三，根据需求分析引导用户。即根据第一步分析并处理了用户需求后，尝试引导用户衍生需求。例如，用户买了一条长裙，表明用户可能是在购置一套职业装，运营者可以询问用户是否需要时装腰带、胸针等装饰长裙的商品，以求实现进一步销售转化。即便新零售店铺中没有能满足用户衍生需求的商品，运营者也可以到有赞分销市场搜索用户所需商品关键词，迅速为用户寻找优质商品，达成销售。

（三）店铺优惠券设置

线上商城体系中优惠券属于活动营销玩法中的一环，不过若聚焦于新零售体系，优惠券的用法用处则更为广泛。新零售店铺优惠券主要包含满减券、折扣券、随机金额券三种，可为商品举办活动营销、为新媒体号引流、提升对店铺有客服需求用户的黏合度、提高店铺复购率等。这里将详细讲解店铺优惠券设置方式及使用方法。

1. 优惠券设置方式

有赞店铺优惠券位于店铺首页“应用→营销玩法→优惠券”，运营者依次点击即可进入优惠券设置页面（见图 11-3）。

图 11-3　有赞店铺优惠券设置入口

运营者可选择满减券、折扣券、随机金额券、商品兑换券的一种，点击进入设置页面。运营者需填写优惠券名称、发放总量、优惠内容，以及设置领取权限、使用范围等，随后有赞店铺即会生成优惠券（见图 11-4）。

图 11-4　有赞店铺优惠券设置页面

设置完成后，所有优惠券均会显示在优惠券设置入口页面，运营者可查看优惠券被使用的数量、剩余量等信息，还可以对优惠券进行推广。

如用户扫描优惠券二维码或点击优惠券链接，则会自动进入运营者有赞店铺，领取优惠券后，用户点击立即使用，则会跳转至店铺首页（见图 11－5）。

图 11－5　优惠券推广生成的二维码图片及链接，扫描或点击后可直接领取优惠券

2. 优惠券使用方法

店铺优惠券的使用方法，需对应运营者对用户的需求，以及用户自身需求，主要应用于以下四种场景。

第一，线下营销活动的线上支撑。例如，新媒体运营团队举办了线下活动，现场参与活动的用户可享受商城任意商品的满减优惠，此时运营者可先根据活动预计参与人数，设置对应数量的满减券（可以活动参与人数的底线为准，因优惠券只能增加不能减少），而后让现场用户直接扫描二维码领券进入店铺购物。

第二，新媒体号对话页面。这是优惠券应用的最广泛场景，无论是在线下活动中发放优惠券还是在线上原创内容中发放优惠券，均可引导用户扫描新媒体号二维码进入新媒体号首页，以关键词回复的形式领取优惠券再进入店铺。这种方式虽然线路较长，但只要优惠券足够有吸引力，就可能会实现销售与用户关注新媒体号两个目标。

第三，店铺客服沟通页面。客服沟通页面，即运营者处理用户在店铺后台提出需求的场景。如用户是已购买商品的用户或购买意愿强烈的用户，运营者可向其单独发放优惠券，以此来增加用户黏合度，或促成购买。此外，发放优惠券也是在商家运营出现问题对用户造成利益损失时的一种补偿方式。

第四，用户购买商品完成页面。向完成购买的用户发送优惠券，可吸引用户在店铺内复购（见图 11－6）。

二、主题式销售实操方法

主题式销售是新零售店铺运营的核心理念之一，其方式是从运营者的策划出发，设置一整套店铺主题包装的方案，为店铺中的所有元素更换皮肤而不替换内核。运营者需思考店铺主题策划、主题海报设计、主题配套商品及商品组合、商品详情页

图 11-6　有赞店铺“支付有礼”页面

主题式改造、制作主题式销售策划排期表五个操作事项。

（一）店铺主题策划

店铺主题策划是主题式销售的核心步骤，通常以时令、节日、热点等为基础，结合运营者分析的用户在该主题下的兴趣偏好定制。店铺主题策划应高频更新，且需根据时令、节日、热点等提前准备或即时准备，下文以 2020 年 6 月为例，说明全月店铺可策划的部分店铺主题。

2020 年 6 月，共有儿童节、芒种、“618”、父亲节、夏至、端午节六个时令、节日等特殊日子，以及 6 月 12 日综艺节目《乘风破浪的姐姐》开播、6 月 27 日电视剧《隐秘的角落》爆红这两件娱乐热点事件。因此，运营者应至少在 5 月开始提前策划 6 月的时令、节日主题，并留心 6 月可能火爆的综艺节目或电视剧。

随后，运营者需根据时令、节日、热点等主题，找到多数用户当下的兴趣偏好，定义店铺与主题结合的 slogan，为后续主题海报设计、优惠券配套设计等相关事宜奠定基础。

（1）儿童节。儿童节营销主题面向的可以是想要在朋友圈、微博等互联网空间过儿童节的成人用户。运营者设计主题的方向应是朋友圈、微博中少有出现的带有儿童节话题感的主题，使之引发用户之间的讨论。例如以“儿童节盲盒——追回你的童年记忆”为主题 slogan，将“80 后”丢沙包、弹玻璃球，“90 后”砸卡、玩悠悠球等不同年代的儿童记忆商品放进盲盒中，以盲盒作为儿童节主题既能引发用户讨论，还可以让童年情怀引发消费欲。

（2）芒种。这种传统节气本在新媒体中不受关注，但由于近些年商家尽可能拓展营销事件，二十四节气也因其所代表的含义被赋予了营销使命。其中，芒种以忙碌、收获、播种为主要寓意，营销主题可以在这三个关键词的基础上延展，包括拓展芒种涉及的其他词语、取谐音词、为相关词语赋予更深刻的意义等。例如宝马品牌在芒种期间的营销 slogan 是“以悍将之姿演绎速度与激情，与你一起游刃锋芒之间”。运营者还可以开阔思路，将主题与在网络上火爆的歌曲《芒种》做连接，例如取歌词“一想到你我就……想把这份礼物送给你”作为主题。

（3）“618”。这种本就以营销为主的节日，想做出营销主题容易，但想做出亮眼、爆款的营销主题则较难。天猫商城在2020年“618”的主题“趁热”较为亮眼。“618”的时间正处夏季，天气炎热，“趁热”包含趁热晒、趁热秀、趁热嗨、趁热玩等小主题，并且辅以明星趁热打 call，亿万红包津贴趁热发放等。天猫“618”所做的所有营销活动和为用户发放的福利，均融入了“趁热”主题中。

（4）端午节。端午节的营销主题多与粽子相关，运营者需围绕粽子展开主题策划，可将粽子与多种人、事、物结合，或是以粽子为核心延伸至其他元素，如糯米、粽叶、粽子口味、“粽”字的谐音等。例如，消费平台“蘑菇街”就曾在端午节开展“粽子的新衣”主题营销，以拟人的粽子叠衣服、粽子穿露脐装为主题涵盖的话题吸引用户关注，自然带入各种时尚潮流的服装穿搭（见图11－7）。

图 11－7　“蘑菇街”端午节营销主题形象

（5）《隐秘的角落》。这是一部爆红的悬疑网剧，运营者围绕该热点的主题设置，应与被用户津津乐道的剧情紧密相关。例如剧中张东升与岳父岳母共同爬山时将他们杀害，使“一起爬山吗?”成为热词，而后他又让妻子在游泳时“意外”身亡，使“一起游泳吗?”成为热词。运营者即可策划“带你走进隐秘的角落”主题，并可以策划爬山、游泳等店铺营销主题下的分主题，诸如运动所需、拍摄相关的商品品类均可融入主题中。

当运营者完成对当月所有可能发生的时令、节日、热点等的策划后，即可在时间节点到来前三天改变店铺主题（突发热点可在策划完成后修改）。主题一般在时间节点过后五天下架。如遇两个主题时间点距离较近的情况，运营者应将最新的主题显示在首页，并在首页主题海报处设置主题轮播，让用户可以点击进入往期主题页面。

（二）主题海报设计

主题海报设计属于海报设计的一个分支，因此应遵循海报设计的基本原则：简洁、和谐、有冲击力。

简洁是所有设计均应遵守的原则，简洁的海报可以让用户一瞬间辨识出图片要表达的信息。想要达到简洁的效果，运营者可对设计完成的海报做减法，逐一将图片中的辅助元素去除，并鉴别效果。

和谐指图片主色调与店铺风格和谐，以及图片中不同颜色、元素之间的协调搭配。和谐的关键要素在于颜色、元素之间可以相互补充配合。

图片冲击力的表现一般有两种：一是以深度的寓意直击用户心灵，令用户留下深刻印象；二是通过视觉化的凸显，让图片的主视觉元素突出。

除上述三点基本原则外，店铺主题海报需根据店铺新零售主题，将海报中商品与主题的融合化设计作为亮点凸显。例如，卫龙品牌在端午节时制作了“辣条粽子”商品，意在将辣条与粽子进行融合。辣条商品与粽子主题的融合化设计，就是该主题海报的最大亮点（见图 11－8）。

图 11－8　卫龙店铺端午节主题海报

（三）主题配套商品及商品组合

主题式销售的最终目的是促进主题下的商品销售。虽然主题在一定程度上决定了配套的商品及商品组合，但也存在运营者因想要重点推出某款商品专门策划某主题的情况。所以，确定主题配套的商品及商品组合的方式有两种：一是运营者根据时令、节日、热点等结合用户偏好直接设定主题，然后确定主题下的商品及商品组合。二是运营者计划在时令、节日、热点等时点销售某类商品，通过商品品类与时令、节日、热点等的结合确定主题，然后再根据主题寻找配套的商品或商品组合。

在同一店铺主题下应至少包含八款商品（有赞店铺单品摆放可占两个页面），如果运营者自主店铺的商品品类不足，应在分销市场寻找符合主题的商品，再根据主题进行商品详情页及场景化导购内容的配套修改。下面将详解店铺主题下商品与商品组合的配套方式。

商品与商品组合，是店铺主题中不同的商品展现形式。商品是直接展示的单品，商品组合是店铺主题中包含小主题的多款商品。这两种不同的商品展示形态对应的商品选择方式不同。

主题下的商品单品，必须与主题 slogan 直接挂钩。例如活动主题为“父亲节——为父亲回馈微薄的爱”，主题下直接展示的商品单品应是成熟男士西装、男士剃须刀、皮鞋等适合送给父亲的礼物。

主题下的商品组合存在一层跳转链接，用户需点击商品组合的小主题，才能进入单款商品展示页面。因此，小主题需与店铺主题紧密相关，而小主题中的商品仅需与小主题相关，不必与店铺主题有紧密关联。例如，活动主题为“端午节——让我们‘躁动’起来”，其中包含端午美味佳肴、端午游山玩水、端午走亲访友三个小主题，端午游山玩水小主题中可能会有背包、相机等旅游相关商品，与端午节并无直接关联，但属于游山玩水品类中的商品。

运营者在设计店铺主题中的商品组合时，应注意如下三点：

1. 制定小主题应从使用场景出发

商品对应用户需求的使用场景，本就是场景化导购内容中重点突出的部分，运营者可将场景化导购内容中出现于类似场景的商品归入一类，例如燕尾服、高跟鞋、领带、高档包，这些都属于宴会场景中的商品。按这种分类方式组合商品，同一商品可出现在不同品类中，例如高跟鞋既可出现在宴会主题，又可出现在时尚穿搭主题中。

2. 商品组合的名称应有新媒体化包装

商品组合名称的新媒体化包装应一改依传统分类的命名模式，使商品组合名称具有新媒体特质，应以店铺的主题为主要包装形式。例如“618”活动主题中的商品组合，可取名为“夏日狂欢”，父亲节主题中的衣物商品可取名为“父亲的小棉袄”等。

3. 小主题中的商品可继续进行组合、拆分为三级主题

在店铺的小主题中，运营者还可以根据商品品质，设置店铺三级主题。例如将高档、中档、低档的鼠标键盘分别做组合，同时为这些三级主题命名，三级主题应以该商品品类所面向用户的兴趣爱好为主要包装形式。以上述不同档次的鼠标键盘举例，可将三级主题按游戏等级设置为“最强王者”“华贵铂金”“荣耀黄金”等。

最后提醒运营者，每次策划主题并设置完成对应的商品与商品组合后，即便活动结束在有赞店铺后台也无须将其删除，只在店铺内替换全新主题即可。如此，用户虽然不能在店铺首页看到原主题下的商品，但仍可通过搜索商品名、商品组合名

进入商品详情页。

（四）商品详情页主题式改造

商品详情页的核心元素是场景化导购内容。因此，商品详情页的主题式改造，其实是运营者随着主题变化改编场景化导购内容而自然实现的。单篇时令、节日、热点等主题中场景化导购内容的改编，分为如下三个步骤。

第一，场景化导购内容开端部分更换主题。以更换为热点主题举例，场景化导购内容的开端部分通常情况下应是商品主要功能对应的场景，但由于热点主题的介入，运营者必须围绕主题制作场景化导购内容，以吸引热点带来的用户流量。例如，一款相机的场景化导购内容的开端部分原本是在不同场景中彰显高清拍照功能，而结合了电视剧《隐秘的角落》火爆这一热点事件后，就可以用“最近一定有朋友邀请你一起去爬山，不用怕，我们可以当拍照人!”作为内容开端。

第二，更换或增加优惠福利政策。主题式销售下重点展示的商品，多有福利政策，如买二送一、发放优惠券等。运营者应更换或新增优惠福利政策，将店铺主题中全新的优惠福利领取方式通过场景化导购内容传达给用户。如用户需通过关注微信公众号领取，还可将直接在店铺中打开商品详情页的用户吸引至微信公众号进而成为关注用户。

第三，增加同品类商品跳转链接。主题式销售中的商品之间应相互引流，以提升商品详情页的访问量。在场景化导购内容中增加同品类商品的方式有两种：一是在原有场景化导购内容的基础上改编，如在文底增加“主题推荐”板块。二是重新制作一篇带有所有主题商品推荐的场景化导购内容，将每个商品的场景化部分尽量缩短，保留重点功能对应的使用场景。以上两种方式，建议运营者同时使用。

（五）制作主题式销售策划排期表

综合上述店铺主题式销售核心方法，以 2020 年 6 月为例，运营者可通过表 11－1 完成店铺运营全部工作的计划与追踪。表格中空白处为运营者根据策划自主填写的项目。

表 11－1　店铺运营主题式销售策划排期表

6月主题	热点	主题	slogan	主题海报	优惠政策	商品及商品组合	商品详情页改造	发布时间
主题一	儿童节							5月29日
主题二	芒种							6月2日
主题三	“618”							6月15日
主题四	父亲节							6月18日
主题五	夏至							6月20日
主题六	端午节							6月22日
热点补充一	《乘风破浪的姐姐》							6月13日
热点补充二	《隐秘的角落》							6月28日

表11－1既可以作为运营者的工作计划，又包含了运营者列举的主题式销售执行项目，还可以明确运营者主题式销售已执行成果，并帮助运营者明确店铺主题活动发布排期。

【本章总结】

1. 新零售店铺运营的核心理念，源于以场景化导购内容触发用户需求，让用户进入店铺商品详情页实现购买的货找人模式，其重点在于把传统的以店铺黏合用户，按商品类型进行分类的运营理念转化为新零售的将流量聚合于新媒体号，并以用户画像、需求主题等进行商品分类的模式。

2. 新零售店铺运营中实施主题式销售，营销主题是运营者根据时令、节日、热点等，结合用户兴趣偏好、在单场景内可能存在的多种商品消费需求而设计的。运营时遵循三个原则：应贯穿店铺运营所有实操事项，展现给用户的店铺主页元素不宜过多，需高频更新。

3. 店铺命名的五个基本原则：与店铺绑定的新媒体号有强关联，匹配店铺风格，简单明了，能体现店铺特征，带有高频搜索关键词。

【课后习题】

1. 新零售店铺运营常见的主题式销售有哪几种类型?

2. 新零售店铺运营中向用户发放优惠券共有几种方法，哪种方法是运营中采用最多的?

3. 请根据本章第二节的店铺运营主题式销售策划排期表，拟定一份2021年6月的店铺运营主题式销售策划排期表，并将其填写完整。

第十二章　新媒体数据运营实操方法

【本章知识体系】

- 新媒体数据运营
  - 原创内容运营中的数据运营
    - 原创内容运营中的数据值 14项
    - 原创内容运营的数据衡量指标 14项
  - 多平台联合运营中的数据运营
    - 多平台联合运营中的数据值 7项
    - 多平台联合运营的数据衡量指标 7项
  - 问答运营中的数据运营
    - 问答运营中的数据值 9项
    - 问答运营的数据衡量指标 10项
  - 活动运营中的数据运营
    - 活动运营中的数据值 6项
    - 活动运营的数据衡量指标 6项
  - 用户运营中的数据运营
    - 用户运营中的数据值 7项
    - 用户运营的数据衡量指标 7项
  - 新零售运营中的数据运营
    - 新零售运营中的数据值 10项
    - 新零售运营的数据衡量指标 8项

新媒体数据运营，是贯穿新媒体、新零售全流程的运营事项。在新媒体世界，数据是新媒体用户、新媒体运营者、新媒体平台时刻关注的指标。

数据，根据《现代汉语词典》中的解释，即进行各种统计、计算、科学研究或技术设计等所依据的数值。在新媒体世界中，数据来源有两种，一是用户自发行为产生的数据，二是运营者的运营行为与用户形成交互产生的数据。由此可见，新媒体世界中的数据均来源于用户。新媒体世界所产生的数据对各新媒体角色均有指导作用，通过对数据的分析判断，可以了解产生数据的媒介状况。

新媒体数据分为两类：一是用户或其他运营者可直接查看的平台数据，例如微信公众号发布原创内容的阅读量、点赞量；二是仅对新媒体号运营者及平台运营人员开放的数据，包括转发量、多平台推荐量等。数据运营，则是运营者通过分析研究上述两类数据，明确新媒体号运营状态的运营方式。

对新媒体运营者而言，开展数据运营需具备两个前提：一是有用户在新媒体号或新媒体平台上实施交互行为，产生数据；二是运营者对新媒体号有明确且细致的运营目标需求，因为有了细致的运营目标需求，运营者才知道应分析哪些数据。

综上所述，数据运营是一项基于新媒体运营者不同运营需求场景的工作。运营者在分析数据时，应将数据分解成两个层次：一是由平台直接产生，运营者可直接查看或统计的数值；二是经数值计算得出的比率或转化率，而后者才是新媒体运营状况的衡量指标。本章将详解原创内容运营、多平台联合运营、问答运营、活动运营、用户运营、新零售运营六大运营场景中的105个数据衡量指标，以及如何对数据衡量指标所体现的运营场景情况加以判断。

第一节　原创内容运营中的数据运营

新媒体原创内容运营场景，指运营者策划、制作原创内容，在粉丝池微信公众号发布原创内容的全流程（见图12－1）。

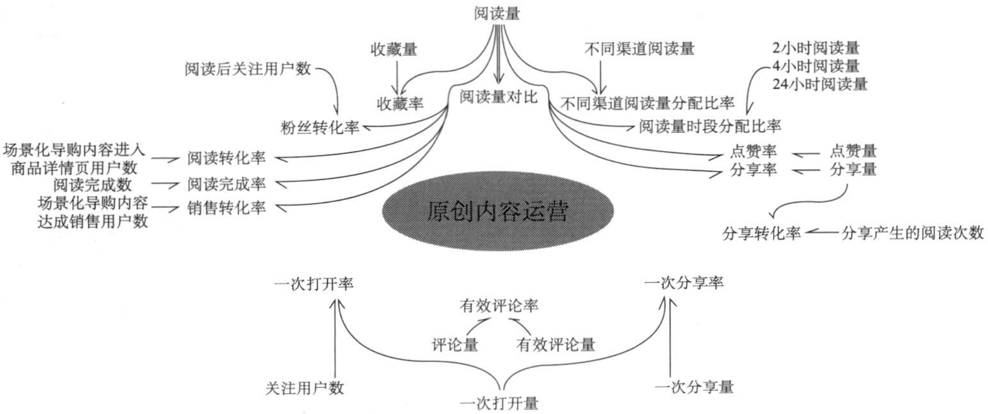

图12－1　新媒体原创内容运营数据值与数据衡量指标的关系

一、原创内容运营中的数据值

1. 阅读量

内容基础数据，由用户阅读内容产生，包括阅读人数与阅读次数两个数值。用户点开内容视为一次阅读，当天重复点开仅增加阅读次数，次日再次点开内容可记为第二个阅读人数，并增加阅读次数。内容页面显示的阅读量是阅读人数，微信公众号后台则会统计内容阅读次数与阅读人数。新媒体中提及的阅读量，多指微信内容页显示的阅读人数。

2. 点赞量

2020年7月1日，微信改版后重新将点赞按钮呈现在公众号内容底部，与“在看”并列（见图12－2）。点赞表示用户对内容的赞同，也在一定程度上反映了阅读完成的用户数。

3. 分享量

分享量又称转发量，指用户分享到微信朋友圈、微信群组、私聊页面，以及点击“在看”的次数。点击“在看”算作分享，是因为用户点击“在看”后，内容会被分享到“看一看”页面（见图 12-3）。

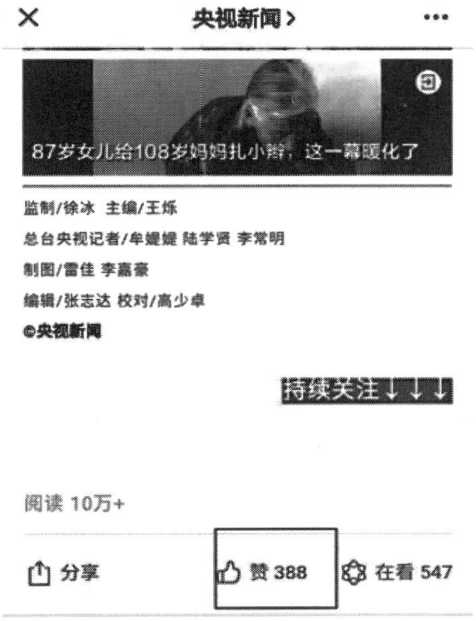

图 12-2　微信内容点赞按钮

图 12-3　因点击“在看”而被分享到“看一看”页面的内容

4. 收藏量

收藏量指用户阅读内容后，点击页面右上角“…”收藏内容的次数。

5. 评论量

评论量指用户阅读内容后，对内容发表评论的数量，单个用户可重复评论，微信公众号后台统计的是评论总数。

6. 一次打开量

一次打开量指用户从微信公众号对话页面或订阅号消息列表打开内容的阅读次数。由于进入公众号对话页面及订阅号消息列表的均是关注用户，因此一次打开量即是关注用户从公众号对话页面或订阅号消息列表阅读内容的次数。

7. 一次分享量

一次分享量指用户在公众号对话页面或订阅号消息列表点击进入内容，阅读完成后分享内容的次数。

8. 分享产生的阅读次数

分享产生的阅读次数指用户将内容分享至微信朋友圈、微信群组、私聊页面、

“看一看”后产生的阅读次数。如果用户在分享时没有加上强引导性的文字描述，或本身不是有影响力的人物，则单用户分享后产生的阅读次数一般不会超过10。

9. 不同渠道阅读量

不同渠道阅读量指所有可查看微信公众号内容的页面的单独阅读量，包含公众号消息、聊天对话、朋友圈、朋友在看、看一看精选、搜一搜、历史消息和其他。

看一看精选，是并列于微信看一看、朋友在看的另一个公众号内容推送页面，其中显示的消息，多为用户已关注的微信公众号内容，或是某行业内用户在看数较高的内容，由微信根据用户标签推送。

搜一搜，指通过微信搜索关键词找到内容。可通过微信首页上方搜索栏，或微信“发现”页搜一搜功能实现。

历史消息，指进入微信公众号对话页面，点击右上角半身人像按钮后进入的微信公众号消息页面。此外，点击运营者设置的历史消息页面链接（通常放置于自定义菜单）或点击内容标题下方蓝字，也可进入历史消息页面。

其他，指从微信的外部入口（如浏览器）打开微信内容。

10. 分时段阅读量

分时段阅读量指内容发布后，内容的阅读量经过不同时长的累积情况。分时段阅读量一般可查阅、记录内容的2小时阅读量、4小时阅读量和24小时阅读量。

11. 阅读完成数

阅读完成数指点击进入微信公众号内容浏览至最底部后退出的用户数。阅读完成数可在微信公众号后台阅读完成情况处查看，运营者可同时查看在内容不同部分跳出的用户数（见图12－4）。

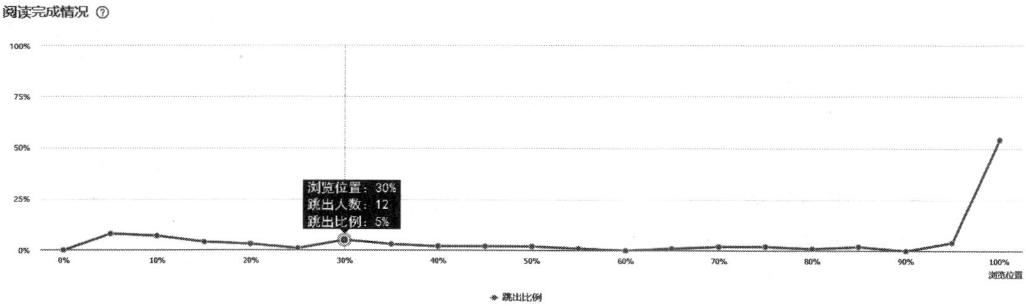

图12－4 阅读完成情况图表

12. 阅读后关注用户数

阅读后关注用户数指用户从微信公众号内容页面直接跳转至首页点击关注的用户。

13. 场景化导购内容进入商品详情页用户数

场景化导购内容是较为特殊的原创内容，其中会出现多个商品详情页二维码，扫码的用户加上通过点击阅读原文进入商品详情页的用户数，即为场景化导购内容进入商品详情页用户数。

14. 场景化导购内容达成销售用户数

场景化导购内容达成销售用户数指通过场景化导购内容中二维码或阅读原文进入商品详情页并完成购买的用户数。

二、原创内容运营的数据衡量指标

1. 阅读量对比

释义：内容阅读量与往期内容平均阅读水平的对比状况。

反映运营状况：微信公众号的日常阅读量通常在某一水平区间内，例如 800 至 1 200，如内容对比微信公众号的日常阅读量偏高，则表明内容质量更高，运营者可从一次打开率、点赞率、一次分享率、分享转化率等其他指标，验证高阅读量内容相较其他内容的优势继而保持。同理，如阅读量相较以往大幅下滑，运营者可以根据阅读减少的来源判断内容问题所在，如一次打开率低是否是因标题不符合关注用户的心理期待造成的等。

提取方法：取某期微信公众号发布内容阅读量，对比微信公众号往期内容阅读量平均值。运营者可在微信公众号后台取近三个月的原创内容阅读量平均值做对比。

2. 点赞率

释义：内容点赞量与阅读量的比值。一般在 5%左右。

反映运营状况：点赞率代表用户对内容的赞同比例。点赞率与微信公众号的类型有关，点赞率高，说明内容实用性或鼓动性较强。同时，点赞率与内容阅读完成率紧密相关，因阅读完成的用户才可实现点赞操作。

提取方法：取微信公众号发布内容的点赞量，除以同篇内容阅读量。

3. 分享率

释义：内容分享量与阅读量的比值。根据作者的观察，“在看”按钮出现前分享率一般在 2%至 3%，“在看”按钮出现后点击“在看”算作分享，因而内容的分享率可达到 5%至 7%。

反映运营状况：分享用户多为关注用户，且多对内容表示认同，因而分享率可体现内容质量，并从一定程度上体现微信公众号用户的黏合度。如分享率较高，运营者还需考量一次分享率：如果一次分享占比较多，则说明内容价值观符合关注用户的用户画像；如果一次分享占比较少，则说明内容具有较强鼓动性与传播性，后续可以该内容为模板制作营销内容。如分享率较低，则表明内容价值观与关注用户的用户画像不符，运营者后续应谨慎产出此类内容。

提取方法：微信公众号后台内容分析页面，可查看单篇内容分享量，将分享量除以同篇内容阅读量。

4. 收藏率

释义：内容收藏量（见图 12－5）与阅读量的比值。

反映运营状况：用户收藏的内容均是实用性较强的干货内容，或是用户当下没时间但未来会看的内容。因此，收藏率体现的是一种用户习惯，可用作判断实用性内容对微信公众号用户的吸引力。

提取方法：在微信公众号后台内容分析页面，点击微信收藏按钮，提取内容发布后 48 小时内的收藏量，除以同篇内容阅读量。

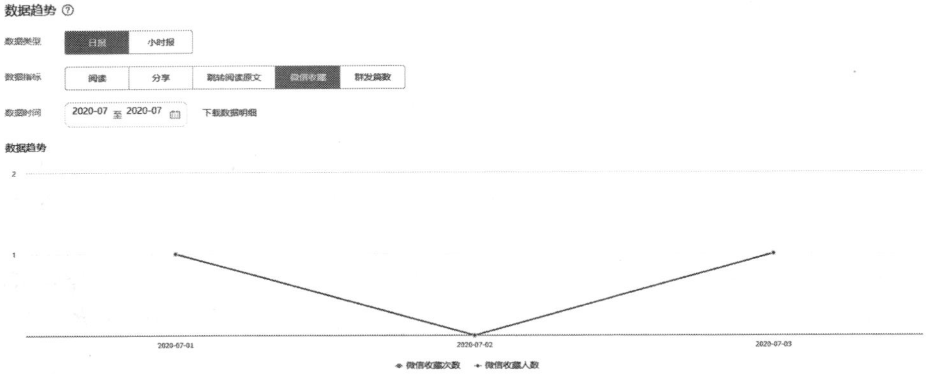

图 12－5　微信公众号内容收藏量显示页面

5. 有效评论率

释义：微信公众号评论内容中，有效评论量与评论量的比值。

反映运营状况：有效评论是用户阅读内容，理解运营者所表达观点后对内容给出的评论。其反映的是内容激发用户表达欲的能力，以及微信公众号用户的活跃状况。

在有效评论率这一数据衡量指标下，还包含三个细分指标项：一是有效评论率，如超过 80%，则说明阅读内容的活跃用户数多；二是有效评论方向，如超过 50%的评论以运营者内容为出发点，则说明内容优质，可引导用户发表评论的方向；三是有效评论的观点，如果用户评论的观点多与运营者观点相似，则说明微信公众号的用户黏合度较高。

提取方法：凡是表意清晰的、有自主观点的、补充说明内容的、造梗娱乐用户的、提出问题的评论均可算作有效评论，运营者需统计有效评论量，再除以同篇内容评论量（微信公众号后台消息管理处可查看单篇内容评论量）。

6. 一次打开率

释义：通过微信公众号对话页面或消息列表产生的阅读量与微信公众号关注用户数的比值。

反映运营状况：一次打开率，反映的是微信公众号用户活跃的状况，也是考量微信公众号用户活跃度的最重要指标。一次打开率视微信公众号关注用户数而定。如关注用户数低于 10 万，则一次打开率在 10%左右为合格，超过 20%即为优秀；如关注用户数在 50 万左右，则一次打开率在 7%左右为合格，超过 10%即为优秀；如关注用户数超过 100 万，则一次打开率在 3%左右为合格，超过 5%即为优秀。

提取方法：在微信公众号后台，顺序点击“内容分析→单篇群发→详情→送达转化→公众号消息阅读次数”提取一次打开量，再除以微信公众号关注用户数。

7. 一次分享率

释义：一次分享量与一次打开量的比值。

反映运营状况：一次分享率反映的是微信公众号的用户黏合度。微信更新“在看”功能后，内容的一次分享率小于但趋近于总分享率，同样处于5%至7%之间，因分享内容的用户多为微信公众号关注用户，如一次分享率与总分享率相差超过1%，则说明内容被更多用户二次分享，内容阅读量应较往常出现暴涨情况，有成为爆款内容的潜质。

提取方法：在微信公众号后台，顺序点击“内容分析→单篇群发→详情→分享转化”直接查看。

8. 分享转化率

释义：分享产生的阅读次数与分享量的比值。

反映运营状况：分享转化率反映的是内容标题的吸引力，并从一定程度上反馈了关注用户的用户价值。单个用户的分享转化数一般不超过10个，所以分享转化率应在1 000%左右，超过1 000%，则证明标题具有强吸引力。如分享转化率较低，既说明标题不具有吸引力，也能证明分享内容用户的朋友圈对运营者无价值。

提取方法：在微信公众号后台，顺序点击“内容分析→单篇群发→详情→分享转化”直接查看。

9. 不同渠道阅读量分配比率

释义：公众号消息、聊天对话、朋友圈、朋友在看、看一看精选、搜一搜、历史消息、其他等八个阅读来源的阅读量与总阅读量的比值。

反映运营状况：根据作者经验，有一定粉丝基础的新媒体号有超过90%的阅读量应源于公众号消息及历史消息，剩余10%阅读量多集中于聊天对话、朋友圈这两个渠道。截至2024年，因用户尚未养成使用习惯，朋友在看这一渠道仍鲜有阅读量，而看一看精选、搜一搜、其他等渠道阅读量甚至几乎为零。

如原创内容的阅读来源中，聊天对话、朋友圈渠道所占比例超过了10%，且运营者没有主动推群行为，则说明内容具备在用户社交圈广泛传播的潜质，可尝试呼吁关注用户分享内容，以求更高曝光量。如原创内容在看一看精选渠道中有一定阅读量，则说明微信公众号经常被黏合用户打开，或系统认为内容与被推荐用户匹配。如原创内容在搜一搜渠道中有一定阅读量，多数情况是内容关键词戳中了用户需求，用户在微信内执行了类似百度搜索的操作。其他渠道出现阅读量的可能性主要有两种，一是用户将内容从微信分享至QQ，二是用机器刷出的阅读量。

提取方法：在微信公众号后台，顺序点击“内容分析→单篇群发→详情→数据趋势”直接获取。

10. 阅读量时段分配比率

释义：内容发布后2小时、4小时、24小时的统计阅读量与总阅读量的比值。

反映运营状况：正常的阅读量时段分配比率图，应是在发布时间前有微弱阅读量（主要来自后台阅读和临时链接阅读），发布2小时内到达巅峰，之后逐渐降低（见图12－6）。

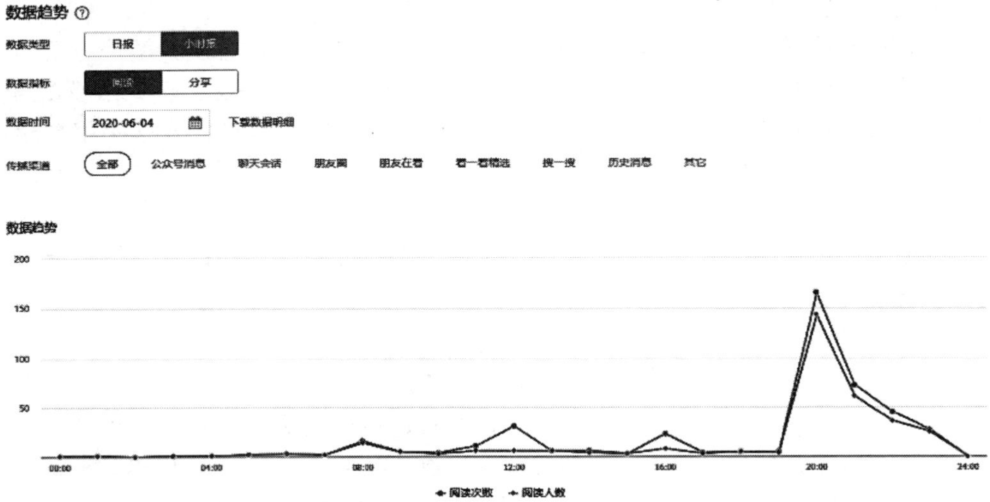

图12－6　某微信公众号当日20时发布内容的阅读曲线图

如运营者发布内容的阅读量时段分配比率图与上图走势相似，则说明微信公众号已培养出部分用户的阅读习惯，黏合用户会在更新时间前后准时点击微信公众号内容。图12－6的曲线中，阅读量减少的趋势会逐渐趋于平缓，在内容更新24小时至48小时内，会在较低数值处有一定波动，在48小时后趋近于零。

如内容的阅读量高峰不在内容更新后的两小时内，则说明运营者制定的内容发布时间与用户阅读习惯不符，如不能引导用户养成阅读习惯，则需更换发布时间。

提取方法：在微信公众号后台，顺序点击“内容分析→全部群发→小时报”提取不同时段的阅读量，除以通篇内容的总阅读量。

11. 阅读完成率

释义：将内容滑动至页面最底部的用户数与内容阅读量的比值。

反映运营状况：阅读完成率主要反映的是内容质量，包含三项数据：一是内容长度，越长的内容，阅读完成率越低，因多数用户不习惯长内容阅读；二是内容逻辑，内容的逻辑性越强，越能吸引用户持续阅读，阅读完成率就越高；三是内容文字水平，内容通顺会使阅读完成率相对更高。同时，阅读完成率也在一定程度上反映了内容与关注用户的匹配度。一般情况下，微信公众号的阅读完成率应在60%以上。

此外，有关阅读完成状况，运营者还可以深入研究用户在内容不同阶段的跳出比例。如用户在内容开端处跳出较多，则说明内容通感部分不够吸引用户；如用户在内容中部跳出较多，则运营者可进行针对性分析，得出用户跳出内容的原因并加以改进。

提取方法：在微信公众号后台，顺序点击“内容分析→单篇内容→详情→阅读完成”查看。

12. 粉丝转化率

释义：因阅读内容而关注微信公众号的用户数与内容阅读量的比值。

反映运营状况：粉丝转化率表现的是内容吸引用户关注的能力的强弱，一般源于公众号消息加历史消息页面的阅读量应超过总阅读量的 90%，内容的粉丝转化率在 0.1%左右，超过 0.3%即为优秀。

提取方法：通过辅助微信运营的第三方平台（如微号帮），获取由内容跳转至微信公众号历史消息页面从而关注的用户数，除以当篇内容阅读量。

13. 阅读转化率

释义：通过场景化导购内容进入商品详情页的用户数与场景化导购内容阅读量的比值。

反映运营状况：阅读转化率反映的是场景化导购内容吸引用户的能力，超过5%为合格，超过 10%为优秀。如阅读转化率不达标，应是场景化导购内容的通感、场景构建不够吸引用户，或商品本身不符合该微信公众号关注用户的用户画像。

提取方法：在新零售店铺后台提取，以有赞店铺为例，顺序点击“应用→经营分析→单品分析”，开通单品分析权限（付费功能）后获得。也可使用百度统计等插件，提取从场景化导购内容浏览商品的用户数，再除以场景化导购内容阅读量。

14. 销售转化率

释义：通过场景化导购内容进入商品详情页并完成购买的用户数与场景化导购内容阅读量的比值。

反映运营状况：销售转化率反映的是场景化导购内容质量，以及商品与推送场景化导购内容的微信公众号用户的匹配程度。销售转化率通常在 0.1%至 0.3%之间，超过 1%的商品即有成为新零售爆款的潜质。

提取方法：以场景化导购内容为商品的唯一销售出口，在后台提取场景化导购内容发布 3 天内的销售单数（超过 3 天即有可能是用户复购订单），再除以场景化导购内容阅读量。

第二节　多平台联合运营中的数据运营

新媒体多平台联合运营场景，指运营者将原创内容发布至以向微信公众号引流为目标的多个新媒体平台的运营流程（见图 12－7）。

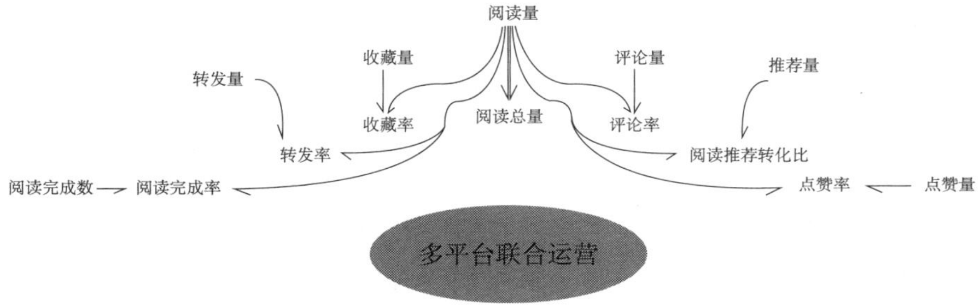

图 12－7　新媒体多平台联合运营数据值与数据衡量指标的关系

一、多平台联合运营中的数据值

1. 推荐量

推荐量指多平台将内容推荐至用户 App 首页的数量，同篇内容仅会推荐给同一用户一次（今日头条于2020年将平台的推荐量改为“展现量”）。

2. 阅读量

阅读量指所有用户点开内容的数量累加，反复点击会反复计算阅读量。若是微头条、问答等短内容形式，则需点击展开全文才计入阅读量。

3. 收藏量

收藏量指用户查看内容后，点击内容页面最下方收藏按钮，记一个收藏量，单用户仅记录一个收藏量。

4. 转发量

转发量指用户查看内容后，点击内容页面最下方转发按钮，记一个转发量，单用户仅记录一个转发量。

5. 评论量

评论量指用户查看内容后，在内容页面左下方输入评论，记一个评论量，单个用户可重复评论，二次评论也被记为评论量（见图12－8）。

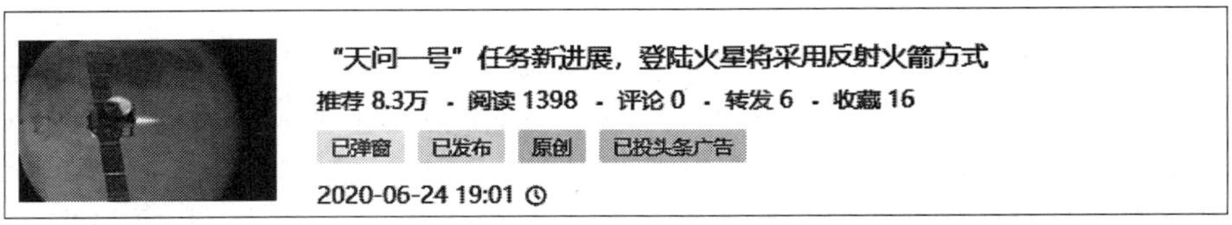

图12－8　推荐量、阅读量、收藏量、转发量、评论量均显示在内容管理页面

6. 点赞量

点赞量指用户查看内容后，在内容底部点击点赞按钮，记一个点赞量，单用户仅记录一个点赞量。

7. 阅读完成数

阅读完成数指用户进入内容页面后，收看完全部内容才跳出页面的人数。

二、多平台联合运营的数据衡量指标

1. 阅读总量

释义：在新媒体多平台联合运营中，同一账号发布内容的累积阅读量，如今日头条上是所有长文章阅读量、问答阅读量、微头条阅读量等的累加值。

反映运营状况：同一账号在平台发布的所有内容的计数总和，从客观角度反映了多平台联合运营状况。如今日头条号阅读总量超过1 000万，则证明今日头条号已有较高价值。正常情况下，今日头条运营一年后，总阅读量至少超过

100万。

提取方法：在新媒体平台后台页面可直接查看。

2. 阅读推荐转化比

释义：内容阅读量与推荐量的比值。

反映运营状况：阅读推荐转化比是内容质量的综合考量指标，影响因素包括标题、内容逻辑、内容语言、内容所涉关键词、内容关键词与标题的匹配等。因多平台联合运营以PGC①模式为主，所以保持高阅读推荐转化比是每个多平台联合运营者都应追求的目标。

一般情况下，阅读推荐转化比在7%左右为合格，超过20%即为优秀。内容推荐量越高，转化率会相应降低，但不应低于5%。如阅读推荐转化比过低，问题多出在标题上，应思考标题中关键词与内容面向用户人群的匹配问题。

今日头条的阅读推荐转化比会有超过100%的情况，而此时推荐量大多不超过100。这种情况说明，该账号已被平台推荐系统“拉黑”（进入不推荐内容的账号名单），需及时联系平台管理人员询问原因，并寻求解决方案。

提取方法：在多平台内容管理页面查看内容阅读量和推荐量，由内容阅读量除以同篇内容推荐量。

3. 收藏率

释义：内容收藏量与阅读量的比值。

反映运营状况：多平台收藏率与微信收藏率类似，但多平台用户收藏内容后再次阅读的可能性更高。在多平台，用户收藏同样以实用型内容、知识科普型内容为主。

提取方法：在多平台内容管理页面查看内容收藏量和阅读量，由内容收藏量除以同篇内容阅读量。

4. 转发率

释义：内容转发量与阅读量的比值。

反映运营状况：多平台转发率与微信公众号原创内容分享率类似，同样由内容类型、账号知名度等要素决定数据水平。在某领域有一定知名度的多平台账号，其内容转发率应在5%左右，普通账号转发率达到1%即为合格。

提取方法：在多平台内容管理页面查看内容转发量和阅读量，由内容转发量除以同篇内容阅读量。

5. 评论率

释义：内容评论量与阅读量的比值。

反映运营状况：用户在多平台浏览的主要需求为资讯获取，因而一般很少在多平台对内容发表评论。如内容带有强烈观点或较强引导性，则会引发用户评论。因此，评论率是考量内容鼓动性的数据指标。在多平台发布内容的评论率一般低于

① PGC，professional generated content的英文缩写，译为专业生产内容。

1%，甚至趋近于零，而具有强鼓动性的内容所获评论率则会超过10%。

提取方法：在多平台内容管理页面，查看内容评论量和阅读量，内容评论量除以同篇内容阅读量。

6. 点赞率

释义：内容点赞量与阅读量的比值。

反映运营状况：点赞率反映的是阅读内容的用户对内容的认可度。由于点赞按钮位于内容页面最下方，所以点赞操作原则上要求用户必须查看完整内容。因此，内容越长，用户点赞的可能性就越低。以2 000字的内容为例，点赞率一般在1%左右，超过3%即为优秀。

提取方法：以今日头条为例，点赞率在后台不显示，需打开今日头条App，点击进入内容页面，滑动至内容底部获取点赞量，再除以同篇内容阅读量。

7. 阅读完成率

释义：收看完整内容后才跳出页面的用户数与阅读量的比值。

反映运营状况：由于"标题党"盛行，部分用户在打开内容页面后，如果未在第一屏看到感兴趣或需要的内容，便会立即选择跳出内容页面。因此，多平台的阅读完成率，相较微信公众号发布内容的阅读完成率普遍偏低，一般在40%左右，超过50%即为优秀。

提取方法：以今日头条为例，在后台首页顺序点击"作品数据→单篇→查看详情"，即可查看内容阅读完成率。

第三节　问答运营中的数据运营

问答运营场景，指运营者在悟空问答、知乎平台回答和发布问题的运营流程（见图12-9）。

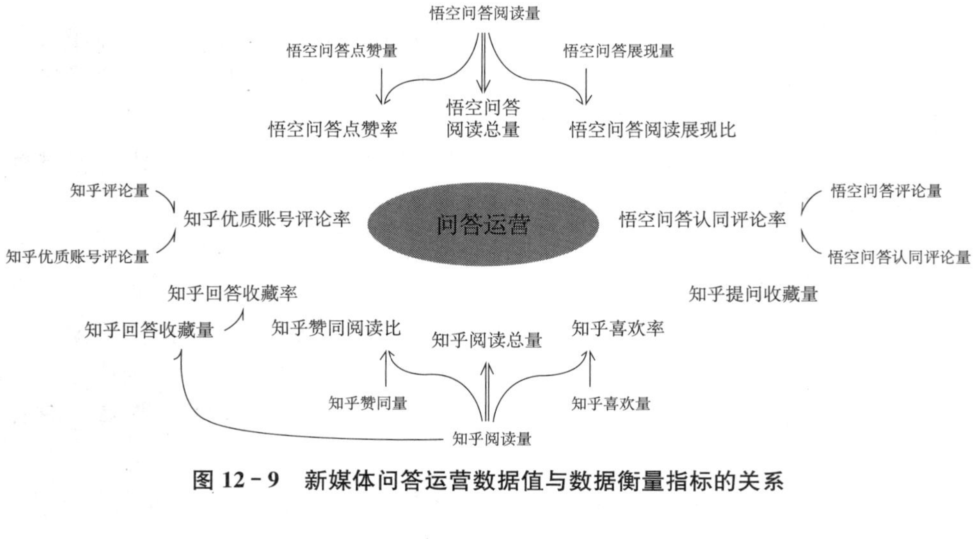

图12-9　新媒体问答运营数据值与数据衡量指标的关系

一、问答运营中的数据值

1. 悟空问答展现量

悟空问答展现量指回答内容展现到用户面前的次数。悟空问答于 2020 年 4 月推出该功能（见图 12 - 10）。

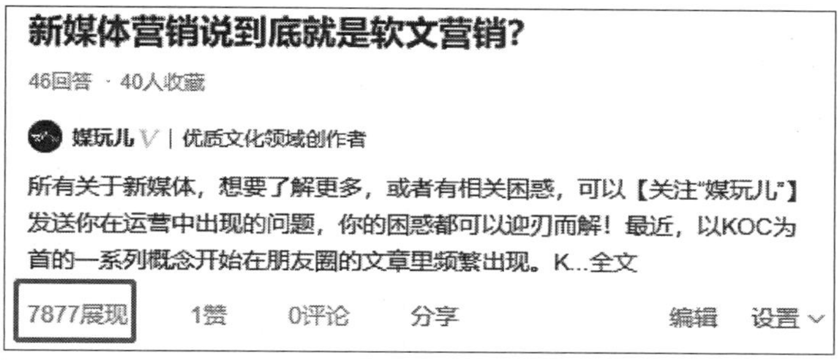

图 12 - 10　悟空问答的展现量数据显示位置

2. 悟空问答阅读量

悟空问答阅读量指用户看到回答的开端部分后，点击展开回答全部内容的用户数。

3. 悟空问答评论量

悟空问答评论量指查看问题的用户对回答内容的评论量。

4. 悟空问答点赞量

悟空问答点赞量指用户阅读回答内容点击“赞”按钮的数量。单用户针对每个回答仅能点一次赞，且用户无须阅读内容即可点赞，这意味着点赞量应小于等于展现量，但可能高于阅读量。

5. 知乎阅读量

知乎阅读量指点击“展开”按钮阅读回答全部内容的用户数。知乎阅读量在问答客户端页面没有显示，仅在后台数据分析处可见。

6. 知乎赞同量

知乎赞同量指点击回答内容页面左下方“赞同”按钮的用户数量。

7. 知乎喜欢量

知乎喜欢量指点击回答内容页面下方“喜欢”按钮的用户数量。知乎“喜欢”与“赞同”的区别在于，“赞同”类似于微信公众号的“在看”按钮，用户点击后会将问答分享到自己的知乎首页，而“喜欢”类似于点赞，仅代表用户对回答内容的认同。回答的喜欢量仅在数据后台显示，对用户不可见。

8. 知乎回答收藏量

知乎回答收藏量指点击回答内容页面下方“收藏”按钮的用户数量。

9. 知乎评论量

知乎评论量指用户点击回答内容页面下方“评论”按钮发表评论的数量。

二、问答运营的数据衡量指标

1. 悟空问答阅读展现比

释义：回答内容的阅读量与展现量的比值。

反映运营状况：悟空问答阅读展现比，反映的是用户阅读回答内容开端部分后对内容感兴趣的程度，可以体现内容开端部分的吸引力和逻辑性。阅读展现比通常应超过10%，超过20%即为优秀。

提取方法：回答内容阅读量除以同篇内容展现量。由于悟空问答与今日头条使用统一账号和运营后台，因此查看悟空问答数据需登录今日头条后台作品数据页面查看问答分析。

2. 悟空问答阅读总量

释义：单账号所有悟空问答内容所获阅读量总和。

反映运营状况：悟空问答阅读总量至少达到100万以上，才表明账号在平台具有一定影响力，或受到平台关注被给予更多展现量。

提取方法：在今日头条后台页面，点击作品“数据→问答→单篇”，下载excel，将全部问答内容的阅读量加总。

3. 悟空问答认同评论率

释义：认同回答内容观点的评论量与评论量的比值。

反映运营状况：对优质回答内容，用户通过点赞、赞同就可表示高度评价，不需发表评论。因此，如果遇有评论的问答内容，运营者应鉴别出其中认同自身观点、价值观的评论。认同评论率越高，说明运营者内容越优质，且越能树立人格化运营形象。

提取方法：在悟空问答内容的评论区，逐一筛选认同评论并统计数量，再除以同篇回答内容的评论量。

4. 悟空问答点赞率

释义：内容点赞量与阅读量的比值。

反映运营状况：点赞率反映的是用户对回答内容的认可度。点赞率随新媒体号在问答领域专业口碑的树立而提升，初期超过1%即为合格，超过10%即为优秀，并表示账号在悟空问答有足够影响力。

提取方法：在今日头条后台页面，顺序点击作品“数据→问答→单篇”，获取回答内容点赞量，再除以同篇回答内容阅读量。

5. 知乎阅读总量

释义：知乎文章、问答等所有可获阅读数据内容的累计阅读量。

反映运营状况：知乎阅读总量与悟空问答阅读总量类似，可以反映账号在知乎平台的内容质量与影响力。由于知乎日活用户较悟空问答更多，因此阅读总量也应更高。一般情况下，知乎阅读总量超500万，证明账号在平台已具备一定影响力。

提取方法：在知乎网页版首页，点击创作中心直接查看（见图 12－11）。

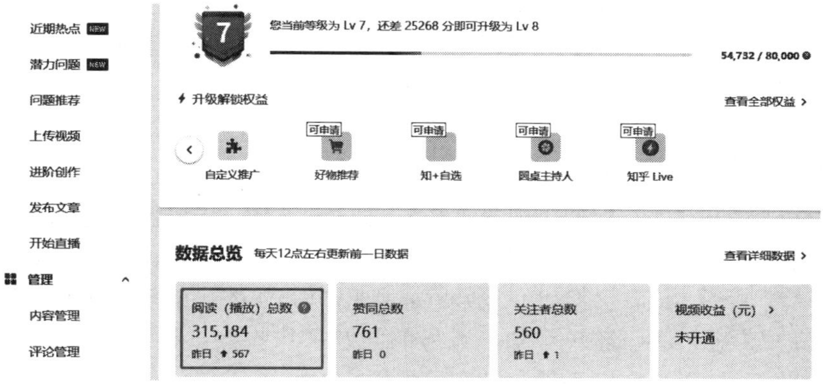

图 12－11　知乎阅读总量显示位置

6. 知乎赞同阅读比

释义：知乎问答内容所获赞同量与阅读量的比值。

反映运营状况：知乎点击赞同的门槛较高，原因有二：一为知乎是高知人群聚集地，多数用户更愿意输出观点而非听取别人意见。二为用户点击知乎的赞同按钮后会将问答内容分享至自己的知乎主页，即让所有与己相关的用户看到自己认同这条回答，这会对用户在知乎圈层的社交角色产生影响。因此一般而言，知乎的赞同阅读比大约在 0.5%，超过 1%即为优秀，也表示账号的人格化运营形象在平台有较强影响力，拥有大量具有黏合性的关注用户。

提取方法：在知乎网页版首页，顺序点击“创作中心→内容分析”，获取问答内容的赞同量与阅读量，用赞同量除以同篇问答内容阅读量。

7. 知乎喜欢率

释义：点击“喜欢”的用户数量与阅读量的比值。

反映运营状况：知乎于 2019 年底，将原有的“感谢”按钮变为“喜欢”。“喜欢”类似其他新媒体平台的点赞，不过因知乎用户的调性特点，又使得“喜欢”与其他平台的点赞有所区别。

知乎用户的自我认知相对较高，是其用户调性的重要特征之一。在知乎，即使用户已认同了回答内容，但让其“喜欢”回答内容仍是一件比较困难的事。因此，在知乎获得“喜欢”，不仅比在其他新媒体平台获得点赞的门槛更高，甚至比在知乎平台内获得“赞同”的难度更大，一般知乎回答的喜欢率仅能达到 0.3%左右。

提取方法：在知乎网页版首页，顺序点击“创作中心→内容分析”，获取问答内容的喜欢量与阅读量，用喜欢量除以同篇问答内容阅读量。

8. 知乎回答收藏率

释义：点击收藏回答的用户数量与阅读量的比值。

反映运营状况：回答内容的高质量，是其获得高收藏率的基础条件。不过，知乎的收藏率还与回答的问题类型相关，知识干货、方法技巧等所获收藏率一般较高，讨论问题所获收藏率则较低。知识干货、方法技巧等的回答内容收藏率达到3%左右为合格，超过5%即为优秀。

提取方法：在知乎网页版首页，顺序点击“创作中心→内容分析”，获取问答内容收藏量与阅读量，用收藏量除以同篇问答内容阅读量。

9. 知乎提问收藏量

释义：在知乎提出的问题所获关注用户数。

反映运营状况：关注问题，即表示用户将问题收藏，很可能会回到问题查看回答内容。这一衡量指标原本反映的是提出问题所获得的关注度。但如果能在提问后邀请专业人士回答，或自己给出专业解答，则用户关注的目的多是想从该知乎账号的问题中获取专业解答。若单个知乎账号的问题平均收藏量超过300，则表明知乎账号或人格化运营形象在知乎平台已有较强影响力。

提取方法：在知乎网页版首页，顺序点击右上角“账号头像→我的主页→已创建的问题”，“已创建的问题”页面右上角显示的关注者即为知乎提问收藏量（见图12-12）。

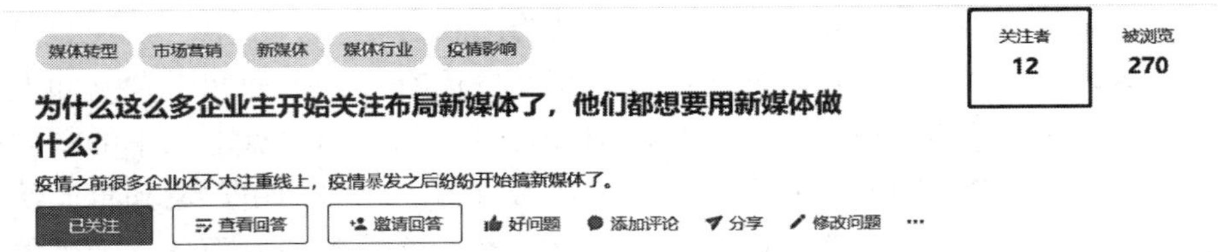

图12-12 知乎提问收藏量

10. 知乎优质账号评论率

释义：优质账号评论数量与回答内容所获评论量的比值。

反映运营状况：知乎评论区多是关于问答内容的延展讨论。知乎优质评论产生的门槛较高，如评论区的优质账号评论率较高，则说明账号在知乎平台已有较强影响力，获得了优质账号运营者的关注。

提取方法：逐一点击评论区一级评论用户头像，在评论用户知乎主页右侧查看该知乎账号关注者数量，超过1 000即为优质账号。将优质账号评论累加，再除以同篇问答所获评论量。

第四节 活动运营中的数据运营

新媒体活动运营场景，指从发布活动宣传内容至活动举办结束的活动策划、执行全流程（见图12-13）。

一、活动运营中的数据值

1. 所有渠道宣传内容阅读总量

所有渠道宣传内容阅读总量指所有线上渠道发布活动相关原创内容所获的阅读总量。

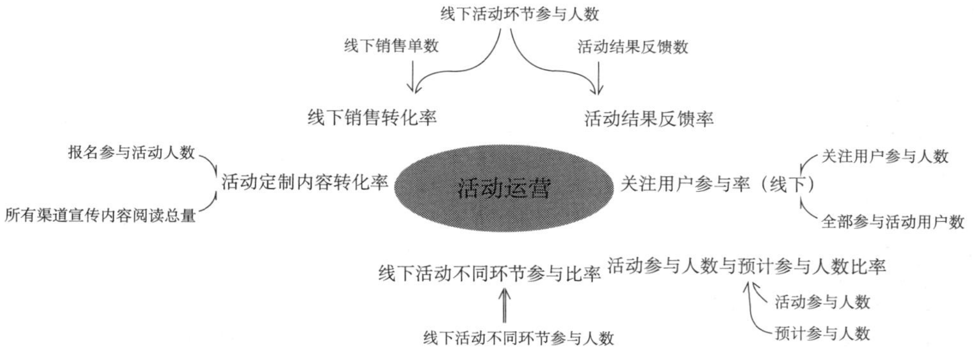

图 12-13　新媒体活动运营数据值与数据衡量指标的关系

2. 活动参与人数

活动参与人数指线上参与活动的人数或线下参与活动的人数。如有报名环节，报名但没参加活动的用户视为未参与。

3. 关注用户参与人数

关注用户参与人数指活动参与者中关注运营者微信公众号的用户数。参与前刚刚关注的用户，也记为关注用户参与人数。

4. 线下活动不同环节参与人数

线下活动不同环节参与人数指参与运营者在活动现场设置的不同活动环节的用户数。

5. 线下销售单数

线下销售单数指通过活动现场的销售链接下单的订单数量。

6. 活动结果反馈数

活动结果反馈数指活动完成后，用户通过运营者提供的问卷或自主在新媒体矩阵中反馈活动意见的数量。

二、活动运营的数据衡量指标

1. 活动定制内容转化率

释义：报名参与活动人数与所有渠道活动定制内容阅读总量的比值。

反映运营状况：活动定制内容转化率，体现的是用户看到为活动定制的原创内容后参与活动的意愿，反映了活动内容策划以及活动主题吸引用户的程度。不同活动形式、不同传播渠道，达成的活动定制内容转化率不同。

线上活动较线下活动参与门槛低，因此活动定制内容转化率更高。微博是线上活动举办的主阵地，因此微博线上活动定制内容转化率较微信更高；微信属于熟人社交新媒体平台，线下活动的定制内容转化率较微博更高（活动定制内容仅适合在微博与微信平台发布）。

有四种常见形式的活动定制内容转化率：其一，在微博举办线上活动，只要活动奖品足够吸引用户，活动定制内容转化率应超过5%，超过10%即为优秀；其二，在微博发布举办线下活动信息，有高价值奖品或现场福利，活动定制内容转化率应超过0.1%，超过0.3%即为优秀；其三，在微信举办线上活动，活动定制内容转化率多在5%以内；其四，在微信发布举办线下活动信息，有用户期待的福利或活动环节，活动定制内容转化率应达1%。

提取方法：统计报名参与活动的用户数量，再统计所有推广渠道的活动定制内容阅读量并加总，用报名参与活动人数除以活动定制内容阅读总量。

2. 活动参与人数与预计参与人数比率

释义：活动实际参与人数与活动策划中预计参与人数的比值。

反映运营状况：这项指标反映的是运营者的策划能力，活动参与人数与活动定制内容、活动福利设置相关。如比率小于1，需检讨活动定制内容质量与推广渠道粉丝质量；如比率大于1，说明活动效果良好。

提取方法：统计后所得活动参与人数除以活动策划中预计参与人数。

3. 关注用户参与率

释义：举办线下活动时，关注用户参与人数与全部参与活动用户数的比值。

反映运营状况：这项衡量指标旨在明确参与线下活动的微信公众号关注用户数，继而考量微信公众号中活跃且具有一定黏合度的用户数量。活动的关注用户参与率超过70%，表明活动起到了活跃用户的作用。如关注用户参与率低于50%，参与用户多是陌生用户，则表明活动激活现有关注用户的效果不佳。

提取方法：线下活动现场工作人员逐一引导参与活动用户扫二维码，统计直接跳转至微信公众号聊天页面的用户数，再除以全部参与活动用户数。

4. 线下活动不同环节参与比率

释义：线下活动不同环节参与人数与活动参与人数的比值。

反映运营状况：这项指标反映的是现场活动活跃用户的效果。对大型活动而言，现场往往包含多个活动环节，运营者可统计不同活动环节的参与比率并进行对比，以明确用户更倾向于哪个环节。一般而言，线下活动用户可参与的环节不超过5个，则单个活动环节的用户参与率应在50%左右，超过70%说明活动环节设置得较好；如线下活动中用户可参与的环节超过5个，则单个活动环节的用户参与率也不应低于30%。

提取方法：统计每个活动环节参与人数，再除以活动参与人数。

5. 线下销售转化率

释义：线下活动有销售环节时，现场下单用户数与活动参与人数的比值。

反映运营状况：这项衡量指标体现的是活动策划能力，即将商品、活动场景、商品使用场景与用户调性匹配的能力。因线下活动中，运营团队与用户面对面接触，可以向用户介绍商品，因此线下销售转化率应超过5%。如线下活动中设有高折扣福利（低于商品所有销售渠道的价格），则线下销售转化率应超过10%。

提取方法：统计活动现场下单用户数，再除以活动参与人数。

6. 活动结果反馈率

释义：主动发放问卷、展开活动满意度调查获取的，或用户自主在新媒体矩阵留言反馈的活动意见的数量，与活动参与人数的比值。

反映运营状况：这项衡量指标分两个部分，需分别核算。其一，运营者主动向用户寻求结果反馈，用户提供意见则表明用户对问卷所调查的原创内容较为满意且不抵触，这项指标应超过30%，达到50%即为优秀。其二，用户主动在新媒体矩阵留言，反馈活动意见，则表明用户对活动较为满意（活动现场购物未发货等订单处理问题除外），活动起到的激活用户效果较好，这项指标应超过0.5%，超过1%即为爆款活动。

提取方法：以收回的调查问卷数量除以活动参与人数，或以新媒体矩阵在活动举办后收到的活动意见反馈留言数除以活动参与人数，得到上述两项指标数据。

第五节　用户运营中的数据运营

新媒体用户运营场景，指面向群体用户与单个用户的两种用户全运营流程（见图12-14）。

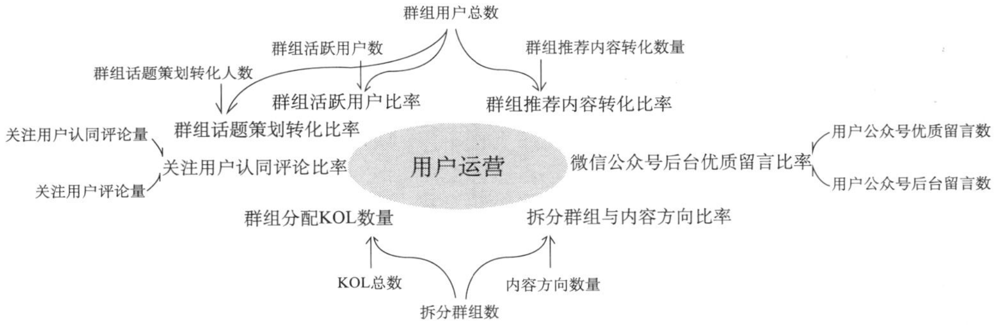

图12-14　新媒体用户运营数据值与数据衡量指标的关系

一、用户运营中的数据值

1. 关注用户评论量

关注用户评论量指已关注微信公众号用户的留言数量（如运营者设置仅粉丝可留言，则该数据与评论量等同）。

2. 用户公众号后台留言数

用户公众号后台留言数指用户在微信公众号聊天页面给运营者发送消息的数量。

3. 拆分群组数

拆分群组数指运营者根据微信公众号关注用户的需求，在垂直领域中拆分的带有不同细分领域标签的群组数。

4. KOL 总数

KOL 总数指运营可控制且保持密切联系的，同时经常在群组、评论区协助实施策划内容的 KOL 总人数。

5. 群组活跃用户数

群组活跃用户数指群组内经常发言，或在群组讨论感兴趣话题时经常发言的用户总数。群组活跃用户数可分为长期活跃用户数、月平均活跃用户数、周平均活跃用户数和日平均活跃用户数。

6. 群组话题策划转化人数

群组话题策划转化人数指群内加入运营者与 KOL 策划话题讨论的用户数量。

7. 群组推荐内容转化数量

群组推荐内容转化数量指群组内推荐场景化导购内容后，达成销售转化的订单数。

二、用户运营的数据衡量指标

1. 关注用户认同评论比率

释义：关注用户评论中认同运营者内容观点的评论量即关注用户认同评论量与关注用户评论量的比值。

反映运营状况：这项衡量指标代表用户与新媒体号的黏合程度。如在发表观点型评论的关注用户中，有超过 50%认同运营者观点，则意味着新媒体号的用户黏合度较高。

提取方法：在微信公众号后台首页，点击留言管理，即可查看单篇内容用户评论，将鼠标箭头放置在用户头像上，如是关注用户即显示关注时间（见图 12－15），以此确定关注用户后提取关注用户评论数，并在其中筛选认同观点的评论数量，再以关注用户认同评论量除以关注用户评论量。

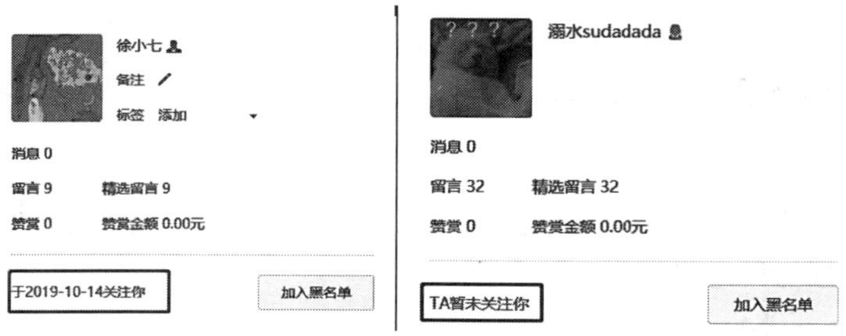

图 12－15　留言管理处显示的关注与未关注用户

2. 微信公众号后台优质留言比率

释义：用户在微信公众号聊天页面发布有助于微信公众号运营的留言数即用户公众号优质留言数与用户公众号后台留言数的比值。

反映运营状况：用户发布的有助于微信公众号运营的留言分两种：一种是关注

用户对微信公众号内容或运营方面的思考，为运营者提出的意见或建议；另一种是关注用户的情感表达，运营者可将其用作原创内容运营、用户运营的素材。微信公众号后台优质留言比率反映了关注用户对微信公众号的黏合度，一般应超过10%，超过20%即为优秀。

提取方法：在微信公众号后台消息管理页面可查看所有用户留言，从中挑选出优质留言，再用优质留言数除以用户公众号后台留言数（留言仅保存五天，运营者需定时查看并统计）。

3. 拆分群组与内容方向比率

释义：运营者拆分的用户画像更为精确的细分群组数量即拆分群组数与运营者策划的内容方向数量的比值。

反映运营状况：运营者拆分群组，是根据用户需求操作的运营事项。拆分的群组数越多，表明运营者对黏合用户的需求越明确。一般而言，运营者会通过内容满足用户阅读需求，因此微信公众号所包含的内容方向数量，即是拆分群组数量的上限。运营者应通过群组运营，使这项指标趋近于1。当拆分的用户群组数与内容方向数量相等时，则表明运营者的用户运营已达到精细化运营阶段。

提取方法：用运营者拥有的细分标签的群组数除以微信公众号所包含的内容方向数量。

4. 群组分配KOL数量

释义：运营者拆分的用户画像更为精确的细分群组中存在的KOL数量。

反映运营状况：一个群组中不能仅有一个KOL，应安排多个，才能确保用户运营更加顺利。因此，群组分配的KOL数量，反映的是用户运营效率。一般而言，每个群组中的KOL不应少于3个。

5. 群组活跃用户比率

释义：一定时间段内，群内参与讨论的用户数即群组活跃用户数与群组用户总数的比值。

反映运营状况：这项衡量指标表现的是不同时间周期的用户活跃情况，反映了群组运营激活用户的效果。运营者考察的时间周期越长，活跃用户比率应越高。通常日活跃用户比率超10%，周活跃用户比率超20%，月活跃用户比率超35%，即为合格。

提取方法：运营者选择需统计的时间周期，统计该周期内参与讨论的用户数，再除以群组用户总数。

6. 群组话题策划转化比率

释义：经策划的群组话题吸引到的参与用户数即群组话题策划转化人数与群组用户总数的比值。

反映运营状况：与KOL策划群组沟通话题是用户运营的重要工作。这项衡量指标反映了运营者的策划能力，以及与KOL配合的默契程度。通常与热点相关的群组话题策划转化率应高于7%，与运营者处理用户需求相关的群组话题策划转化率应高于3%。

提取方法：统计运营者与KOL沟通2小时内，响应话题的用户数量除以群组用户总数。

7. 群组推荐内容转化比率

释义：运营者将商品场景化导购内容或商品链接推送至群组内达成的销售单数即群组推荐内容转化数量与群组用户总数的比值。

反映运营状况：这项衡量指标反映的是群组用户的黏合状况。群组内用户处于活跃或黏合的状态，达成销售的可能性更高。运营者推荐与群组用户画像匹配的商品，转化率应超过1%，超过3%即为优秀。

提取方法：针对为群组设置的场景化导购内容链接或商品链接，统计转群后24小时内的销售订单数，再除以群组用户总数。

第六节　新零售运营中的数据运营

新媒体领域新零售运营中的数据运营，包含商品运营、渠道运营、店铺运营三个运营场景中的数据（见图12-16）。

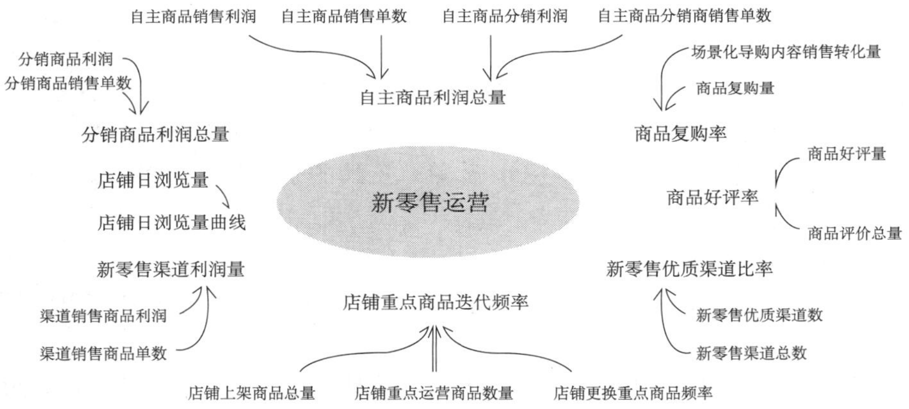

图12-16　新零售运营数据值与数据衡量指标的关系

一、新零售运营中的数据值

1. 自主商品销售利润

一是在自主店铺出售的商品获得利润，由终端销售价格减去成本价格获得；二是渠道出售商品的获得利润，由分销价格减去成本价格获得。

2. 分销商品利润

分销商品利润指运营者销售从分销市场中挑选的商品所获利润，由终端销售价格减去分销价格获得。

3. 商品复购量

商品复购量指推出的场景化导购内容发布三天后，在商品的使用周期内用户购买商品的数量。

4. 商品好评量

商品好评量指购买商品的用户在收货后给予商品好评的数量（好评指五星好评）。

5. 新零售渠道总数

新零售渠道总数指新零售平台显示的运营者店铺的分销商总数。运营者可在分销市场中搜索自主店铺名称查看。

6. 新零售优质渠道数

新零售优质渠道数指运营者与其保持紧密沟通，可开展良好商务合作的渠道（双方互推商品，或一方商品在另一方店铺内有较高销量）数量。

7. 渠道销售商品单数

渠道销售商品单数指运营者的自主商品在渠道销售的订单总数。

8. 店铺上架商品总量

店铺上架商品总量指运营者在自主店铺内上架的商品总数，如商品下架则不计数。

9. 店铺重点运营商品数量

店铺重点运营商品数量指运营者店铺内通过主题式销售主推的商品或需推荐给渠道重点销售的商品数量。

10. 店铺日浏览量

店铺日浏览量指运营者自主店铺每天的浏览量，用户重复点击则重复计数。

二、新零售运营的数量衡量指标

1. 自主商品利润总量

释义：运营者单款自主商品在新零售所有渠道销售产生的归属运营者店铺的利润。

反映运营状况：这项衡量指标反映的是自主商品在新零售渠道的盈利能力，由运营者联合渠道销售数量、运营者原创的场景化导购内容、商品的主题式包装、商品在新零售平台相较其他电商平台的价格优势等多方面因素决定。

运营者在考量自主商品利润总量时，应将该商品在店铺内贡献的利润比例与其他自主商品利润比例进行对比。如商品所占利润比例高，则表明商品的渠道、场景化导购内容优质，或主题式包装策划成功，也可能是价格相较其他平台有优势。

提取方法：统计不同渠道销售单款自主商品所获利润并加总。

2. 分销商品利润总量

释义：运营者从新零售分销市场中分销的商品，在自主店铺内销售产生的利润总量。

反映运营状况：分销商品利润总量，取决于商品质量、自主店铺流量与商品的匹配度、商品类型、商品场景化导购内容质量、场景化导购内容推送条数、商品的主题式包装等。同自主商品类似，分销商品的利润总量应与其他分销商品的利润总量相比较。如其利润总量占全部分销商品利润总量的比例较高，则说明上述决定性指标整体向好。

提取方法：分销商品销售单数乘以分销商品利润。

3. 商品复购率

释义：商品复购量与场景化导购内容发布三天内销售量即场景化导购内容销售转化量的比值。

反映运营状况：商品复购率反映的是商品品质，普通商品复购率应超过5%，商品复购率达到30%即为优秀。如商品优质，但自主商城复购率低，多数情况下是价格因素使然，即用户发现了价格更为优惠的购买渠道。

提取方法：商品复购量除以场景化导购内容销售转化量。

4. 商品好评率

释义：购买商品的用户在收货后给予商品好评的数量（好评指五星好评）即商品好评量与同一商品所获评价总量的比值。

反映运营状况：商品好评率不仅能反映商品质量，而且可以体现对已下单用户的运营效果。用户收货后，如无奖励刺激，大多不会给予评价，但如商品质量差或不符合用户心意，则容易给出差评。因此，想要提高商品好评率，不仅要保证商品质量，而且需有主动获取好评的运营手段。例如策划好评返现金活动，或主动询问用户使用体验以求好评等。一款商品的好评率必须超过95%，才有可能被用户青睐。

提取方法：在店铺后台，顺序点击“订单→订单处理→评价管理”，在评价管理页面搜索商品名，即可出现商品所有评价，统计商品五星好评评价数量，再除以同一商品所获评价总数。

5. 新零售优质渠道比率

释义：运营者与其保持紧密沟通，可开展良好商务合作的渠道数量即新零售优质渠道数与运营者拥有的新零售渠道总数的比值。

反映运营状况：这项衡量指标反映的是渠道运营者的运营成果。由于所有分销商均可在分销市场分销商品，因此只要运营者将商品上架至分销市场，分销商便可能增加。在渠道运营初期，合作渠道较少的情况下，应努力将所有渠道发展为优质渠道。当运营者渠道总量超过1 000个时，也应保证优质渠道比率超过5%，即每增加100个渠道，需要新增5个与其保持紧密沟通、开展合作的优质渠道。

提取方法：统计优质渠道数量，再除以分销市场分销渠道总量。

6. 新零售渠道利润量

释义：单个分销渠道销售运营者自主商品后，运营者自主店铺获得的利润量。

反映运营状况：这项指标能反映新零售运营的两方面信息，一是渠道价值，二是运营者店铺运营状况。

渠道价值是通过不同新零售渠道销售商品给自主店铺带来的利润量比较而得的，带来的利润量更高的渠道，价值也就更高。

若想了解运营者店铺运营状况，则需将自主店铺销售利润量与所有渠道销售利润总量进行比较。如渠道销售利润总量较多，则表明运营者店铺收入主要依靠渠道，自主店铺流量仍需提高。如自主店铺销售利润量较高，则说明运营者店铺已能够独当一面，其绑定的微信公众号也是被用户认可的大号。

提取方法：单个渠道反馈的商品订单数即渠道销售商品单数乘以每单商品运营者店铺所获利润即渠道销售商品利润。

7. 店铺重点商品迭代频率

释义：运营者在一定时间段内以主题式销售策划包装商品，并对店铺首页进行改造的频率。

反映运营状况：这项衡量指标反映的是店铺运营者的工作成果。主题式销售是店铺运营的核心方法，店铺重点商品应根据店铺主题迭代，且应根据时令、节日、热点等提前策划。运营者应保持每月策划至少 5 个销售主题，以维持店铺主题的高频更新。

提取方法：以月为单位，用当月天数除以运营者主题更换次数。

8. 店铺日浏览量曲线

释义：由店铺日浏览量构成的一段时间内店铺浏览量变化趋势图。

反映运营状况：店铺日浏览量曲线表现的是店铺每天的流量变化。通常推送场景化导购内容时，店铺浏览量曲线会上扬，不推送时则会呈下降趋势。在运营者将商品推送至群组或渠道时，当天店铺浏览量也会上扬。运营者观察的应是曲线的异动情况，如当天没有推送场景化导购内容，而店铺浏览量却意外升高，就要分析其中原因，以便为后续店铺运营提供帮助。

提取方法：在有赞店铺后台，顺序点击“数据→流量概况”，在图表处选择浏览量直接获得（见图 12－17）。

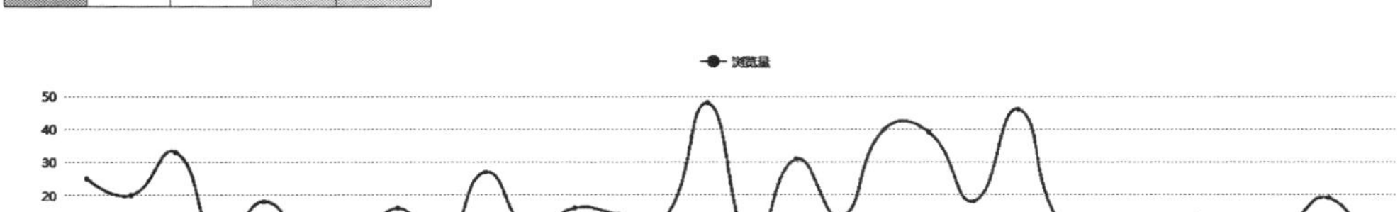

图 12－17　有赞店铺日浏览量曲线

【本章总结】

1. 数据运营是贯穿新媒体九大运营事项的运营工作，其作用是总结其他运营事项所获成果，以反映新媒体运营现状。数据运营有两项指标，一为客观数据值，二为数据值之间相互作用得出的衡量指标。前者需运营者时刻查阅并记录，后者需运营者按逻辑统计总结。

2. 数据运营不仅是一项运营工作，而且是一种运营意识，因新媒体运营本身就是分析转化率的工作。运营者如将数据运营的意识融于新媒体运营所有事项中，必然能总结出更多新媒体运营的实用方法，使新媒体运营事半功倍。

【课后习题】

1. 新媒体数据运营启动前，运营者应先将新媒体数据解构成几个层次，分别是什么？

2. 请将根据本书学习策划的原创内容发布至微信订阅号和今日头条号，记录原创内容运营场景与多平台联合运营场景中的数据值与数据衡量指标。

第 1 版后记

《新媒体运营实务》这本教材，是我和合伙人——本书另外两位作者乐金生、张宏宇——创业所得的一次集中展示。

它的出版，虽然与戴红花、捧奖杯毫不相干，但对于我们这个大龄“萌新”团队的重要意义，自是不言而喻。所以我就采用入时的“俗套”方式——致谢，作为《新媒体运营实务》的结束语。

致谢一：当然是新媒体时代的到来，时代塑造、成就人的句子所言非虚，没有新媒体，有关我和团队现在的一切都是“飘渺”。

致谢二：这本教材中有关内容创作的部分，得益于我曾在《新京报》记者、编辑岗位上的学习、历练；而有关新零售的部分，得益于乐金生曾在北大方正销售管理岗位上的磨砺。因此，感谢《新京报》、北大方正这两家各自行业中的“黄埔军校”。

致谢三：这本教材中的每个案例、每种方法、每条经验，都是从代运营项目及高校教学培训中总结出来的。因此，感谢在新媒体运营道路上，曾经或正与我们同行的企业和学校，为我们提供了丰富的实操项目和运营样本。另外，还要重点感谢在高校接洽和课程实施上倾心付出的王旭先生。

致谢四：这本教材中记录的新媒体运营中的那些“坑”，都是我们的创业团队——北京云知文化传媒有限公司的小伙伴们在实践运营中经历过的，现在读来有多真实，就意味着“掉坑”时有多惨痛。因此，感谢曾经或正在与我们并肩奋斗的逾百位新媒体“后浪”们。

致谢五：这本教材写于 2020 年新冠疫情期间。必须承认，是疫情给了原本忙于运营项目的我们难得的写作时间。为了遵守防疫规定，整本教材都是编写三人组采用分头写作，然后在北京金台路麦当劳集中讨论、修订完成的。因此，感谢因疫情突然出现的空闲时间，以及为我们提供开会场地的麦当劳。

致谢六：诚挚感谢中国人民大学出版社出版《新媒体运营实务》及在编辑工作中付出的心血。

最后，感谢正在阅读这本教材的各位，新媒体行业的人才缺口和机遇就在那里，等待着大家掌控和驾驭。

因受教材编写的篇幅限制，《新媒体运营实务》最终删节至目前出版的状态，剩余未及刊入内容，我们将另行结集成册，择机出版。如大家在学习中遇到任何问题或有其他需求，请扫下面的二维码联系我们。

关联课程教材推荐

书号	书名	作者	定价	出书时间
978-7-300-27214-6	新媒体概论（第三版）	匡文波	49.80 元	2019-08-15
978-7-300-31972-8	网络传播概论（第 5 版）	彭兰	69.80 元	2023-09-15
978-7-300-28460-6	网络新闻编辑	胡明川	45.00 元	2020-08-04
978-7-300-21417-7	社会化媒体：理论与实践解析	彭兰	45.00 元	2015-07-06
978-7-300-17786-1	新媒体编辑	詹新惠	35.00 元	2013-08-15
978-7-300-21033-9	超越门户：搜狐新媒体操作手册	吴晨光	39.80 元	2015-05-01
978-7-300-25971-0	自媒体之道	吴晨光	49.80 元	2018-07-31
978-7-300-25702-0	新媒体运营	刘友芝	39.80 元	2018-05-15
978-7-300-28067-7	新媒体用户研究：节点化、媒介化、赛博格化的人	彭兰	88.00 元	2020-05-15
978-7-300-28412-5	源流说：内容生产与分发的 44 条法则	吴晨光	59.80 元	2020-08-15
978-7-300-31330-6	H5 交互融媒体作品创作（第 2 版）	周德旭	49.80 元	2023-01-15

配套教学资源支持

尊敬的老师：

衷心感谢您选择使用人大版教材！

相关的配套教学资源，请到人大社网站（www.crup.com.cn）下载，或是随时与我们联系，我们将向您免费提供。

欢迎您随时反馈教材使用过程中的疑问、修订建议并提供您个人制作的课件。您的课件一经采用，我们将署名并付费。让我们与教材共成长！

联系人信息：

地址：北京海淀区中关村大街 31 号　龚洪训 收　　邮编：100080

电子邮件：gonghx@crup.com.cn　电话：010－62515637　QQ：6130616

如有相关教材的选题计划，也欢迎您与我们联系，我们将竭诚为您服务！

选题联系人：翟江虹　电子邮件：zhaijh@crup.com.cn　电话：010－62515636

　　　　　　周　莹　　　　　　　zhouying@crup.com.cn　　　010－62511612

俯仰天地　心系人文

人大社网站　www.crup.com.cn

专业教师 QQ 群：

723715191（全国新闻教师群 2 群）

欢迎您登录人大社网站浏览，了解图书信息，共享教学资源

期待您加入专业教师 QQ 群，开展学术讨论，交流教学心得